图书在版编目（CIP）数据

中国中部经济发展报告．2013/南昌大学中国中部经济社会发展研究中心编．—北京：经济科学出版社，2014.1

ISBN 978-7-5141-4191-7

Ⅰ．①中…　Ⅱ．①南…　Ⅲ．①区域经济发展-研究报告-中国-2013　Ⅳ．①F127

中国版本图书馆CIP数据核字（2014）第000120号

责任编辑：柳　敏　宋　涛
责任校对：杨　海　王凡娥
责任印制：李　鹏

中国中部经济发展报告2013

教育部人文社会科学重点研究基地
南昌大学中国中部经济社会发展研究中心　编

经济科学出版社出版、发行　新华书店经销
社址：北京市海淀区阜成路甲28号　邮编：100142
总编部电话：010-88191217　发行部电话：010-88191522
网址：www.esp.com.cn
电子邮箱：esp@esp.com.cn
天猫网店：经济科学出版社旗舰店
网址：http://jjkxcbs.tmall.com
汉德鼎印刷厂印刷
华玉装订厂装订
710×1000　16开　21印张　340000字
2014年1月第1版　2014年1月第1次印刷
ISBN 978-7-5141-4191-7　定价：58.00元
（图书出现印装问题，本社负责调换。电话：010-88191502）

中部发展报告

南昌大学“211工程三期”重点建设学科资助项目

中国中部经济发展报告

教育部人文社会科学重点研究基地
南昌大学中国中部经济社会发展研究中心 编

经济科学出版社

《中国中部经济发展报告》

编　委　会

切实把握促进中部地区崛起的关键环节

（代　序）

促进中部地区崛起，是继鼓励东部地区率先发展、实施西部大开发、振兴东北地区等老工业基地战略后，党中央、国务院从我国现代化建设与区域协调发展的全局出发作出的又一重大决策。实施促进中部地区崛起战略以来，在各个方面的共同努力下，中部地区发展呈现出蓬勃向上的喜人局面。据统计，2007 年中部地区生产总值增速达 14.07%，比 2005 年提高了 1.6 个百分点，发展速度明显加快；地区 GDP 占全国比重达 19%，扭转了自 2004 年起持续下降的态势，工业生产连创佳绩，国有及规模以上非国有工业增加值增幅达 23.7%，在四大地区中增长最快。从总体上看，促进中部地区崛起已实现了良好的开局。

中部地区的发展正处于关键时期，大力促进中部地区崛起任务艰巨而时间紧迫。把握机遇，乘势而上，需要进一步廓清思路，抓住重点。从区域协调发展的全局和中部地区的实际出发，要切实把握好如下几个关键方面。

第一，要把推进“三个基地、一个枢纽”建设作为促进中部地区崛起的主要支撑。中部地区在区位、资源、产业、科教等方面具有明显特点和优势，基于这些特点和优势，中央提出，要把中部地区建设成为全国重要的粮食生产基地、能源原材料基地、现代装备制造及高技术产业基地和综合交通枢纽。这不仅是促进中部地区崛起的基本任务，也是实现中部地区崛起的主要支撑。必须把推进“三个基地、一个枢纽”建设作为工作的重中之重。为此，一是要科学制定发展规划。国家已把编制促进中部地区崛起规划列入政府工作的重要内容，而“三个基地、一个枢纽”建设无疑应当成为规划的主线与基础。二是要加大政策支持力度。要适应“三个基地、一个枢纽”建设的需要，落实好现有政策，研究出台更具针对性和力度更大的政策措施。三是加快完善相关基础条件，要围绕建设“三个基地、一个枢纽”，加强基础设施建设，提升产业结构，推进体制创新，优化市场环境。

第二，要把优化提升产业结构作为促进中部地区崛起的基本途径。产业是发展的基础，实现中部地区崛起必须不断优化和提升产业结构。除了要充分发挥自身的优势，形成具有特色的产业门类外，中部地区应有效利用地理位置承东启西、发展状况总体居于中游的条件，积极承接国际和东部地区产业的转移，有效利用西部的资源和要素，打造经济效益高、富有竞争力的产业体系。中部地区还要大力推进自主创新，以自主创新提升产业技术水平。为此，要进一步优化政策环境，形成有利于承接产业转移和技术创新的政策体系；要搞好基础设施建设，为产业转移和资源要素流动提供顺畅通道；要推进开发区发展，以现有的国家级开发区和省级开发区为依托，集聚优势资源，发展高新技术产业。

第三，把加快弱势地区发展作为促进中部地区崛起的关键环节。弱势地区是制约区域协调发展的瓶颈，也是实现区域协调发展的关键。中部六省贫困人口占全国的近1/3，国家级扶贫开发重点县占全国的25.5%。吕梁山、太行山、秦岭大巴山、武陵山、大别山、井冈山和赣南革命根据地六大连片贫困区都集中在中部，革命老区县比重也比较高。促进中部地区崛起要把加快这些地区的发展放在突出重要位置，采取特殊措施解决他们所面临的特殊困难。促进中部弱势地区发展的着力点要放在构建可持续发展的经济基础和运行机制、实现公共服务均等化上。要加大政府投资和财政转移支付力度，强化在义务教育、公共卫生、基本医疗、社会保障、社会救助、促进就业、减少贫困、防灾减灾和公共文化等方面的政策支持，落实好比照西部大开发的各项政策。要进一步推进弱势地区的对外开放，实现弱势地区与发达地区建立在生产资源和要素等公平交换、优势互补基础上的互惠合作。要在进一步促进城市群、经济圈、经济带发展，培育新的增长极的同时，加大先行地区对弱势地区的支持力度。对资源枯竭型城市，要积极推进经济转型，对那些仍有一定资源基础的地区或城市，也要抓紧建立健全资源开发补偿机制和衰退产业援助机制。

第四，要把推动体制机制创新作为促进中部地区崛起的有力保障。良好的体制机制既是推动经济社会快速发展的强大动力，又是实现经济社会健康运行的坚实保障，中部地区存在的许多深层次矛盾和问题都与体制不顺密切相关。与东部地区比，中部地区在改革方面还存在着不少薄弱环节。促进中部地区崛起必须不断深化改革，完善体制机制。特别重要的，一是推进行政管理体制改革，以转变政府职能为重点，改善管理方式，理顺管理层次，优化机构设置，着力构建责任政府、服务政府和法制政府，加快形成与国际通行做法相衔接的管理规制。二是推进所有制改革，加快国有大型企业规范的股份制改革，鼓励和支持非公有经济进入金融服务、公用事业、基础设施等重要领域，形成富有活力和创造力，有利于推进经济、社会全面协调可持续发展的所有制结构。三是推进市场体系改革，着力打破行政垄断和市场封锁，建立健全各类市场，完善社会信用制度，促进商品和要素在区域间的自由流动，形成开放、统一、竞争充分、交易公平的市场体系。在具体工作中，要强化改革思维，注重用改革的办法解决发展中的困难和矛盾。

第五，要把加强区域合作作为促进中部地区崛起的重要手段。合作能够趋利避害，合作有利于优势互补。加强合作与协作是促进中部地区崛起的重要基础。中部地区各省既要加强相互间的合作，形成合力；也要加强与东部和西部的合作，搞好互动。为此，一方面，要适应经济市场化和区域一体化发展的要求，通过体制创新和法律约束，打破行政区划的局限，排除各种形式的障碍，为推进区域合作创造良好的市场基础。另一方面，要完善合作的组织形式和运行机制，创新合作内容与方式，广泛深入地开展多形式、多层次、多领域的区域经济协作和合作。通过合作推进基础设施建设、产业配置、管理规制、市场运行等的一体化。

促进中部地区崛起需要一个过程，要使中部的发展不断实现新跨越，不仅需要对未来发展提出科学的规划与方针政策，而且需要对已进行的工作做实事求是的总结评估。事实上，对未来发展的科学规划和提出正确的方针政策也要以对过去工作的科学总结评估为基础。总结评估已有的工作可以运用多种形式，编制年度发展报告是其中的一种重要形式。南昌大学中国中部经济发展研究中心编制中国中部经济发展报告，对于促进中部崛起来说是一件非常有益的工作。《中国中部经济发展报告》基于中部六省发展的实际，对中部地区总体运行态势进行了描绘，对一些重大的问题作出了理论分析和实证研究，同时，对未来的发展提出了建议。毫无疑问，这本报告无论对于从事中部地区问题研究的专家学者，还是对于推进中部崛起各项工作的实际操作者们来说，都具有积极的参考价值。在此推荐给大家，期望各个方面给予足够的关注。

高校特别是中部地区的高校是促进中部地区崛起的一支重要力量。我们期待中部的高等院校都像南昌大学中国中部研究中心那样，关注中部地区的发展，运用自己特殊的优势，积极支持和推动促进中部地区崛起工作，尤其是在深化制约中部地区发展的重大问题的理论研究方面作出贡献。

是为序。

二〇〇九年二月

（作者系国家发展改革委员会地区经济司司长、著名经济学家）

目　录

中部经济发展综合评价

中部经济发展专题研究

经济改革发展专家论坛

——2013 年教育部人文社会科学重点研究基地联席会（经济类）
专家报告和大会论文摘选

中部经济发展综合评价

一、区域经济发展综合评价的理论基础*

（一）区域经济发展观的历史演进

从古典经济学开始，许多经济学家都把经济增长与经济发展视为同义词，不加区别使用，认为经济发展意味着国家财富和劳务生产增加以及人均国民生产总值提高。第二次世界大战后，这种观点受到了若干国家现实的挑战，一些国家人均国民生产总值迅速增长，但其社会、政治和经济结构并未得到相应改善，贫困和收入分配不公正情况仍十分严重。因此，经济学家把经济发展同经济增长区别开来。发展经济学家们认为，经济增长表示一定时期内一国（地区）物质财富总量和人均持有量的增加，是一个数量概念，一般用国内生产总值衡量；而经济发展则是伴随经济增长而出现的各个方面经济现象，不仅意味着产出的增长，还意味着随着产出增加而出现的产出与收入结构上的变化以及经济条件、政治条件、文化条件的变化，经济增长只是经济发展中非常重要的一项指标。自20世纪40年代末发展经济学产生以来，经济发展的内涵随着发展中国家凸显的发展问题经历了不断的演变和深化，大致经历了如下5个阶段。

1. 20世纪40年代末到60年代初：发展等同于经济增长

在发展理论的早期阶段（20世纪40年代末到60年代初），人们普遍对经济增长寄予了更多的关注，认为“增长能解决一切”，发展几乎总是被视为一种经济现象，即经济总量或人均国民生产总值的增长，国民生产总值及人均国民收入的增长是评判发展的首要标准甚至是唯一标准。这一阶段，“发展”被认为就是提高全体人民的物质生活水平，而提高生活水平的途径就是发展经济，增加人均收入水平，使每个人都能消费更多的商品和服务。例如，有学者认为经济发展问题实质上就是通过增加人均产出来提高国民收入水平，使每一个人都能消费得更多；有学者把经济发展直接定义为物质福利持续而长期的改善……反映出产品和劳务流量的增加等。可见，在这一时期，经济发展与经济增长基本等同，他们很多时候是相互替代使用的。

---

* 作者简介：罗序斌（1981～），江西九江人，博士，南昌大学中国中部经济发展研究中心研究员，江西师范大学财政金融学院经济系讲师。

这一时期的发展经济学家都把研究重点放在如何加速落后国家（地区）经济增长这一主题上，普遍认为资本积累和工业化是促进经济快速增长的关键，以致这一历史时期也被称为“唯工业化论”时期。在这一方面，比较有代表性的理论主要是罗斯托的“起飞”理论，主导部门理论以及积累理论等。他认为，工业化是发展的前提，“起飞”是工业化发展的关键，它又靠主导部门的发展来实现，而这一切都由资本积累和投资推动，为此要把投资率提高到国民生产总值的10%以上。然而，在实践中过分强调工业化，片面追求经济增长，固然可以在一定程度上促进发展中国家的经济快速腾飞以及赶超，但是并不一定能够保证社会政治和经济生活的进步，相反却出现了一系列负面影响，例如，农业发展严重滞后，二元结构严重失衡等。

2. 20世纪60年代中期：发展包含经济增长加结构变化

将经济增长作为全面衡量一国发展的单一指标，只关注于“量”的增长，而忽略了“质”的提高或改善，导致一些发展中国家出现了“有增长而无发展的现象”，即单一经济的畸形增长而整个社会系统的功能失调，以及在经济发展过程中形成的粗放模式——片面追求数量增长和规模扩大而忽视质的优化，致使这些国家原有社会问题未能得到充分解决，却出现了分配结构严重不均、产业结构严重畸形、传统文化价值崩溃等一系列突出问题。基于这种客观现实，20世纪60年代中期，在发展文献中，对发展含义的解释出现了明显的变化，并把增长与发展这两个概念明确地区分开来。著名经济学家汉斯·辛格1965年指出：“不发达国家存在的问题不仅仅是增长问题，还有发展问题。发展是增长加变化”。辛格关于增长与发展关系的观点得到了普遍接受。

所谓经济增长就是指人均产品和劳务量的增加，它通常以人均实际国民生产总值（GNP）的增长率来表示。经济发展包含了经济增长，即包含了人均产品和劳务量的增加。除此之外，它还包括一个社会经济结构的变化和人民生活质量的改善。具体说来，它包括以下几个方面：

第一，生产结构的变化。劳动密集型技术转到资本密集型技术和知识密集型技术。

第二，产业结构的变化。国民经济中，第一产业的劳动力和产值比重趋于下降，第二产业上升，第三产业相对比重迅速提高；农村人口向城市迁移，城市化和工业化同步进行。

第三，产品结构的变化。为适应消费者需求，产品和服务质量不断提高，品种多样化。

第四，居民生活水平的变化。具体表现在：人均收入持续增加，一般居民营养状况、居住条件、医疗保健条件明显改善，受教育程度不断提高，人均寿命延长，婴儿死亡率下降。

第五，分配状况的变化。收入和财产的不平等程度趋于下降，贫困人口不断减少。

由此可见，发展所包含的内容比增长要丰富得多，复杂得多。不过，发展的含义无论扩展得多宽，经济增长仍然是发展的主要内容之一。经济增长仍然是经济发展的重要目标。

3. 20 世纪 60 年代后期和 70 年代：强调改善贫困、失业和分配不公问题

以促进经济增长为主要目标和内容的理论运用于实践，结果却出现了“贫困的发展”，即虽然经济产出增长了，但出现了分配不均，失业扩大，贫困化趋于恶化的现象。因此，在 20 世纪 60 年代后期和 70 年代，出现了一股否定经济增长的潮流，甚至出现了把国民生产总值赶下台的口号。越来越多的人谴责把经济增长作为发展的主要目标，他们认为经济增长并没有带来贫困的减少、就业的增加和收入分配的改善。标志着这一时期发展观转变的重要文献是 1969 年英国发展经济学家达德利在第 11 届国际发展协会世界大会上的演讲。他明确反对把经济增长作为发展目标，指出：“对于一个国家发展来说，英国提出的问题是，贫困发生了什么变化？失业发生了什么变化？不平等发生了什么变化？如果这三个方面都变得较不严重，无疑，这个国家就经历了发展。如果这三个中心问题中一个或两个恶化了，特别是三个问题都恶化了，那么，即使人均收入成倍增长，把这种结果称为发展也是不可思议的。”

整个 20 世纪 70 年代起，在诸多经济发展文献和一些国际机构文件中，再也不把经济增长作为发展的目标，而是把增加就业、改善收入分配状况和消除贫困作为发展的目标，试图促进社会发展，即提高生活质量，消除贫困，实现社会公平。主要表现在几个方面，一是实行以就业为中心的发展战略；二是实行增长中的再分配战略；三是实行基本需求战略，按照斯特里腾的定义，就是“从提供人类个性全面发展的物质的、精神的以及社会发展机会这一目标出发，最后达到这些目的。”实行这一发展战略的目的，是为了消除因基本生活资料和服务匮乏而导致的贫困。但是，这一时期经济发展的思想过分地否定了经济增长的积极作用，在他们看来，增长似乎成了经济发展的障碍，而不是经济发展的必要条件。这些观点和政策方案显然过于偏激，并没有得到发展中国家的积极响应。

4. 20 世纪 80 年代：注重环境保护与可持续发展

进入 20 世纪 80 年代以来，由于人口过度增长、工业化生产迅猛发展，经济建设规模空前扩大，自然资源过度开发与消耗，废水、废气、废渣大量排泄，资源耗竭和环境污染问题提到了极其重要的位置，国际社会和学术界对环境保护和可持续发展问题表现出了越来越浓厚的兴趣。学术界对可持续发展问题也表现出越来越浓厚的兴趣。这一时期发展观转变的重要标志是由挪威首相布伦特兰领导的联合国世界环境与发展委员会在 1987 年发表的《我们共同的未来》，也称为布伦特兰报告。该报告全面系统地阐述了发展与环境之间的关系，该报告已成为可持续发展研究的经典文献。

过去，在讨论发展的含义时，主要只考虑经济增长、收入分配、减轻贫困以及减少失业等问题，而常常忽视了环境问题，或者只是简单地提及。这主要是因为在发展的早期阶段，环境问题不是那么突出，对环境问题造成的危害性认识不足。此外，对环境与发展的关系存在着一种片面的看法，即认为，经济增长与环境保护是相互矛盾的。首先，环境保护需要巨大的投资，在经济发展的较低水平上，发展中国家是负担不起这么大的费用的，环境保护是一种奢侈品，发展中国家是享受不起的。其次，发展中国家经济落后，因此加快经济发展步伐应是优先考虑的目标；而要促进经济快速增长，对资源的利用强度当然就比较大，这就不可避免地导致环境在一定程度上的退化。这就是说，环境恶化是经济发展必须付出的代价，否则，经济就发展不起来。

环境退化和环境污染问题的日益严重，不仅对人民的生命和生活造成了越来越明显的危害，而且还直接制约着经济增长。因此，人们开始重新思考环境与发展的关系，认为它们之间不完全是一个权衡取舍的问题，而是一种相互影响、相互促进的关系。具体地说，没有充分的环境保护，经济发展将在很大程度上受到阻碍；同样，没有一定的经济发展，环境保护也成为无根之木，无源之水，难以为继。布伦特兰报告非常有说服力地论证了环境与发展之间的辩证关系，与此同时还特别强调了贫困与环境之间的关系。该报告指出，当前世界上出现的环境危机、发展危机、能源危机本质上就是一个危机。当今世界的贫困人日比以往任何时候都要多，而且还在继续增加。贫困化是经济发展缓慢和收入分配不均所造成的，是发展的危机；而贫困本身会导致环境恶化。“那些贫穷饥饿的人们为了生存，往往破坏他们附近的环境：他们砍伐森林、在草原上过度地放牧、过度使用贫瘠的土地，越来越多的人涌入已经拥挤不堪的城市。这些变化的累积性影响是深远的，以致使贫困成为一个全球性的重大灾难。”

另外，布伦特兰的报告还充分论述了经济增长与环境恶化的关系。经济增长也带来了环境恶化。该报告指出：“在世界的某些地区，特别是20世纪50年代中期以来，增长和发展大大地改善了人们的生活水平和生活质量。带来这些进步的许多产品和技术具有较高的原料和能源消耗率，造成了大量的污染，给环境的影响比人类史上任何时候都要大。”因此，今天的环境问题以及挑战既来自经济的缓慢增长，也来自经济的快速增长。为此，布伦特兰报告提出了可持续发展战略，即“为了保护环境，必须满足贫困人口的基本需要，提高全体人民的生活水平，而要做到这一点必须有经济增长，但增长本身是不够的，增长的果实还必须使贫困人口受益，因此，在经济增长的同时还必须有公平的分配。此外，不计任何资源耗竭和环境退化的增长是有害的，不可持续的。因此，有必要提高增长的质量，即在保护环境和合理利用资源的基础上来发展经济，实现可持续发展。”这一发展观念得到了充分认同，1992年在巴西里约热内卢召开了第二次地球环境与发展大会，有170个国家元首与政府首脑或其代表出席，通过了《里约环境与发展宣言》等文件，这标志着人类开始进入保护生态，防止环境污染，促进人与自然和谐，实现可持续发展的历史新纪元。

5. 20世纪90年代：以人为本的全面发展

20世纪90年代，发展的内涵进一步扩大，除经济增长、收入分配公平、环境的改善等内容，还包括很多非经济因素，并特别强调人的自身发展。而人的自身发展则包含三个核心内容，即生存、自尊和自由。人类社会只有将“人的全面发展”作为最高理念才是发展的根本目标和核心价值趋向。

联合国发展计划署（UNDP）1990年首先提出了“人类发展”的概

念，认为经济的发展只是手段，而人类自身发展才是目的，其主要包括：充分就业和生活安全；人民自由和权利的增加；公平分配；促进社会凝聚力和合作；维护人类未来的发展五个方面。“人类发展”包含的要素可概括为生产率（必须使人们能够增加生产率）、公正（人们必须获得平等的机会）、持续性（必须保证一代一代都能得到发展）、核心价值（发展必须为人类而进行）。1996 年的《人类发展报告》中，联合国发展计划署列举了五种有增长而无发展的情况：无工作的增长（没有足够多的就业）；无声的增长（没有充分的民主与自由）；无情的增长（收益分配不公）；无根的增长（没有传统文化）；无未来的增长（资源不断耗竭、环境日益恶化），进一步阐明了“人类发展”的深刻内涵。

从单纯追求经济增长到强调以人为本的全面发展，这一区域经济发展观历史进程，是人类对发展本质认识的不断深化的过程，也是推动人类不断发展、历史不断前进的过程。

（二）区域经济发展水平的测度体系

区域经济发展水平一词是区域经济分析中经常使用的概念。在区域经济分析中，通常将区域分为发达地区、发展中地区和不发达地区或高收入地区、中等收入地区和低收入地区，其依据就是对区域经济发展水平的测度。比较有代表性的测量经济发展的指标体系主要有以下几种：

1. 国民收入核算体系（SNA）（1968）

国民收入核算体系的中心指标是 GDP 或 GNP。但是，随着人们对经济发展概念认识的不断深入，发现使用这个体系存在以下明显的缺陷：第一，它不能反映非市场交易活动的经济价值；第二，它难以衡量一国（地区）经济运行中地下经济的规模；第三，在经济国际对比时，名义汇率与实际汇率的差异往往会影响到国际比较的可靠性；第四，环境和资源的利用成本，在传统的国民收入核算中难以得到精确的反映。对此，许多学者和机构一直设法弥补这些缺陷，对其体系进行完善。改进措施主要有以下两条：第一，使用购买力评价（PPP）作为货币换算因子。第二，1993 年吸收了生态与环境核算体系（SEEA）的思想，对使用 20 多年的 SNA 进行了修正，建立了一个新的涵盖环境换算的国民收入核算体系。GDP 被调整为考虑环境的国民生产总值（EDP）和考虑环境的国民收入（ENI）。2003 年联合国等国际组织进一步完善了 SEEA 的操作流程，发布了国民核算手册（2003 年环境综合核算）。

2. 联合国社会发展研究所的综合指标体系（1970）

联合国社会经济发展研究所（UNRISD）在 1970 年出版的《社会经济发展的内容和衡量标准》一书中，从 73 项指标中筛选出了 16 项指标，作为衡量区域发展程度的核心指标体系。16 项指标分别是：（1）出生时的预期寿命；（2）2 万人以上地区人口百分比；（3）人均每天动物蛋白质消费；（4）中小学入学率；（5）职业教育入学率；（6）每一居室平均居住人数；（7）每千人中读报份数；（8）经济活动人口使用电、水、气的百分比；（9）每个男性农业劳动者的农业产量；（10）农业成年男性劳动力的百分比；（11）人均电力消费量；（12）人均钢材消费量；（13）人均能源消费量；（14）制造业在国内生产总值中的百分比；（15）人均对外贸易额；（16）工薪收入者占总经济活动人口的百分比。这 16 项目指标中，（1）~（7）为社会指标，（8）~（16）为经济指标。这些指标大多采用了“人均指标”，能较好地反映区域经济社会发展水平，但这个指标体系也受到一些质疑，主要是因为这些指标是按照发达国家的模式设计的，总是强调对产出的衡量，缺乏对区域经济发展过程中的结构变化、协调程度进行度量。

3. 世界银行设计的世界发展指标体系（1978）

世界银行所设计的发展指标体系侧重于从经济发展的总体层面来考察一国经济发展程度，并重点关注一国经济发展的基本指标。具体来讲，世界发展指标体系主要从以下几个方面进行展开，并设计相应的衡量指标。

第一，一国经济发展基本指标：人均 GDP、GDP 年增长率、通胀率、人均预期寿命。

第二，国内生产、投资和消费：生产的年均增长率、生产结构、农业生产指标、商业能源、制造业的结构、制造业的收入和产值、消费和投资的年均增长率、需求结构、家庭消费结构。

第三，财政和货币政策：中央政府支出（包括教育、卫生、医疗等）、中央政府的经常收入、货币和利率。

第四，贸易和国际收入平衡：商品贸易的增长、进口商品结构、出口商品结构、国际收支和国际储备。

第五，外部融资：对外债务总额、政府和私人的外资流入、政府和私人的对外债务总额和债务偿还率、对外公共债务的债务偿还率、对外公共借款的偿还条件。

第六，人力资源：人口增长和预测、人口统计和生育率、医疗卫生和营养、教育、入学、收入分配和国际比较项目对 GDP 的估计数、城市化。

4. 物质生活质量指数（1979）

莫里斯在 1979 年的《世界贫困条件的度量：物质生活质量指数》一书中提出了一种“物质生活质量指数”（PQLI），这种指数主要由三个指标构成：预期寿命、婴儿死亡率和识字率。每个指标分为 100 个等级，1 代表最坏的实绩，100 代表最好的实绩，将三个指标的得分加权平均，便得到一个国家或地区的综合发展指数。这种指标体系的优点主要是简洁、易算、可比性强，克服了国民生产总值指标的不足，但缺点是其范围过于狭窄，没有考虑到社会指标（公正、自由）和心理上的许多因素。

此外，莫里斯和阿得尔曼在《社会、政治与经济发展》一书中提出了社会、政治和经济变量综合指标体系。具体指标主要包括传统农业部门的规模、二元结构的程度、都市化的程度、基本社会组织的特征、当地中产阶级的地位、社会流动性程度、大众传媒的水平、文化与种族的同质程度、社会紧张程度、人口毛出生率、观念现代化程度、国家一体化程度与民族团结意识、政治权力集中程度、政治上反对派与出版自由程度、政党制度的主要基础、传统上层人物的政治力量、武装部队的政治力量、政府机关的效率、领导层对经济的支持程度、政治稳定程度、1961 年人均 GDP、自然资源的丰裕程度、总投资率、工业现代化水平、农业组织的特征、农业技术现代化水平、物质资本是否充分、税收体制的实际水平、财政体制的实际水平、人力资源的提高程度、对外贸易结构，等等。这套指标体系比较全面的考察了经济与社会、政治各因素及其相互关系，强调了人力资本的作用。但是，有些指标难以准确量化；有的指标也不符合发展中国家的实际情况，适用性不强。

5. 人类发展指数（HDI）（1990）

这个指数是联合国发展计划署（UNDP）在 1990 年首次发表的《人

类发展报告》中提出来的，其后对其进行了修正。这个指标体系也是由三个指标构成，即寿命、教育程度和生活水准。这三个指标是按 0～1 分级的，0 为最坏，1 为最好。在算出每个指标等级后，对它们进行简单的平均，便可以得到一个综合的人类发展指数。

这套指标的关键点在于如何对选择确定的多项统计指标进行综合。常见的方法主要有评分法、加权评分法、加权法。然而，无论哪一种方法在计算的过程中都会受到各种主观因素的影响，如评分的尺度、权数的确定等，这不可避免地就会使各项统计指标综合评价的可靠性大打折扣。尽管人们不断地从方法上采取措施来控制主观因素的影响，但还是存在一定的局限性。

6. 中国社会科学院的综合指标（2003）

中国社会科学院社会学研究所结合我国经济社会发展的客观情况，提出了一套"社会指标"体系。主要指标包括：GDP 增长速度、人口总数和净增率、人均 GDP、城市化水平、第三产业从业人员比例、公共教育经费占 GDP 的比重、在校大学生占适龄人口的比重、每千人口医生数、平均预期寿命、城镇居民人均可支配收入、农民人均纯收入、居住条件、居民人均用电量、恩格尔系数、城乡收入差距、贫富差距（基尼系数）等。

这是一套包括社会结构、经济与科教发展、人口素质、生活质量和环保、法制及治安 5 个子系统的指标体系。中国社会科学院社会学研究所利用这个体系对全国的 30 多个省市区的城乡和近 60 个主要城市进行了发展程度的评价和发展目标的预测。在此基础上，对经济发展水平、经济结构和社会结构、综合国力和综合发展指数、消费水平和消费结构、教育和文化生活、社会保障和健康水平、人口状况、收入分配和贫困状况等小康社会的各项指标进行了广泛的国际比较，分析了全面建设小康社会的难点问题。

这套指标体系的优点是坚持经济建设发展和人民生活水平提高相结合、速度与效益相结合、经济总量增长与经济结构优化相结合、经济发展与社会发展相结合，相对其他指标体系而言，更具科学性和适用性，也比较符合我国的国情。然而，对其进行较为深入的分析，不难发现这套指标对社会发展情况考察过多，对经济发展状况考察过少。

二、中部六省经济发展综合评价指标体系构建

（一）指标的内涵与分类

1. 指标与指标体系的内涵

指标具有揭示、指明、宣布或者使公众了解等含义。它是帮助人们理解事物如何随时间发生变化的定量化信息，反映总体现象的特定概念和具体数值。指标由指标名称和具体数值构成。指标名称表明所研究现象数值方面的科学概念，即质的规定性。依据指标名称所反映的社会经济内容，通过统计工作获得的统计数字就是指标数值。因此，指标是数与量的统一。由此可见，如果要应用指标认识和说明所研究现象的特征，就必须把反映总体现象的特定概念和具体数值结合起来。指标属于说明总体数量特征的统计范畴，它包括可以用数值来表示的客观指标和不能直接用数字来表示的主观指标两类。主观指标反映公众对客观事物或现象的感受、愿望和态度，一般不能直接取得指标值，因此本文所称谓的指标主要是指客观指标。

任何指标都是从数量上说明物质的总体或某种属性和特征的，其语言是数字。通过一个具体统计或调查指标，可以表明一个简单现象，从而达到反映事物总体现象的一个侧面或某一个侧面的某一特征。要反映被研究事物的总体全貌，就必须把一系列相互联系的数量指标和质量指标结合在一起加以运用。凡是客观存在的、相互联系的若干个指标所组成的一个整体，就称为指标体系。它是由一系列相互联系、相互制约的指标组成的科学、完整的总体。

2. 指标的分类

通常根据不同的目的，指标有不同的分类。根据区域经济发展评价的要求，指标主要可以作如下不同的分类：

（1）总量指标、相对指标与平均指标。反映社会经济现象的总规模、水平或工作总量的指标为总量指标，如GDP、总人口、出口总额、运输周转量、污水排放总量、科技活动人员总数等；相对指标是用来表明社会经济现象和过程所固有的数量对比关系，如工业全员劳动生产率、人

口出生率、万人拥有科技人员数等；平均指标则反映了同质总体各单位在某一数量标志上的一般水平，如人均 GDP、人均居住面积、城镇职工平均工资、农村人均收入等。

（2）描述性指标与评估指标。描述性指标主要反映实际的发展状态与发展趋势，如经济水平、人民生活质量、资源环境质量以及人口增长率、产值增长率、资源利用变化率、环境等。而评估性则是用来评估各大系统相互联系与协调程度的指标，如人口、资源、经济、环境之间的协调发展程度。

（3）水平指标、变动指标和结构指标。水平指标是为了描述区域经济发展状态，如产量、产值、污染排放量；而变动指标则为了测度水平指标的增长或下降情况，如增长率、减少率；结构指标则是为了刻画系统变量之间的构成与比例关系，如三次产业构成、城市化率、工业化率等。

（4）投入指标与产出指标。从理论上而言，某个领域的发展状态应该由直接反映其发展水平的指标（产出指标）来测度。但问题是有时难以搜集到有关的产出指标，这时用反映旨在提高发展水平的政策投入情况的指标（投入指标）来代替，如环保投资量、R&D 经费占 GDP 的比重等。

（5）消费指标和储蓄指标。消费指标指当代人为了生存，解决吃、穿、住、行等消费。储蓄指标是指为了增强今后区域经济发展持续能力而进行的投入考察变量，如研发经费就属于储蓄指标。

（6）存量指标与流量指标。在测度区域经济发展水平的指标体系中，“存量”的消耗过程与“流量”不同，诸如个人收入和闲暇时间等反映一定时间段内数量的指标被称为流量指标，而诸如自然资源等反映某种资产的存在量的指标被称为存量指标，其价值转移需要多个生产周期才能完成。

（二）指标选取的一般原则

区域是一个社会、经济和自然资源的新型复合系统，具有变量多而庞杂、不确定指标作用显著等特点，单独选出几个指标不足以反映区域经济发展的总体特征，按照上述几个指标体系的思路，全部选出所有指标又会因指标过多过细增加资料获取和评价的难度，既无必要更不可能。为使构建的指标体系达到粗而不失描述预测区域经济发展目标的主题本质特征，细而不失建模的实际可能性的目的，在设置指标体系时应遵循以下原则：

(1) 简明科学性和可操作性原则。一方面，指标体系必须立足于客观的现实，建立在准确、科学的基础上，所选指标的集合能够反映区域经济各个方面发展的真实水平。指标概念必须明确，并且有一定的科学内涵，能够真实度量和反映区域经济发展的结构和功能，以及主要的运行特征。另一方面，指标体系要广泛适用于不同的区域，指标具有可测性和可比性，易于量化，并且所需的数据应容易获得（最好尽可能利用现有的官方统计资料），计算方法简单易行。

(2) 相对完备性原则和主成分性相结合的原则。指标体系作为一个有机整体，应该能够比较全面地反映和测度区域经济发展中的主要特征和发展状况。指标体系大小适宜，过大会因指标层次过多过细而掩盖主要问题，不利于揭示所研究的主要矛盾；过小则会因指标层次过少过粗而无法反映区域经济发展运行的全貌。同时，在完备性的基础上，指标体系力求简洁，尽量选择那些有代表性的综合指标和主要指标。

(3) 相对独立性原则。描述区域经济发展状况的指标往往存在指标间信息的重叠，因此在选择指标时，应尽可能选择具有相对独立性的指标，从而增加评价的准确性和科学性。

(4) 稳定性与动态性相结合的原则。要使评价指标体系能够揭示区域综合竞争力的规律性，还必须保证评价指标体系的相对稳定性。但是，区域综合竞争力具有动态性特征，即构成区域竞争力的各个主要因素以及评价标准是一个持续改进的过程。因此，在保证指标体系基本稳定的前提下，还应当根据区域综合竞争力各主要因素的变动趋势，并随经济形势的现实状况和客观条件的变化加以动态调整，以便使评估结果具有一定的前瞻性，能够反映区域综合竞争力的发展趋势。

(5) 层次性和结构性指标并重的原则。在指标设计时，一方面，要根据区域经济发展的内在机制构建层次性指标，以达到对区域经济发展水平和状态的评价；另一方面，还要依据区域经济发展的系统运行机理，构建结构性指标，以达到对区域经济发展程度进行评价。

(三) 中部六省经济发展综合评价指标体系选取

中部六省包括山西、安徽、江西、河南、湖北、湖南6省，地处我国内陆腹地，具有承东启西、连南接北的区位优势，人口众多，资源丰富，农业特别是粮食生产优势明显，工业基础比较雄厚，水陆空交通便捷，科教基础较好。新中国成立以来，为保障国家粮食安全，推进工业化和现代化建设进程做出了巨大的贡献。党中央、国务院高度重视中部地区发展，2006年4月出台的《中共中央国务院关于促进中部地区崛起的若干意见》（中发［2006］10号）确定了中部地区作为全国重要粮食生产基地、能源原材料基地、现代装备制造及高技术产业基地和综合交通运输枢纽（简称“三基地、一枢纽）的战略定位，明确了促进中部地区崛起的重大任务和政策措施。为了加快促进中部地区崛起，国家发改委会同中部六省人民政府和国务院有关部门开展了《中部地区崛起规划》（以下简称《规划》）的编制工作。经国务院第81次常务会议审议通过，国务院以国函［2009］130号正式批复了该《规划》，为了进一步明确《规划》落实的目标和进度，以及细化任务的要求，国家发改委制定了《促进中部地区崛起规划实施意见》（以下简称《实施意见》）。

《实施意见》不仅明确了中部崛起的主要量化指标和一系列定性的任务要求，更是提出了2015～2020年中部六省崛起的总体目标，规定到2015年，中部地区崛起要努力实现以下几个目标：第一，经济发展水平显著提高。重点地区开发开放取得成效，“三个基地、一个枢纽”地位进一步提升，经济发展方式明显转变，质量和效益有较大提高，整体经济实力进一步增强，经济总量占全国的比重进一步提高，人均地区生产总值力争达到全国平均水平，城镇化率提高到48%。第二，经济发展活力明显增强。公有制经济不断巩固和发展，国有经济在重要行业和关键领域的地位进一步增强。非公有制经济加速发展，非公有制工业增加值占工业增加值的比重有较大提升。承接产业转移取得积极的成效，自主创新能力显著提高，形成一批具有国际竞争力的自有品牌、优势企业、产业集群和产业基地。第三，可持续发展能力不断提升。万元地区生产总值能耗累计下降25%，能源利用效率逐步提高；万元工业增加值用水量累计减少30%，水资源利用更加集约；单位地区生产总值和固定资产投资新增建设用地消耗量持续下降，耕地保有量保持稳定；大江大河防洪体系基本形成，防灾减灾能力不断增强；主要污染物排放量得到了有效控制，生态环境质量总体改善。第四，和谐社会建设取得新进展。社会主义新农村建设取得显著成效，城乡基本公共服务明显改善，高中阶段教育基本普及，城乡公共卫生和公共文化服务体系基本建立，城乡就业更加充分，覆盖城乡居民的社会保障体系逐步形成，城乡居民收入年均增长率均超过9%。

到2020年，中部地区现代产业体系基本建立，创新能力显著增强，体制机制更加完善，区域内部发展更加协调，与东西部合作更加紧密，人与自然和谐发展，基本公共服务趋于均等化，城乡一体化发展格局基本形成，整体经济实力大幅提升，对全国经济发展的支撑作用明显增强，全面实现了建设小康社会目标。使中部地区成为彰显发展优势、充满发展活力、城乡欣欣向荣、人民安居乐业、社会和谐稳定、生态环境良好，支撑全国发展的重要人口和产业承载地区。

在国务院、发改委等出台的促进中部崛起相关政策的指导下，结合区域经济发展指标选取的一般原则，以及紧扣中部六省崛起的战略新定位以及总体发展目标，从经济发展水平、经济发展活力、永续发展能力、福祉普惠水平等方面入手来设计指标体系。然后，我们就具体的指标内容广泛征询区域经济研究方面的专家的意见，经过多轮的反复筛选、增删、修改、调整和系统整合，最终构建了如表1所示的中部经济发展综合评价指标体系。该指标体系具有以下特点：（1）以2010年8月25日国家发改委公布的《促进中部地区崛起规划实施意见》（以下简称《实施意见》）明确的中部崛起的发展目标与内容作为指标体系设计的主要依据；（2）《实施意见》中提到的人均生产总值、粮食综合生产能力、城镇化率、城镇居民收入、农村居民收入等主要量化指标均被收录进本报告指标体系之中；（3）本年度报告新增了“克强经济指数”，主要包括耗电量、铁路货运量和贷款发放量这三个指标。

表1　中部经济发展综合评价指标体系

评价目标层	一级指标	二级指标
中部六省经济发展综合评价指标体系	经济发展水平	经济总量占全国的比重（%）
		人均地区生产总值（元）
		大中型工业企业总资产贡献率（%）
		粮食生产量（万吨）
		第三产业占GDP比重（%）
		互联网宽带接入端口（万个）
		铁路货运量（万吨）
		城镇化率（%）
	经济发展活力	非国有工业总产值占全部工业总产值比重（%）
		银行业金融机构各项贷款余额（亿元）
		外商全社会固定资产投资额（亿元）

续表

评价目标层	一级指标	二级指标
中部六省经济发展综合评价指标体系	经济发展活力	社会消费品零售额占工农业总产值的比重（%）
		研究与实验发展（R&D）人员全时当量（人年）
		研究与实验发展（R&D）经费投入强度（%）
		万人技术市场成交额（元）
		规模以上工业企业新产品产值占工业总产值比重（%）
	持续发展能力	环境污染治理投资占 GDP 比重（%）
		万元地区生产总值能耗（吨标准煤/万元）
		地区生产总值耗电量（千瓦小时/元）
		工业固体废物综合利用率（%）
		人均工业废气排放量（亿标立方米）
		人均耕地面积（公顷）
		人均水资源量（立方米/人）
		森林覆盖率（%）
	福祉普惠水平	城镇居民人均可支配收入（元）
		农村居民人均纯收入（元）
		城乡居民收入比
		每万人高等学校在校生数（人）
		每万人拥有病床数（个）
		养老金社会化发放人数（万人）
		新型农村合作医疗补偿收益人次（万人次）
		城镇登记失业率（%）

三、中部六省经济发展综合评价模型

区域经济社会发展竞争力评价指标体系具有时间、空间、层次、结构、数量等特点与功能。如何建立综合评价模式是区域经济社会发展竞争力研究中的一个重要组成部分。而对区域经济社会发展竞争力评价的目标除了对单个子系统的评价外，更重要的还是对区域经济社会发展竞争力的整个情况进行综合评价与比较。一般而言，对于指标的综合集成的方法主要有线性加权模型、乘法模型、加法模型以及乘法与加法的混合模型，而它们各有优缺点，其中，加法模型要求各项指标是独立的，指标之间可以进行线性补偿，例如，即使一项指标水平较低，但其他指标水平较高，那么总的评价仍然可以比较高（见图 1）。加法规则反映了好坏搭配的特征，即各个因素变化具有独立性，它们对价值的变化没有本质上的差异而互相线性互补。其 K 维公式为：

$$F = W_{ij} \cdot X_{ij}^{'}$$

式中，W_{ij}是指标 X_{ij}相对于目标层的权重。$X_{ij}^{'}$是指标 X_{ij}的标准化值。它的价值曲面和等值线如图 1 所示。

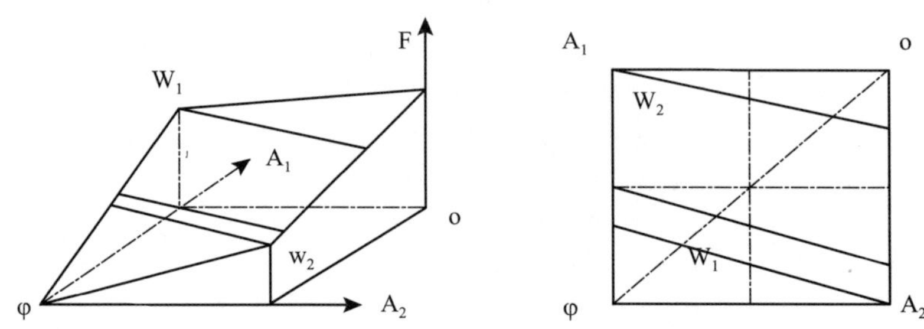

图 1　加法规则的价值曲面和等值线

乘法模型应用时则要求各项指标尽可能取得较好的水平，才能使总的评价值较高（见图 2）。它不允许评价指标的任何一项指标处于最低水平，只要一个因素的价值为 0，则不论其余因素具有多高的价值，总价值都将为 0，反映其不可偏废的特征。其 K 维公式为：

$$F = \prod W_{ij} \cdot X_{ij}^{'}$$

式中，W_{ij}是指标 X_{ij}相对于目标层的权重。$X_{ij}^{'}$是指标 X_{ij}的标准化值。它的价值曲面和等值线如图 2 所示。

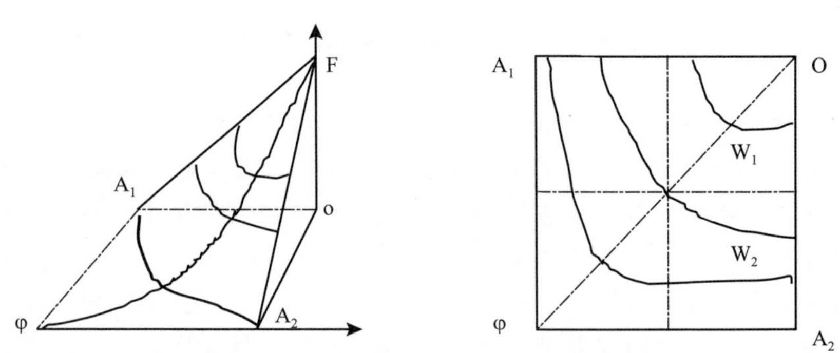

图 2　乘法规则的价值曲面和等值线

考虑到中部六省经济社会发展的阶段性，此处采用的是简单的线性加权加法模型来对中部六省经济社会发展竞争力总体情况进行综合评价。

这种评价模型因其指标含义清晰、综合解释能力强得到了普遍的运用。其指标权重的确定以及数据标准化处理方法如下。

(一)指标权重的确定

为了求取较为客观和较大的认同程度，采取 Delphi 专家咨询法和层次分析法（AHP）来对指标的权重进行运算确定。其中，层次分析法（AHP）的具体步骤为：

（1）构建区域经济发展评价指标体系的递阶层次结构。分析系统中各因素之间的关系，构建系统的递阶层次结构。将复杂系统分解成若干组成因素，这些因素按照其属性分成若干组，形成不同层次。其第一层次只有一个因素，各层次因素仅属于某一层次，且结构中的每一因素至少与该因素的上层或下层某一因素有某种支配关系，而属于同层的各因素间以及不相邻两层因素间不存在直接的关系。区域经济社会发展竞争力指标体系的递阶层次结构分为四层。

（2）构造判断矩阵。在递阶层次建立之后，针对上一层指标因素，下一层次与之有联系的分指标之间两两进行比较所得的相对重要性程度，用具体的标度值表示出来，写成矩阵形式，即是判断矩阵：

$A=(b_{ij})_{n\times n}$，并满足 $b_{ij}=1/b_{ji}$，$i\neq j$，i，$j=1$，2，…，n；$b_{ij}>0$，$b_{ij}=1$

式中：A 为判断矩阵；n 为两两比较的因素数目；b_{ij}为因素 X_i 与 X_j 相对某一准则重要性的比例标度值。标度是人们根据对客观事物的观察和认识，在特定范围内对事物的某种特性所规定的对比基准。这里 b_{ij} 比例标度采用 Saaty T. L. 的 1～9 标度数法来进行表示。一般可采用 5 级定量法，即相等、弱、强、很强、极强、相应的赋值可以是 1、3、5、7、9。至于一个元素比另一个元素为次要，则其定量赋值可取 1、3、5、7、9 的倒数。如果有些问题的分级可有较高的精确度，认为上述 5 级定量不足以描述清楚，则可用 2、4、6、8 四个数字进行内插，成为 9 级定量法。

（3）权重的计算。由判断矩阵计算被比较因素对某一准则的相对权重。N 个因素 X_1，X_2，…，X_n 对于准则的判断矩阵 A，n 个因素对于准则 C 的相对权重 W_1，W_2，…，W_n。相对权重其向量形式为：$W=(W_1, W_2, \cdots, W_n)^T$。用特征根法求解判断矩阵的最大特征根与相应的特征向量，经正规化的特征向量即为相应权重向量。并进行一致性检验：

$$\lambda_{\max} = \sum AW_i/nW_i$$

式中：λ_{max}为判断矩阵的最大特征根；W_i 为因素 I 的特征向量，即相对权重。由于在专家构造判断矩阵时，不可避免的产生认识上的不一致，为考虑层次分析得到的结果是否基本合理，需要对判断矩阵进行一致性检验。

(4) 计算各层因素对系统目标的合成权重。同时对各因素或准则对系统目标实现程度的作用（相对权重）进行排序。

(二)数据标准化处理

从表1可知，中部六省经济发展综合评价指标量纲不同，有的是实物量，有的是价值量，有的是人均量，有的是百分比，不能直接进行计算，此外，还有些指标是逆向指标，对于经济社会发展的贡献属于负效用。为此，需要对原始数据进行标准化处理。数据的标准化处理包括数据的正向化处理和无量纲处理。数据的正向化处理是指通过科学方法将逆向指标（即越小越好的指标）转为正向指标（即越大越好的指标），同时使数据的解释意义不变；数据的无量纲处理是指通过数学方法消除不同计量单位的影响，便于数据的合成和比较。目前，数据标准化的方法很多，但常用的数据标准化处理方法主要有Z值标准化方法和极差的标准化方法两种。

1. Z值标准化

首先，对逆向指标进行正向化处理

$$x_{ij}=\begin{cases}x_{ij}，对正指标\\1/x_{ij}，对逆指标\end{cases}$$

其次，采用Z－Score标准化对所有正向指标进行标准化

$$X_{ij}=\frac{x_{ij}-\overline{x_j}}{\sigma_j}$$

式中，X_{ij}为标准化后的指标值，x_{ij}为正向化处理后的指标值，$\overline{x_j}$为该项指标的平均值，σ_j 为该项指标的标准差。

2. 极差标准化

首先，对逆向指标进行标准化

$$X_{ij}=\frac{\max(x_{ij})-x_{ij}}{\max(x_{ij})-\min(x_{ij})}$$

其次，对正向指标进行标准化

$$X_{ij}=\frac{x_{ij}-\min(x_{ij})}{\max(x_{ij})-\min(x_{ij})}$$

本报告为了便于比较，采用极差的标准化方法对原始数据进行标准化处理。

（三）指标数据的收集与处理

对于评价指标体系数据的收集，我们编撰的《中国中部经济发展报告（蓝皮书）》主要通过查阅公开发表的全国统计年鉴，各省区统计年鉴，全国和各省区的统计公报、环境公报、水利公报以及部门专用年鉴等资料获得，以此保证数据的权威性和可对比性。本年度评价指标数据资料主要来源于《中国统计年鉴（2007，2012）》、《中国金融统计年鉴（2007，2012）》、《中国科技统计年鉴（2007，2012）》、《中国环境资源统计年鉴（2007，2012）》、《中国教育统计年鉴（2007，2012）》、《中国劳动统计年鉴（2007，2012）》以及南昌大学中国中部经济发展研究中心数据库等。

数据缺失是收集中部地区经济发展评价基础数据时经常遇到的问题之一。我们对于缺失数据的处理采用以下原则：（1）如果某一年份全部省区的某一个指标数据全部缺失，同一指标前后年度数据也全部缺失，并且无法根据其他的指标计算，则在此年度放弃这一指标，寻找新的相关指标替代。（2）如果某一年份全部省区的某一个指标数据全部缺失，并且同一指标前后年度数据也全部缺失，但是可以根据其他指标推算，则在此年度根据其他指标推算。（3）如果某一年或连续几年某些省区的某一个指标缺失，但是同一省区同一指标数据该年度数据并未缺失，则此省区缺失数据根据其前后年度数据采用内插法和外延法按照等差或等比变化填补，填补后的数据根据当时的社会经济情况进行修订。（4）如果某一年或连续几年某些省区的某一个指标数据缺失，并且同一省区同一指标数据缺失年度的前一年度数据也缺失，一种方法是根据此省区缺失年度数据后一年度数据，寻找水平和其他方面与之相差不大的省区，参照其历史发展水平进行填补；另一种方法是按照同年同一指标其他省区的最低值进行填补，逆指标按照最高值进行填补，填补后的数据仍需根据当时的社会、经济情况进行修订。（5）如果某一年份统计年鉴的统计指标发生了调整，造成数据年度前后统计口径不一致，则此报告采用新指标执行。

四、中部六省经济社会发展竞争力评价数据库

表 2 中部六省 2006 年经济发展综合评价指标数据库

一级指标	二级指标	山西	安徽	江西	河南	湖北	湖南
经济发展水平	经济总量占全国的比重（%）	2. 255	2. 826	2. 228	5. 715	3. 521	3. 554
	人均地区生产总值（元）	14 123. 000	10 055. 000	10 798. 000	13 313. 000	13 296. 000	11 950. 000
	大中型工业企业总资产贡献率（%）	10. 420	10. 870	12. 820	14. 900	10. 770	13. 830
	粮食生产量（万吨）	1 073. 300	2 860. 700	1 854. 500	5 010. 000	2 210. 100	2 706. 200
	第三产业占 GDP 比重（%）	36. 400	40. 200	33. 500	29. 800	40. 600	40. 800
	互联网宽带接入端口（万个）	148. 000	134. 300	122. 100	230. 800	221. 700	207. 900
	铁路货运量（万吨）	65 438. 000	11 095. 000	6 090. 000	15 133. 000	5 702. 000	6 250. 000
	城镇化率（%）	43. 010	37. 100	38. 680	32. 470	43. 800	38. 710
经济发展活力	非国有工业产值占全部工业总产值比重（%）	16. 090	18. 809	28. 289	27. 211	16. 232	30. 888
	银行业金融机构各项贷款余额（亿元）	4 878. 660	5 205. 200	3 501. 160	8 663. 600	6 696. 090	5 233. 600
	外商全社会固定资产投资额（亿元）	15. 500	93. 100	66. 400	147. 700	127. 700	57. 300
	社会消费品零售额占工农业总产值的比重（%）	53. 334	55. 195	45. 963	44. 225	75. 730	63. 208
	研究与实验发展（R&D）人员全时当量（人・年）	38 767	29 875	25 797	59 692	62 100	39 752
	研究与实验发展（R&D）经费投入强度（%）	0. 760	0. 970	0. 810	0. 640	1. 250	0. 710
	万人技术市场成交额（元）	17. 278	30. 162	21. 057	25. 012	77. 697	71. 071
	规模以上工业企业新产品产值占工业总产值比重（%）	6. 762	10. 141	7. 341	4. 066	13. 605	14. 213

续表

一级指标	二级指标	山西	安徽	江西	河南	湖北	湖南
永续发展能力	环境污染治理投资占 GDP 比重（%）	0.753	0.089	0.142	0.200	0.195	0.225
	万元地区生产总值能耗（等价值）	2.888	1.171	1.023	1.340	1.462	1.352
	地区生产总值耗电量（千瓦小时/元）	0.231	0.108	0.096	0.122	0.116	0.102
	工业固体废物综合利用率（%）	45.000	81.600	35.600	67.600	72.300	73.000
	人均工业废气排放量（亿标立方米）	18 128	8 677	5 096	16 770	11 015	5 986
	人均耕地面积（公顷）	1.124	0.670	0.484	0.767	0.555	0.532
	人均水资源量（立方米/人）	263.100	949.300	3 768.700	342.800	1 122.000	2 794.900
	森林覆盖率（%）	13.290	24.030	55.860	16.190	26.770	40.630
福祉普惠水平	城镇居民人均可支配收入（元）	10 027.700	9 771.050	9 551.120	9 810.260	9 802.650	10 504.670
	农村居民人均纯收入（元）	3 180.920	2 969.080	3 459.530	3 261.030	3 419.350	3 389.620
	城乡居民收入比	3 152	3.291	2.761	3.008	2.867	3.099
	每万人高等学校在校生数（人）	132.275	108.623	177.581	103.716	191.863	130.902
	每万人拥有病床数（个）	33.216	21.820	20.300	23.830	24.970	25.130
	养老金社会化发放人数（万人）	101.424	131.015	108.839	189.716	206.917	165.168
	新型农村合作医疗补偿收益人次（万人次）	796.010	1 087.870	511.040	3 130.550	2 078.450	913.900
	城镇登记失业率（%）	3.2	4.3	3.6	3.5	4.2	4.3

表 3　　中部六省 2011 年经济发展综合评价指标数据库

一级指标	二级指标	山西	安徽	江西	河南	湖北	湖南
经济发展水平	经济总量占全国的比重（%）	2. 413	3. 285	2. 513	5. 783	4. 330	4. 223
	人均地区生产总值（元）	31 276. 371	25 637. 902	26 075. 758	28 686. 621	35 024. 835	29 820. 497
	大中型工业企业总资产贡献率（%）	12. 090	13. 780	16. 820	18. 320	13. 700	21. 040
	粮食生产量（万吨）	1 193. 000	3 135. 500	2 052. 800	5 542. 500	2 388. 500	2 939. 400
	第三产业占 GDP 比重（%）	35. 247	32. 521	33. 507	29. 675	35. 935	38. 331
	互联网宽带接入端口（万个）	639. 200	732. 800	562. 000	1 104. 100	746. 100	780. 300
	铁路货运量（万吨）	69 194. 000	12 507. 000	6 046. 000	14 368. 000	6 431. 000	6 321. 000
	城镇化率（%）	49. 680	44. 800	45. 700	40. 570	51. 830	45. 100
经济发展活力	非国有工业产值占全部工业总产值比重（%）	22. 453	33. 075	35. 299	39. 312	24. 316	45. 448
	银行业金融机构各项贷款余额（亿元）	11 265. 560	14 164. 400	9 301. 950	17 648. 900	16 332. 050	13 462. 500
	外商全社会固定资产投资额（亿元）	79. 800	222. 000	213. 100	185. 900	322. 700	147. 800
	社会消费品零售额占工农业总产值的比重（%）	53. 643	47. 993	44. 786	49. 915	66. 815	56. 758
	研究与实验发展（R&D）人员全时当量（人·年）	47 355	81 087	37 517	118 041	113 920	85 783
	研究与实验发展（R&D）经费投入强度（%）	1. 010	1. 400	0. 830	0. 980	1. 650	1. 190
	万人技术市场成交额（元）	62. 573	108. 971	76. 172	41. 287	218. 283	53. 654
	规模以上工业企业新产品产值占工业总产值比重（%）	5. 562	12. 982	5. 307	5. 532	11. 519	14. 679

续表

一级指标	二级指标	山西	安徽	江西	河南	湖北	湖南
永续发展能力	环境污染治理投资占 GDP 比重（%）	2.210	1.750	2.060	0.610	1.320	0.650
	万元地区生产总值能耗（等价值）	1.762	0.754	0.651	0.895	0.912	0.894
	地区生产总值耗电量（千瓦小时/元）	0.147	0.080	0.071	0.099	0.072	0.066
	工业固体废物综合利用率（%）	65.500	84.600	46.500	77.100	80.500	81.000
	人均工业废气排放量（亿标立方米）	35 190	17 849	9 812	22 709	13 865	14 673
	人均耕地面积（公顷）	1.780	1.400	0.960	1.120	1.230	0.890
	人均水资源量（立方米/人）	347.000	1 010.100	2 319.100	349.000	1 319.100	1 711.900
	森林覆盖率（%）	14.120	26.060	58.320	20.160	31.140	44.760
福祉普惠水平	城镇居民人均可支配收入（元）	18 123.370	18 606.130	17 494.870	18 194.800	18 373.870	18 844.050
	农村居民人均纯收入（元）	5 601.400	6 232.210	6 891.630	6 604.030	6 897.920	6 567.060
	城乡居民收入比	3.236	2.985	2.539	2.755	2.664	2.869
	每万人高等学校在校生数（人）	165.452	166.097	184.625	159.794	232.771	161.894
	每万人拥有病床数（个）	43.733	34.217	30.207	37.240	38.899	39.067
	养老金社会化发放人数（万人）	141.[illegible]00	186.800	162.700	260.200	326.200	223.400
	新型农村合作医疗补偿收益人次（万人次）	3 172.800	6 379.800	2 567.500	9 829.600	10 915.500	3 691.500
	城镇登记失业率（%）	3.5	3.7	3.0	3.4	4.1	4.2

表 4 中部六省 2006 年经济发展综合评价指标标准化数据库

一级指标	二级指标	山西	安徽	江西	河南	湖北	湖南
经济发展水平	经济总量占全国的比重（%）	0.007701	0.171297	0	1	0.370836	0.380276
	人均地区生产总值（元）	1	0	0.182645	0.800885	0.796706	0.465831
	大中型工业企业总资产贡献率（%）	0	0.100446	0.535714	1	0.078125	0.761161
	粮食生产量（万吨）	0	0.454035	0.19844	1	0.28877	0.414789
	第三产业占 GDP 比重（%）	0.6	0.945455	0.336364	0	0.981818	1
	互联网宽带接入端口（万个）	0.23827	0.112236	0	1	0.916283	0.789328
	铁路货运量（万吨）	1	0.090281	0.006495	0.157878	0	0.009174
	城镇化率（%）	0.930274	0.40865	0.548102	0	1	0.55075
经济发展活力	非国有工业产值占全部工业总产值比重（%）	0	0.183713	0.824397	0.75151	0.009616	1
	银行业金融机构各项贷款余额（亿元）	0.266831	0.330084	0	1	0.61888	0.335585
	外商全社会固定资产投资额（亿元）	0	0.586989	0.385023	1	0.848714	0.316188
	社会消费品零售额占工农业总产值的比重（%）	0.289132	0.348205	0.055163	0	1	0.602546
	研究与实验发展（R&D）人员全时当量（人·年）	0.357271	0.112332	0	0.933669	1	0.384403
	研究与实验发展（R&D）经费投入强度（%）	0.196721	0.540984	0.278689	0	1	0.114754
	万人技术市场成交额（元）	0	0.213233	0.06254	0.127999	1	0.890332
	规模以上工业企业新产品产值占工业总产值比重（%）	0.265726	0.598725	0.322807	0	0.940152	1

续表

一级指标	二级指标	山西	安徽	江西	河南	湖北	湖南
永续发展能力	环境污染治理投资占 GDP 比重（%）	1	0	0.079807	0.166823	0.159856	0.204978
	万元地区生产总值能耗（等价值）	0	0.920643	1	0.830027	0.764611	0.823592
	地区生产总值耗电量（千瓦小时/元）	0	0.91022	1	0.805173	0.85149	0.955441
	工业固体废物综合利用率（%）	0.204348	1	0	0.695652	0.797826	0.813043
	人均工业废气排放量（亿标立方米）	0	0.725215	1	0.104205	0.54581	0.931707
	人均耕地面积（公顷）	1	0.290857	0	0.442242	0.112019	0.075438
	人均水资源量（立方米/人）	0	0.195744	1	0.022735	0.245008	0.722216
	森林覆盖率（%）	0	0.25229	1	0.068123	0.316655	0.642236
福祉普惠水平	城镇居民人均可支配收入（元）	0.499796	0.230643	0	0.271763	0.263783	1
	农村居民人均纯收入（元）	0.43193	0	1	0.59527	0.918075	0.857457
	城乡居民收入比	0.738772	1	0	0.466907	0.199959	0.638073
	每万人高等学校在校生数（人）	0.323998	0.055669	0.837982	0	1	0.308423
	每万人拥有病床数（个）	1	0.117681	0	0.273298	0.361559	0.373946
	养老金社会化发放人数（万人）	0	0.280501	0.070293	0.836944	1	0.604247
	新型农村合作医疗补偿收益人次（万人次）	0.108788	0.220205	0	1	0.59836	0.153792
	城镇登记失业率（%）	1	0	0.636364	0.727273	0.090909	0

表 5　　中部六省 2011 年经济发展综合评价指标标准化数据库

一级指标	二级指标	山西	安徽	江西	河南	湖北	湖南
经济发展水平	经济总量占全国的比重（%）	0	0.258905	0.029643	1	0.56901	0.537296
	人均地区生产总值（元）	0.600672	0	0.046645	0.324783	1	0.445576
	大中型工业企业总资产贡献率（%）	0	0.188827	0.528492	0.696089	0.179888	1
	粮食生产量（万吨）	0	0.446603	0.197678	1	0.274859	0.401517
	第三产业占 GDP 比重（%）	0.643681	0.328815	0.442659	0	0.723153	1
	互联网宽带接入端口（万个）	0.142409	0.315071	0	1	0.339605	0.402693
	铁路货运量（万吨）	1	0.102315	0	0.131786	0.006097	0.004355
	城镇化率（%）	0.809059	0.375666	0.455595	0	1	0.402309
经济发展活力	非国有工业产值占全部工业总产值比重（%）	0	0.46193	0.55863	0.733144	0.081012	1
	银行业金融机构各项贷款余额（亿元）	0.235249	0.582542	0	1	0.842236	0.498452
	外商全社会固定资产投资额（亿元）	0	0.585426	0.548786	0.436805	1	0.279951
	社会消费品零售额占工农业总产值的比重（%）	0.402034	0.145556	0	0.232828	1	0.543438
	研究与实验发展（R&D）人员全时当量（人·年）	0.122175	0.541081	0	1	0.948823	0.599399
	研究与实验发展（R&D）经费投入强度（%）	0.219512	0.695122	0	0.182927	1	0.439024
	万人技术市场成交额（元）	0.120263	0.382401	0.197096	0	1	0.069871
	规模以上工业企业新产品产值占工业总产值比重（%）	0.027177	0.818926	0	0.024004	0.662782	1

续表

一级指标	二级指标	山西	安徽	江西	河南	湖北	湖南
永续发展能力	环境污染治理投资占 GDP 比重（%）	1	0.7125	0.90625	0	0.44375	0.025
	万元地区生产总值能耗（等价值）	0	0.907291	1	0.780378	0.765077	0.781278
	地区生产总值耗电量（千瓦小时/元）	0	0.826718	0.930947	0.593367	0.92383	1
	工业固体废物综合利用率（%）	0.498688	1	0	0.80315	0.892388	0.905512
	人均工业废气排放量（亿标立方米）	0	0.683308	1	0.491804	0.840295	0.808456
	人均耕地面积（公顷）	1	0.573034	0.078652	0.258427	0.382022	0
	人均水资源量（立方米/人）	0	0.336241	1	0.001014	0.492926	0.692105
	森林覆盖率（%）	0	0.270136	1	0.136652	0.385068	0.693213
福祉普惠水平	城镇居民人均可支配收入（元）	0.466209	0.823656	0	0.518782	0.651507	1
	农村居民人均纯收入（元）	0	0.486541	0.995149	0.773324	1	0.744809
	城乡居民收入比	1	0.641166	0	0.310658	0.179497	0.474747
	每万人高等学校在校生数（人）	0.077536	0.086375	0.340266	0	1	0.02878
	每万人拥有病床数（个）	1	0.296495	0	0.519984	0.642612	0.65505
	养老金社会化发放人数（万人）	0	0.246079	0.115738	0.64305	1	0.444024
	新型农村合作医疗补偿收益人次（万人次）	0.072508	0.456672	0	0.869921	1	0.134643
	城镇登记失业率（%）	0.583333	0.416667	1	0.666667	0.083333	0

五、中部六省经济发展综合评价的结果分析

根据上述评价指标数据库中的数据，本报告采用解释性强的线性加权评价模型，按照先单项评价，后再进行综合的评价思路对中部六省的经济发展状况进行评价，结果如下。

（一）单项评价

1. 中部六省经济发展水平评价

表 6　　中部六省经济发展水平评价结果

	2006 年		2011 年		2006 ~ 2011 年		
	评价值	位次	评价值	位次	变化值	增长率（%）	位次变化
山西	0. 554138	4	0. 452286	3	-0. 10185	-18. 3803	+1
安徽	0. 295945	5	0. 236844	5	-0. 0591	-19. 9703	0
江西	0. 243264	6	0. 219648	6	-0. 02362	-9. 70797	0
河南	0. 575965	2	0. 447744	4	-0. 12822	-22. 2619	-2
湖北	0. 622015	1	0. 595419	1	-0. 0266	-4. 27578	0
湖南	0. 561251	3	0. 534048	2	-0. 0272	-4. 84685	+1

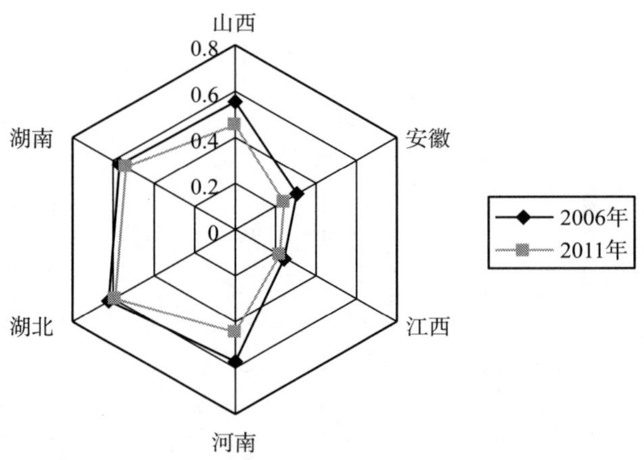

图 3　中部六省经济发展水平评价结果雷达图

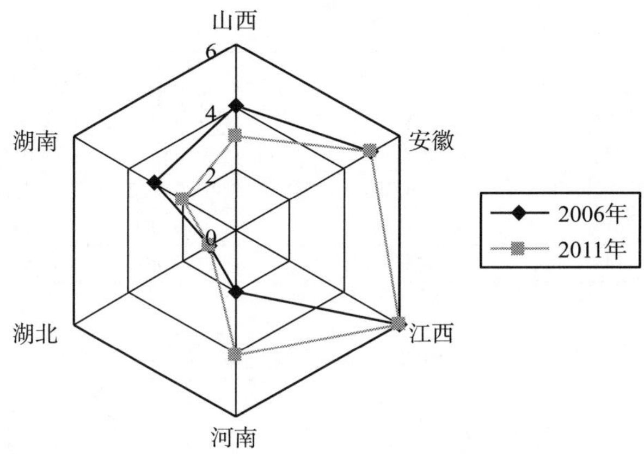

图4　中部六省经济发展水平位次变化雷达图

（1）从经济发展水平评价得分值来看，2006 年，中部六省经济发展水平评价得分值最高的是湖北（0.622），其次，从高到低排列分别是河南（0.576）、湖南（0.561）、山西（0.554）、安徽（0.296）、江西（0.243）；2011 年，评价得分值最高的仍然是湖北（0.595），其次，从高到低排列分别是湖南（0.534）、山西（0.452）、河南（0.448）、安徽（0.237）、江西（0.220）。（2）根据中部六省经济发展综合评价指标数据库（见表2），我们可以看出中部六省 2011 年经济发展水平各项指标表现不俗，较 2006 年均有很大增长，但我们从经济发展水平评价得分值的变化趋势来看，2011 年中部六省经济发展水平评价的得分值相对于 2006 年呈现普遍下降的发展态势，这表明中部六省已开始调低经济增长预期，放缓经济增速，进入经济转型期，开始从过去一味注重经济增长规模向经济增长质量与改善民生转变；而从中部六省经济发展水平位次变化情况来看，变化最大的是河南，从 2004 年中部六省的第二位变为 2011 年的第四位，后退了两个位次。

2. 中部六省经济发展活力评价

表 7　　中部六省经济发展活力评价结果

	2006 年		2011 年		2006～2011 年		
	评价值	位次	评价值	位次	变化值	增长率（%）	位次变化
山西	0.160746	6	0.141392	6	−0.01935	−12.0401	0
安徽	0.354827	4	0.527398	3	0.172571	48.63525	+1

续表

	2006 年		2011 年		2006～2011 年		
	评价值	位次	评价值	位次	变化值	增长率（%）	位次变化
江西	0.251143	5	0.168237	5	-0.08291	-33.0115	0
河南	0.475293	3	0.456774	4	-0.01852	-3.89633	-1
湖北	0.773161	1	0.733369	1	-0.03979	-5.14666	0
湖南	0.581414	2	0.543381	2	-0.03803	-6.54147	0

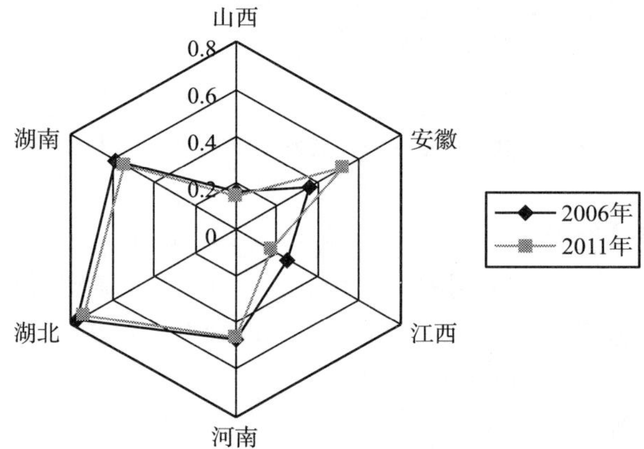

图 5　中部六省经济发展活力评价结果雷达图

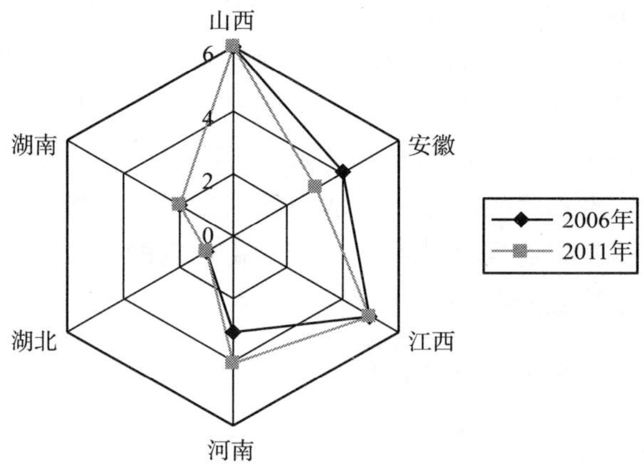

图 6　中部六省经济发展活力位次变化雷达图

（1）从经济发展活力评价得分值来看，2006 年，中部六省经济发展活力评价得分值最高的是湖北（0.773），其次，从高到低排列分别是湖南（0.581）、河南（0.475）、安徽（0.355）、江西（0.251）、山西

(0.161)；2011年，评价得分值最高的仍然是湖北（0.733），其次，从高到低排列分别是湖南（0.543）、安徽（0.527）、河南（0.457）、江西（0.168）、山西（0.141）。（2）根据中部六省经济发展综合评价指标数据库（见表2），可以看出除社会消费品零售额占工农业总产值的比重与规模以上工业企业新产品产值占工业总产值比重这两项指标外，衡量经济发展活力的大多数指标2011年的数据值要高于2006年，这说明中部六省经济发展活力自2006年以来总体上在不断提高，但在拉动内需与新产品创新上略显不足；从中部六省经济发展活力位次总的变化情况来看，中部六省经济发展活力变化最大的是安徽，其2011年评价得分值比2006年增长了48.64%，在中部六省排名中前进了一位，位列第三位，而河南则后退了一位，其他省份均保持不变。

3. 中部六省永续发展能力评价

表8　　中部六省永续发展能力评价结果

	2006年		2011年		2006～2011年		
	评价值	位次	评价值	位次	变化值	增长率（%）	位次变化
山西	0.320435	6	0.349869	6	0.029434	9.185638	0
安徽	0.499859	3	0.657376	2	0.157517	31.51229	+1
江西	0.611971	1	0.74083	1	0.128859	21.05639	0
河南	0.386589	5	0.35847	5	-0.02812	-7.27362	0
湖北	0.443402	4	0.616724	3	0.173322	39.08913	+1
湖南	0.608176	2	0.565476	4	-0.0427	-7.02099	-2

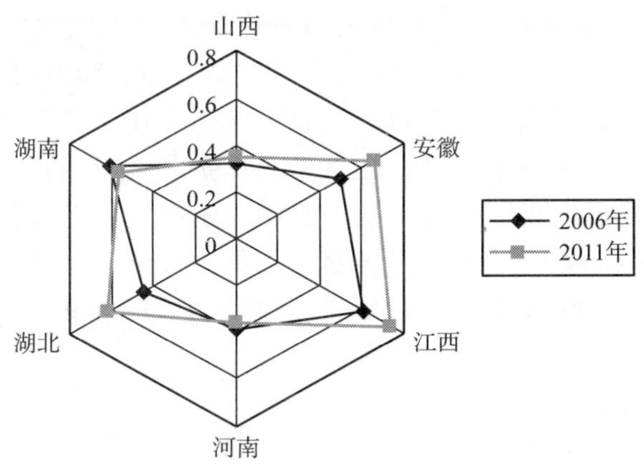

图7　中部六省永续发展能力评价结果雷达图

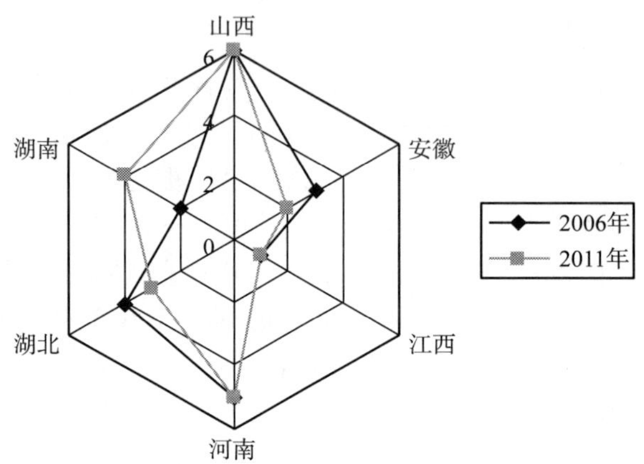

图8　中部六省永续发展能力位次变化雷达图

（1）从永续发展能力评价得分值来看，2006 年，中部六省经济发展活力评价得分值最高的是江西（0.612），其次，从高到低排列分别是湖南（0.608）、安徽（0.500）、湖北（0.443）、河南（0.387）、山西（0.320）；2011 年，评价得分值最高的仍然是江西（0.741），其次，从高到低排列分别是安徽（0.657）、湖北（0.617）、湖南（0.565）、河南（0.358）、山西（0.350）；江西永续发展能力 2006～2011 年之所以位居中部六省之首的主要原因在于江西自然生态资源具有先天优势，工业化和城市化缓慢进程中环境破坏相对较轻，且环境治理的力度近年来在不断加大，例如，据中部六省经济发展综合评价指标数据库（见表 2），2011 年江西环境污染治理投资占 GDP 比重达到了 2.06%，除比污染严重的山西略低之外，均要高于中部其他省份；人均工业废气排放量仅为 9 812 亿标立方米，森林覆盖率也高达 58.32%，均要远远好于中部其他省份。（2）从永续能力以及位次变化情况来看，中部省份不断加快经济发展方式转变，追求绿色 GDP，注重生态保护和环境治理，除个别省份外，大多数省份已取得了显著成效，其中，永续发展能力提升最快的分别是湖北和安徽两省，其 2011 年永续发展能力评价值比 2006 年评价值分别增长了 39.09% 和 31.51%，相对于 2006 年中部六省的排位均向前进了一位。

4. 中部六省福祉普惠水平评价

表 9　　中部六省福祉普惠水平评价结果

	2006 年		2011 年		2006～2011 年		
	评价值	位次	评价值	位次	变化值	增长率（%）	位次变化
山西	0.530792	2	0.443269	5	-0.08752	-16.4891	-3
安徽	0.302002	6	0.474991	4	0.172989	57.28075	+2
江西	0.304464	5	0.294873	6	-0.00959	-3.15013	-1
河南	0.507188	4	0.52591	2	0.018722	3.691333	+2
湖北	0.522353	3	0.65622	1	0.133867	25.62769	+2
湖南	0.550274	1	0.482921	3	-0.06735	-12.2399	-2

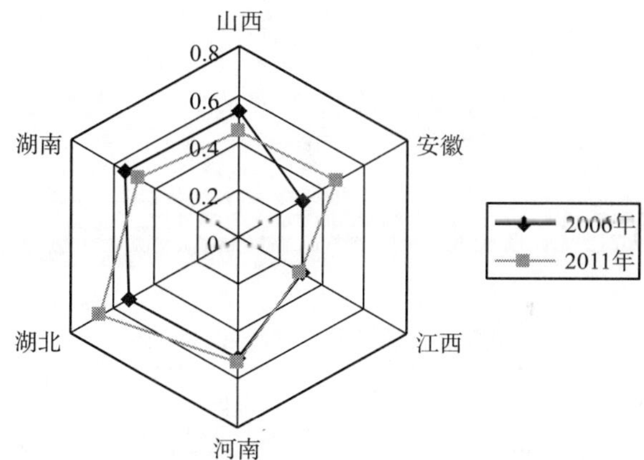

图 9　中部六省福祉普惠水平评价结果雷达图

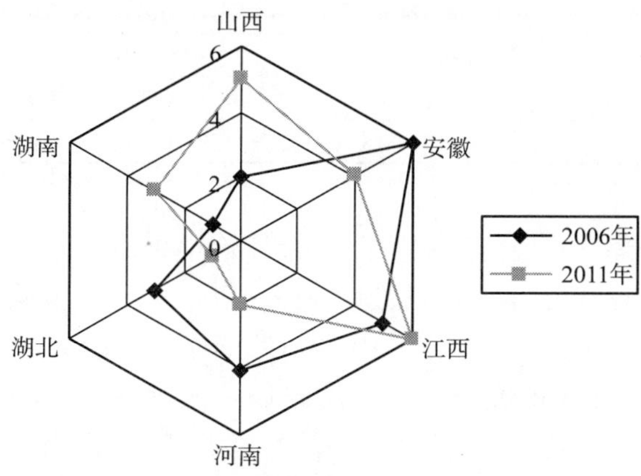

图 10　中部六省福祉普惠水平位次变化雷达图

（1）从福祉普惠水平评价得分值来看，2006年，中部六省福祉普惠水平评价得分值最高的是湖南（0.550），其次，从高到低排列分别是山西（0.530）、湖北（0.522）、河南（0.507）、江西（0.304）、安徽（0.302）；2011年，评价得分值最高的是湖北（0.656），其次，从高到低排列分别是河南（0.526）、湖南（0.483）、安徽（0.475）、山西（0.443）、江西（0.295）；（2）从福祉普惠水平及位次变化情况来看，2006～2011年中部六省的总体表现好坏参半，其中，安徽、河南和湖北三省福祉普惠水平增长趋势明显，增长最快的是安徽省，增长57.28%，随后是湖北（25.62%）、河南（3.69%），在中部六省排名中三省均进了2位，这表明这三个省份在2006～2011年在让人们共享普惠经济社会发展成果的努力中取得了显著成效；而山西、江西和湖南则呈下降趋势，下降最快的是山西，下降了16.49%，其在中部六省排名中后退了3位，湖南（12.23%）后退了2位、江西（3.15%）后退了一位，这有力说明这些省份还有待进一步提高发展成果普惠水平，以实现全面建成小康社会的宏伟目标。

（二）综合评价

表10　　中部六省经济发展状况综合评价

	2006年		2011年		2006～2011年		
	评价值	位次	评价值	位次	变化值	增长率（%）	位次变化
山西	0.363874	4	0.320736	6	-0.04314	-11.8552	-2
安徽	0.358851	5	0.482181	3	0.12333	34.36802	+2
江西	0.335063	6	0.324697	5	-0.01037	-3.09375	+1
河南	0.48566	3	0.452591	4	-0.03307	-6.80908	-1
湖北	0.614278	1	0.663163	1	0.048885	7.958123	0
湖南	0.574949	2	0.530818	2	-0.04413	-7.67564	0

（1）从中部六省经济发展状况综合评价得分值来看，2006年，中部六省评价得分值最高的是湖北（0.614），其次，从高到低排列分别是湖南（0.575）、河南（0.486）、山西（0.364）、安徽（0.359）、江西（0.335）；2011年，评价得分值最高的仍然是湖北（0.663），其次，从高到低排列分别是湖南（0.531）、安徽（0.482）、河南（0.453）、江西（0.325）、山西（0.321）。（2）从经济发展总水平及变化情况来看，

2006～2011 年间中部六省经济发展总水平表现最好的是安徽省，其 2011 年评价值比 2006 年增长了 34.37%，赶超进位了 2 位，仅次于湖北和湖南；其次是湖北，2011 年评价值比 2006 年增长了 7.96%；表现最不理想的是山西，2011 年评价值比 2006 年下降了 11.86%，中部六省排名中后退了 2 个位次，其次是河南，也后退了一个位次。总的来看，中部六省当中湖北和湖南处于经济发展的第一梯队，实现了率先崛起；安徽近几年发展速度很快，真正实现了进位赶超；山西、河南、江西的经济发展不甚理想，中部六省排名靠后，可以将它们归纳到中部经济发展的第三梯队。

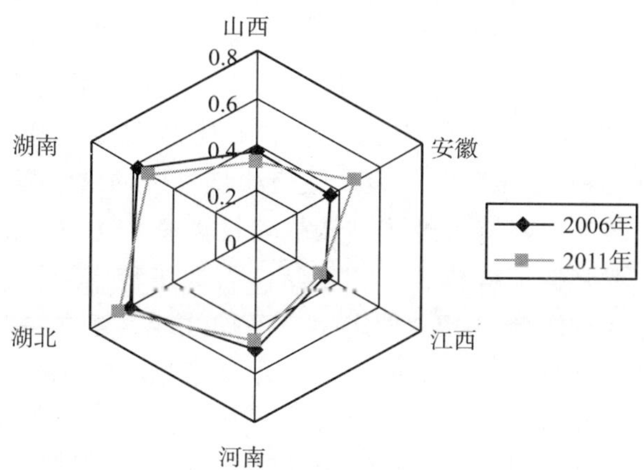

图 11　中部六省经济发展状况综合评价结果雷达图

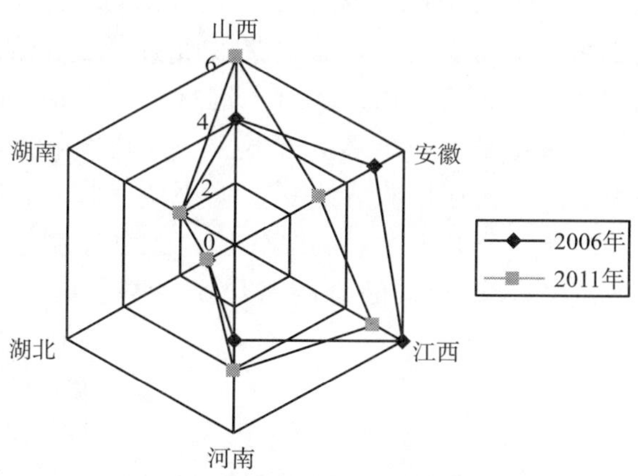

图 12　中部六省经济发展状况位次变化雷达图

六、中部六省发展形势以及对策建议

（一）山西

山西经济实力近年来得到了显著增强，经济发展水平在中部六省的排位有所上升，从2006年的第四位上升到2011年的第三位，实现了进位赶超，但经济发展活力和永续发展能力表现不尽如人意，主要表现为市场化水平较低、科技创新能力不强，环境生态污染、破坏严重，经济发展方式粗放等典型特征；另外，山西社会事业发展和民生改善方面也欠账较多，福祉普惠水平相对中部其他省份而言，进步较小，致使山西经济发展总体水平暂列中部六省的末位。对此，山西今后的重点发展方向：一是加快经济发展方式的转变。要坚定不移推进转型跨越发展，凭借"全国资源型经济转型试验区"发展战略稳步推进的重大契机，切实加快经济发展方式转变，坚持把经济结构战略性调整作为加快经济发展方式的主攻方向；要坚持把科技进步和创新作为加快转变经济发展方式的重要支撑。二是注重绿色GDP，划定生态保护红线，建立系统完整的生态文明制度体系，提升永续发展能力。三是让市场在资源配置中起决定性作用，提升经济发展的活力。建设统一开放、竞争有序的市场体系是使市场在资源配置中起决定性作用的基础。必须加快形成企业自主经营、公平竞争，消费者自由选择、自主消费，商品和要素自由流动、平等交换的现代市场体系，着力清除市场壁垒，提高资源配置效率和公平性。建立公平开放透明的市场规则；完善主要由市场决定价格的机制，凡是能由市场形成价格的都交给市场，政府不进行不当干预。四是坚持把保障和改善民生作为重点来抓。统筹推进城乡一体化发展，着力推进农业的现代化，不断提高农村居民收入水平，缩小城乡收入差距；统筹推进医疗保障、医疗服务、公共卫生、药品供应、监管体制综合改革，深化基层医疗卫生机构综合改革，健全网络化城乡基层医疗卫生服务运行机制。

（二）安徽

安徽近几年发展速度很快，特别是经济发展活力和永续发展能力得到了显著提高，这两项指标在中部六省排名靠前，另外福祉普惠水平方面也取得了重大进展，从而使得安徽经济发展的综合实力有了大幅度提升，成为中部经济发展的第二梯队，但人均GDP、产业高级化、城镇化等经济发展水平方面的指标与中部其他省份相比相对仍然较弱，经济总量还稍显不足。对此，今后安徽工作的重点应是在着力调整经济结构的同时，要想方设法增强经济实力。一是要完善城镇化健康发展的体制机制。坚持走中国特色新型城镇化道路，推进以人为核心的城镇化，推动大中小城市和小城镇协调发展、产业和城镇融合发展，促进城镇化和新农村建设的协调推进。着力推进农业转移人口市民化，逐步把符合条件的农业转移人口转为城镇居民。创新人口管理，加快户籍制度改革，全面放开建制镇和小城市落户限制，有序放开中等城市落户限制，合理确定大城市落户条件。二是要大力发展现代服务业，特别是要大力发展文化产业，使文化产业成为国民经济支柱性产业。要完善文化市场准入和退出机制，鼓励各类市场主体公平竞争、优胜劣汰，促进文化资源在全国范围内流动；继续推进国有经营性文化单位转企改制，加快公司制、股份制改造；对按规定转制的重要国有传媒企业探索实行特殊管理股制度；推动文化企业跨地区、跨行业、跨所有制兼并重组，提高文化产业规模化、集约化、专业化水平。三是进一步完善就业、医疗卫生和社会保障制度，促进城乡之间基本公共服务和社会保障均等化，着力提升公共服务能力。稳步推进城镇基本公共服务常住人口全覆盖，把进城落户农民完全纳入城镇住房和社会保障体系，将在农村参加的养老保险和医疗保险规范接入城镇社保体系。四是扎实推进科教兴皖和人才强省战略，加快建设创新型安徽，增强自主创新能力，把人才资源开发放在优先位置，以高层次创新人才为引领、以应用型人才为主体，统筹推进各类人才队伍建设。

（三）江西

由于江西自然生态资源的先天优势以及生态环境方面的后天治理，江西永续发展能力近年来一直位居中部六省之首，但经济发展水平、经济发展活力以及福祉普惠水平等方面比较靠后，经济欠发达地位还没有得到根本性扭转。因此，今后江西的重点发展方向；一是以推进鄱阳湖生态经济区建设为契机，在努力探索经济与生态协调发展的新模式，努力把生态经济区建成全国经济与生态协调发展、人与自然和谐相处的示范区的同时，做大做强经济总量、增强经济活力，实现经济增长与生态文明的统一。二是着力构建安全畅通、便捷高效的综合交通运输体系，建设全国重要交通枢纽，以此强力带动江西经济发展。三是深化科技体制改革，把科技进步和创新作为江西未来经济发展的重要支撑。建立健全鼓励原始创新、集成创新、引进消化吸收再创新的体制机制，健全技术创新市场导向机制，发挥市场对技术研发方向、路线选择、要素价格、各类创新要素配置的导向作用。建立产学研协同创新机制，强化企业在技术创新中的主体地位，发挥大型企业创新骨干作用，激发中小企业创新活力，推进应用型技术研发机构市场化、企业化改革。打破行政主导和部门分割，建立主要由市场决定技术创新项目和经费分配、评价成果的机制。发展技术市场，健全技术转移机制，改善科技型中小企业融资条件，完善风险投资机制，创新商业模式，促进科技成果资本化、产业化。四是建立集聚人才体制机制。要进一步深化体制改革，打破体制壁垒，扫除身份障碍，让人人都有成长成才、脱颖而出的通道，让各类人才都有施展才华的广阔天地。要完善各类人才顺畅流动的制度体系。健全人才激励机制。加快形成具有国际竞争力的人才制度优势，完善人才评价机制，增强人才政策开放度，广泛吸引省外、境外优秀人才来赣创业发展。

（四）河南

河南经济保持了较快的经济增长，经济发展规模、经济发展活力以及永续发展能力也取得了显著成效，但人口多、底子薄、基础弱、发展不平衡的基本省情没有变，与湖北、湖南和发展速度较快的安徽相比，仍有一定的差距，在中部六省中与山西、江西共处于第三梯队。因此，今后河南一是要加快构建新型农业经营体系，大力发展现代农业，增创粮食生产新优势。坚持家庭经营在农业中的基础性地位，推进家庭经营、集体经营、合作经营、企业经营等共同发展的农业经营方式创新。坚持农村土地集体所有权，依法维护农民土地承包经营权，发展壮大集体经济。稳定农村土地承包关系并保持长久不变，在坚持和完善最严格的耕地保护制度前提下，赋予农民对承包地占有、使用、收益、流转及承包经营权抵押、担保权能，允许农民以承包经营权入股发展农业产业化经营。鼓励承包经营权在公开市场上向专业大户、家庭农场、农民合作社、农业企业流转，发展多种形式规模经营。鼓励农村发展合作经济，扶持发展规模化、专业化、现代化经营，允许财政项目资金直接投向符合条件的合作社，允许财政补助形成的资产转交合作社持有和管护，允许合作社开展信用合作。鼓励和引导工商资本到农村发展适合企业化经营的现代种养业，向农业输入现代生产要素和经营模式。二是推进形成以中原城市群为重点的城市化战略格局，增强经济辐射带动能力。主动融入国家城镇化战略格局和促进中部地区崛起规划明确的沿京广、沿陇海经济带，按照向心布局、集群发展、统筹协调的要求，以城市新区、产业集聚区为载体，加快产业集聚和人口集聚，提升郑州全国区域性中心城市地位，增强其他地区性中心城市综合承载能力，构建以陆桥通道和京广通道为发展轴，以轴线城市为依托、其他城市为重要组成部分的城市化战略格局。加强城市群内各类城市功能互补和产业分工，推动交通一体、产业链接、服务共享、生态共建，促进大中小城市的协调发展，建设经济联系紧密、城市层级分明、体系结构合理、具有国际竞争力的开放型城市群。三是坚定不移实施主体功能区制度，严格按照主体功能区定位推动发展。以山脉、丘陵、水系为骨干，依托山、林、河、田等资源要素，推进建设桐柏大别山地生态区、伏牛山地生态区、太行生态区、平原生态涵养区，构建横跨东西的黄河滩区生态涵养带和纵贯南北的南水北调中线生态走廊，形成“四区两带”的区域生态格局，助推美丽河南的建设。四是加大教育发展的力度，实施创新驱动战略，使河南从经济大省变为经济富省。

（五）湖北

湖北在中部六省中总体来看始终处于“领头羊”的地位，在经济发展规模，特别是经济发展活力上表现出较强的竞争优势。中部其他省份与之相比，在短期内湖北在中部的龙头地位不会受到威胁。但需要注意的是，湖北的永续发展能力以及福祉普惠总体水平上与湖北中部第一的地位不相符合，为此需要加大环境治理和生态保护，要促进发展成果的普惠力度。当前是湖北资源节约和环境友好型社会建设的重要时期，为此要在环境保护、资源节约等影响湖北永续发展能力的方面有所突破，要让百姓普惠湖北近年来的发展成果，消除影响湖北福祉普惠水平的关键因素。此外，从空间战略来看，湖北要充分发挥中部地区领头羊作用，既要和湘赣共同构建区域性长江中游城市集群，更要依托长江经济带的人口、产业和文化等集聚功能，加速长江中游地区经济要素的集聚，打造中部崛起的重要的战略支点。

（六）湖南

湖南经济发展规模、经济发展活力近年来取得不俗的表现，是中部六省仅次于湖北的省份，但其永续发展能力以及福祉普惠水平的表现则差强人意。总体来看，虽然湖南经济发展总水平位列中部六省第 2 位，但发展不平衡、不协调问题比较突出。为此，今后湖南在继续借力两型社会建设和长株潭城市群建设，做强自身优势，进一步巩固经济发展规模、经济发展活力的基础上，应着力做好以下几个方面的工作：一是注重环境保护在转变经济发展方式，实现科学发展和可持续发展中的基础性、导向性和关键性作用。把环境保护作为加快转变发展方式的重要抓手，是湖南增强竞争力的现实需要。发展绿色经济、低碳经济、循环经济，已成为经济发展不可逆转的大趋势。必须要把绿色经济、低碳经济、循环经济作为发展方向，大力推动资源利用由高消耗、高排放、高污染的粗放型向低消耗、低排放、低污染的节约集约型转变，争取在未来的发展中占据制高点，赢得主动权。二是落实富民优先战略，扎实推进民生建设。要坚定不移地实施就业优先战略，努力实现就业增长与经济增长、产业结构调整的良性互动。不断完善社保制度，提高社会保险统筹层次，扩大社保覆盖面，逐步提高社保水平，全面实行“收支两条线”，确保社保基金安全有效运行。三是实施教育强省和人才强省战略。按照优先发展、育人为本、改革创新、促进公平、提高质量的要求，进一步深化教育教学改革，推进教育事业科学发展。坚持服务发展、人才优先、以用为本、创新机制、高端引领、整体开发的方针，统筹各类人才队伍建设工作，实现高层次人才和高技能人才队伍同步壮大，切实为经济社会发展提供强有力的人才和智力支持。

中部经济发展专题研究

长江中游城市群构建背景及前景展望

朱丽萌*

摘　要： 构建长江中游城市群有利于加速培育中部崛起的重要增长极，有利于促进我国区域协调发展，有利于增强中部地区国际化程度，有利于提升中心城市竞争力，有利于自身产业结构的调整和升级。研究表明，长江中游城市群发展定位是建设成为我国重要的“两基地三区、一中心一枢纽”，即成为全国重要的高技术产业及现代制造业基地、优质农产品生产加工基地，国际知名生态文化旅游区、国家粮食安全保障区、长江中下游生态安全保障区，我国中西部现代物流中心和综合交通运输枢纽。依托长江中游城市群地处我国经济重心和几何中心的地缘优势，大规模集聚人口与产业，迅速成长为中部地区崛起的重要战略支点和核心增长极，成为具有国际性功能、跨省域影响力和较强创新能力的地区，成为继珠三角、长三角、环渤海之后中国经济增长的第四极，发展前景广阔。

关键词： 长江中游城市群　中部崛起　发展定位　第四增长极

在经济全球化、区域一体化的背景下，城市群正在成为人类历史上经济总量规模最大、人口密度最高和国际影响力最强的空间，成为国家或地区参与全球竞争与国际分工的基本地域单元，成为带动全国经济发展的增长极。在此背景下，继长三角、珠三角和环渤海之后，长江中游城市群纳入国家发展战略视野，这不仅是我国长期以来实施长江中游开发战略结出的硕果，也是实现我国中部崛起战略，打造中国第四增长极的迫切需要。

---

* 作者简介：朱丽萌，女，南昌大学中国中部经济社会发展研究中心研究员，江西财经大学江西经济发展研究院研究员。

一、长江中游城市群建设意义

从全国来看，中国除了长三角、珠三角和环渤海城市群的发展壮大以外，还需要在中国内陆地区寻求新的增长极，即新的区域竞争空间单元，使其成为中国继长三角、珠三角和环渤海三大增长极之后的第四增长极。

然而，中国经济的第四增长极并不是靠人为安排就能形成，有赖于区域经济实力和区域间生产要素的流动。中国地域辽阔，各地区的自然条件和经济水平差异极大，区域经济实力处于一种极不平衡的状态。西部地区受经济基础和自然条件的制约，经济欠发达。西部大开发战略在很长一段时间内，基础设施的建设仍是重点，按照区域经济理论发展中心城市带动区域经济的发展将是其现实的选择。东北地区远离中国的几何中心，且在环渤海城市群的辐射范围之内，难以承载中国第四增长极之重任。中部地区地处我国经济地理位置中心，大陆消费市场的中心，是一个正在发展中的地区，具备工农业发展的良好条件，土地资源丰富，劳动力资源充足，已经形成一些地区性的城市群，如武汉城市圈、中原城市群、长株潭城市群、皖江城市群、鄱阳湖生态城市群、太原经济圈等。放眼整个中国，在中部地区构建一个类似于长三角、珠三角和环渤海的长江中游城市群，使其成为中国第四增长极是必要的也是可行的。这既是我国不平衡发展的结果，也是提高我国国家竞争力的迫切需要，更是中部地区加快崛起，实现我国东西融合、南北对接，推动区域经济协调发展的必然选择。

第一，构建长江中游城市群有利于加速培育中部崛起的重要增长极。根据最新的区域板块划分，我国内陆区域板块划分为远西部（青海、新疆、西藏）、大中部（中部 6 省加上西部重庆、四川、陕西、甘肃、宁夏、云南、贵州和广西等在内共 14 个省区）和新东部。目前，我国区域经济人均水平格局继续呈现新东部与中西部相对差距缩小、绝对差距扩大的态势，但“东西部高、大中部低”的“V”字形态势并没有改变，即中部塌陷问题依然存在。中部塌陷的关键是缺乏具有竞争力的更为广阔的空间，即超大城市群的支撑。在此背景下，构建长江中游城市群不仅有利于选准解决中部塌陷问题的突破口，而且有利于依靠长江中游城市群地处我国几何中心和经济地理位置中心的优势，带动整个中部地区的崛起。

第二，构建长江中游城市群有利于促进我国区域协调发展。一方面，有利于促进东部地区产业升级，极大减轻环渤海、珠三角、长三角等东部地区工业化和城市化的压力，减少对东部地区的资源环境承载压力。另一方面，将长江中游城市群确定为我国工业化和城市化布局的重点地区，有利于保护生态脆弱的西部地区。在东部地区国土开发利用的空间非常有限和西部地区生态脆弱的情况下，需要寻求新的发展空间，以调整我国工业化、城市化空间布局战略。长江中游地区具备优越的农业生产条件，自然生态承载能力相对较强，是扩展国土利用空间的最理想之地，也有利于承接东部产业转移，这为推进我国工业化和城市化空间格局调整创造了条件。

第三，构建长江中游城市群有利于增强中部地区国际化程度。在经济全球化、区域一体化的背景下，核心—边缘的马太效益正在不断显现，立足世界舞台，吸引世界更多的目光，才能真正分享经济全球化、区域一体化带来的各种红利，吸引国内外发达地区的先进生产要素，并将“利用国内外两种资源，两个市场”落到实处。只有长江中游城市群崛起，成为仅次于长三角、珠三角和环渤海的第四大增长极，才能扭转中部塌陷的局面，才能加速国际化、市场化的进程，显著提升中部地区在世界上的知名度，形成新的国际先进要素会聚基地，这将有利于促进中部地区开放型经济的发展和跨区域产业集群的形成，促进国际制造功能的进一步强化，带动中部地区具有比较优势的先进制造业蓬勃发展。

第四，构建长江中游城市群有利于提升中心城市品位和城市竞争力。当今世界，中心城市的发展仅依靠单打独斗，很难在世界舞台或较大区域范围之内占有一席之地，必须有强有力的超大城市群支撑。从现实基础来看，长江中游地区中心城市以武汉最为突出，但武汉经济实力难以与东部发达地区的中心城市相提并论；其他中心城市无论是经济总量还是产业实力，在国内外的竞争力明显偏弱，而且有被边缘化的趋向。正因为如此，构建长江中游城市群，依托长江中游城市群这个大舞台，将为长江中游地区中心城市的成长创造与国际资本直接交融、与跨国公司直接对话、吸纳国内外先进生产力要素的机会，必将促使中心城市成为人流、物流、信息流、资金流和技术流的枢纽和聚散地，有力提升中心城市品位和城市竞争力，使之逐步缩小与沿海中心城市的发展差距。

第五，构建长江中游城市群有利于自身产业结构的调整和升级。抱团发展、相互协调、互相包容、弥补不足、共同发展是城市群培育壮大的必然选择；借助合作与分工创造城市群发展的合力，最终将达到一个城市群内城市同发展共进步的“多赢”局面是城市群成长的必由之路。构建长江中游城市群，非常有利于各自发挥自身的比较优势，调整区域内产业布局，实现区域内资源优化配置，促进区域内产业结构调整和跨区域产业集群的形成，走集约化和特色化发展道路。同时，将大大增强区域对低资源消耗、高技术、高附加值生产企业和优势出口企业的引致力，为催生新兴产业及现代服务业创造条件。

二、长江中游城市群推进背景与进展

（一）学界对长江中游城市群等相关概念的提出

长江中游城市群这一构想发端于 1992 年湘潭大学两位学者的论文，后经专家学者不断论证和丰富，概念也不断发生变化，从“长江中游地区”、“长江中游城市群区”到“汉长昌大三角”、“汉三角”、“华中金三角”、再到“中三角”和长江中游城市集群、长江中游城市群等。

1992 年，湘潭大学胡长青、夏杰长发表了题为《论长江中游地区经济发展战略取向》的文章，首次将湖北、湖南、江西视为一个整体，率先聚焦长江中游地区的湘鄂赣整体发展，提出将三省视为一个整体来规划布局。认为包含湖北、湖南、江西三省的长江中游地区，古来便是我国地理上的腹心和经济上的重域。明确该地区的宏观地位，制定正确的地区发展战略，不仅是长江中游地区经济崛起的重要条件，也会对中国经济的长期协调发展产生深远影响。①

1993 年，在江西召开的长江中游开放开发带第二次学术研讨会上，江西省交通厅专家江景和发表了题为《关键之举是共建一个新的“发展极”》的文章，首次提出了建立“汉长昌大三角”这一构想，明确提出三省共建汉长昌“发展极”，以使鄂湘赣三省加速国民经济发展。这篇论文的核心部分发表在江西省委政研室刊物《决策指南》1994 年第 3 期，名为“共建汉长昌发展极刍议”。②

1995 年，江西师范大学吕桦、章定富、郑林发表了题为《论建设长江中游城市群区》的文章，以沪宁杭地区城市群为例，阐明发挥城市群

① 胡长青、夏杰长：《论长江中游地区经济发展战略取向》，载《湖湘论坛》1992 年第 5 期。

② 江景和：《汉长昌发展极：构想回顾与后续建议》，载《湖北社会科学》2012 年第 7 期。

体效应推动区域经济的作用和机制，据此分析了鄂湘赣毗邻地区发展城市群的区位优势，并提出建设长江中游城市群区的若干建议。①

2002 年，中国地质大学地球科学学院李长安等发表了题为《长江中游流域自然环境的对称性及其对区域经济发展的影响》的文章，以自然环境的对称性理论、城市对称性理论为依据，提出了汉长昌“中部经济金三角”的构建。②

2003 年，中国科学院院士陆大道、南京师范大学陆玉麒提出“汉三角”的概念，认为建设由武汉、长沙、南昌组成的“汉三角”，使之成为继长江三角洲、京津唐、珠江三角洲、辽中南四大沿海城市集聚区之后的中国第五个区域增长极，是 21 世纪中国宏观空间布局战略中的一个重要之举。③ 2004 年，陆玉麒、董平又进一步提出，在长江三角洲、珠江三角洲、环渤海地区 3 个沿海区域增长极继续得到快速发展的同时，以武汉为核心的“汉三角”区域增长极将从我国中部崛起，成为我国第 4 个区域增长极。④

2003 年，湖北社科院秦尊文分别发表了题为《长江中游经济区的建立与发展》和《华中金三角：中国经济第四增长极》的文章，提出“华中金三角”的概念。认为充分发挥以大武汉为核心、以长沙和南昌为支点的城市圈作用，携手打造长江中游经济区，是解决共同面临的“中部凹陷”的问题、实现中部崛起的战略选择。⑤ 要形成以武汉为核心，以长沙、南昌为支点的长江中游经济区，要将长江中游地区建成 21 世纪中国和长江流域经济的支撑点和增长极。2004 年，夏振坤、秦尊文又以武汉、长沙和南昌为核心，以江汉平原、洞庭湖平原和鄱阳湖平原为依托的三角经济区命名为“江湖三角洲”。⑥

2005 年，武汉大学严清华、吴传清从战略意义、现实基础、战略思路等视角较为全面地探讨了“汉三角”区域增长极营造问题。⑦ 2006 年，

---

① 吕桦、章定富、郑林：《论建设长江中游城市群区》，载《江西师范大学学报（自然科学版）》1995 年第 3 期。

② 李长安、张玉芬、殷鸿福、杨巍然、黄长生：《长江中游流域自然环境的对称性及其对区域经济发展的影响》，载《长江流域资源与环境》2002 年第 4 期。

③ 陆人道等：《中国区域发展的理论与实践》，科学出版社 2003 年版。

④ 陆玉麒、董平：《中国主要产业轴线的空间定位与发展态势：兼论点——轴理论与双核结构模式的空间耦合》，载《地理研究》2004 年第 4 期。

⑤ 秦尊文：《长江中游经济区的建立与发展》，载《江汉论坛》2003 年第 12 期。

⑥ 夏振坤、秦尊文：《培育经济增长极：营造“江湖三角洲”》，载《湖北日报》2004 年 10 月 21 日。

⑦ 严清华、吴传清：《汉三角区域增长极与中部崛起》，载《学习与实践》2005 年第 10 期。

吴传清又发表了《基于成长三角理论的汉三角区域增长极营造问题探讨》的文章，认为成长三角理论是营造汉三角区域增长极的重要理论依据，营造以武汉、长沙、南昌三大中心城市为核心的汉三角经济区，是培育促进中部崛起的区域增长极的一种新思路。①

2005年，西安交通大学李国平发表了题为《基于点轴理论的汉长昌经济圈的构建》的文章，先后以陆大道创立的点轴系统理论为依据探讨了“汉长昌经济圈”的构建，认为汉长昌经济圈以武汉、长沙、南昌为中心，辐射了包括湖北、湖南、江西三省的大部地区、河南省淮河以南地区以及安徽省与湖北、江西临界部分区域。②

2005年，华中师范大学周洪宇发表题为《实施中部“大三角”战略，促进中部大崛起》的文章，提出“大三角”概念。认为为促进中部经济的崛起，应在中央指导和支持下，聚中部五省之力，谋划建设“郑州—武汉—合肥”和“武汉—长沙—南昌”两个“大三角”经济圈，通过国家实施中部“大三角”战略，来促进中部大崛起。③

2006年，在江西省“两会”期间，由笔者执笔、民建江西省委会提出的《尽快构筑南昌—武汉—长沙大都市圈、打造中国经济增长第四极的“中三角”》，首次提出“中三角”的概念。2007年，笔者与他人合作，发表了题为《构建汉长昌都市圈打造中国第四增长极》的文章，认为我国应构建以武汉、长沙、南昌为中心的汉长昌都市圈，使其成为中国经济增长仅于长江三角洲、珠江三角洲、环渤海三大城市群之后的第四增长极。④ 2012年，又出版了题为《“中三角”城市群成长的可行性分析及发展战略研究》的专著，认为“中三角”应以武汉、长沙、南昌中心城市为核心，以长江中游为主轴，以京广线、沪昆线、京九线和武九线为重点，打造继珠三角、长三角、环渤海之后中国经济增长的第四极，为实现在中部崛起，并获得持续的社会经济发展提供支撑和动力。⑤

2007年，北京大学杨开忠在长沙提出，建设以武汉、长沙、南昌为

---

① 吴传清：《基于成长三角理论的汉三角区域增长极营造问题探讨》，载《学习与实践》2006年第7期。

② 李国平：《基于点轴理论的汉长昌经济圈的构建》，载《学习与实践》2005年第8期。

③ 周洪宇：《实施中部“大三角”战略，促进中部大崛起》，载《武汉市经济管理干部学院学报》2005年第2期。

④ 朱丽萌、陈志伟：《构建汉长昌都市圈打造中国第四增长极》，载《学习与实践》2007年第4期。

⑤ 朱丽萌、陈雁云、习明明、黄颉：《“中三角”城市群成长的可行性分析及发展战略研究》，江西人民出版社2012年版。

中心的长江中游银河状城市群。2011 年 10 月和 12 月，十届全国政协副主席徐匡迪院士率领中国工程院“中国特色城市化道路发展战略研究”项目组到湘鄂赣三省调研，提出建设“长江中游城市集群”，这个集群包括武汉城市圈、“3 +5” 城市群、鄱阳湖生态经济区。2011 年 10 ~ 11 月，著名区域经济学家魏后凯率领的中国社科院专家组进行了实地调研，提出将长江中游城市群与京津冀、长三角、珠三角一起定位为“世界级城市群”。长江中游城市群的构建与设想正在引起越来越多学者的关注。

（二）长江中游城市群推进背景与具体进展

实际上，早在 1987 年，中部地区便成立了一个武汉经济协作区，以武汉为中心，横跨湘、鄂、赣、豫四省，由 31 个城市组成，覆盖国土面积近 40 万平方公里，人口 1.5 亿人。

2006 年 4 月中共中央、国务院出台《关于促进中部地区崛起的若干意见》，指出“以省会城市和资源环境承载力较强的中心城市为依托，加快发展沿干线铁路经济带和沿长江经济带”。

2009 年，温家宝总理、李克强副总理先后做出“充分发挥长江黄金水道的优势，带动两岸经济社会发展，应该列入议事议程”、“开发长江水运潜力，带动区域发展”的重要批示。9 月，国务院通过的《促进中部崛起规划》明确提出，“以武汉为中心，依托黄金水道，壮大宜昌、荆州、岳阳、鄂州、黄冈、黄石、九江等沿江城市综合经济实力，打造产业集聚走廊。”

2010 年 8 月，国家发改委印发《关于促进中部地区城市群发展的指导意见》，明确指出中部地区城市群发展面临突出问题，要加快城市区间综合交通运输通道建设。

2010 年 9 月，第五届中部贸易投资博览会在南昌举行期间，湖北省领导主动推介长江中游城市群，拉开了长江中游城市群的序幕。10 月 9 日，时任湖南省委书记周强与省长徐守盛对“长江中游城市群”构想做出回应，表示要“进一步加强两省交通、水利、能源等基础设施的对接、协调和合作，加快京珠高速复线、荆岳铁路等重大项目建设，完善交通设施的省际对接，充分发挥长江黄金水道作用，共同构建连南接北、承东启西、通江达海的现代立体交通体系；加强在防汛抗洪、水利设施建设等方面的合作”。

2010 年 12 月，国务院颁布《全国主体功能区规划》，将由武汉城市圈、长株潭城市群以及鄱阳湖生态经济区为主体的长江中游地区确定为“国家重点开发区域”，承担“逐步成为支撑全国经济发展和人口集聚的增长极”的使命。

2011 年 3 月，《中华人民共和国国民经济和社会发展第十二个五年规划纲要》出台，明确指出：“加快构建沿陇海、沿京广、沿京九和沿长江中游经济带，促进人口和产业的集聚，加强与周边城市群的对接和联系。重点推进太原城市群、皖江城市带、鄱阳湖生态经济区、中原经济区、武汉城市圈、环长株潭城市群等区域发展”。

2012 年 2 月 10 日，长江中游城市集群三省会商会议在武汉东湖国际会议中心举行。来自中国工程院、中国社会科学院、国家发改委、国务院发展研究中心等国家部委和科研院所的领导和学者，以及由湖北、湖南、江西三省省委、省政府主要领导率领的代表团参加了会议，就共同推进长江中游城市集群建设进行深入探讨，并达成高度共识。长江中游城市集群所在“中三省”（指湖北省、湖南省和江西省三省）在武汉共同发表了《武汉宣言》，签署了《加快构建长江中游城市集群战略合作框架协议》。26 日，“长江中游城市集群论坛”在武汉举行。根据三省会商会议精神，在随后的一年时间内，相继签署了交通、产业、农业、水利、生态、旅游、文化教育科技等一系列具体合作协议。这标志着长江中游城市集群从构想、探索，进入全面启动和具体实践新阶段。4 月 19 日，咸宁、岳阳、九江在岳阳共同签订区域合作框架协议和区域旅游合作协议，共同推进区域规划、交通网络、产业发展等 7 个领域的融合，被媒体称为“小三角”扬帆起航。

2012 年 7 月 14 日，国务院副总理李克强在武汉调研，听取了湖北省负责人关于发展长江中游城市集群建议的汇报。李克强副总理指出，长江中游地区承东启西，集中了上亿人口，工业有基础，又是我国农业主产区。加快这一地区崛起，推进工业化、城镇化和农业现代化“三化并举”，前景十分广阔。城市群对区域发展具有战略引领和支撑作用，要研究制定全国城镇化发展规划，在有条件的地方形成各具优势的城市群，促进大中小城市和小城镇协调发展。要注重体制机制创新，打破行政区域限制，使各类生产要素自由流动、优化配置；针对资源环境这一发展的最大“瓶颈”制约，推进资源节约型、环境友好型社会建设，努力走出一条“三化”协调发展、“两型”社会融合推进的科学发展之路。

2012 年 8 月，国务院出台《关于大力实施促进中部地区崛起战略的若干意见》，长江中游城市群进入国家战略视野。明确指出："鼓励和支持武汉城市圈、长株潭城市群和环鄱阳湖城市群开展战略合作，促进长江中游城市群一体化发展。"

2012 年 12 月底，李克强总理在江西九江主持召开区域发展与改革座谈会。谈到长江中游城市群，建议将安徽纳进长江中游城市群。

2013 年，"中三省"携手深化为"中四省"共谋（包括安徽省）。2 月 23 日，四省省会城市长沙、合肥、南昌、武汉会商会议在武汉举行，四市共同达成《武汉共识》，签署了《长江中游城市群暨长沙、合肥、南昌、武汉战略合作协议》，联手打造以长江中游为依托的中国经济增长"第四极"。四个城市 11 个对口部门还分别签署了合作协议。

伴随区域开放开发战略布局已由"沿海先行"进入到"沿海、沿江"并重的时期，我国沿江发展正由长三角地区向整个长江流域推进。长江中游在整个长江流域起着承上启下、沟通全国东中西的重要作用。"中游畅则长江畅，中部活则全国活"，长江中游城市群完全有条件成为中国经济的新亮点。

三、长江中游城市群未来展望

（一）长江中游城市群空间范围

国内外已有的城市群都表明，城市群是以一个或多个经济发达并具有较强城市功能的中心城市为核心，同其有经济内在联系的外围地区若干城镇所覆盖的区域所组成的地域范围。城市群的范围大小通常以人流、物流、信息流、经济流等为划分标准，其理论基础源于空间相互作用理论。本研究借助区域间相互作用的引力模型，通过计算城市之间的经济联系强度所占比例的大小来确定城市经济联系的方向，以构建长江中游城市群形成的理论基础。具体采用的引力模型为：

$$R_{ij} = k \cdot \frac{\sqrt{P_i \cdot G_i} \cdot \sqrt{P_j \cdot G_j}}{D_{ij}^2} \tag{1}$$

$$F_{ij} = R_{ij} / \sum_{j=1}^{n} R_{ij}$$

式中，R_{ij}为两城市经济联系强度；F_{ij}为两城市经济联系强度占区域经济联系强度总和的比例，即经济联系隶属度；P_i、P_j 为两城市非农业人口数；G_i、G_j 为两城市的 GDP；D_{ij}为两城市的距离，一般使用铁路距离或高速公路距离；k 为引力系数，一般简化为 1。

根据上述引力模型，本文以中部六省各省会城市为研究对象，依据各省会城市之间高速公路的里程、各省会城市人口与经济总量等相关指标，计算中部六省各省会城市之间的经济联系强度，如表 1 所示。从经济联系强度来看，2011 年中部六省省会城市之间经济联系强度中武汉、长沙、南昌对其他省会城市的引力排名分别列中部六省省会城市的前三位，达到 67.81、44.52、31.56。合肥为 26.45，在中部六省省会城市中排名第 5 位。

表 1　　2011 年中部六省省会城市之间经济联系强度

城市	与其他省会城市经济联系总量	占中部六省会城市之间经济联系总量的比例（%）
武汉	67.81	31.94
长沙	44.52	20.97
南昌	31.56	14.86
郑州	30.50	14.37
合肥	26.45	12.46
太原	11.48	5.40
合计	212.32	100

借鉴其他学者的研究成果，长江中游城市群是以武汉为中心城市，长沙、南昌、合肥为副中心城市，涵盖武汉城市圈、长株潭“3 + 5”城市群、鄱阳湖生态城市群、江淮城市群在内共 40 多个城市。本文以此为区域范围。

（二）长江中游城市群区域发展定位

根据长江中游城市群区域发展现状，结合我国中部地区“三个基地一个枢纽”（全国重要的粮食生产基地、能源原材料基地、高技术产业及现代装备制造基地和综合交通运输枢纽）的战略定位，以及湖北省、湖南省、江西省、安徽四省经济发展的“十二五”规划和相关经济发展战略构想，本文认为长江中游城市群区域发展应定位于“两基地三区、一中心一枢纽”，即成为全国重要的高技术产业及现代制造业基地、优质农产品生产加工基地，国际知名生态文化旅游区、国家粮食安全保障区、长江中下游生态安全保障区，我国中西部现代物流中心和综合交通运输枢纽。依托长江中游城市群地处我国经济重心和几何中心的地缘优势，大规模集聚人口与产业，迅速成长为中部地区崛起的重要战略支点和核心增长极，成为中国区域性经济中心和重要的经济区，打造继珠三角、长三角、环渤海之后中国经济增长的第四极，成为我国经济增长和区域经济发展的新动力。

1. 全国重要的高技术产业及现代制造业基地

即依托现有工业基础和长江“黄金水道”，以战略性新兴产业为龙头，重点打造以电子信息、生物、新能源、新材料、节能环保、文化创意等产业为支撑的战略性新兴产业群；以装备制造、冶金、石化、汽车、船舶等为主体的先进制造业；改造提升食品、木竹、制衣业、机械加工等传统产业，加快把长江中游城市群建设成为全国重要的高技术产业及现代制造业基地。

长江中游城市群地区经过多年的发展，高度汇集了湖北、湖南、江西和安徽四省主要高技术产业及现代制造业，发展已有一定基础，特别是在某些领域拥有自主知识产权，走在全国前列，将长江中游城市群打造成为全国重要的高技术产业及现代制造业基地也符合我国中部地区“三个基地一个枢纽”的设想，而且有利于长江中游城市群发挥自身高技术优势，积极承接国外和沿海地区的产业转移，改造和提升传统产业，加速长江中游城市群地区的新型工业化进程。如表 2 所示，长江中游城市群所在的四省，工业行业发展既有相同之处，也有不同之处。装备制造、冶金、石化、汽车、船舶、电子信息、生物医药、纺织服装、食品加工等产业基础较好，为打造成为全国重要的高技术产业及现代制造业基地奠定了坚实的基础。

表 2　　2011 年长江中游城市群四省规模以上行业工业总产值

序号	湖北省		湖南省		江西省		安徽省	
	前十五位分布行业	工业总产值（亿元）	前十五位分布行业	工业总产值（亿元）	前十五位分布行业	工业总产值（亿元）	前十五位分布行业	工业总产值（亿元）
1	交通运输设备制造业	4 069. 7	专用设备制造业	2 493. 3	有色金属冶炼及压延加工业	3 452. 7	电气机械及器材制造业	3 098. 21
2	黑色金属冶炼及压延加工业	3 301. 6	有色金属冶炼及压延加工业	2 484. 2	化学原料及化学制品制造业	1 636. 7	交通运输设备制造业	2 146. 95

续表

序号	湖北省		湖南省		江西省		安徽省	
	前十五位分布行业	工业总产值（亿元）	前十五位分布行业	工业总产值（亿元）	前十五位分布行业	工业总产值（亿元）	前十五位分布行业	工业总产值（亿元）
3	农副食品加工业	2 349.6	化学原料及化学制品制造业	2 129.6	非金属矿物制品业	1 346.2	农副食品加工业	1 872.72
4	化学原料及化学制品制造业	2 242.9	农副食品加工业	2 019.3	黑色金属冶炼及压延加工业	1 211.3	电力、热力的生产和供应业	1 830.62
5	电力、热力的生产和供应业	1 567.8	非金属矿物制品业	1 659.5	电气机械及器材制造业	1 179.2	黑色金属冶炼及压延加工业	1 774.12
6	非金属矿物制品业	1 516.7	黑色金属冶炼及压延加工业	1 568.9	交通运输设备制造业	852.8	有色金属冶炼及压延加工业	1 579.91
7	纺织业	1 295.3	通用设备制造业	1 206.6	农副食品加工业	830.2	化学原料及制品制造业	1 549.99
8	通信设备、计算机及其他电子设备制造业	1 034.0	电力、热力的生产和供应业	1 150.3	电力、热力的生产和供应业	818.4	非金属矿物制品业	1 439.70
9	电气机械和器材制造业	951.2	交通运输设备制造业	1 142.6	纺织业	650.5	通用设备制造业	1 271.23
10	酒、饮料和精制茶制造业	828.2	电气机械及器材制造业	928.5	医药制造业	581.3	煤炭开采和洗选业	1 056.89
11	有色金属冶炼及压延加工业	827.3	煤炭开采和洗选业	905.5	通信设备、计算机及其他电子设备制造业	571.2	专用设备制造业	728.70
12	金属制品业	762.3	通信设备、计算机及其他电子设备制造业	719.7	石油加工、炼焦及核燃料加工业	427.4	金属制品业	719.41
13	石油加工炼焦及核燃料加工业	752.9	石油加工炼焦及核燃料加工业	690	纺织服装、鞋、帽制造业	412.7	纺织业	701.55

续表

序号	湖北省		湖南省		江西省		安徽省	
	前十五位分布行业	工业总产值（亿元）	前十五位分布行业	工业总产值（亿元）	前十五位分布行业	工业总产值（亿元）	前十五位分布行业	工业总产值（亿元）
14	医药制造业	554.9	食品制造业	629.2	通用设备制造业	396.4	塑料制品业	611.37
15	橡胶和塑料制品业	551.8	烟草制品业	614.5	金属制品业	315.2	通信设备、计算机及其他电子设备制造业	587.48

资料来源：《湖北统计年鉴》、《湖南统计年鉴》、《江西统计年鉴》和《安徽统计年鉴》(2012)。

2. 国家粮食安全保障区和优质农产品生产加工基地

即围绕水稻、淡水养殖、木竹、茶叶、油茶等区域性优势产业和地方性特色产品，以建设生态农业高效示范区为目标，加快特色农业规模化、品牌化、标准化建设，全力培育农业产业化龙头企业，成为以高产优质水稻、名优特淡水产品等为主的农业生产、农产品加工业基地，以及我国重要粮食安全保障区。

长江中游城市群地区是我国发展农业生产最为有利的地区之一，著名的“鱼米之乡”。得天独厚的气候、水文、土壤、地貌等自然条件，以及较为优良的水生态环境状态，成为国家重要的粮食安全保障区和优质农产品生产加工基地是其必然。2011 年，长江中游四省创造了全国 17.75% 的农林牧渔业总产值，18.41% 的粮食产量，19.44% 的棉花产量。25.62% 的油料产量，19.37% 的肉类产量，17.36% 的水产品产量。这对于拥有 13 亿人口的我国而言，意义特别重大，其在中国的农业地位不可替代（见表 3）。

表 3　　2011 年长江中游四省农业生产情况

	农林牧渔业总产值（亿元）	粮食产量（万吨）	棉花产量（万吨）	油料产量（万吨）	肉类产量（万吨）	水产品产量（万吨）
湖北	4 252.90	2 388.53	52.5800	304.72	381.93	356.22
湖南	4 508.20	2 939.35	23.5786	215.29	489.48	199.94

续表

	农林牧渔业总产值（亿元）	粮食产量（万吨）	棉花产量（万吨）	油料产量（万吨）	肉类产量（万吨）	水产品产量（万吨）
江西	2 207.27	2 052.79	14.2853	113.59	295.60	217.27
安徽	3 459.66	3 135.50	37.8000	213.75	375.47	199.55
四省占全国比重	17.75%	18.41%	19.44%	25.62%	19.37%	17.36%

资料来源：《湖北统计年鉴》、《湖南统计年鉴》、《江西统计年鉴》和《中国统计年鉴》(2011)。

3. 我国中西部现代物流中心和综合交通运输枢纽

即依托长江中游城市群区位和水陆空交通便利的条件，加快把长江中游城市群建设成为中西部地区功能最强、成本最低、流量最大的现代物流中心和综合交通运输枢纽，形成在全国有一定影响力的以现代物流为重点的生产性服务业功能区，成为中西部地区功能最完善、辐射面最广的综合交通运输枢纽。

长江中游城市群地区是一条江（长江）串起两大湖（鄱阳湖和洞庭湖），是我国最具备发展水、陆、空等综合交通运输网络的地区之一，其独特的地理位置又使其在我国具有承东启西，连通南北的重要作用，成为我国中西部现代物流中心和综合交通运输枢纽是长江中游城市群自然条件和地理位置的使然。发展至今已经拥有较为完善的综合交通运输网络，是我国沟通东西和南北的重要通道，是我国中西部交通最便捷的地区，也是我国商品流通的重要集散地。

4. 国际知名生态文化旅游区

即凭借长江中游城市群得天独厚的自然资源优势和历史文化底蕴，以旅游业为引擎，将长江中游城市群建成生态观光、休闲度假、民俗体验、科考探险等综合性旅游地，成为红色文化、农耕文化、山水文化、荆楚文化、民俗文化、宗教文化等特色文化地，促进旅游产业转型升级和发展方式转变，加快推进旅游国际化进程和湘赣鄂皖四省协作旅游示范区建设，建成国内红色文化高地和国际具有重大影响力的生态文化旅游胜地。

长江中游城市群地区历史悠久，人文荟萃，山水自然风光和人文胜景独具特色。我国五大淡水湖其中最大的两个淡水湖，即鄱阳湖和洞庭湖就位于长江中游城市群区域，有中国“绿肺”之称。境内拥有多个自然保护区和国家森林公园，属于亚热带森林和水生态系统核心区，生态环境优良。农耕文化、荆楚文化、宗教文化浓厚。境内韶山是伟大领袖毛泽东的故乡，全国著名革命纪念地和国家重点风景名胜区。湘鄂赣革命根据地、中国工人运动的策源地——萍乡、安源等均坐落在长江中游城市群。将长江中游城市群定位于国际知名生态文化旅游胜地完全符合区域自然和生态环境、历史底蕴的内涵。

5. 长江中下游生态安全保障区

应以武汉城市圈和长株潭城市群“两型”社会综合配套改革试验区建设和鄱阳湖生态经济区建设为契机，大力加强生态建设和环境保护，发挥亚热带森林和水生态系统核心区的作用，切实维护生态功能和生物多样性，发挥保障长江中下游生态安全乃至国家生态安全的重要作用，努力创造一流水质、一流空气、一流生态、一流人居环境，构筑区域生态安全体系。

长江是我国最大的河流，一条江串起两大湖的独特地理位置，决定了长江中游城市群在保护长江中下游生态安全，乃至国家生态安全保障方面的重要责任。与此同时，长江中游城市群地处亚热带森林和水生态系统核心区，更进一步决定了长江中游城市群在保护长江中下游生态安全，乃至国家生态安全方面肩负着神圣的历史使命。将长江中游城市群定位于长江中下游生态安全保障区是必然的抉择。2007 年 12 月，国家批准武汉城市圈和长株潭城市群为全国“两型社会”综合配套改革试验区，旨在着力转变经济发展方式，增强区域综合实力和可持续发展能力；着力推进综合性制度创新，构建促进资源节约和环境友好的体制机制；着力推进城乡协调发展，走新型工业化、城市化发展道路。2009 年 12 月，鄱阳湖生态经济区规划上升为国家战略。根据规划，鄱阳湖生态经济区定位于全国大湖流域综合开发示范区、长江中下游水生态安全保障区、加快中部崛起重要带动区、国际生态经济合作重要平台。长江中游城市群定位于长江中下游生态安全保障区正是国家意图的具体体现。

（三）中国第四增长极目标展望

根据长江中游城市群自然条件和现有经济社会基础，结合我国中部地区的发展目标，以及湖北、湖南、江西和安徽四省经济发展的“十二五”

规划纲要，以及各省城市群或经济区规划，确定的长江中游城市群发展的总体目标是：建设成为具有国际性功能、跨省域影响力和较强创新能力的地区，打造继长三角、珠三角、环渤海之后中国经济增长的第四极。

长江中游城市群国土面积40多平方公里，人口约1.6亿人，GDP占四省经济总量约80%。仅经济总量而言，在我国跨省级城市群中，长江中游城市群已经是稳居第四位。但就要素密集程度或每万平方公里产出而言，长江中游城市群远低于珠三角、长三角、京津冀城市群，也低于成渝城市群、徐州城市群、琼海城市群。这表明长江中游城市群作为我国经济增长第四极，本身具有巨大的增长潜力，“后发优势”将逐渐显现。湖北、湖南、江西和安徽四省只要同心协力，牢牢把握这一历史性的机遇，积极推进长江中游城市群建设与区域经济发展，大规模集聚产业与人口，加强区域之间的合作，把长江中游城市群建设成为我国重要的“两基地三区、一中心一枢纽”，长江中游城市群将完全有潜力迅速成长为中部地区崛起的重要战略支点和核心增长极，成为具有国际性功能、跨省域影响力和较强创新能力的地区，成为继珠三角、长三角、环渤海之后中国经济增长的第四极（见表4）。

表4　　2011年中国跨省级城市群概况

城市群名称	城市数量	城市	国土面积（万平方公里）	经济总量（亿元）	人口规模（万人）	每万平方公里产出（千亿元）
长江三角洲城市群	16	上海、南京、苏州、无锡、常州、镇江、扬州、南通、泰州、杭州、宁波、嘉兴、湖州、绍兴、舟山、台州	9.96	81 806	8 710	8.2135
京津冀城市群	10	北京、天津、石家庄、唐山、保定、秦皇岛、廊坊、沧州、承德、张家口	9	46 668	7 434	5.1853
珠江三角洲城市群	9	广州、深圳、佛山、珠海、东莞、中山、惠州、江门、肇庆等	4.2	44 090	4 636	10.4976
成渝城市群	5	重庆、成都、遂宁、内江、资阳	11.34	19 160	5 749	1.6896
海峡西岸城市群	20	福州、厦门、漳州、泉州、龙岩、莆田、三明、南平、宁德、温州、丽水、衢州、上饶、鹰潭、抚州、赣州、梅州、潮州、汕头、揭阳	25.99	30 340	8 848	1.1674

续表

城市群名称	城市数量	城市	国土面积（万平方公里）	经济总量（亿元）	人口规模（万人）	每万平方公里产出（千亿元）
徐州城市群	10	徐州、宿迁、连云港、宿州、淮北、济宁、枣庄、临沂、淮安、盐城	9.72	19 314	6 522	1.9870
哈大长城市群	3	哈尔滨、大庆、长春	9.59	7 416	2 037	0.7733
鄂豫城市群	5	信阳、南阳、驻马店、襄阳、随州	8.98	4 877	3 343	0.5431
琼海城市群	5	湛江、海口、茂名、阳江、三亚	3.6	5 265	1 981	1.4625
豫皖城市群	4	阜阳、亳州、商丘、周口	4.08	4 212	3 525	1.0324
合计	87	—	96.46	263 148	52 785	—

资料来源：根据2011年相关统计资料整理 。

中部地区与东部沿海区域合作牵引及衰变研究*

罗海平**

摘　要：本文通过对中部六省与东部沿海十个省市区位条件、合作牵引力及衰变路径的实证分析，探寻中部各省最优的东部沿海合作省份和合作条件。在此基础上，提出了确立“以开放促进一体化，通过一体化带动发展”的中部和东部合作战略、在中部边缘区域培育新的“增长次极”、建立国家级的“中部和东部区域协调发展和区域合作的综合改革试验区”，探索跨区域板块的区域合作模式和路径等政策建议。

关键词：中部地区；东部沿海；合作牵引

一、引言

随着社会经济发展和市场化、全球化的推进，城市在区域发展中的地位和作用日益加强，区域内部和区域之间的社会经济联系更加密切与复杂。区域合作源于区域经济联系的深化和发展。合作关系的形成是对长期形成的经济关系的固定化和长期化。通过区域联系的分析，可以为区域合作对象的选择提供依据。区域经济联系表现为经济实体区域间的相互作用和关联。区域相互作用也就是横向区际经济联系可以强化或削弱空间差异，促进空间格局的动态变化。

区域个性和差异的分析、区域间相互作用的研究一直是经济地理学和区域研究的经典内容。1929 年雷利（Reilly）发表的对零售关系研究方法的探索首次引入了牛顿力学引力模型，1946 年齐普夫（Zipf）对这一模型作了进一步的理论阐释。并将万有引力定律引入城市体系空间相互

* 基金项目：教育部人文社会科学研究青年基金项目（项目编号：12YJC790134）。

** 作者简介：罗海平（1979～），四川南充人，南昌大学中国中部经济社会发展研究中心研究员，博士，主要从事中部经济研究。

作用研究中。随着地理学计量与理论革命的开展以及区域科学的兴起，引力模型被广泛应用于“距离衰减效应”和“空间相互作用”的经验研究当中。20世纪90年代以来，国内一些学者如王德忠等（1996）、李国平等（2001）、周一星（1998）、陈彦光（2002）、孟德友等在对区域经济联系的定量研究中，也广泛应用了空间相互作用的引力模型。

在以上的研究文献，区域合作牵引理论通常被运用于一个行政区域下的分散区域间经济联系的研究，很少被用于跨区域板块不同区域主体的合作牵引的衰变分析。中部地区和东部沿海是我国最重要的两大经济板块。但在非均衡区域开发模式下，优先开发和开放的东部沿海地区先后涌现出珠三角、长三角和环渤海湾等全国性重要增长极，而与此同时包含有山西、河南、湖北、湖南、江西和安徽六省的中部地区却因改革和开放的滞后以及传统发展模式的路径依赖，出现严重的“塌陷”问题。中部地区走出“发展陷阱”，实现“中部崛起”最重要的途径在于加强对外联系，增强区域合作。而区域合作最关键的是合作对象的选择、合作路径的形成。为此，本文应用目前相对成熟的区域合作牵引模型对中部地区和东部沿海进行区域合作牵引及衰变路径的实证研究是必要的和有意义的。

二、中部与东部沿海区域联系的区位衰变

在分析中部地区和东部沿海各省市的经济联系时，将采取各省市的经济中心为区域的“重心”即区域联系的节点。由于各省在省级联系中往往省会城市既是区域的经济中心，同时也是区域联系的中转站，故选取省会城市作为各省的经济重心和联系网络中的最近节点。为了更好地获取节点间的通达时间，将选择省会间已通行的所有火车车次中运行最短时间为通达时间。获得的模型用数据如表1所示。

如果单纯从区域中心的空间距离远近判断区域合作的优先序列或一体化程度的话。对山西省而言，河北、北京、山东、天津将是空间距离最近的前四位沿海省份，且均为环渤海湾的主要经济体；河南排在前四位的最具合作区位优势的省市分别为河北、山东、北京和江苏，主要在环渤海湾和长三角北部；湖北省接近南北和东西的地理中心，较为接近的沿海省市依次为长三角的江苏、上海，环渤海湾的山东以及南部沿海的福建。湖南的经济中心长沙市主要接近的沿海省市集中在珠三角和长三角，依次为广东、江苏、福建和浙江；江西按照合作区域地理距离的远

表 1　　东部和中部合作牵引模型计算用原始数据（2010 年）

				山西		河南		湖北		湖南		江西		安徽	
				GDP（亿元）	人口（万人）	GDP（亿元）	人口（万人）	GDP（亿元）	人口（万人）	GDP（亿元）	人口（万人）	GDP（亿元）	人口（万人）	GDP（亿元）	人口（万人）
				9 201	3 574	23 092	9 405	15 968	5 728	16 038	6 570	9 451	4 462	12 359	5 957
				距离（千米）	时间（分）	距离（千米）	时间（分）	距离（千米）	时间（分）	距离（千米）	时间（分）	距离（千米）	时间（分）	距离（千米）	时间（分）
渤海湾	辽宁	GDP（亿元）	18 457	1 217	559	1 488	975	1 934	1 094	2 296	1 306	2 229	1 440	1 660	1 008
		人口（万人）	4 375												
	河北	GDP（亿元）	20 394	225	80	412	192	948	477	1 310	674	1 303	849	920	722
		人口（万人）	7 194												
	北京	GDP（亿元）	14 114	508	219	689	338	1 205	584	1 587	797	1 449	686	980	240
		人口（万人）	1 962												
	天津	GDP（亿元）	9 224	628	252	799	493	1 335	825	1 697	1 045	1 444	905	858	229
		人口（万人）	1 299												

续表

				山西		河南		湖北		湖南		江西		安徽	
				GDP（亿元）	人口（万人）	GDP（亿元）	人口（万人）	GDP（亿元）	人口（万人）	GDP（亿元）	人口（万人）	GDP（亿元）	人口（万人）	GDP（亿元）	人口（万人）
				9 201	3 574	23 092	9 405	15 958	5 728	16 038	6 570	9 451	4 462	12 359	5 957
				距离（千米）	时间（分）	距离（千米）	时间（分）	距离（千米）	时间（分）	距离（千米）	时间（分）	距离（千米）	时间（分）	距离（千米）	时间（分）
渤海湾	山东	GDP（亿元）	39 170	529	414	653	321	929	651	1 291	864	1 136	794	574	143
		人口（万人）	9 588												
长三角	江苏	GDP（亿元）	41 425	1 196	669	695	305	518	230	880	324	585	590	154	62
		人口（万人）	7 869												
	上海	GDP（亿元）	17 166	1 497	816	990	405	813	287	1 173	577	813	380	449	133
		人口（万人）	2 303												
	浙江	GDP（亿元）	27 722	1 675	1 414	836	775	1 011	500	989	473	629	281	618	205
		人口（万人）	5 447												

续表

				山西		河南		湖北		湖南		江西		安徽	
				GDP（亿元）	人口（万人）	GDP（亿元）	人口（万人）	GDP（亿元）	人口（万人）	GDP（亿元）	人口（万人）	GDP（亿元）	人口（万人）	GDP（亿元）	人口（万人）
				9 201	3 574	23 092	9 405	15 968	5 728	16 038	6 570	9 451	4 462	12 359	5 957
				距离（千米）	时间（分）	距离（千米）	时间（分）	距离（千米）	时间（分）	距离（千米）	时间（分）	距离（千米）	时间（分）	距离（千米）	时间（分）
南部沿海	福建	GDP（亿元）	14 737	2 485	2 523	1 717	1 281	933	1 049	978	965	618	594	1 080	1 112
		人口（万人）	3 693												
	广东	GDP（亿元）	46 013	2 506	2 063	1 614	385	1 171	221	707	139	948	617	1 410	1 149
		人口（万人）	10 441												

近，依次为江苏、福建、浙江、上海和广东，依然主要集中在长三角和珠三角。安徽区域合作亦基本都集中在长三角，以及山东的部分区域。总体而言，中部六省中山西距离北京最近为508公里，安徽距离上海最近449公里，湖南距离广东最近707公里。江西则在长三角和珠三角的区域合作中同时具有合作的区位优势，河南则在整个环渤海湾和长三角中均具有区位优势（见表2）。

表2　　中部与东部合作的区位优势的衰减序列

中部地区	合作的空间距离衰变路径									
	1	2	3	4	5	6	7	8	9	10
山西	河北	北京	山东	天津	江苏	辽宁	上海	浙江	福建	广东
河南	河北	山东	北京	江苏	天津	浙江	上海	辽宁	广东	福建
湖北	江苏	上海	山东	福建	河北	浙江	广东	北京	天津	辽宁
湖南	广东	江苏	福建	浙江	上海	山东	河北	北京	天津	辽宁
江西	江苏	福建	浙江	上海	广东	山东	河北	天津	北京	辽宁
安徽	江苏	上海	山东	浙江	天津	河北	北京	福建	广东	辽宁

从中部各省与东部联系的交通来看，山西太原到天津比到山东济南更具有时间优势。河南则因郑州的铁路枢纽因素大大拉近了与广东和北京以及长三角的距离。湖南和湖北一样，都因武广高铁大大缩短了与广东的距离，安徽与长三角的联系因交通的便利，相比区位上的优势则更加突出。相比较而言，京九铁路横穿而过的江西则因高铁发展的滞后，无论是与东部的长三角、还是南部的珠三角都无较大的交通优势。其与长三角和珠三角相毗邻的区域合作优势，被两湖地区以及安徽省挤占了，尤其是安徽随着皖江产业承接示范区的建立，将长三角产业转移全面拦住，使江西丧失了大量来自东面长三角的产业承接的机会。从而，江西本应在中部六省中同时承接长三角和珠三角的产业转移的发展机会被同处中部的湖南、湖北和安徽抢占了先机（见表3）。

表3　　中部与东部合作的交通优势的衰减序列

中部地区	区域经济重心通达时间衰变									
	1	2	3	4	5	6	7	8	9	10
山西	河北	北京	天津	山东	辽宁	江苏	上海	浙江	广东	福建
河南	河北	江苏	山东	北京	广东	上海	天津	浙江	辽宁	福建

续表

中部地区	区域经济重心通达时间衰变									
	1	2	3	4	5	6	7	8	9	10
湖北	广东	江苏	上海	河北	浙江	北京	山东	天津	福建	辽宁
湖南	广东	江苏	浙江	上海	河北	北京	山东	福建	天津	辽宁
江西	浙江	上海	江苏	福建	广东	北京	山东	河北	天津	辽宁
安徽	江苏	上海	山东	浙江	天津	北京	河北	辽宁	福建	广东

三、中部各省与东部沿海合作牵引及衰变路径

区域间的合作除了区域间的先天区位、后天便利的交通条件外，更要有与区域间经济发展、市场空间相一致的综合的经济联系的条件。为了较为全面地比较出中部各省与东部沿海各省市的合作关系和基础，分别采取最短的自然空间距离（D）和最快的交通通达时间（T）进行中部各省和东部地区的经济联系量的计算。计算公式如下：

$$R_{ij} = (\sqrt{P_i G_i} \times \sqrt{P_j G_j}) / D_{ji}^2,\ F_{ij} = \frac{R_{ij}}{\sum_{j=1}^{n} R_{ij}}$$

或为：

$$R_{ij} = (\sqrt{P_i G_i} \times \sqrt{P_j G_j}) / T_{ji}^2,\ F_{ij} = \frac{R_{ij}}{\sum_{j=1}^{n} R_{ij}}$$

其中，R_{ij}为两地经济联系强度，F_{ij}为经济联系隶属度，即两地经济联系占总经济联系的比重。P_i、P_j 分别表示两地的总人口数；G_i、G_j 表示两地生产总值即 GDP；D 为两地通达的最短距离或最短时间。当 D 为两地实际地理距离时，计算出来的经济联系量表示两地的自然经济联系。而当 T 为两地实际最短通达时间时，计算出来的经济联系强度则更多反映出两地的一体化和合作交流的形成条件。根据万有引力模型，两区域的距离无论是地理距离还是时间距离，均为两地的“重心”节点间的通达距离。而一个地区的经济“重心”往往就在该区域中最大的经济体或经济中心城市。

（一）山西与东部沿海区域合作牵引

对山西省而言，无论是基于经济重心节点最短距离还是节点间的最短通达时间，河北省都是东部沿海中对山西牵引力最大的省。从距离牵引力来看，河北省的牵引力达 1 372，占沿海地区对山西省合作牵引力的

64.97%；其次是山东省397，占18.81%；再次是北京116，占5.54%，然后分别是江苏（3.43%）和天津（2.38%），而作为我国第一经济大省广东对山西的合作牵引力则仅占整个沿海牵引的0.95%，上海合作牵引则更低仅占0.76%，在整个沿海省市中倒数第二。按最快通达时间来看，河北省对山西的合作牵引更占优势，比例达83.71%，山东省、北京市、天津市、江苏省的牵引力影响相应更低（见表4）。

表4　山西与东部各省的合作牵引力

位次	牵引力距离衰减			牵引力时间衰减		
	衰减路径	牵引力	引力比例	衰减路径	牵引力	引力比例
1	河北	1 372.0381	64.97%	河北	10 853.036	83.71%
2	山东	397.12227	18.81%	山东	648.38791	5.00%
3	北京	116.9343	5.54%	北京	629.18899	4.85%
4	江苏	72.380814	3.43%	天津	312.57766	2.41%
5	天津	50.331483	2.38%	江苏	231.33087	1.78%
6	辽宁	34.792306	1.65%	辽宁	164.90763	1.27%
7	浙江	25.116327	1.19%	上海	54.149693	0.42%
8	广东	20.014465	0.95%	浙江	35.244142	0.27%
9	上海	16.089136	0.76%	广东	29.533006	0.23%
10	福建	6.8507197	0.32%	福建	6.6459104	0.05%

从区域合作的经济板块来看，山西无论是自然牵引还是时间牵引，以北京和天津为代表的环渤海湾均占绝对优势。自然牵引上，环渤海湾占整个东部沿海对山西合作牵引力的93.35%，时间牵引上更是占到97.24%。其次是长三角，占比分别为5.38%和2.48%。以广东珠三角为代表的南部沿海合作牵引影响相对于环渤海来讲则非常小，自然牵引和时间牵引分别仅为1.27%和0.28%。

（二）河南与东部沿海区域合作牵引

河南省是中部地区第一经济大省，与东部沿海的合作牵引力无论是按时间还是距离的衰减看均相对缓和些。按距离牵引，河北（37.00%）和山东（23.57%）两省共占60%，其次，分别是江苏，占19.38%。而从时间牵引来看，则是河北（33.13%）和江苏（19.57%）合作牵引力总和超过 52%。山东（18.97%）和广东（14.91%）的牵引力总和达 34%，北京、上海、浙江和天津均有一定的合作影响，且分别不断递减（见表 5）。

表 5　　河南与东部各省的合作牵引力

位次	牵引力距离衰减			牵引力时间衰减		
	衰减路径	牵引力	引力比例	衰减路径	牵引力	引力比例
1	河北	1 051. 6038	37. 00%	河北	4 842. 2158	33. 13%
2	山东	669. 76833	23. 57%	江苏	2 860. 2337	19. 57%
3	江苏	550. 84777	19. 38%	山东	2 771. 6661	18. 97%
4	北京	163. 36021	5. 75%	广东	2 179. 2148	14. 91%
5	广东	123. 99793	4. 36%	北京	678. 81485	4. 64%
6	上海	94. 541243	3. 33%	上海	564. 91311	3. 87%
7	天津	79. 906266	2. 81%	浙江	301. 50723	2. 06%
8	辽宁	59. 810013	2. 10%	天津	209. 88459	1. 44%
9	福建	36. 877696	1. 30%	辽宁	139. 30623	0. 95%
10	浙江	11. 13329	0. 39%	福建	66. 253086	0. 45%

从区域经济板块间的合作牵引比较来看，河南省与环渤海湾无论是自然距离牵引还是时间距离牵引均为最优的区域合作板块，分别占比为 71. 23% 和 59. 13%。其次是长三角，占比分别为 23. 10% 和 25. 50%。以广东珠三角为代表的南部沿海与河南省的区域经济合作牵引，受武广高铁的影响非常大，从而南部沿海的时间牵引比实际最短距离牵引提升了 9. 7 个百分点，占整个东部沿海的 15. 37%。

（三）湖北与东部沿海区域合作牵引

湖北是中部的地理中心，按空间距离计算，与江苏的合作牵引力最大，达到 643. 5，占整个沿海牵引力的 42. 81%，其次分别是山东和广东，各占 14. 29% 和 10. 17%，河北、浙江、上海对湖北均有较大的合作牵引力，分别占整个沿海合作牵引力的 8. 57%、7. 65% 和 6. 05%。而按最短通达时间计算，湖北受惠武广高铁最大，大大缩短了与珠三角的距离。从而广东对湖北的牵引力超过了江苏和山东，排在第一，且占区域合作影响从占整个沿海的 10. 17% 上升到 42. 77%，江苏则下降为 32. 53%。使得湖北的区域合作对象由长三角转向了珠三角。除此外，上海的影响力上升到7.28%，河北、浙江、福建、北京、天津等对湖北的相对引力作用均有一定的降幅（见表6）。

表6　湖北与东部各省的合作牵引力

位次	牵引力距离衰减			牵引力时间衰减		
	衰减路径	牵引力	引力比例	衰减路径	牵引力	引力比例
1	江苏	643.51441	42.81%	广东	4 291.939	42.77%
2	山东	214.75147	14.29%	江苏	3 264.09	32.53%
3	广东	152.87072	10.17%	上海	730.03637	7.28%
4	河北	128.8981	8.57%	河北	509.12736	5.07%
5	浙江	114.97818	7.65%	浙江	470.08644	4.68%
6	上海	90.976076	6.05%	山东	437.32629	4.36%
7	福建	81.050869	5.39%	北京	147.56237	1.47%
8	北京	34.659894	2.31%	辽宁	71.806161	0.72%
9	辽宁	22.976476	1.53%	福建	64.116526	0.64%
10	天津	18.574984	1.24%	天津	48.638827	0.48%

湖北与东部沿海三大经济板块区域合作中交通时间牵引与自然距离牵引具有很大的差别。从自然距离牵引来看，长三角与湖北区域合作的优势非常明显，占整个沿海合作牵引的56.5%，其次是环渤海湾占27.94%，南部沿海最低，仅为15.56%。而在交通时间牵引上以广东珠三角为代表的南部沿海则与长三角对湖北的合作牵引相当，分别占比为43.41%和44.49%，环渤海湾则占12.10%。

（四）湖南与东部沿海区域合作牵引

湖南相对于湖北而言，在区域合作对象的选择上并没有太多的转换。广东无论是在空间距离还是交通便利上均占有优势，而从牵引力来看，广东对湖南的区域合作吸引最大。按最短空间距离算，广东的牵引力占到37.90%，比长三角江苏、浙江和上海三地牵引力的总和还略多。而随着武广高铁经过湖南的经济中心长沙，广东的牵引力比重急剧上升到77.83%。长三角以及环渤海湾的相对影响则急剧下降，江苏从20.15%下降到11.80%，浙江由10.86%下降到3.77%，其他沿海省市的影响都相对微弱（见表7）。

表 7　　湖南与东部各省的合作牵引力

位次	牵引力距离衰减			牵引力时间衰减		
	衰减路径	牵引力	引力比例	衰减路径	牵引力	引力比例
1	广东	450.12205	37.90%	广东	11 645.001	77.83%
2	江苏	239.32247	20.15%	江苏	1 765.4637	11.80%
3	浙江	128.96034	10.86%	浙江	563.80182	3.77%
4	山东	119.35651	10.05%	河北	273.69976	1.83%
5	福建	79.172485	6.67%	山东	266.48398	1.78%
6	河北	72.452208	6.10%	上海	193.85977	1.30%
7	上海	46.907608	3.95%	北京	85.038522	0.57%
8	北京	21.44759	1.81%	福建	81.319998	0.54%
9	辽宁	17.497806	1.47%	辽宁	54.08054	0.36%
10	天津	12.338385	1.04%	天津	32.537893	0.22%

从区域经济板块来看，在三大沿海经济板块中南部沿海尤其是广东对湖南的合作牵引最明显。按空间距离计算的牵引力，南部沿海占整个东部沿海的44.57%，长三角占34.96%，环渤海湾占20.47%。而在按最短交通时间计算的区域合作牵引力，南部沿海的优势更为明显，占比达到78.37%，长三角降为16.87%，环渤海湾占比仅为4.76%。

（五）江西与东部沿海区域合作牵引

江西从地理区位上是中部地区唯一的无论是对长三角、珠三角还是闽三角沿海经济发达区都具有合作区位的省份。但受江西经济总量过小、经济重心偏北偏西等多重因素影响，江西对整个沿海地区的牵引力总和反居中部倒数第一位。根据距离牵引力，长三角占据相对优势，江苏占31.94%、浙江占18.81%、广东排在第三占14.77%、福建占11.70%，而从时间牵引力看，浙江取代江苏，排在第一占整个合作牵引的39.22%、广东则上升为第二，占14.51%，江苏和上海分列第三和第四（见表8）。

表 8　　江西与东部沿海各省的合作牵引力

位次	牵引力距离衰减			牵引力时间衰减		
	衰减路径	牵引力	引力比例	衰减路径	牵引力	引力比例
1	江苏	342.59653	31.94%	浙江	1 010.6063	39.22%
2	浙江	201.69417	18.81%	广东	373.8907	14.51%

续表

位次	牵引力距离衰减			牵引力时间衰减		
	衰减路径	牵引力	引力比例	衰减路径	牵引力	引力比例
3	广东	158.37926	14.77%	江苏	336.81442	13.07%
4	福建	125.43563	11.70%	上海	282.76001	10.97%
5	山东	97.518677	9.09%	山东	199.61973	7.75%
6	上海	61.773769	5.76%	福建	135.77661	5.27%
7	河北	46.328822	4.32%	河北	109.12511	4.23%
8	北京	16.275767	1.52%	北京	72.61561	2.82%
9	辽宁	11.745002	1.10%	辽宁	28.141566	1.09%
10	天津	10.780366	1.01%	天津	27.445474	1.07%

江西从区位牵引力来看，与长三角更具有合作优势，牵引力在整个东部沿海的占比为56.51%，其次是南部沿海，占比为26.45%，与环渤海湾的合作牵引占比为17.04%。而在按交通通达时间计算的区域板块合作牵引力下，长三角的优势更为明显，达到63.26%，南部沿海降至19.78%，环渤海湾则基本持平，为16.96%。

（六）安徽与东部沿海区域合作牵引

安徽是中部六省中无论是空间牵引力还是时间牵引力都是中部最大的省份，也是中部六省中跟沿海地区经济联系最紧密的省，拥有我国第一个沿海产业承接示范区。根据牵引力的衰减路径，江苏对安徽的合作牵引无论是距离牵引力还是时间牵引力都是占绝对优势，分别占整个沿海地区牵引力的81.98%和72.21%。作为环渤海区域最大经济体的山东排在第二，分别占6.33%和14.57%。其次，是同处长三角的浙江和上海。相对而言，我国第一经济大省广东对安徽的合作引力偏低分别仅占1.19%和0.26%，其牵引力大小仅高于山西对广东的牵引力，在中部六省中居倒数第二位（见表9）。

表9　　安徽与东部沿海各省的合作牵引力

位次	牵引力距离衰减			牵引力时间衰减		
	衰减路径	牵引力	引力比例	衰减路径	牵引力	引力比例
1	江苏	6 532.1336	81.98%	江苏	40 300.749	72.21%
2	山东	504.68742	6.33%	山东	8 131.566	14.57%

续表

位次	牵引力距离衰减			牵引力时间衰减		
	衰减路径	牵引力	引力比例	衰减路径	牵引力	引力比例
3	浙江	276.07017	3.46%	上海	3 049.8867	5.46%
4	上海	267.60505	3.36%	浙江	2 508.931	4.50%
5	河北	122.79092	1.54%	北京	783.89436	1.40%
6	广东	94.597261	1.19%	天津	566.36802	1.01%
7	福建	54.269041	0.68%	河北	199.37353	0.36%
8	北京	47.014073	0.59%	广东	142.45468	0.26%
9	天津	40.345501	0.51%	辽宁	75.884659	0.14%
10	辽宁	27.980719	0.35%	福建	51.190584	0.09%

安徽是中部六省中唯一无论在自然区位还是交通区位都面向长三角靠拢的省份。在自然距离合作牵引中，安徽与长三角合作牵引占比高达88.80%，而南部沿海仅为1.88%，环渤海湾为9.32%。在按最短交通时间计算的合作牵引中，长三角占比82.17%，环渤海湾占17.48%，而南部沿海仅为0.35%。

四、中部六省与东部沿海合作牵引比较

按照最短距离计算的经济联系量中安徽第一达到7 968（或合作牵引力），即说明在中部与东部的合作中，安徽的牵引力最大；其次是河南省牵引力为2 842；再次是山西，合作牵引力为2 112，在与东部合作中按最短距离（D）计算的合作牵引力无论是湖北、湖南还是江西均不具有任何优势，其中江西受东部的牵引力最小仅为1 073、再次是湖北仅为1 503。但当采取以最短时间（T）计算中部各省与东部的合作牵引力时，安徽依然最高，达到了55 810，其次分别是湖南、河南、山西和湖北，江西依然最低，仅为2 577，仅占安徽省的4.6%，是其他四省的1/5左右（见图1）。

而从东部沿海省市来看，河北对山西和河南两省的合作牵引力均为最大。空间牵引上，江苏对湖北、江西和安徽三省的合作牵引力最大。广东在时间牵引力上对湖北最大，而对湖南来讲则是无论时间牵引还是距离牵引均最大。而在东部沿海省市中对中部最具牵引力的主要有河北、山东、北京、江苏、广东和浙江，而福建、辽宁、天津等对中部的牵引则相对较弱。且区域合作的牵引力的区域区位特征非常明显，基本上呈现

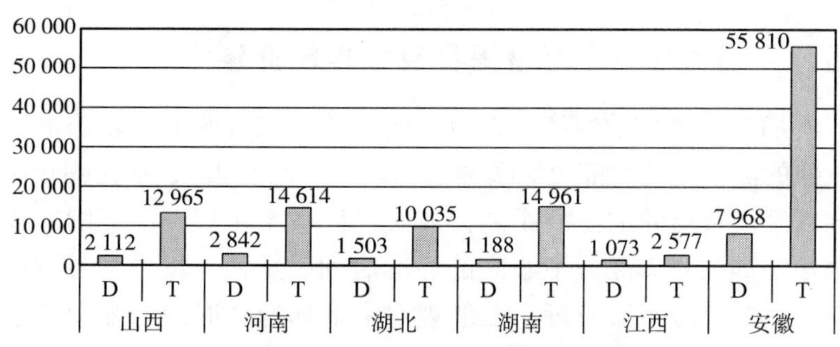

图1　中部各省与东部沿海合作牵引总量比较

出山西和河南主要的合作集中在环渤海湾、江西和安徽则主要集中在长三角，而两湖区域则同时对长三角和珠三角都具有较强的合作牵引，而与广东的区位合作地位最为重要。

从以上的分析，不难发现作为长三角的经济中心上海与中部各省的区域合作牵引均不占重要地位。就其原因主要在于上海作为长三角的经济中心，其经济合作和产业转移的主要对象更多的是处于上海外围的江苏和浙江，从而降低了对中部的影响。但对安徽和湖北来讲，上海的影响依然不可忽视（见表10）。

表10　　牵引衰减路径

牵引衰减		1	2	3	4	5	6	7	8	9	10
山西	D	河北	山东	北京	江苏	天津	辽宁	浙江	广东	上海	福建
	T	河北	山东	北京	天津	江苏	辽宁	上海	浙江	广东	福建
河南	D	河北	山东	江苏	浙江	北京	广东	上海	天津	辽宁	福建
	T	河北	江苏	山东	广东	北京	上海	浙江	天津	辽宁	福建
湖北	D	江苏	山东	广东	河北	浙江	上海	福建	北京	辽宁	天津
	T	广东	江苏	上海	河北	浙江	山东	北京	辽宁	福建	天津
湖南	D	广东	江苏	浙江	山东	福建	河北	上海	北京	辽宁	天津
	T	广东	江苏	浙江	河北	山东	上海	北京	福建	辽宁	天津
江西	D	江苏	浙江	广东	福建	山东	上海	河北	北京	辽宁	天津
	T	浙江	广东	江苏	上海	山东	福建	河北	北京	辽宁	天津
安徽	D	江苏	山东	浙江	上海	河北	广东	福建	北京	天津	辽宁
	T	江苏	山东	上海	浙江	北京	天津	河北	广东	辽宁	福建

五、中部地区与东部沿海区域合作政策建议

（1）将中部各省的经济重心向东向南移，在空间上与东部沿海中心城市毗邻的或接近的中部边缘区域培育新的“增长极”，从而缩短中部和东部地区经济节点间的空间距离；加快建设联系东部和中部的交通大动脉、缩短中部与东部经济中心间的通达时间。从而，将中部各省的经济重心向靠近的沿海省市拉近，在地理空间上和通达时间上缩短与沿海经济中心的距离中，从而创造更好的中部和东部一体化条件。

（2）确立“以开放促进一体化，通过一体化带动发展”的“中部崛起”新战略、新思维。将“中部崛起”战略由传统的靠国家给钱、给项目，通过国家的重点投资、重大项目带动向给予更大的对外开放和经济自由权转变。让中部各省自主确定向东部地区的开放力度和开放领域，通过中部与东部沿海的市场开放和市场交融，减少中东部各省市间的市场交融壁垒，形成互通互融，相互依存、在对外竞争中“你中有我，我中有你”的市场共同体。在此基础上，各省则应根据自身区位条件、资源禀赋以及产业发展和市场拓展的需要，支持东部发达省市在中部建立具有“飞地”属性的产业基地、市场集散地、特别合作区域以及各种性质的工业园和科技园。

（3）中部各省应突破传统的招商引资“引进来”的中部和东部产业合作模式，实施中部企业和中部产业积极“东进”和“南下”的战略，主动融入东部沿海地区的产业链，为东部沿海产业转移和产业升级服务，在服务东部沿海产业发展的同时获得东部沿海地区的产业分工、产业合作和产业承接机会，在做大做强承接产业的基础上，与东部沿海地区一起实现产业升级和转型。

（4）建立国家级的“中部和东部区域协调发展和区域合作的综合改革试验区”或“示范区”，探索跨区域板块的区域合作模式和路径，以减少东部和中部区域发展差距，实现东中地区协调发展，在带动中部地区区域快速发展的同时为我国区域协调发展、区域合作、减少区域发展差距、消除区域贫困，为“老少边穷”地区的发展提供典型模式和成功路径。正是基于这一特殊的示范意义，可以将示范区选在远离中部各省市经济中心，但却毗邻东部沿海的相关省市，具有一定产业基础和资源特色的区域。试验区或示范基地的建设不仅有利于该类区域的脱贫和中部地区区域次中心的培育和发展，更有利于东部地区的产业延伸、减缓东

部地区因经济发展带来的土地资源紧缺、人力成本上升、市场空间过紧等问题，实现中部和东部沿海区域的区域合作和经济一体化，是一种“多赢”的发展战略决策。

参考文献

[1] 王德忠、庄仁兴：《区域经济联系定量分析初探——以上海与苏锡常地区经济联系为例》，载《地理科学》1996年第1期。

[2] 李国平、王立明、杨开忠：《深圳与珠江三角洲区域经济联系的测度及分析》，载《经济地理》2001年第1期。

[3] 周一星：《主要经济联系方向论》，载《城市规划》1998年第2期。

[4] 陈彦光、刘继生：《基于引力模型的城市空间互相关和功率谱分析》，载《地理研究》2002年第6期。

[5] 孟德友、陆玉麒：《基于引力模型的江苏区域经济联系强度与方向》，载《地理科学进展》2009年第5期。

[6] 张湖林：《论促进中部崛起的城市带动战略》，载《中南民族大学学报》2011年第1期。

[7] 张合林：《促进中部崛起战略的理论基础及其政策完善》，载《郑州大学学报》2010年第1期。

[8] Porter M. The Competitive Advantage of Nations. Basingstoke, Macmillan. 1990. Organization for Economic Co-operation and Development. Industrial Competitiveness. OECD, Paris. 1996.

[9] Huovari Janne, Aki Kangasharju and Aku Alanen. Constructing an Index for Regional Competitive-ness. Pellervo Economic Research Institute Working Paper, Helsinki, 2001. No. 44.

中部地区政府绩效综合评价*

罗文剑**

摘　要：“政绩”的产生是以行政成本的投入为前提和基础，本文基于此构建了内含行政成本指标的政府绩效综合评价指标体系，并采用D-AHP法进行赋权。对2011年中部六省政府绩效的实证分析结果发现，行政成本并非越高越好，也不是越低越好，控制行政成本应该与政府绩效结合起来，实现既定政府绩效下的行政成本合理化。一是要合理确定行政成本支出的比重，以“相对量”控制来避免行政成本增长过快；二是要加强财政信息公开，规范行政成本的支出结构；三是要坚持控制行政成本的目标，对行政成本支出乱象实施“零容忍”。

关键词：中部地区　政府绩效　行政成本　综合评价

十八届三中全会通过的《中共中央关于全面深化改革若干重大问题的决定》提出，要加快转变政府职能，严格绩效管理，突出责任落实，确保权责一致。在当前政府行政成本快速增长的时代，降低行政成本，实现较佳的“成本——收益”，促进政府绩效的“最优化”，已然成为党和国家、社会各界关注的焦点。行政成本与政府绩效的关系是，随着行政成本的不断增加，会呈现出“边际报酬”递增的效应，政府绩效不断上升，当行政成本的增加使得边际行政成本等于边际政府绩效，此时政府绩效达到其“峰值”，而后，如果行政成本仍然持续增加，则会开始出现“边际报酬”递减的态势，政府绩效就逐步下降。显然，如果仅仅对政府行政成本进行比较而忽视其贡献下的绩效，可能就会陷入盲目控制行政成本的境地，这就有必要将为“政绩”而付出的成本和代价——行

* 基金项目：江西省社会科学“十二五”（2011年）规划一般项目（项目编号：11GL25）；江西省高校人文社会科学重点研究基地2011年度研究项目（项目编号：JD1108）。

** 作者简介：罗文剑（1982~），江西吉水人，南昌大学中国中部经济社会发展研究中心研究员，博士。

政成本作为衡量政府绩效的内容之一，考量相应的行政成本投入基础上的政府绩效状况，实现行政成本控制的合理化。

一、中部地区政府绩效综合评价的指标体系构建

迄今为止，国内外学者在政府绩效评估方面取得一定的成果，关于政府绩效评估的指标不少，但目前学术界对构建政府绩效评估指标体系尚未达成共识，指标内容和选择上差异比较大，当然这也反映出我国政府绩效评估的指标内容随着政府改革和职能转变而变迁的实践需求。本文认为，政府绩效综合评价指标体系的构建不应该是定性或定量指标的简单陈列，而应该遵循一定的原则，包括科学性原则、系统性原则、可操作性原则和相对独立性原则等，并在这些原则的指导下，围绕政府的职能去设计其绩效评估指标体系。

《中共中央关于全面深化改革若干重大问题的决定》指出，政府的职责和作用主要是保持宏观经济稳定，加强和优化公共服务，保障公平竞争，加强市场监管，维护市场秩序，推动可持续发展，促进共同富裕，弥补市场失灵。因此，地方政府的关键职能指标就应该包括经济发展、社会管理、公共服务、环境保护、人民生活等，考虑到行政成本是政府绩效的重要基础，所以本文将以经济发展、社会管理、公共服务、环境保护、人民生活和行政成本作为地方政府绩效评估的一级指标，同时借鉴国内学者关于政府绩效评估指标的经验，如原国家人事部《中国政府绩效评估研究》课题组（2004）、南昌大学中国中部经济发展研究中心（2009）、包国宪（2008）、倪星（2009）、王玉明[5]（2009）、付亚东（2010）、尚虎平（2011）、宋美喆（2012）等构建的指标体系，进行整理和修改，初步选择了一些有代表性的二级指标，然后在利用专家咨询、相关分析等基础上，最后择定了29个二级指标。

经济发展一级指标下设人均GDP（元）、人均税收收入增长率、第二、三产业占三大产业的比重、城市化水平、人均粮食产量和人均能源产量（《中共中央、国务院关于促进中部地区崛起的若干意见》将中部地区作为国家粮食生产基地、能源基地）六个二级指标。

社会管理一级指标下设社会保障就业支出占财政支出的比重、城镇社会保险综合参保率、农村社会保险参保率、社会安全综合指数、人口增长率五个二级指标。其中，城镇社会保险综合参保率可由城镇养老保险覆盖率和城镇基本医疗保险覆盖率取平均值获得；农村社会保险参保

率可由农村养老保险覆盖率和新农村合作医疗覆盖率取平均值获得；社会安全综合指数可由刑事案件发案率和综治案件发生率取平均值获得。在当前社会背景下，人口增长率和社会安全综合指数这两个二级指标应该为逆向指标。

公共服务一级指标下设教育支出占财政支出的比重、基础教育发展水平、万人拥有专业卫生技术人员数、农村自来水普及率和城市人均道路面积（平方米）五个二级指标。其中，基础教育发展水平可由小学毛入学率、初中和高中升学率取平均值获得。

人民生活一级指标下设城镇人均可支配收入增长率、农村人均纯收入增长率、城乡居民恩格尔系数、城镇登记失业率四个二级指标。其中，城乡居民恩格尔系数可由农村居民恩格尔系数和城市居民恩格尔系数取平均值获得。在当前社会背景下，城乡居民恩格尔系数和城镇登记失业率这两个二级指标应该为逆向指标。

环境保护一级指标下设环境保护支出占财政支出的比重、工业“三废”处理率、单位地区 GDP 能耗降低率、人均耕地面积（公顷）、森林覆盖率五个二级指标。其中，工业“三废”处理率可由固体废物综合治理率、工业废气治理率和工业废水排放达标率取平均值获得。

行政成本一级指标下设行政成本占财政支出比重、官民比、人均行政成本和行政成本增长率四个二级指标。在当前社会背景下，这四个二级指标应该均为逆向指标。

二、政府绩效综合评价体系的指标赋权

本文借助德尔菲法（Delphi）和层次分析法（AHP）来确定地方政府绩效综合评价的指标权重。首先通过德尔菲法对 12 名有关专家进行问卷调查，问卷采用 1 ~9 标度标准。经过几轮问卷发放和计算，专家的意见趋于一致，得出统计分析数据。然后依据层次分析法“目标层—准则层—方案层”的原理，利用 YAAHP 软件，构建政府绩效梯阶层次结构模型。在模型的基础上，建立判断矩阵，利用专家的评价结果对判断矩阵赋值，进行层次单排序、层次总排序和一致性检验，以一致性检验结果判定矩阵能否接受，从而确定各指标的权重值，如表 1 至表 7 所示。

表 1　　政府绩效判断矩阵

政府绩效	经济发展	社会管理	公共服务	人民生活	环境保护	行政成本	Wi
经济发展	1.0000	3.0000	1.0000	0.3333	3.0000	5.0000	0.2066
社会管理	0.3333	1.0000	1.0000	0.3333	3.0000	3.0000	0.1316
公共服务	1.0000	1.0000	1.0000	0.3333	3.0000	3.0000	0.1580
人民生活	3.0000	3.0000	3.0000	1.0000	5.0000	5.0000	0.3897
环境保护	0.3333	0.3333	0.3333	0.2000	1.0000	3.0000	0.0698
行政成本	0.2000	0.3333	0.3333	0.2000	0.3333	1.0000	0.0444

根据表 1 计算而得 $\lambda_{max}=6.3170$；$CI=0.0624$；$RI=1.24$；$CR=0.0503$；满足 $CR<0.1$，因此，该判断矩阵一致性可以接受，经济发展、社会管理、公共服务、人民生活、环境保护、行政成本相对政府绩效的权重分别为 0.2066、0.1316、0.1580、0.3897、0.0698、0.0444。

表 2　　经济发展判断矩阵

经济发展	人均地区GDP	人均能源产量	人均税收收入增长率	第二、三产业占三大产业的比重	人均粮食产量	城市化水平	Wi
人均地区 GDP	1.0000	0.3333	0.2000	3.0000	0.3333	5.0000	0.0964
人均能源产量	3.0000	1.0000	0.3333	3.0000	0.3333	5.0000	0.1514
人均税收收入增长率	5.0000	3.0000	1.0000	7.0000	3.0000	7.0000	0.4178
第二、三产业占三大产业的比重	0.3333	0.3333	0.1429	1.0000	0.2000	3.0000	0.0533
人均粮食产量	3.0000	3.0000	0.3333	5.0000	1.0000	7.0000	0.2515
城市化水平	0.2000	0.2000	0.1429	0.3333	0.1429	1.0000	0.0295

根据表 2 计算而得 $\lambda_{max}=6.4140$；$CI=0.0818$；$RI=1.24$；$CR=0.0657$；满足 $CR<0.1$，因此，该判断矩阵一致性可以接受，人均地区GDP、人均能源产量、人均税收收入增长率，第二、三产业占三大产业的比重、人均粮食产量和城市化水平相对经济发展的权重分别为 0.0964、0.1514、0.4178、0.0533、0.2515 和 0.0295。

表 3　　社会管理判断矩阵

社会管理	人口增长率	社会安全综合指数	农村社会保险参保率	城镇社会保险综合参保率	社会保障就业支出占财政支出的比重	Wi
人口增长率	1. 0000	0. 2000	0. 1111	0. 1429	0. 1429	0. 0306
社会安全综合指数	5. 0000	1. 0000	0. 2000	0. 3333	0. 3333	0. 0920
农村社会保险参保率	9. 0000	5. 0000	1. 0000	1. 0000	3. 0000	0. 3810
城镇社会保险综合参保率	7. 0000	3. 0000	1. 0000	1. 0000	3. 0000	0. 3271
社会保障就业支出占财政支出的比重	7. 0000	3. 0000	0. 3333	0. 3333	1. 0000	0. 1692

根据表 3 计算而得 $\lambda_{max} = 5.2439$；$CI = 0.0609$；$RI = 1.12$；$CR = 0.0544$；满足 $CR < 0.1$，因此，该判断矩阵一致性可以接受，人口增长率、社会安全综合指数、农村社会保险参保率、城镇社会保险综合参保率、社会保障就业支出占财政支出的比重相对社会管理的权重分别为 0. 0306、0. 0920、0. 3810、0. 3271 和 0. 1692。

表 4　　公共服务判断矩阵

公共服务	城市人均道路面积	农村自来水普及率	万人拥有专业卫生技术人员数	基础教育发展水平	教育支出占财政支出的比重	Wi
城市人均道路面积	1. 0000	0. 3333	0. 3333	0. 1429	0. 2000	0. 0469
农村自来水普及率	3. 0000	1. 0000	0. 3333	0. 2000	0. 2000	0. 0778
万人拥有专业卫生技术人员数	3. 0000	3. 0000	1. 0000	0. 3333	0. 3333	0. 1482
基础教育发展水平	7. 0000	5. 0000	3. 0000	1. 0000	1. 0000	0. 3758
教育支出占财政支出的比重	5. 0000	5. 0000	3. 0000	1. 0000	1. 0000	0. 3513

根据表 4 计算而得 $\lambda_{max} = 5.1716$；$CI = 0.0429$；$RI = 1.12$；$CR = 0.0383$；满足 $CR < 0.1$，因此，该判断矩阵一致性可以接受，城市人均道路面积、农村自来水普及率、万人拥有专业卫生技术人员数、基础教育发展水平、教育支出占财政支出的比重相对公共服务的权重分别为 0. 0469、0. 0778、0. 1482、0. 3758 和 0. 3513。

表 5　　人民生活判断矩阵

人民生活	城镇登记失业率	城乡居民恩格尔系数	农村人均纯收入增长率	城镇人均可支配收入增长率	Wi
城镇登记失业率	1.0000	0.3333	0.3333	0.3333	0.0978
城乡居民恩格尔系数	3.0000	1.0000	1.0000	1.0000	0.2933
农村人均纯收入增长率	3.0000	1.0000	1.0000	3.0000	0.3860
城镇人均可支配收入增长率	3.0000	1.0000	0.3333	1.0000	0.2229

根据表 5 计算而得 $\lambda_{max} = 4.1533$；$CI = 0.0517$；$RI = 0.90$；$CR = 0.0574$；满足 $CR < 0.1$，因此，该判断矩阵一致性可以接受，城镇登记失业率、城乡居民恩格尔系数、农村人均纯收入增长率、城镇人均可支配收入增长率相对人民生活的权重分别为 0.0978、0.2933、0.3860 和 0.2229。

表 6　　环境保护判断矩阵

环境保护	森林覆盖率	人均耕地面积	单位地区 GDP 能耗降低率	工业“三废”处理率	环境保护支出占财政支出的比重	Wi
森林覆盖率	1.0000	1.0000	0.2000	0.3333	0.3333	0.0750
人均耕地面积	1.0000	1.0000	0.2000	0.2000	0.3333	0.0677
单位地区 GDP 能耗降低率	5.0000	5.0000	1.0000	1.0000	3.0000	0.3810
工业“三废”处理率	3.0000	5.0000	1.0000	1.0000	1.0000	0.2761
环境保护支出占财政支出的比重	3.0000	3.0000	0.3333	1.0000	1.0000	0.2001

根据表 6 计算而得 $\lambda_{max} = 5.1084$；$CI = 0.0271$；$RI = 1.12$；$CR = 0.0242$；满足 $CR < 0.1$，因此，该判断矩阵一致性可以接受，森林覆盖率、人均耕地面积、单位地区 GDP 能耗降低率、工业“三废”处理率、环境保护支出占财政支出的比重相对环境保护的权重分别为 0.0750、0.0677、0.3810、0.2761 和 0.2001。

表 7　　行政成本判断矩阵

行政成本	行政成本增长率	人均行政成本	官民比	行政成本占财政支出比重	Wi
行政成本增长率	1.0000	1.0000	3.0000	0.3333	0.2119
人均行政成本	1.0000	1.0000	3.0000	0.3333	0.2119
官民比	0.3333	0.3333	1.0000	0.3333	0.0930
行政成本占财政支出比重	3.0000	3.0000	3.0000	1.0000	0.4831

根据表 7 计算而得 $\lambda_{max}=4.1533$；$CI=0.0517$；$RI=0.90$；$CR=0.0574$；满足 $CR<0.1$，因此，该判断矩阵一致性可以接受，行政成本增长率、人均行政成本、官民比和行政成本占财政支出比重相对行政成本的权重分别为 0.2119、0.2119、0.0930 和 0.4831。

以上结果显示，各判断矩阵全部通过一致性检验。根据同一层次中的单排序结果，可以利用公式 $CR=\sum_{i=1}^{n}W_iCI_i/\sum_{i=1}^{n}W_iRI_i$（$W_i$ 为一级指标的权重，CI 和 RI 为二级指标的对应值），计算得出层次总排序的一致性比例 $CR=0.0510<0.1$，说明总排序的结果具有满意的一致性。由此，我们可以得到地方政府绩效综合评价的指标体系及其权重分布，如表 8 所示。

表 8　　地方政府绩效综合评价指标体系及其权重

地方政府绩效 A			
一级指标		二级指标	
指标名称	权重	名称	相对总目标的权重
经济发展 B1	0.2066	人均地区 GDP（元）B11	0.0199
		人均能源产量 B12	0.0313
		人均税收收入增长率 B13	0.0863
		第二、三产业占三大产业的比重 B14	0.0110
		人均粮食产量 B15	0.0520
		城市化水平 B16	0.0061
社会管理 B2	0.1316	社保就业支出占财政支出的比重 B21	0.0223
		城镇社会保险综合参保率 B22	0.0430
		农村社会保险参保率 B23	0.0501
		社会安全综合指数 B24	0.0121
		人口增长率 B25	0.0040

续表

地方政府绩效 A			
一级指标		二级指标	
指标名称	权重	名称	相对总目标的权重
公共服务 B3	0. 1580	教育支出占财政支出的比重 B31	0. 0555
		基础教育发展水平 B32	0. 0594
		万人拥有专业卫生技术人员数 B33	0. 0234
		农村自来水普及率 B34	0. 0123
		城市人均道路面积（平方米）B35	0. 0074
人民生活 B4	0. 3897	城镇人均可支配收入增长率 B41	0. 0869
		农村人均纯收入增长率 B42	0. 1504
		城乡居民恩格尔系数 B43	0. 1143
		城镇登记失业率 B44	0. 0381
环境保护 B5	0. 0698	环境保护支出占财政支出的比重 B51	0. 0140
		工业三废处理率 B52	0. 0193
		单位地区 GDP 能耗降低率 B53	0. 0266
		人均耕地面积（公顷）B54	0. 0047
		森林覆盖率 B55	0. 0052
行政成本 B6	0. 0444	行政成本占财政支出比重 B61	0. 0214
		官民比 B62	0. 0041
		人均行政成本 B63	0. 0094
		行政成本增长率 B64	0. 0094

三、中部地区政府绩效综合评价实证比较

（一）指标的无量纲化处理

在确定地方政府绩效综合评价的指标体系及其权重后，本文选择对中部六省 2011 年的政府绩效综合情况进行比较研究。二级指标的数据基本来自《中国统计年鉴》和各地的统计年鉴，少数的个别指标来自相关政府部门。由于地方政府绩效评价的指标体系中每种指标的数据量纲不同，为了避免不同量纲可能对综合评价结果的影响，需要对各评价指标的原始数据进行无量纲化处理。本文采用改进的功效系数法来处理数据，以消除不同量纲的影响。另外，指标体系中除了多数正向指标之外，还存在社会安全综合指数、人口增长率、城乡居民恩格尔系数、城镇登记失业率、行政成本占财政支出比重、官民比、人均行政成本、行政成本

增长率等当前社会背景下的逆向指标，因此需要用到不同的指标计算方法进行处理。

对于正向指标，处理公式为：

$$B'_{ab}=[(B_{ab}-B_{bmin})/(B_{bmax}-B_{bmin})]\times 40+60$$

对于逆向指标，处理公式为：

$$B'_{ab}=[(B_{bmax}-B_{ab})/(B_{bmax}-B_{bmin})]\times 40+60$$

其中，B 表示二级指标的原始数据，B′表示评价指标得分效用值；

a 表示六个省的序号（a=1，2，3，4，5，6；分别对应山西、安徽、江西、河南、湖北和湖南）；

b 表示从人均地区 GDP 到行政成本增长率这 29 个评价指标的序号（b=1，2，3，…，29）；

B_{ab}表示第 a 个省第 b 个指标的原始数据；

B_{bmax}表示第 b 个指标中原始数据的最大值，对应的 B_{bmin}则表示第 b 个指标中原始数据的最小值。

根据计算，可以得到 29 个二级指标无量纲化后的效用值，如表 9 所示。

表 9　　中部六省 2011 年政府绩效二级指标效用值

指标效用值/地区	山西	安徽	江西	河南	湖北	湖南
B'_1	86.67	60	62.07	74.42	100	79.78
B'_2	100	62.52	60	62.57	60.53	61.51
B'_3	65.45	70.56	86.50	60.00	100.00	63.25
B'_4	100.00	64.50	70.60	65.30	64.82	60.00
B'_5	60	100	87.83	100	79.13	79.13
B'_6	92.34	74.96	78.17	60.00	100.00	76.03
B'_7	95.28	74.16	60.00	86.58	100.00	97.27
B'_8	100.00	60.00	81.21	80.24	82.28	72.95
B'_9	100.00	84.74	85.04	60.00	79.25	92.75
B'_{10}	81.82	60.00	100.00	85.45	90.91	89.09
B'_{11}	93.55	75.48	60.00	93.55	100.00	71.61
B'_{12}	81.29	75.34	88.35	100.00	60.00	61.37
B'_{13}	85.74	88.71	98.00	94.54	60.00	100.00
B'_{14}	100.00	60.00	61.28	67.51	81.80	73.06
B'_{15}	100.00	73.39	84.25	81.38	78.78	60.00
B'_{16}	64.86	100.00	86.70	60.00	81.73	75.42

续表

指标效用值/地区	山西	安徽	江西	河南	湖北	湖南
B'_{17}	83.22	100.00	60.00	70.00	71.65	66.12
B'_{18}	81.24	76.15	92.73	100.00	81.38	60.00
B'_{19}	100.00	70.29	60.00	97.14	73.15	64.07
B'_{20}	89.31	78.61	100.00	92.08	64.36	60.00
B'_{21}	100.00	77.14	60.00	71.89	92.46	75.77
B'_{22}	77.53	100.00	60.00	91.80	94.19	89.28
B'_{23}	86.48	71.83	60.00	87.61	100.00	93.80
B'_{24}	100.00	69.88	77.72	74.50	61.68	60.00
B'_{25}	60.00	68.43	100.00	64.14	78.08	94.70
B'_{26}	81.24	100.00	92.54	62.38	60.62	60.00
B'_{27}	60.00	100.00	88.57	83.81	92.38	82.38
B'_{28}	60.00	100.00	91.54	97.10	67.41	73.51
B'_{29}	100.00	65.88	81.81	94.63	63.40	60.00

（二）综合评价与比较

对政府绩效实施综合评价的方法有很多，本文在以上政府绩效二级指标效用值的基础上，利用加权综合评价法，得出每个省的政府绩效综合值。计算公式是：

$$Sa = \sum_{b=1}^{28} WbZ'ab$$

式中，Sa 表示第 a 个省的政府行政成本综合值，$a=1,2,3,4,5,6$。根据加权综合评价的公式，可以计算出 2011 年中部六省的政府绩效综合值。显然，根据二级指标对一级指标的“贡献度”，同理可以计算得出六个一级指标的综合值。计算结果如表 10 所示。

表 10　　2011 年中部六省的政府绩效综合值

指标/地区	山西	安徽	江西	河南	湖北	湖南
政府绩效	85.49	78.50	79.06	83.89	78.23	71.19
经济发展	73.98	75.53	79.37	72.12	86.89	68.77
社会管理	97.32	72.29	80.15	74.48	85.45	86.05
公共服务	86.42	79.1	87.57	89.81	65.71	78.17
人民生活	87.97	79.99	76.55	91.7	75.13	75.42
环境保护	85.63	80.28	64.19	82.96	92.64	86.71
行政成本	78.73	92.76	89.68	78.56	65.6	64.94

实证分析的结果显示，2011 年中部六省的政府绩效综合值最高的为山西，最低的为湖南，由高到低依次为山西、河南、江西、安徽、湖北、湖南。

从政府绩效的内容表现上来看：

经济发展综合值由高到低依次为湖北、江西、安徽、山西、河南、湖南；

社会管理综合值由高到低依次为山西、湖南、湖北、江西、河南、安徽；

公共服务综合值由高到低依次为河南、江西、山西、安徽、湖南、湖北；

人民生活综合值由高到低依次为河南、山西、安徽、江西、湖南、湖北；

环境保护综合值由高到低依次为湖北、湖南、山西、河南、安徽、江西；

行政成本综合值由高到低依次为安徽、江西、山西、河南、湖北、湖南。

这说明，2011 年政府行政成本最好的安徽省和最糟的湖南省，政府绩效都不是最好，建立在行政成本基础上的政府绩效最好的却是山西省。这印证了我们前面的经验判断，即行政成本并非越高越好，也不是越低越好，行政成本应该控制在合理水平。可见，如果孤立地看待行政成本，而忽视其产生的绩效贡献，就会让行政成本控制陷入盲目开展的境地。因此，在思考控制政府行政成本的过程中，有必要将行政成本纳入衡量政府绩效的内容之一，以体现行政成本投入的价值，形成行政成本与政府绩效的良性互动。

四、结论与政策建议

降低行政成本，不可盲目为之，必须要考虑到一定的行政成本是良好政府绩效的前提。基于此，本文构建了基于行政成本的政府绩效指标体系，并采用了德尔菲法和层次分析法实现赋权，然后对 2011 年中部六省政府绩效进行综合评价比较，结果显示，2011 年政府行政成本最好的安徽省和最糟的湖南省，政府绩效都不是最好，建立在行政成本基础上的政府绩效最好的是山西省。经验判断和实证验证都表明，行政成本并非越高越好，也不是越低越好，行政成本的控制应该与政府绩效结合起来，实现既定政府绩效下的行政成本合理化。那么，行政成本合理化的“限度”在哪里？目前学界的相关研究基本仅限于降低行政成本的定性描述或论断，很少对此做出进一步思考。本文认为，应该从操作层面入手，在保证良好政府绩效的前提下实现“降低行政成本”。

第一，合理确定行政成本支出的比重，以“相对量”控制来避免行政成本增长过快。公共支出应该坚持“民本”的导向和原则，减少行政管理支出，这就要求适当控制行政成本的规模。考虑到财政支出是影响政府行政成本的关键因素之一，而且根据德尔菲法的专家意见，行政成本占财政支出的比重是行政成本综合评价指标中的最重要指标，因此，可以尝试以下两条“相对量”准则控制行政成本：一是要控制行政成本占财政支出的比重低于10%。从西方发达国家的实践来看，行政成本占财政支出的比重基本都在10%以下；从我国的实践中也可以进行粗略测算，“三公经费”可以用“三个三千亿”来粗略反映，而公车的使用效率仅为1/3，推算“三公经费”可压缩的空间约4 500亿元，2010年我国地方的损失浪费金额427.6亿元，仅以此估算（当然，通过精兵简政和提升政府能力等也可以再压缩行政成本），行政成本可压缩空间近5 000亿元。2010年我国行政成本占财政支出的比重为16.68%，若按压缩后的数据测算，行政成本占财政支出的比重将降为11.11%，也就是说，同样的政府绩效，其实我们可以用较佳的行政成本来实现。如果再稍微“紧”一下，将行政成本占财政支出的比重控制在10%以内的目标并不难实现。

第二，加强财政信息公开，规范行政成本的支出结构。在行政成本的支出结构中，国内很多人都把目光聚焦在“三公经费”，似乎认为遏制“三公经费”就能治行政成本之本，甚至连政府工作报告也明确把控制“三公经费”作为重点对象，2013年3月17日，国务院总理李克强在答记者问时的“约法三章”也强调，本届政府内，“公费接待、公费出国、公费购车只减不增”。控制“三公经费”显然是降低政府行政成本的重要内容和有效途径之一，但是，“三公经费”仅仅是行政成本结构的一部分，还有很多其他的支出科目同样不容我们忽视。事实上，几乎所有人都把“三公”支出作为“泄愤”对象，原因不仅在于人们在生活中极易感触到“三公”支出混乱的现象，更在于财政预决算没有全部细化公开而导致人们的“被动漠视”。笔者在江西省H县的调查数据就显示，该县政府行政成本支出结构中增长最快的是劳务费。无论是劳务费还是“三公经费”等，只要其增长过快或者过于非理性，就应该及时规范和调整，成为降低行政成本应该关注的重点。当然，这还有赖于我国财政信息全面详细的公开。

第三，坚持控制行政成本的目标，对行政成本支出乱象实施“零容忍”。一方面，公众对于高速增长数百倍的“巨额”行政成本怨声载道，在控制行政成本成为国家、社会关注的焦点之际，我们必须坚定目标与信念，稳步推进行政成本支出的规范化与合理化，而不应该简单地削减“巨额”行政管理经费总量，应付当前所面临的“民声”压力；另一方面，要改进控制行政成本的措施强度，严惩各类行政成本支出乱象。比如说，在控制行政成本的具体措施中，尽量地避免利用一些柔性的建议用词，增强其刚性和可操作性，减少自由裁量权。我国《宪法》明确规定“国家厉行节约，反对浪费”；《公务员法》也提出了“不得违反财经纪律，浪费国家资财”等要求；《中国共产党党员领导干部廉洁从政若干准则》提出了很多“要”和“禁止”等。这些规定“关键在于落实”，但往往因缺乏相应具体的惩戒措施而不利于操作执行。因此，必须坚持行政成本“可控”的目标，完善措施，通过加强教育和惩戒等途径加大政策的落实力度，做到“钱为民所用”，对于行政管理过程中的浪费与寻租等支出乱象，一经发现，无论大小都要“零容忍”的严加查处和严厉打击，通过加大监督和打击力度规范行政支出行为，落实“降低行政成本”，提高政府绩效。

参考文献

［1］《中共中央关于全面深化改革若干重大问题的决定》，新华网，http：//news. xinhuanet. com/politics/2013 - 11/15/c_118164235. htm。

［2］包国宪：《政府绩效评价与行政管理体制改革》，中国社会科学出版社 2008 年版。

［4］倪星、余琴：《地方政府绩效指标体系构建研究——基于 BSC、KPI 与绩效棱柱模型的综合运用》，载《武汉大学学报（哲学社会科学版）》2009 年第 5 期。

［5］王玉明：《县级政府绩效综合评价指标体系的构建》，载《广东行政学院学报》2009 年第 5 期。

［6］付亚东：《构建地方政府绩效评估指标体系的探讨》，载《学习与实践》2010 年第 3 期。

经济改革发展专家论坛

——2013年教育部人文社会科学重点研究基地联席会

（经济类）专家报告和大会论文摘选

经济学理论探讨

区域经济学与区域的经济学

伍新木*

一、区域经济学与区域的经济学的区别

1. 洪银兴教授的质疑

3 年前笔者参加教育部马基工程教材的评审，有六本区域经济学的教材参评，有七个评委，洪银兴教授任组长。我们对六本教材的印象是：马克思主义的立场、方法、原理在教材中体现不够；二是连参考书目、注释、引用都少见马克思经典文献的影子。其实马克思关于城乡的思想、关于全球经济一体化的思想是非常深刻的。这六本书有的是把中西方区域经济的现存理论罗列一遍，没有最基本的最核心的范畴、概念；有的是把中国的区域经济的实践描述一遍，如东中西、东北老工业基地振兴、西部大开发、中部崛起、区域均衡发展、区域规划等。

洪银兴教授说：这是区域经济学吗？更像是区域的经济学，笔者极其赞同他的这一评价。区域经济学是理论经济学的有机组成部分，有自己相对独立完整的理论体系；区域的经济学是区域经济学和其他经济学在区域发展中的运用，区域的经济学是应用经济学，把区域经济学和会计、商业、农业、保险、统计、物价、劳动、银行、货币等应用经济学等同是欠妥的。

2. 王光谦院士的追问

王光谦院士是民建中央副主席、青海大学校长，2013 年 9 月 15 日，在我们水安全论坛会上首次公布他的伟大发现：他破译了“河流的密

---

* 作者简介：伍新木（1944 ~），湖北仙桃人，教授，博士生导师，武汉大学区域发展研究院院长。本文为作者在 2013 年教育部人文社会科学重点研究基地联席会（经济学类）大会论坛演讲稿摘录。

码”，用大数据，云计算工具统计对全球河流进行了分形研究，分析了全球河流的水文特征：发现河流的分差比是一个常数，是“水纹”规律（指纹、木纹、螺纹……）。笔者受到启发，联想到水纹是山纹的二律背反，是凹面和凸面的关系。河流规律是山川规律的反面。山水特征又是地壳、地幔长期规律性运动的结果。

王院士讲，我们要注重技术，更要注重科学，特别是纯科学。他反复引用 1893 年一位美籍科学家的感慨：为了应用科学，我们一定要研究纯科学，如果我们不注重纯科学，真正的科学，我们就会堕落到和中国一样，被历史淘汰。你看，中国几千年前就有四大发明。发明火药，但是只应用到鞭炮与烟火；发明了指南针，但是只应用到看风水；发明了活字印刷术，未演进到互联网；发明了造纸，只演进到书法和书画。有技术，没科学，没有追问，缺乏纯科学的思考。同时这位科学家也感慨：倘若中国人几千年前就寻根究底地追问，注重真正的科学，中国一定会领先欧洲，就一定是中国涌现出真正的大批科学家，一定会是中国人创立了现代化学、物理学、现代数学。

中国几千年大多数时间都是很辉煌的，中国近 300 年落伍的真正原因是教育与科学的落伍：教育不分科，什么都教，什么都学，能出大科学家吗，学的好又学而优则仕；科学呢，重技术、应用，不重真正的科学、纯科学、基础科学。区域经济学就是一种纯科学，理论经济学。为了应用区域的经济学，我们一定要重视区域经济学理论。

二、区域经济学的基本范畴

中国有百所大学开设区域经济学专业，但基本上不清楚什么是区域经济学，或有一些零碎理论，但没基本原理；没有最基本的范畴，没有一以贯之的理论主线。马克思主义经济学的基本理论，基本范畴是劳动、劳动价值论、必要劳动时间、商品、生产力、生产关系。马克思最重视“时间”概念，认为一切节约的本质都是劳动时间的节约。“劳动小时”为抽象的价值尺度。西方经济学有一个理论假设的前提：稀缺。若不存在稀缺，则经济学成为多余的学问。资源稀缺的本质是“时间”的稀缺性。寻找资源、时间配置的有效方式、制度、社会架构、企业形式等，这就是经济学的理论使命。与之相对应，区域经济学的最基本范畴应该是“空间”。人类任何实践的经济活动其实都是时间和空间的统一，都是二元、二维的融合。霍金写了时间简史，区域经济学应有人写“空间简史”描述空间的基本特征。

三、空间的八大规律

1. 空间的有限规律

一般人认为空间无限，那是物理学的概念。太空宇宙有88亿颗类地球星体。空间的有限与时间有限不同。每个人的时间有限，所有人的时间叠加无限；每个人的空间无限，整体空间有限。可认知的、可利用的空间是有限的。

2. 空间的不重叠规律

时间无差异与有差异；空间的有差异与无差异；太空、星系、流星雨都有自己的轨道，太空的电波、信息运行都有自己的频道，“不能交互与冲撞”、“不能重叠”，小到分子、原子的运行都要有足够的空间。空间是不能重复与叠加的。

3. 空间稀缺规律

空间的有限和不可重叠决定了空间的稀缺性，稀缺性决定了区域经济学理论的重要，优化配置的重要。空间是稀缺的，且不可替代。空间越集聚，空间质量越高，空间越稀缺，空间存在成本越高。如城市、中心、宜居、宜业、宜玩之地。区域各类竞争力评价就是空间质量的量化。

4. 空间不流动规律

空间的差异表现为空间的要素元素差异，空间里的要素几乎全可流动，但空间要素唯一不可流动。可复制要素，不可复制空间。一切要素可流动，唯“空间”区域要素是非流动的唯一要素。资金、技术、企业家、人才、资源、信息、制度都可以任意流动，最后流到哪里，在哪里聚合、最后的载体是“哪里”，是“空间”。

5. 区域竞争促人类进步规律

流动性决定了竞争性，流动性也改进了竞争规则和手段，最终促使人类进步。区域竞争的本质是吸引要素流入。途径有资源天赋，手段有战争、改革、革命、改善制度环境、改善投资环境，改变文化等。

6. 区域竞争零和与共赢规律

区域的分工与协作，区域的竞争与融合，与经济学的产业分工协作特征有很大不同。不只是零和关系，因为有溢出、淋下效应而共赢。

7. 区域规模效应递增规律

区域的空间规模大小与经济一体化程度存在规模效应递增规律。就如增长极存在梯度规律一样，自由贸易区、TPPA（跨太平洋伙伴关系协议）、WTO（世界贸易组织）代表了不同区域规模的经济一体化程度，存在着递增的规模效应。区域规模效应递增规律是区域经济一体化的根本动力。

四、笔者区域经济学的理论发现——区域（空间）关联乘数效应规律

这是空间的第八大规律。

1. 1990 年发生在海南省海口市海滨的故事

沉寂的海边荒滩，几个“传言”，一纸规划，竟让地价凭空上涨了10倍。A 地段带动 B 地段上涨；B 地段带动 C 地段上涨；C 地段带动 D 地段上涨；同时，B 地段也带动 A 地段上涨，各地段间相互联动轮番上涨。这就是笔者最初观察到的区域关联乘数效应。

2. 区域关联乘数的效应

（1）区域与区域是有关联的，包括经济的、社会的、文化的、生态的关联。

（2）区域与区域的关联是整体的、立体的、全方位的。

（3）区域与区域的关联有强、有弱，有正、有负。

（4）相邻的多区域之间有可能产生一种乘数的关联效应。

（5）人类的理性活动空间的正确选择就是为了追求区域关联的正乘数效应最大化。

3. 区域关联的内在动因：区域的外部性

区域的外部性影响全面超越企业外部性作用。

（1）区域发展关联与外部性是区域发展最重要的规律之一。

（2）区域与区域之间的发展是有关联的，特别是在经济全球化、国际化、市场化、一体化、信息化背景下，关联性越来越密切，关联度越来越高。

（3）好的制度安排，好的竞合关系，好的区域规划，好的区域政策可以使区域间发展关联效应为正、为乘数正效应，宏观整体福利也为正。制度、政策安排相反，结果也会相反。

4. 区域关联规律在制度政策中的应用

不同的制度安排和区域政策可以有五种结果，十四种情形：

（1）最好的区域政策和制度安排的结果应该是全部为正；

（2）次优的结果是三正一负；

（3）再次的结果是两正两负；

（4）较坏的结果是三负一正；

（5）最坏的结果是全部为负。

不同的排列组合就会有十四种政策后果。

再乘以经济、政治、文化、生态效应，情形就更复杂了。

5. 单一微观区域制度安排的后果

我们许多地方政府的经济行为，单个区域的微观的制度安排，会呈现出几种后果：

（1）内部效应为正，外部效应为正；

（2）内部效应为正，外部效应为负；

（3）内部效应为负，外部效应为正；

（4）内部效应为负，外部效应为负。

微观区域的政策安排会选择（1）与（2）；为了整体效应为正，所以上级政府应有效干预协调，找到互动的长效机制。

6. 区域政策选择有三个不同主体、后果不同

企业关注经济性，哪里投资可赚钱，经济要素流向哪里；

政府主要关注安全性，即经济、社会、生态安全的统一，担心经济是否空心化，经济是否被控制，是否会危及军事和地区安全与稳定；

民众关注民生、人文性，关注物价是否上涨，就业是否困难，收入是否下降，治安是否混乱。

政府选择三者利益均衡，找到平衡点。

7. 区域政策工具的当下解释

中国、区域应该选择封闭、开放还是适度开放？有人说武汉城际铁路开通会吸引更多要素流入武汉，对他们的效应是弊大于利。

国家、地区本质上都是保护自己弱小的一面，彰显自己优势的一面，即“扬长避短”。但是如果不开放，则长不能扬，短不可避。

强国恒强，从产品标准到贸易规则，到社会规则。中国选择了深圳、入世、自贸区用开放倒逼改革，创新促进升级是正确的。

8. 个人的空间选择与乘数的效应获取

区域经济的空间理论对于个人来讲，个人也天天、终身面临“空间选择问题”。出生地：农村、城市；丧葬地：占大墓地，还是裸捐造福后人。笔者的建议是：突破“围城理念”。

（1）个人的空间选择，喜欢决定一切。

（2）个人的理论空间选择，中、马、西合一。

（3）个人的职业空间选择，工农商学兵五位一体。都知、都学。保留本色，等待亮色。

（4）个人的行为选择，理论实践统一，知行统一。

（5）那不会很累吗？那做不到吧，不，只要找好“结合部”，越“叠加”效应越大，追求人生价值的乘数效应。

经济增长率研究

中国经济未来的潜在增长率

张　军*

中国 GDP 的增长率在 2007 年之后似乎突然回落，从之前 20 年近乎 10% 的高位一路滑落到不足 8%。这一减速现象引发海内外经济学家对中国经济未来潜在增长率的猜测。中国未来 10 年的潜在增长率可以是之前 20 年平均增长速度的延伸吗？或者中国正在转入中低速增长的阶段吗？

与实际的增长速度多受短期需求因素的影响不同，一个经济的未来潜在增长率是由供给方面的因素决定的。因此，今天预判比如未来 10 年中国经济还能增长多快的问题，需要考虑供给方面的那些重要因素可能发生变化的方向与程度。就潜在增长率而言，没有经济学家可以明确回答未来 10 ~20 年中国的潜在增长率是 8% 还是 6% 的问题。但是，如果可以对影响潜在增长率的一些更重要因素的变化趋势有所把握，也许可以对未来潜在增长率的变动范围有所预判。

那些对中国经济未来增长前景比较悲观的经济学家会把 40 年前的日本经济作为一个参照（亚洲“四小龙”也在不同程度上曾经历增长明显减速的情形）。很多人深信，依照投资率、工业增加值率以及就业比重等指标，中国经济现在很像 20 世纪 70 年代初的日本，而日本正是在 1971 年终结了高速增长（8% ~9%）阶段，进入低速（4% 以下）增长至今。

本来，预判潜在增长率的基准理论应该是“收敛假说”。依照这一假说，随着一个经济体的人均资本存量或人均收入水平不断接近高收入国家，原有的追赶速度必然在某个时间段上开始下降。所以，一个后起的经济体在经历了较高的增长阶段之后，未来的增长率会趋于减速。这是增长率收敛的规律。这个规律意味着，影响潜在增长率变化的首要因素是人均收入的相对差距。按照购买力平价估计，日本 1973 年经济减速时的人均 GDP 大约是美国的 65%；即使是亚洲“四小龙”，在增长减速发

* 作者简介：张军（1963 ~），复旦大学中国经济研究中心主任，教授，博士生导师。本文为作者在 2013 年教育部人文社会科学重点研究基地联席会（经济学类）大会论坛演讲稿摘录。

生时，人均 GDP 平均也达到了日本的一半或更多。这与收敛假说的预测倒也基本符合。两年前，加州伯克利大学的三位经济学家（Barry Eichengreen，Donghyun Park 和 Kwanho Shin）公开了一个包含 40 个经济体的经验研究，他们发现，样本经济体 GDP 减速发生的最大概率出现在人均收入是美国的大约 60%（用 2005 年的国际价格校准）的时候，而且之后 GDP 增长率平均下降不超过 2 个百分点。

的确，按照收敛假说的预测，潜在增长率的下降应该是平稳的而不是急剧的。而日本和四小龙的情形却不是这样。例如，日本经济的增长速度在 1971 年开始急速下滑，降幅高达 50% 以上。同样，虽好于日本，“四小龙”在 20 世纪 90 年代出现的经济增速回落也较为剧烈。回头想想，给定“四小龙”与美国的人均收入的差距，他们在 21 世纪以来本来还是可以有更快的增长的。

可以猜测，这样的情形发生似乎有别的原因。表面上看，无论是日本还是“四小龙”，经济减速的发生都赶上了外部危机的出现。这种巧合让我们不得不怀疑外部的冲击对潜在增长率变化的直接影响。在 1985 年出版的《战后日本经济史》的中文版里，作者小林义雄特别增加一章“补记”讨论了 1971 年的尼克松冲击（日元汇率升值）和 1973 年的石油危机对日本经济“从高速增长转入低速增长”的影响。

如果小林义雄观察到的这个外部冲击对日本经济突然失速的影响是正确的，或许这个影响应该可以由日本经济的全要素生产率在这个时期的变化得到进一步证实。事实上，一些经济学家对日本经济的增长核算工作曾经发现，日本的 GDP 增长率急速下降时，它的全要素生产率（以下简称 TFP）的确是出现了负增长的。这似乎显得有些匪夷所思，因为在日本维持 GDP 高速增长的时期，TFP 保持了较高的增长率并且为 GDP 增长几乎贡献了 40%。不过，很容易理解，TFP 的异常变化跟小林义雄所说的外部负面冲击应该有直接的关系。

一般来说，如果没有外部负面冲击，TFP 的超常增长也会逐渐回落，这可以是因为制度变革的正面冲击效果渐弱、资源错配得以矫正或者复制他人技术的空间变小的结果。但是如果没有外部危机造成的负面冲击，TFP 应不会出现异常的急速下降。日本也好，“四小龙”也好，它们各自未来的潜在增长率本来还可以更高些，向美国人均收入的收敛速度还可以更快些的，而外部负面的冲击干扰了 TFP 的增长机制。从微观层面上说，突然的汇率冲击和油价上涨会使现存的企业难以调整技术和生产方式来适应新的成本条件，这是 TFP 迅速恶化的原因。

跟短期的外部需求冲击不同，成本冲击的影响当然是更持久的。与凯恩斯主义者应对需求冲击的主张不一样，熊彼特主义者也许会把成本冲击或 TFP 的恶化视为经济发展过程中的结构变化和产业升级的催化剂，它甚至有助于阻止低水平的长期均衡的出现。其实做到这一点并不容易。在短期，成本冲击意味着一部分经济活动的“毁坏”，企业的关闭或者外迁，但是新的和更有效率的企业也有孕育和扩张的机会。这是熊彼特所说的“创造性毁坏”（creative destruction）的含义。具体到一个国家的情形，由于多种原因，包括利益集团的压力和政治上的原因，创造性毁坏或者更容易的进入与退出往往不那么容易发生。这一点可以帮助我们理解为什么外部成本冲击往往成为那些成功的新兴工业化经济高速增长阶段终结的转折点。

在笔者看来，外部冲击也是理解中国 2007 年以来 GDP 减速的关键。2005 年之后人民币对美元小幅而持续的升值是中国经济面临的成本冲击的主要推手。这一冲击之后又被由 2008 年全球金融危机导致的外部需求冲击而加深。2007 年之后，中国经济以减速趋势被动地回应了外部的这些冲击，而且可以猜测过去 5 年 TFP 应该有更显著的减速。

毋庸置疑，中国的经济又处在十字路口了，政府面临严峻的考验，因为成本冲击和当前的经济减速为我们致力于推动结构改革提供了机会和动力，而如果错失良机，由 TFP 主导的潜在增长率将难以根本回升。新一轮结构改革的目的就是为实现经济结构的转型和升级创造条件，这是因为总体生产率的提升是抵御外部成本冲击的最根本的解决方案。而结构改革的核心是创造公平竞争的市场环境和规则，真正减少政府对经济的干预和过多的行政管制，打破行政的垄断和对低效率企业的保护，使得企业的进入和退出更容易发生。在此基础上，经济结构的转型和升级才有望转入轨道。

考虑到中国的人均收入还只有美国的 10% ~20% （取决于估算方法），而且中国内部各地区之间的收入差距还有待收敛，中国经济的增长潜力无疑还有待释放。那么，转入笔者开头提到的问题，中国未来 10 年能否延续过去 20 年的增长趋势呢？这当然要考虑要素投入本身的增长趋势，但更重要的是要预判 TFP 的增长前景。以要素投入的增长来说，未来 10 ~20 年，资本的增长是会缓慢减速的，这也符合收敛假说。另外，随着人口中劳动年龄人口的持续减少，劳动力的增长出现持续下降趋势是不争的事实。这符合中国的人口统计学的特征。劳动力未来 10～20 年的增长会接近于 0 或为负增长。因此，中国经济未来的潜在增长率主要取决于 TFP 的增长趋势。

很多年以前，哈佛大学的帕金斯教授和匹兹堡大学的罗斯基教授用增长核算的方法曾经匡算出一个简单的结论。在进行增长核算时，他们假定了不同的情形。如果未来 20 年（他们指的是 2005～2025 年）中国要保持 9% 的 GDP 增长率，并且如果投资率保持在 25%～35%，那么，TFP 的年平均增长率就要求维持在 4.3%～4.8%。而如果仅保持 6% 的 GDP 的增长率，并且投资率也保持在 25%～35%，那么只要实现 TFP 平均每年 2.2%～2.7% 的增长就可以达到。

考虑到 TFP 在过去 30 年的平均增长率为 4%，因此未来 10～20 年继续保持这一纪录的可能性也许并不大，但实现 TFP 年均 2%～3% 的增长应该较为乐观。这一方面是因为中国仍保持着在劳动生产率方面与发达国家间未收敛的可观空间，技术进步的前景容得乐观；另一方面，考虑到中国在人均资本存量方面存在的地区差距和劳动力在第一产业过高的就业比重（约 35%），未来 10 年资本和劳动力的再分配将有持续改善配置效率的巨大可能。以此而论，在当前经济因为外部冲击而出现减速的关键时刻，启动新一轮结构改革并顺势推进人口的城市化，将是未来 10 年 TFP 得以维持年均 3% 的增长趋势的重要机会。而如果那样的话，未来 10 年 GDP 的潜在增长率落在大约 7%～8% 范围内就可以期待了。

中国地区工业绿色经济增长核算

杨文举*

摘　要：结合完全竞争和规模报酬不变的双重假设，将原材料、环境变量与资本和劳动力一起引入工业总产出生产函数，扩展了传统的索洛增长核算模型，从而将总产出增长率分解为投入要素积累（包括原材料、资本和劳动力）、绿色全要素生产率增长和环境投入变化等源泉。中国大陆31个省份工业的经验分析结论表明：是否引入环境变量对经济增长核算结果具有显著影响，且环境变量的产出弹性为负数；各种投入（含环境投入）的增长贡献率大小各有不同且省际差异较大，但是各省工业增长的主要源泉都在于原材料和资本投入。为促进中国工业经济科学发展，我们还有巨大的发展空间，而且这必须依赖于大幅提升绿色全要素生产率水平，进而促进节能减排和绿色增长。

关键词：索洛模型　绿色经济增长核算　绿色全要素生产率　工业

一、引言

学术界对经济增长及其源泉的探讨由来已久，至少可以回溯至18世纪亚当·斯密关于国民财富的决定因素探讨。20世纪中叶以索洛（Solow，1957）为代表的新古典经济增长模型构造了一个较为完整的分析框架，将经济增长的源泉归结为劳动力、资本等投入要素积累和“索洛余值”式的全要素生产率进步两大类别。随后，以丹尼森（Denison，1961；1979）、乔根森（Jorgenson，1967；1981）、经济合作与发展组织（OECD，2001）等为代表的一些研究将这种基于新古典经济增长理论的经济增长核算研究推向了高潮。在这种传统的新古典经济增长核算中，污染排放等非期望产出和部分原材料等中间投入并没有纳入分析框架。

---

* 作者简介：杨文举（1978～），湖北省利川市人，教授、博士、硕士生导师，教育部人文社会科学重点研究基地重庆工商大学长江上游经济研究中心副主任。

然而，众多国家（或地区）的经济增长历程表明，污染物排放等环境压力是经济增长中不可回避的事实，它们是经济增长的代价或成本之一。根据可持续发展理论，忽视经济增长对环境的负面影响是不可取的，这种以损害后代人的福利水平来追逐当前的经济快速增长会降低经济增长的长期绩效。显然，这为资源、环境双重约束下合理评估经济增长绩效及其源泉的理论及方法提出了新的要求。近年来，国内外一些研究在经济增长核算分析中，尝试性地将环境变量和资源变量与资本、劳动力等一起纳入了基于扩展索洛模型的经济增长核算框架，陈诗一（2009）、杨文举（2011）、杨文举和龙睿赟（2012）等称为绿色经济增长核算。这种绿色经济增长核算研究不仅有助于更加真实地识别经济增长的源泉，而且还有助于经济发展中的相关决策制定，特别是对我国当前及今后在转变经济发展方式中的路径选择具有极大的现实意义。

基于扩展索洛模型的绿色经济增长核算研究，以早期基于索洛模型的新古典经济增长核算模型为基础，将环境变量作为一种投入成本（它们代表经济活动对环境资源的消耗）引入总量生产函数，进而将经济增长的源泉分解为全要素生产率变化（索洛余值）和各种投入增加（包括劳动力、资本、环境、中间投入品或能源、土地等）等源泉。迄今为止，国内外已有一些研究从下述两大思路出发对这种基于扩展索洛模型的绿色经济增长核算进行了尝试性的经验研究，它们对本文的后续研究具有较强的借鉴意义，下面对此进行简要的综述。

一是从修正传统的产出变量出发，将环境变量等引入新古典经济增长核算分析框架的绿色经济增长核算研究，如马丁等（Marthin Nanere et al.，2007）、薛建良和李秉龙（2011）等。其中，马丁等（2007）借鉴雷佩托等（Repetto et al.，1996；1997）提出的方法，即通过以环境变量为代表的非期望产出与期望产出加权求和来修正传统的期望产出（其中非期望产出的权重采用负的影子价格），将劳动力、资本、原材料一起引入总量生产函数，进而得出一个环境修正后的全要素生产率计算模型。从该模型中很容易将绿色经济增长源泉分解为绿色全要素生产率变化和要素投入累积（包括原材料、劳动力和资本等）两大类别，但该研究因关注点不在于经济增长核算而未对此进行明确阐述和相应的经验分析，而只是将该模型应用于澳大利亚农业生产率的经验测度。薛建良和李秉龙（2011）也借鉴雷佩托（1996；1997）的思路，运用马丁等（2007）提出的模型对中国农业1990～2008年的绿色全要素生产率进行了经验分析，并分别探讨了1990～1999年、2000～2008年及整个期间内全要素生产率和投入对产出增长的相对贡献。这些研究结论都表明，通过环境修正后的全要素生产率与传统的全要素生产率在数值上都存在或多或少的差异，而且不同的环境价值损失评估方法或环境破坏成本会影响环境修正的全要素生产率结果。显然，引入环境变量对经济增长核算结果是有影响的，而且在模型的回归分析结果中可以从统计学角度进行可信度分析，这对于更加合理地评估经济增长源泉的相对贡献并据此探讨与之相关的经济发展决策具有十分重要的意义。但是，由于各种环境变量在市场上没有明确的价格信息，从而该思路下的绿色经济增长核算对合理评估环境破坏成本或环境变量的影子价格存在较高的要求。另外，由于新古典经济增长理论忽视了无效率的存在性，从而该思路下难以将技术效率变化从全要素生产率变化中进行有效分离。

二是将各种环境破坏视为投入变量并引入新古典总量生产函数，并据此来进行的绿色经济增长核算研究，如齐（Qi，2005）、伊沙迪哥（Elsadig，2007，2012）、陈诗一（2009）、罗岚（2012）、郭辉和董晔（2012）等。其中，齐（2005）将能源使用量、二氧化碳排放量和水污染引入该核算框架，对174个国家1998～2000年进行了绿色经济增长核算，将经济增长的源泉细分为全要素生产率变化和包括劳动力、资本、能源和环境资源在内的各种投入数量增加。伊沙迪哥（2007，2012）分别将中间投入品、生化需氧量（BOD）和二氧化碳排放量与资本和劳动力一起引入总量生产函数，对马来西亚的制造业、东亚和东南亚的8个国家进行了绿色增长核算。陈诗一（2009）将能源消耗量、二氧化碳排放量作为投入变量分别引入一个超越对数生产函数和C－D生产函数，对我国工业38个二位数行业（1980～2006年）进行了绿色增长核算。罗岚（2012）、郭辉和董晔（2012）将能源消耗量、二氧化硫排放量引入C－D生产函数，分别对中国工业发展情况（1990～2010年）、中国经济发展总体情况（1978～2008年）进行了相应的经验分析。该思路的最大优点在于能从统计学角度验证模型测算结果的可信度，而且在数据要求方面也不需要相关变量的价格信息。然而，一些研究指出，这种以投入要素形式来处理环境变量的做法与“物质平衡原理”相悖（Murty & Russell，2002），而且这种期望产出和非期望产出的非对称处理，会扭曲对经济绩效和社会福利水平的评价，从而会误导政策建议（Hailu & Veeman，2001）。不过，一些学者（如陈诗一，2009）对这种将二氧化碳排放等环境污染物作为一种未支付的投入处理的合理性进行了探讨。该研究认为：一方面自然环境通过吸纳和沉积废弃物为经济提供了某种形式的社会资本服务，这在给定其他投入要素的前提下短期内可以增加产出水平（长期中存在负的外部性）；另一方面，参数化生产函数的单一产出特性也要求把各种排放作为投入处理。当然，与第一种思路一样，该思路也未能将效率变化对经济增长的贡献从全要素生产率变动的相对贡献中分离开来。

综上所述，现有的两组新古典分析框架下的绿色经济增长核算研究在处理环境变量方面都做出了极具价值的探讨，这些各具优劣的尝试性研究对于分析中国经济增长的源泉都具有很好的借鉴作用。目前，国内相关研究中不乏存在这两种思路下的经验分析，但是相关研究基本上都是以全国行业发展（包括工业和农业）为分析对象的经验研究，而鲜有研究对中国省份经济或省份行业进行类似的绿色经济增长核算，而且这些研究在引入原材料和环境变量的同时，却未能用总产出而不是增加值来修正总量生产函数。由于第一种思路需要环境变量的影子价格信息，其获取难度较大而且采用不同的方法得出的差异性结果还会较大地影响经济增长核算结果。有鉴于此，本研究拟采用第二种思路尝试性地将原材料、环境变量、资本、劳动力和总产出同时纳入总量生产函数来构建绿色经济增长核算模型，并对中国大陆省份工业进行经验分析。文章的后续部分如下安排：第二部分对本研究的绿色经济增长核算模型进行简单介绍；第三部分以中国大陆省份工业为样本进行相应的经验分析；第四部分对绿色经济增长核算结果与不引入环境变量的经济增长核算结果进行对比分析；最后部分为结论部分，总结全文并进行研究展望。

二、基于索洛扩展模型的绿色经济增长核算模型

1. 引入环境变量的索洛增长核算扩展模型

传统的索洛增长核算模型没有将环境变量纳入分析框架，这不利于识别经济增长的真实源泉，从而会影响经济决策的制定。为此，齐（2005）、伊沙迪哥（2007，2012）、陈诗一（2009）和罗岚（2012）等从修正投入变量角度出发，引入环境变量对传统的索洛增长核算模型进行了比较相似的扩展。虽然一些研究对这种以投入变量方式来处理环境变量进行了质疑，但正如陈诗一（2009）所言，这种将环境变量以投入

形式引入索洛模型，不仅仅是生产函数中产出变量的单一性要求如此，而且从环境吸纳和沉积废弃物角度来说，它在经济增长中确实是具有服务功能的（长期具有负面影响），将其视为一种投入也是具有一定理性的。在相关研究中，代表性的环境变量如工业废气中的二氧化硫排放量、工业废水中的化学需氧量、工业废水中的生化需氧量等，但是这些研究中所选取的变量都只有其中的一种。本文认为，在数据可得的前提下，尽可能多地引入环境变量有助于更好地反映经济现实情况。在引入原材料的情况下，从“物质平衡原理”出发，总量生产函数中也应选用总产值而非增加值。因此，本研究在沿袭相关研究的做法基础上，把工业废气中的二氧化硫排放量（SO_2）和工业废水中的化学需氧量排放量（COD）作为代表性的环境变量，与劳动力（L）、资本（K）、中间品度量的原材料（M）和代表技术进步的时间（T）一起作为投入变量，并以地区工业生产总值（GCZ）为产出变量，构建总量生产函数，见式（1）。

$$GCZ_{t,i} = F(K_{t,i},\ L_{t,i},\ M_{t,i},\ SO_{2_{t,i}},\ COD_{t,i},\ T_{t,i}) \tag{1}$$

在完全竞争假定下，式（1）中的产出增长可被分解为投入变动的贡献（劳动力、资本和原材料投入）、公共副产品即污染排放的贡献（SO_2和COD）和全要素生产率增长的贡献（TFP）三大部分。对式（1）两边取自然对数并对时间T求导，省略脚标t和i，得到式（2）。其中，α、β、γ、δ和λ分别代表资本、劳动力、原材料、SO_2和COD的产出弹性系数；g表示增长率；d为求导符号；ln为求自然对数符号；ε为随机扰动项。

$$\begin{aligned} d\ln GCZ/\mathrm{d}t &= \alpha \times \mathrm{d}\ln K/\mathrm{d}t + \beta \times \mathrm{d}\ln L/\mathrm{d}t + \gamma \times \mathrm{d}\ln M/\mathrm{d}t \\ &\quad + \delta \times \mathrm{d}\ln SO_2/\mathrm{d}t + \lambda \times d\ln COD/\mathrm{d}t + \varepsilon \\ &\Downarrow \\ g_{GCZ} &= \alpha \times g_K + \beta \times g_L + \gamma \times g_M + \delta \times g_{SO_2} + \lambda \times g_{COD} + g_{TFP} \end{aligned} \tag{2}$$

进一步假定生产中服从规模报酬不变，即α+β+γ+δ+λ=1，则式（2）可进一步变形为式（3）。

$$\begin{aligned} \mathrm{d}\ln(GCZ/L)/\mathrm{d}t &= \alpha \times \mathrm{d}\ln(K/L)/\mathrm{d}t + \gamma \times \mathrm{d}\ln(M/L)/\mathrm{d}t \\ &\quad + \delta \times \mathrm{d}\ln(SO_2/L)/\mathrm{d}t + \lambda \times \mathrm{d}\ln(COD/L)/\mathrm{d}t + \varepsilon \end{aligned} \tag{3}$$

2. 产出弹性系数的计量分析模型

为测度式（2）所示的绿色经济增长源泉的相对贡献大小，除了需要各投入、产出变量的相关数据之外，还需要确定α、β、γ、δ和λ四个产出弹性系数。目前，产出弹性系数值的选取主要有3种思路：一是根据各投入要素的报酬占总收入（总产出）的比重来加以确定；二是根据前期相关研究结论给出相应的经验数值；三是通过计量分析模型来确定。由于本研究的投入变量中选取了原材料和环境变量，它们的产出弹性系数值难以从前两种思路中获取，因此本研究采用计量分析思路来获取所有投入变量的产出弹性系数值。为此，结合式（3），构建式（4）所示的计量分析模型（各变量省略了脚标 i 和 t）。其中，ln 代表对相应变量取自然对数，其余各符号的含义同式（3）。

$$\ln(GCZ/L) = c + \alpha \times \ln(K/L) + \gamma \times \ln(M/L) + \delta \times \ln(SO_2/L) + \lambda \times \ln(COD/L) + \varepsilon \quad (4)$$

三、中国地区工业绿色经济增长核算：2003～2011年

1. 变量和样本的选取

根据前述绿色经济增长核算分析框架，为探讨资源、环境双重约束下中国地区工业经济增长源泉的相对贡献，首先需要确定绿色经济增长核算框架下的投入、产出变量。本研究沿袭相关研究的做法，在兼顾数据可得的情况下，选取省份工业生产总值为产出变量（GCZ），省份工业年均从业人员数作为劳动力投入变量（L），省份工业固定资产净值年均余额作为资本投入变量（K），省份工业中间品价值作为原材料投入变量（M），省份工业废气中的二氧化硫排放量（SO_2）和省份工业废水中的化学需氧量（COD）作为代表性的环境变量。其中，工业生产总值、劳动力、工业二氧化硫排放量、工业废水化学需氧量的数据直接来源于中经网、《中国统计年鉴》、《中国环境统计年鉴》；工业中间品价值按照工业总产值与工业增加值之差获得，其中2011年的工业增加值数据根据当年各省的统计公报相关数据推算得出，其余年份的数值源于《中国统计年鉴》。

在具体的数据选取中，一旦在不同年份公布的统计资料中对同一年份的数据统计存在差异时，本文以近期公布的数据为准。限于部分数据在早期缺乏统计（如二氧化硫排放量、化学需氧量等），本文分析数据的时间跨度选取为2003～2011年，研究对象涵盖大陆31个省市区。所有数据的一般统计描述见表1，其中工业生产总值和固定资产净值年均余额以

2000 年为基期进行了相应平减，平减指数分别为 GDP 平减指数和固定资产投资价格指数。

表 1　　中国省份工业投入、产出指标统计描述：2003～2011 年

统计量	GCZ（亿元）K（亿元）	M（亿元）	K（亿元）	L（万人）	SO_2（万吨）	COD（万吨）
平均值	10 903.02	7 910.22	3 535.29	252.18	64.38	15.46
中间值	5 710.91	3 726.07	2 545.16	145.76	57.03	13.01
最大值	72 120.15	54 843.24	17 006.70	1 568.00	171.50	69.30
最小值	19.40	7.19	38.12	1.63	0.07	0.07
标准差	13 840.15	10 512.29	3 206.45	290.74	41.16	12.73

注：表中所有数据均由笔者计算得出，其中工业总值和固定资产净值年均余额数据分别用 GDP 平减指数和固定资产投资价格指数进行了调整，基期为 2000 年。

表 1 的数据表明，所有数据的最大最小值比都在 400 以上，而且各变量的标准差均接近（部分变量还大于）相应的中间值和平均值，这充分表明中国各省在 2003～2011 年的工业发展差异较大。如此巨大的数值差异不仅表明中国各省的工业经济规模和增长速度差异大，而且也表明它们对环境的影响也具有较大差异。因此，为深入探讨中国省份的经济增长源泉，将污染排放物引入分析模型中具有至关重要的意义。

2. 索洛扩展模型的计量分析

以中国大陆除 31 个省份 2003～2011 年的面板数据为分析样本，对式（4）进行回归分析。为合理地对回归模型进行选择（混合回归模型、固定效应模型或随机效应模型），先对个体随机效应模型进行估计并作 Hausman 检验，Hausman 值为 35.60，其对应的 P 值为 0，拒绝了原假设（应建立随机效应模型），这表明应建立个体固定效应模型。然后在个体固定效应模型的输出结果下进行似然比检验，F 值为 3.56，对应的 P 值为 0，拒绝原假设（应建立混合效应模型），应建立个体固定效应模型。根据上述检验结果，对式（4）进行个体固定效应回归分析，结果如表 2 所示。

表 2　　中国省份工业个体固定效应模型回归估计结果

变量	估计值	T 统计量	P 值
C	-0.2461 ***	9.1439	0.0000
ln（M/L）	0.6295 ***	23.9879	0.0000
ln（K/L）	0.3418 ***	13.6758	0.0000
ln（SO_2/L）	-0.1064 ***	-3.9849	0.0001
ln（COD/L）	-0.0292 *	-1.7298	0.0849
$\overline{R}^2$ =0.9988	F =6586.4690	P. =0.0000	D. W. =2.2289

注：表中数据为笔者运用 EViews 6.0，对式（4）采用个体固定效应回归模型估计而来；*、*** 表明相应的回归参数估计值在 10%、1% 的显著性水平上通过 T 检验。

在回归估计结果中，回归方程调整后的可决系数高达 0.9988，表明该模型整体上较大程度地揭示了被解释变量的影响因素，拟合优度高；F 值远大于临界值，表明随机误差具有同方差性，回归方程显著；D. W. 值为 2.2289，表明回归估计结果中不存在残差序列相关；而且各解释变量的待估参数值至少在 10% 的显著性水平上通过了 T 检验。因此，该模型及回归分析结果具有较好的解释力。

从回归结果分析中 ln(M/L)、ln(K/L)、ln(SO_2/L)、ln(COD/L) 的参数估计值可以得知，在分析期间内中国省份工业经济增长中原材料、资本、劳动力、SO_2 和 COD 对工业总产出的产出弹性值分别为 0.6295、0.3418、0.1644、-0.1064 和 -0.0292。就 3 个传统的投入变量而言，它们的产出弹性值均为正数，这与相关研究结论一致。例如，伊沙迪哥（2007）对马来西亚制造业 1970～2001 年间的估计结果表明，中间品、资本、劳动力对工业总产值的产出弹性值分别为 0.53、0.14 和 0.13；罗岚（2012）对中国工业 1990～2010 年的估计结果中能源、资本和劳动力对工业增加值的产出弹性值分别为 0.0290、0.9571 和 0.2201。而作为环境变量引入的 SO_2 和 COD 两种投入的产出弹性值都为负数，这与相关研究结论具有一定差异性，如伊沙迪哥（2007）对马来西亚制造业的研究中 BOD 对工业总产值的产出弹性值为 0.20，但罗岚（2012）对中国工业的研究中 SO_2 对工业增加值的产出弹性值为 -0.2325。笔者认为，从物质平衡原理角度而言，这种环境变量（副产出或非期望产出）的产出弹性值为负数时较为合理。因为作为副产出的 SO_2 和 COD 等污染性排放物，其产生需要消耗掉必要的各种投入资源（包括原材料、劳动力和资本等），在投入给定的前提下，它们的产生量越大，用于生产期望产出的投入资源就越少，从而期望产出增加就越少。

3. 绿色经济增长核算

结合式（2）和表 2 的估计结果，运用中国大陆 31 个省份 2003 ~ 2011 年的面板数据，对各省工业进行绿色经济增长核算，结果如表 3 所示。

表 3　　中国省份工业绿色经济增长核算结果（2003 ~ 2011 年）：平均贡献率（%）

省份	M	K	L	SO_2	COD	TFP
北京	66.69	30.99	2.30	5.80	0.89	-6.66
天津	64.01	21.16	2.95	0.27	1.01	10.61
河北	66.11	22.06	2.64	-0.60	0.96	8.83
山西	64.36	22.21	1.62	-1.55	0.98	12.39
内蒙古	62.28	23.70	3.76	-0.41	0.45	10.22
辽宁	62.97	14.65	3.96	-3.04	0.81	20.66
吉林	65.39	18.96	3.18	-4.34	0.93	15.88
黑龙江	68.36	14.10	0.11	-3.32	0.63	20.13
上海	69.01	16.60	3.38	4.23	1.35	5.43
江苏	64.19	25.75	7.15	0.94	0.30	1.67
浙江	66.48	25.55	5.32	0.74	0.66	1.25
安徽	66.41	19.49	4.51	-0.91	0.36	10.15
福建	64.10	18.56	6.52	-1.60	-0.36	12.79
江西	67.00	17.63	5.50	-1.73	-0.38	11.98
山东	65.39	22.87	3.63	-0.35	1.70	6.76
河南	65.89	21.01	4.65	-1.69	0.81	9.34
湖北	65.20	14.44	3.42	-0.59	0.45	17.08
湖南	66.35	18.18	4.87	0.27	0.52	9.81
广东	63.84	22.19	8.72	1.94	-0.32	3.64
广西	63.06	21.13	4.94	2.76	1.54	6.58
海南	64.12	24.00	-0.37	-2.70	-0.09	15.04
重庆	64.10	20.33	5.24	0.85	1.01	8.48
四川	63.96	17.27	5.23	1.20	1.66	10.68
贵州	67.43	25.36	2.99	-3.55	-2.11	9.88
云南	74.92	24.88	3.90	-4.30	-1.44	2.05
西藏	75.13	30.08	-7.92	-6.99	-0.06	9.76

续表

省份	M	K	L	SO_2	COD	TFP
陕西	61.26	24.34	3.33	-1.57	0.23	12.41
甘肃	66.82	21.25	-3.12	-1.40	-1.90	18.35
青海	60.87	21.90	2.34	-6.46	-5.25	26.60
宁夏	64.38	35.16	3.15	-3.08	-0.80	1.19
新疆	63.36	23.21	4.90	-8.37	-0.80	17.70
平均值	65.59	21.90	3.31	-1.28	0.12	10.34
标准差	3.15	4.73	3.05	3.06	1.38	6.84

注：表中各列数据依次为中间品、资本、劳动力、二氧化硫排放量、化学需氧量排放量和绿色全要素生产率对工业总产出增长率的相对贡献率，所有数据均为笔者计算得出。

从表3中显示的核算结果中初步可以得出下述两大结论：

第一，各种投入（含环境投入）对中国工业经济增长的相对贡献率大小具有较大差异，但各省工业经济增长的主要源泉都是原材料投入。其中，原材料、资本和劳动力等投入积累和全要素生产率提升都对经济增长做出了不同程度的贡献，它们对工业总产出增长率的平均贡献率分别为65.59%、21.90%、3.31%和10.34%。而二氧化硫排放对工业经济增长的贡献率为-1.28%，这与相关研究结论比较一致，如罗岚（2012）的研究表明，在1990~2010年间工业二氧化硫排放对中国工业增加值增长率的贡献也为负数，其值为-4.84%；但是化学需氧量对工业经济增长的贡献率为0.12%，笔者认为这也是合理的。之所以我国二氧化硫排放量和化学需氧量对工业经济增长的贡献具有如此大的差异，其原因在于二氧化硫排放量和化学需氧量的产出弹性都为负数，但是在分析期间内它们的年均增长率却分别为2%和-1%，从而其经济增长贡献率不可避免地出现上述不同取值情况。从绿色全要素生产率提升对工业增长所起到的较大促进作用来看，最近十年来我国各省在工业生产技术和技术效率方面取得了较快进步，它们不但推进了工业期望产出水平的快速提高，而且还对二氧化硫和化学需氧量等工业非期望产出起到了较好的减排作用。

第二，中国省份工业经济增长源泉的相对贡献率具有不同程度的省际差异。其中，原材料和资本投入都无一例外地促进了工业总产出增长，但具有一定的省际差异，其贡献率的标准差分别为3.15%、4.73%，最大最小值比分别为1.2343和2.4940。除北京之外，其余30个省份的绿色全要素生产率变化都促进了工业产出增长，省级差异也较大，其贡献率的标准差为6.84%，其中贡献率最大的为青海（26.60%），贡献率最小的为北京（-6.66%）。省份劳动力投入贡献率的省际差异也较大，其标准差3.05%接近其平均值3.31%，而且西藏（-7.92%）、甘肃（-3.12%）、湖南（-0.37%）3省的劳动力投入变化（减少）还阻碍了其工业经济增长，而在劳动力贡献最大的广东省，因劳动力大幅增长而引致的增长在总产出增长中占据了8.72%的比重，其次为江苏（7.15%）。二氧化硫排放量对工业经济增长率的贡献率也具有大的省际差异，标准差为3.06%，其中有21个省份的贡献率小于0，贡献率最大的为北京（5.80%），其次为上海（4.23%），贡献率最小的为新疆（-8.37%），其次为西藏（-6.99%）。化学需氧量对工业经济增长率的贡献率也具有大的省际差异，标准差为1.38%，其中有11个省份的贡献率小于0，贡献率最大的为山东（1.70%），其次为广西（1.54%），贡献率最小的为青海（-5.25%），其次为四川（-2.11%）。[①]

四、与传统增长核算结果的比较

本文在前面指出，忽略环境变量的经济增长核算无助于识别经济增长的真实源泉，但是相关的经验研究结论却未得出一致意见。其中，多数经验研究结论与此一致，如伊沙迪哥（2007）、罗岚（2012）、杨文举（2011；2012）等发现不引入环境变量时的全要素生产率变化要高些，从而会高估其在经济增长中的相对贡献，但是王奇（2012）对中国农业的分析结论却未得出引入环境变量前后的全要素生产率变化会有显著差异的结论。为此，下面先对不引入环境变量的情形进行经验分析，然后与前面的分析结果进行对比，经济增长核算及对比结果如图1所示。

显然，图中的结果显示，是否引入环境变量对经济增长核算结果具有较大的影响，其中不引入环境变量时无一例外地低估了（高估）原材料（资本）投入的贡献，同时还低估（高估）了大多数省份劳动力投入（全要素生产率变化）的贡献，总体结论与伊沙迪哥（2007）、罗岚（2012）、杨文举（2011）、杨文举和龙睿赟（2012）的研究一致。为从统计检验的角度对这种差异性结论进行验证，我们对是否引入环境变量的经济增长核算结果进行配对T检验，结果如表4所示。检验结果显示，原

① 括号中的数值为各投入变量的贡献率。

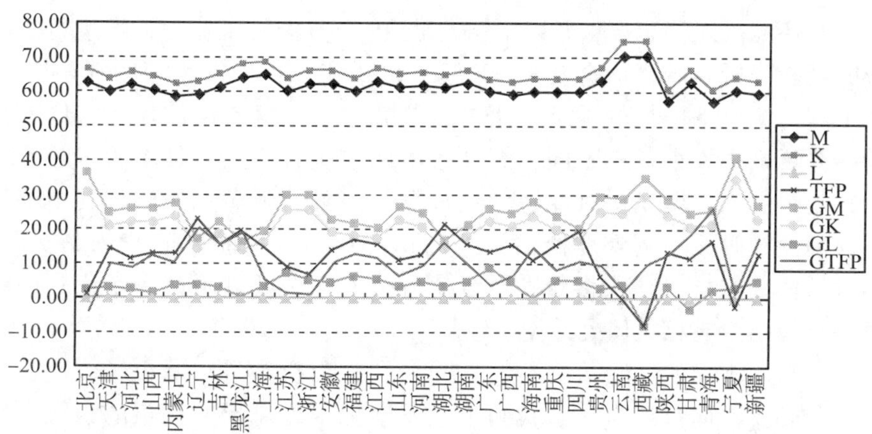

图 1　引入环境变量前后中国省份工业经济增长核算结果对比：2003～2011 年

注：图中 M、K、L 和 TFP 代表未引入环境变量时原材料、资本、劳动力和全要素生产率对工业总产出增长率的贡献率，而 GM、GK、GL 和 GTFP 分别表示引入环境变量后各变量对工业总产出增长率的贡献率。

材料、资本、劳动力和全要素生产率的贡献率都至少在 1% 的显著性水平上拒绝了两种思路下测度结果无差异的原假设，这表明是否考虑非期望产出对测度结果具有明显的影响，即在两种情况下是具有显著差异的，这与相关研究结论一致，如杨文举（2011）、杨文举和龙睿赟（2012）。

表 4　　中国省份工业经济增长核算结果配对 T 检验结果

原假设	T 值	P 值	结论
M = GM	115.346	0.0000	拒绝原假设
K = GK	-25.737	0.0000	拒绝原假设
L = GL	-6.048	0.0000	拒绝原假设
TFP = GTFP	5.718	0.0000	拒绝原假设

注：表中所有数据均为笔者运用 SPSS11.0 计算得出，T 值和 P 值为双尾 T 检验结果。

五、结语

本文在相关研究的基础上，结合完全竞争和规模报酬不变的双重假定，将原材料（用中间品表示）、环境变量（用二氧化硫和化学需氧量表示）与资本和劳动力一起，引入 1 个描述工业总产出的总量生产函数，扩展了传统的索洛增长核算模型，将资源和环境双重约束下的总产出增长率分解为投入要素积累（包括原材料、资本和劳动力）、全要素生产率增长和环境投入等源泉，并以中国大陆31个省份的工业为样本进行了相应的经验分析。研究结论表明，2003～2011年，各种投入（含环境投入）对中国工业经济增长的贡献作用具有较大差异，这不仅体现在它们各自的相对贡献率大小各有不同，而且还体现在所有投入贡献率的省际差异上；是否引入环境变量对经济增长核算结果具有显著的影响，其中不引入环境变量时无一例外地低估了（高估）原材料（资本）投入的贡献，同时低估（高估）了大多数省份劳动力投入（全要素生产率变化）的贡献，总体结论与相关研究结论一致。

显然，本文的这些结论不仅表明在经验分析中进行绿色经济增长核算十分必要，而且还意味着我国工业发展仍未超越要素积累的粗放型经济增长阶段，特别是原材料和物质资本投入在工业总产出增长中占据了相当大的重要推动作用。与此同时，以全要素生产率进步为代表的技术水平和技术效率的提升也对我国近年来的工业发展做出了较大贡献，但仍然具有比较大的上升空间。值得一提的是，成功的减排也是有助于经济增长的，毕竟非期望产出的缩减会变相地增加期望产出的资源投入从而促进经济增长，这从本文的经验研究结论中环境污染变量的产出弹性为负数可以得知。显然，为促进中国工业经济科学发展，我们还有巨大的发展空间，而且这必须依赖于大幅提升全要素生产率水平，进而促进节能减排和绿色增长。因此，深入研究工业绿色全要素生产率的影响因素及其增长路径，是该领域值得深入的重要方向。当然，本文在分析中还存在其他一些不足而有待后续研究的补充、完善。例如，本文因数据获取的限制而仅分析了近几年的情况，为深入分析经济增长现象背后的实质，有必要拓展研究的时间跨度。再如，虽然经验分析结论表明环境污染变量的产出弹性系数为负数并进行了规范性探讨，但是这一结论在相关研究中却具有不同程度的差异，这也有待于后续研究更为广泛而深入的论证。另外，在推进绿色全要素生产率进步方面，究竟存在哪些影响因素在其中扮演着重要角色，现实中如何不断提升绿色全要素生产率等，也是值得广泛探讨的议题。

参考文献

[1] 陈诗一：《能源消耗、二氧化碳排放与中国工业的可持续发展》，载《经济研究》2009年第4期。

[2] 罗岚：《我国资源和环境对经济增长贡献测度》，载《四川师范大学学报（社会科学版）》2012年第3期。

［3］王奇、王会、陈海丹：《中国农业绿色全要素生产率变化研究：1992～2010年》，载《经济评论》2012 年第 5 期。

［4］薛建良、李秉龙：《基于环境修正的中国农业全要素生产率度量》，载《中国人口·资源与环境》2011 年第 5 期。

［5］Denison, Edward F.. The Sources of Economic Growth in the United States. New York: Committee for Economic Development, 1961.

［6］Denison, E. F., P. Edward. Accounting of Slower Economic Growth: The United States in the 1970s. Washington: The Brooking Institution, 1979.

［7］Elsadig, M. A.. Biochemical Oxygen Demand Emissions Impact On Malaysia's Manufacturing Productivity Growth. Global Economic Review, 2007 (36): 305－319.

［8］Elsadig, M. A.. Green TFP Intensity Impact on Sustainable East Asian Productivity Growth. Economic Analysis & Policy, 2012 (1): 67－78.

［9］Hailu, A., Veeman, T. S.. Alternative methods for environmentally adjusted productivity analysis. Agricultural Economics, 2001 (2－3): 211－218.

［10］D. W. Jorgenson, Z. Griliches. The Explanation of Productivity Change. Review of Economic Studies, 1967, (34): 249－284.

［11］D. W. Jorgenson, F. M. Gollop, B. M.. Fraumeni1 Productivity and U. S. Economic Growth. Cambridge, MA: Harvard University Press, 1987.

［12］M. Nanerea, I. Fraserb, A.. Quazic, Clare D'Souza. Environmentally adjusted productivity measurement: An Australian case study. Journal of Environmental Management, 2007 (85): 350－362.

［13］Murty, S., Russell, R.. On modeling pollution generating technologies. University of California－Riverside, Working Paper Series, 2002, No. 2002－14.

［14］OECD. Productivity Manual: A Guide to the Measurement of Industry-level and Aggregate Productivity Growh. Paris, 2001.

［15］Repetto, R., Rotham, D., Faeth, P., Austin, D.. Has Environmental Protection Really Reduced Productivity Growth? We Need Unbiased Measures. World Resource Institute, Washington, D. C., 1996.

［16］Repetto, R., Rotham, D., Faeth, P., Austin, D.. Productivity measures miss the value of environmental protection. Choices, 1997 (4): 16－19.

［17］Solow, R. M.. Technical Change and the Aggregate Production Function, Review of Economics and Statistics, 1957 (39): 312－320.

［18］Qi, S., 2005. Efficiency, productivity, national accounts and economic growth: A green view theory, methodology andapplication. Dissertation for Ph. D, University of Minnesota.

中国劳动力错配诱发全要素生产率损失了吗

——来自中国产业层面的经验证据*

董直庆　刘迪钥　王林辉**

摘　要： 前沿研究关注技术进步和要素配置对经济效率的影响，却普遍忽视要素错配可能会抑制全要素生产率增长。本文以产业层面的劳动力错配视角考察1978～2010年我国分行业劳动力配置的扭曲程度并测算其对全要素生产率的影响。结果发现：无论是传统农业还是现代金融业，所有行业均出现要素错配现象且整体恶化趋势明显，但不同行业劳动力错配水平出现分化并共同抑制全要素生产率增长，平均使全要素生产率降低20%左右且呈现“N”形变化趋势，其成因检验发现这主要源于劳动力有偏性配置、劳动报酬差距和市场进入障碍引发劳动力在行业间无法自由流动和不均衡配置所致。

关键词： 劳动力错配　全要素生产率　效率损失

一、前言

近年来我国环境污染和空气质量日益严重，沙尘暴和雾霾天气频繁爆发日渐恶化居民生活质量和身体健康，日益突显传统资源高投入、高增长和高污染发展模式的不可持续。当前，如何在不增加要素投入和环境污染的前提下，通过盘活和提升存量资产效率提高经济产出和经济增长质量，已成为“十二五”时期我国经济发展的迫切任务。诚然，在短期内无法迅速提升技术进步和要素质量的前提下，如何有效通过破除要

* 基金项目：国家社科基金重大项目“中国潜在经济增长率计算及结构转换路径研究”（12&ZD197）；国家社科基金青年项目“我国技术进步方向及其对要素收入分配格局的影响研究”（12CJY007）；教育部人文社科基金项目“中国环境技术进步方向和最优碳税政策设计（13YJA790012）”。

** 作者简介：董直庆（1974～），汉族，浙江温州人，吉林大学数量经济研究中心暨商学院教授。

素流动障碍以提升要素配置效率方式改变全要素生产率，成为社会关注的焦点。

当然，通过要素再配置方式提升经济效率，最应优先考虑的方式之一就是有效减少现实经济中的要素错配问题。当前，由于行政管制和市场流动障碍使要素无法自由流动，现实经济中的要素价格普遍无法反映要素本身的稀缺程度，要素价格扭曲和市场非自由流动产生了要素错配问题。关于要素错配问题研究可以追溯至曼迪卡（Mundiak，1970），该文通过构造两部门模型考察要素市场的错配问题，发现要素错配会影响要素供给、产出份额和产出替代弹性。约翰（John，1971）指出制度约束会引发生产要素价格变化，使其有别于自由市场价格形成价格扭曲使要素无法达到最优化配置。即便不增加资本投入而只要能够合理地减少错配现象，就可以提高经济效率（Dollar and Wei，2007）。德梅洛（de Melo，1977）通过构建多部门一般均衡模型，衡量资源配置错配效应并以此为依据分析要素市场扭曲对经济结构的影响。关于资源错配问题研究更多关注其所引发的效率损失。赛尔奎因（Syrquin，1986）从要素配置的角度扩展了 Solow 要素无流动障碍下的经济增长核算模型，分析了资源错配对全要素生产率的效应。卡姆哈卡（Kumbhakar，1992）发现美国航空业要素错配使技术进步率呈现递减走势，不同企业间的资源配置不均使航空业企业重心用于争取资源而非技术创新领域。西赛和克里路（Hsieh and Klenow，2009）以中印两国制造产业为研究对象，建立一个存在异质性企业的垄断竞争模型分析资源错配对全要素生产率的影响，检验结果发现资源配置效率提高可以使两国的全要素生产率提升 30% ~ 50%。借助两部门经济增长模型并区分农业和非农业部门，罗杰森（Rogerson，2008）和坦普尔（Temple，2001）发现农业和非农业部门间要素报酬存在明显差异，表明农业和非农业要素错配现象普遍。青木（Aoki，2008a）构建多部门模型利用税率差异表征部门间摩擦系数测量资源错配程度，并将全要素生产率分解为部门生产率、部门份额和资源配置效率，发现农业和非农业两部门的劳动力错配是日本第二次世界大战前经济增长停滞现象的重要原因（Aoki，2008b）。巴赛因和迪西卡（Barseghyan and Dicecio，2010）通过一般均衡模型，利用企业注册登记费表示行业进入障碍和成本，回归检验结果发现行业进入障碍可以解释相当大比例的跨国间生产率和人均收入差距，若以产出份额测度进入成本，发现进入成本每增加 1%，其 TFP 效率损失 0.52% 且可以解释 25%

的 TFP。将成本高低排序后，成本最低国家和最高国家相比二者 TFP 和人均收入分别相差 1.32 倍和 1.52 倍。一个市场结构越不完全且垄断程度越高的行业，行业间要素错配越明显且行业内 TFP 效率越低。Buera 等（2010）对比了不同国家金融部门的要素配置效率损失问题，发现最发达和最不发达金融部门的 TFP 效率损失相差 40%。

对于中国转轨经济阶段而言，要素错配现象更是普遍发生，西赛和克里路（2008）以美国制造业为基准对比中国 1998 ~2005 年和印度 1987 ~1994 年的制造业要素错配对 TFP 的影响，结果发现中国制造业企业若能实现美国制造业的要素匹配程度或效率水平，则中印两国的 TFP 可以分别增长 30% ~45% 和 40% ~50%，经济产出可以提高 1 倍。袁志刚和解栋栋（2011）以日本和韩国经济为基准，从劳动力单要素角度估计其在部门间错配对 TFP 的影响，发现 1978 年后我国劳动力错配引致 TFP 损失 2% ~18%，并呈逐年扩大的趋势，其中价格而非结构因素是导致我国劳动力错配的主要原因。利用要素错配引发效率损失的逻辑，朱喜等（2011）利用 2003 ~2007 年全国农村固定农户数据，分析了我国地区农户生产的要素配置扭曲程度与总量 TFP 的关系，发现地区要素配置扭曲程度差异明显，如果消除资本和劳动配置扭曲，农户农业 TFP 可以增长 20% ~30%，印证了袁志刚和解栋栋（2011）的结论。陈永伟和胡伟民（2011）运用价格扭曲考察要素错配程度，将资源错配和效率损失与传统增长核算框架结合起来，考察我国制造业资源错配的技术效率损失。发现我国制造业资源错配在不同子行业内差异明显，资源错配导致了 15% 的产出缺口，证明要素错配会对 TFP 产生影响即直接导致技术效率损失。张杰等（2011）利用 2001 ~2007 年工业企业样本数据，利用要素市场和产品市场市场化程度差异考察要素市场错配度，结果发现要素市场扭曲将抑制企业 R&D 投入。表明要素错配不仅可以直接降低技术效率，还会通过 R&D 投入渠道影响技术效率的发挥。

劳动力是经济产出和生产活动不可或缺的关键要素，劳动力规模和配置效率更是对经济增长发挥重要影响。在资本相对稀缺的环境中如何提高劳动力配置效率对发展中国家而言更现实。那么，是什么因素引起劳动力错配呢？贝克尔（Becker，1957）认为，种族和性别歧视的存在使得拥有相同劳动生产率的劳动者会得到不同的工资报酬，这也会影响劳动力资源配置。多林格和皮奥里（Doeringer and Piore，1971）认为可以将劳动力市场划分为一级劳动力市场和二级劳动力市场，通常劳动力在一级劳动力市场会得到比市场价格高的工资，而在二级劳动力市场会得到比市场价格低的工资，劳动力一级和二级市场使劳动价格出现扭曲。狄更斯和郎（Dickens and Lang，1985）则进一步证实了市场分割的存在，认为市场分层是导致劳动力要素流通存在障碍的重要因素。费舍尔和西赛卡（Fisher and Sehik，2000）认为，工会是劳动力市场劳动工资谈判过程中具有一定垄断力的一方，使劳动力市场的供求无法完全按照市场规律决定劳动报酬，进而产生劳动价格扭曲和错配现象。特别是20世纪90年代后技术发展愈加呈现出与资本相耦合趋势（Pakko，2002），技术进步物化偏向性趋势使技能劳动需求不断提高（Berman，1994），进而加剧了劳动力市场需求结构的变化，而劳动力技能水平的差异及劳动技能信息的不对称性也会引发真实经济中的劳动力错配问题。戈丁（Goldin，1998）进一步指出机械化生产刺激企业引进低技能劳动者，而自动化生产更需求高技能劳动者，技能劳动的需求差异也在一定程度上影响了劳动力市场结构，从而影响了劳动力错配水平。盛仕斌和徐海（1999）发现我国要素市场普遍存在要素价格扭曲，蔡昉（2001）指出不同地区间劳动力市场的资源错配现象存在差异，由于中西部劳动力市场发展起步较晚，计划经济和政府管制色彩更浓，相对于东部沿海地区存在着更加严重的资源错配现象。盛誉（2005）指出，我国资源错配的现象还会降低贸易自由化带来的经济福利。姚战琪（2009）依据赛尔奎因（1986）的框架并结合双面板数据证明了资源错配对我国经济总体和工业部门的效率影响均为负。朱喜等（2011）以农户个体为研究对象，提出资本、劳动等要素错配会降低农业部门全要素生产率，有效消除扭曲可以提升TFP 20%以上，并比较了我国不同地域的农业资源错配现状，认为东部和西部的资源错配较严重。对于我国要素市场扭曲成因的探讨主要集中在劳动力市场结构问题以及对政府制度的影响，郑毓盛（2003）认为地方分权引发的资源流动阻碍是地区要素价格扭曲的主要原因。林毅夫（1998）揭示了我国进行重工业发展的政府政策安排对资本、劳动力等要素市场产生了相应的扭曲效应。朱喜等（2011）以农业部门为研究对象，认为资源配置的扭曲程度与非农业就业机会、土地规模和金融市场紧密相关，克服资源结构障碍是提高经济生产率的关键。袁志刚（2011）的研究进一步指出劳动力错配对TFP产生的负效应很可能来自于部门之间工资水平的差异。技能水平差异也会影响劳动力市场结构。苏永照（2010）分析了技能水平对我国劳动力市场分割的影响，并指出解决劳动力市场的分割现象可以显著改善中低技能劳动者的经济福利。转轨经济体内的国有企业产出效率低但通常可以通过政治联系获取低成本要素投入，而民营企业产出效率高却无政策倾斜或政治背景获取与国有企业一样的低廉资本和劳动，行业内部出现低产出国有企业要素高投入但高产出民营企业要素低投入并存局面。

当前，国内关于劳动力错配研究主要采用省际数据，由于不同行业市场进入障碍和政府管制强度差异，劳动力错配现象更为突出并突出体现在行业层面，若以行业视角考察劳动力错配水平及其对全要素生产率的影响将明显有利于劳动力结构优化。为此，本文以青木（2008a，b）的一般均衡模型为依托，构建存在不同行业间劳动力流动摩擦的多部门一般均衡模型，利用我国1978～2010年农业、工业、建筑业、交通运输业、金融业以及房地产业的分行业数据，通过生产函数法度量分行业劳动力错配的扭曲系数和错配程度，对比不同行业劳动力错配水平及其可能抑制全要素生产率增长的程度，并考察技能劳动规模、劳动报酬和以行业垄断程度为内容的制度因素对劳动力错配可能产生的影响。

二、模型演绎和分行业劳动力错配水平

假设经济由 N 个行业构成，行业经济产出满足 C－D 生产技术：

$Y_i = A_i K_i^{\alpha_i} L_i^{\beta_i}$，其中 Y_i、K_i、L_i 和 A_i 分别表示行业 i 的产出、资本、劳动和全要素生产率，α_i 和 β_i 分别表示行业 i 内资本和劳动的产出弹性。令 p_i、r 和 w 分别为产品价格、资本利率和劳动工资。将劳动力市场扭曲程度记作 η_i，则企业利润函数满足：

$$\pi_i = p_i Y_i - rK_i - (1+\eta_i) wL_i$$

这个优化问题资本和劳动一阶条件满足：

$$r = \frac{\partial \pi_i}{\partial K_i} = \frac{\alpha_i p_i Y_i}{K_i};\ (1+\eta_i) w = \frac{\beta_i p_i Y_i}{L_i}$$

则

$$L_i = L_i L\left(\sum\nolimits_j L_j\right)^{-1} = \frac{(1+\eta_i) wL_i}{(1+\eta_i) w} L\left(\sum\nolimits_j \frac{(1+\eta_j) wL_j}{(1+\eta_j) w}\right)^{-1}$$

将最优化条件代入可得：

$$L_i = L_i L\left(\sum\nolimits_j L_j\right)^{-1} = \frac{\beta_i p_i Y_i}{(1+\eta_i) w} L\left(\sum\nolimits_j \frac{\beta_j p_j Y_j}{(1+\eta_j) w}\right)^{-1}$$

令 $\xi_i = p_i Y_i \left(\sum\nolimits_j p_j Y_j\right)^{-1}$，即 ξ_i 表示行业 i 的产值在整体经济中所占

的比重，则有

$$L_i = L_i L(\sum_j L_j)^{-1} = \frac{\beta_i \xi_i}{(1+\eta_i)} L\left(\sum_j \frac{\beta_j \xi_j}{(1+\eta_j)}\right)^{-1} = \frac{\xi_i \beta_i}{\beta} \tilde{\gamma}_i L$$

其中，$\beta = \sum_j \xi_j \beta_j$。

则行业 i 的劳动力相对错配系数为

$$\tilde{\gamma}_i = \gamma_i \left(\sum_j \gamma_j \frac{\beta_j \xi_j}{\beta}\right)^{-1}，或\ \tilde{\gamma}_i = \frac{\beta L_i}{\xi_i \beta_i L}$$

当 $\tilde{\gamma}_i > 1$，表示行业 i 的劳动报酬相对于整体经济扭曲程度较高，反之则反是。$\gamma_i = (1+\eta_i)^{-1}$ 为行业 i 的劳动力绝对错配系数，表明若行业 i 的劳动力资源配置不存在错配，则 $\eta_i = 0$ 且 $\gamma_i = 1$；若劳动报酬高于市场均衡水平，则 $\eta_i > 0$ 且 $0 < \gamma_i < 1$；若劳动报酬低于市场均衡水平，则 $\eta_i < 0$ 且 $\gamma_i > 1$。而相对错配系数则反映行业 i 相对于整体经济的平均扭曲程度，若劳动力自由流动完全实现有效配置 $\eta_i = 0$，则 $\tilde{\gamma}_i = 1$。依据劳动力错配系数可以估计出不同行业的劳动力错配水平。

劳动力错配诱发劳动力错误配置，非适宜性劳动力配置水平将引发效率损失。为测算存在劳动价格扭曲和无扭曲情况下的效率差距，首先以全要素生产率方程考察劳动力错配引发的效率损失。

令 Y 表示存在劳动力错配的实际产出，Y^e 表示无劳动力错配下的经济产出，那么一国劳动力错配对经济产出的总效应可以表示成行业经济产出效应的加权形式，首先可以证明（Aoki，2008b）：

$$\ln Y/Y^e = \sum_j \bar{\theta}_j \ln(Y_j/Y_j^e)，其中 \bar{\theta} ij = 0.5(\theta_j + \theta_j^e)$$

则劳动力错配引发全要素生产率损失水平：

$\ln A/A^e = \sum_j \bar{\theta}_j \ln(Y_j/Y_j^e) - \bar{\alpha} \ln K/K^e - \bar{\beta} \ln L/L^e$，其中 $\bar{\alpha} = \sum_j \bar{\theta}_j$，$\bar{\beta} = \sum_j \bar{\theta}_j \beta_j$。

将经济产出函数和劳动力错配模型代入 $\sum_j \bar{\theta}_j \ln(Y_j/Y_j^e)$，得：

$$\sum_j \bar{\theta}_j \ln(Y_j/Y_j^e) \approx \sum_j \bar{\theta}_j \beta_j \ln \tilde{\gamma}_i + \ln A/A^e + \bar{\alpha} \ln K/K^e + \bar{\beta} \ln L/L^e$$

将上式代入全要素生产率方程，劳动力错配引发全要素生产率的损失

$$\ln el = \sum_j \bar{\theta}_j \beta_j \ln \tilde{\gamma}_j$$

可知，劳动力错配诱发经济效率损失可分解成三部分：一是行业规模 $\bar{\theta}_j$；二是劳动产出弹性 β_j；三是劳动力错配程度 $\hat{\gamma}_j$。行业规模和产出弹性放大劳动力错配的影响，行业规模、产出弹性和错配程度三者共同作

用引发效率损失，而当不存在劳动力错配情况时，经济效率损失为零。

考虑从 t 期到 $t+1$ 期，若行业相对产出比例$\bar{\theta}_j$ 从 t 期到 $t+1$ 期保持不变，则效率损失增长：

$$\Delta \ln el = \sum_{j=1}^{n} \bar{\theta}_{j,t} \beta_j \Delta \ln \tilde{\gamma}_j$$

本文数据来自 1978～2010 年的历年《中国统计年鉴》和《中国劳动力统计年鉴》，行业产出数据 Y_i 取不同行业产出增加值并按不变价格调整。L_{it}为行业劳动投入，在此采用行业 $t-1$ 期和 t 期的从业人员数表示。K_i 为不同行业固定资本投资存量，在此使用永续盘存法测算 $K_{it}=K_{i(t-1)}+(1-\delta)I_{it}$，$I_t$ 为 t 期固定资产投资，δ 为资本折旧率。考虑到不同行业价格变动差异及可能引发的估计偏差，数据均按照定基比价格指数剔除价格影响调整到 1978 年水平，相关指标的统计特征如表 1 所示。

表 1　产出、资本和劳动变量的行业数据统计特征（均值、标准差）

行业类别	产出	资本	劳动	行业类别	产出	资本	劳动
农业	3 554.88 （1 774.03）	1 387.48 （1 769.97）	33 290.05 （3 268.49）	交通运输、仓储及邮电通信业	1 279.38 （1 069.86）	11 464.75 （12 466.82）	766.82 （82.91）
工业	9 473.07 （8 292.42）	31 271.95 （31 674.34）	5 125.91 （1 039.48）	金融保险业	1 002.34 （990.91）	402.54 （247.94）	156.79 （91.93）
建筑业	1 348.42 （1 285.78）	837.30 （817.39）	877.40 （132.32）	房地产业	1 040.90 （1 113.98）	10 703.34 （16 044.73）	110.05 （46.07）

注：总产出和资本存量数据单位为“亿元”，劳动力数据单位为“万人”。

建立面板数据模型 $\ln Y_{it}=c_i+\alpha_i \ln K_{it}+\beta_i L_{it}+\mu_i$，面板数据估计模型主要有固定效应和随机效应模型两类，二者的主要区别是固定效应一般不同时间变化的参数与自变量相关，而随机效应下不相关。同时，固定效应模型中不随时间变化的解释变量对被解释变量没有影响，解释变量外生且固定效应模型估计量无偏。在此采用 Hausman 检验和 F 统计量确定为选择最优的模型形式（见表 2）。

表 2　面板数据模型的 Hausman 检验和 F 检验结果

Hausman 检验	自由度	P 值	F 统计量	F 临界值	结果	F 统计量	F 临界值	结果
24.78	2	0.0000	$F_1=96.29$	1.88	拒绝	$F_2=27.66$	1.72	拒绝

Hausman 检验结果表明在 5% 的条件下拒绝原假设，面板数据使用固定效应效果更优。F 统计量也在 5% 显著性水平印证面板数据应建立固定效应的变系数模型。为此，本节利用 1978 ~ 2012 年六个行业面板数据，建立固定效应的变系数面板数据模型，依据规模报酬不变假设对资本和劳动力产出弹性进行标准化处理，运用普通最小二乘法并借鉴朱喜等（2011）的估计思路，结果如表 3 所示。

表 3　资本和劳动固定效应的变系数模型下行业要素产出弹性估计结果

行业类别	资本	劳动	行业类别	资本	劳动
农业	0.20	0.80	交通运输、仓储及邮电通信业	0.46	0.54
工业	1.24	-0.24	金融保险业	0.66	0.34
建筑业	0.49	0.51	房地产业	0.57	0.41
$R^2=0.98$	$A-R^2=0.98$		F 统计量 =579.31	相伴概率（F 检验）=0.0000	

检验结果显示：面板数据模型总体 R^2 拟合效果和 F 检验结果都比较理想，表明固定效应的变系数模型对数据解释力强，要素产出弹性估计应与实际值接近。其中不同行业的要素产出弹性差异明显，劳动力产出弹性大于资本的行业主要表现在农业、建筑业和交通运输仓储及邮电通信业，这类行业通常属于传统定义的劳动密集型行业。而资本产出弹性大于劳动的行业涉及工业、金融业以及房地产业，这类行业产出增长主要依靠资本投入，属于传统的资本密集型产业。对比分行业要素产出弹性数值，可以看出，农业劳动力产出弹性和金融业资本产出弹性最高，这两类行业劳动力技能和资本密集度差异也最为显著，表明行业的要素禀赋与该产业的要素产出弹性往往具有匹配性。不过，不难发现工业行业的要素产出弹性估计结果超过预期，其资本产出弹性远高于劳动且其数值达到 1.24，而劳动产出弹性却为负，这应该不符合现实经济中劳动的真实贡献，偏误产生的原因可能是面板数据蕴含截面与时序序列易形成异方差问题，因为尽管统计检验选择较为适宜的固定效应变系数模型和回归方法，但一些个体可能无法完全规避。更为重要的是工业行业包含众多细分行业，而这些行业也都可以归并为资本密集型或劳动密集型行业，而相互间要素产出弹性差距较明显，如重工业资本产出弹性较大而轻工业资本产出弹性却可能较小，多重因素的共同作用最终导致工业行业的要素弹性估计出现偏误。为此，依据青木昌彦（2008a，b）的要

素收入份额法重新估算行业的要素产出弹性，计算公式为：

$$\alpha_k = (\sum_i rK)/Y;\ \beta_L = (\sum_i wL)/Y$$

其中，β_K 和 β_L 分别表示行业的资本和劳动收入份额，Y 表示行业的生产总值，r、K、w 和 L 分别表示资本利率、资本、工资和劳动，计算结果如表 4 所示。数据吻合预期。

表 4　　依据要素收入份额法估计的分行业要素产出弹性结果

行业名称	资本	劳动	行业名称	资本	劳动
农业	0.20	0.80	交通运输、仓储及邮电通信业	0.46	0.54
工业	0.59	0.41	金融保险业	0.66	0.34
建筑业	0.49	0.51	房地产业	0.59	0.41

利用分行业资本和劳动力弹性系数和劳动力错配系数的定义，可以计算我国 1978～2010 年六个行业的劳动力相对扭曲水平，劳动力错配程度及变化趋势见图 1。数据显示：

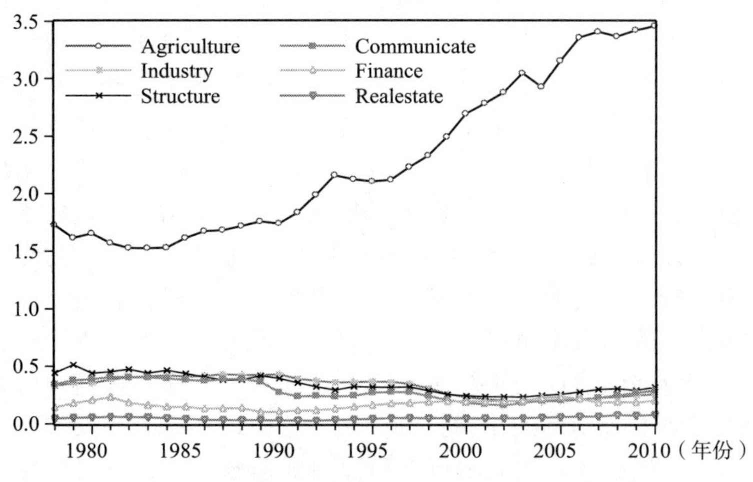

图 1　分行业劳动力错配程度及其变化趋势

（1）劳动力错配问题普遍存在且行业差异突出。在六大行业中，无论是传统的农业还是现代金融业，无一不出现劳动力错配现象。与其他行业相比，农业劳动力错配问题最为突出，并持续维持高位运行。家庭联产承包责任制改革使农业劳动力摆脱了旧经济体制束缚，生产效率得到提升，使劳动力错配水平在改革开放初期下降。但伴随工业化改革工业，工业劳动力需求增长明显而农村劳动力却无法从农业自由流动进入工业，农业劳动力错配程度开始不断上升，从最初1983年的最低值1.53逐年提高到2010年的3.46。不过，剔除农业外的五个行业劳动力虽然都存在一定的错配，但错配程度相近，其中房地产业的劳动力错配水平最低，其次是金融业。说明在转轨经济时期，由于政府行政管制、制度约束和劳动力流动障碍，不同行业劳动力不可避免地出现配置扭曲现象。

（2）行业劳动力错配周期性波动趋势不明显且不同行业呈现分化趋势。一是农业、房地产业和金融业的劳动力错配呈现逐年递增趋势。其中农业劳动力平均扭曲程度达到10%并在样本期末达到最高值，表明农业在经历农村联产承包责任制后产出规模和产出效率仅在短期内对劳动力配置优化发挥作用，诱使劳动力错配得到一定程度的缓解。但伴随农业产出效率的提升和技术进步，特别是户籍管理制度和社会保障制度改革滞后，农业劳动力无法有效退出进入第二产业和第三产业，劳动力错配水平不断提高。不过，值得注意的是，现代金融业也表现出劳动力错配现象并且错配程度持续恶化，暗示中国金融业管制和行业国有垄断致使民营资本行业进入高障碍，行业垄断使金融从业人员劳动报酬和社会福利普遍偏高，高工资和高福利致使金融业出现劳动力潮涌现象。虽历经30余年的市场经济体制改革，但金融业改革效果却不明显甚至出现金融领域改革滞后，致使劳动力错配水平不断提高。二是工业、建筑业和交通运输通信业劳动力错配呈现平稳下降趋势。市场化改革下工业行业产出效率提升且国有垄断色彩有所减弱，市场化程度提高使工业行业劳动力错配程度较低，样本期内均值为0.32且持续小于1，与工业行业类似，建筑业、交通运输及邮电通信业的劳动力错配水平普遍小于1，其中交通运输及邮电通信业更是低于建筑业，不过，产业结构调整有效抑制了劳动扭曲现象。

三、劳动力错配诱发的效率损失水平度量

为对比不同行业劳动力错配对全要素生产率的影响，首先估计行业全要素生产率，依据资本和劳动力要素产出弹性值，利用索洛余值法可以估算出全要素生产率，结果如图2所示。结果发现：全要素生产率增长趋势明显。除房地产业外几乎所有行业在30多年来均表现出增长趋势，其中金融业增长趋势最明显表明在金融体制历经30年的改革后，行

业人力资本积累和制度建设都达到一定水平。全要素生产率水平较高的行业有金融保险业、建筑业以及房地产业，其全要素生产率均值分别为2.4976、1.3990和0.9332。这一结果基本吻合实际情况，金融保险业和房地产业属于技术密集型行业，凭借资本市场发展完善和行业创新，金融业与房地产业的全要素生产率也实现了快速增长。全要素生产率水平较低的行业有农业、工业和交通运输及邮电通信业，其平均值分别为0.2603、0.4682和0.4802。原因在于这三个行业均属于发展平稳的成熟产业，行业的技术含量较金融业等相对较低，整体经济中的技术进步对行业影响较弱，从而其生产率水平发展相对缓慢。

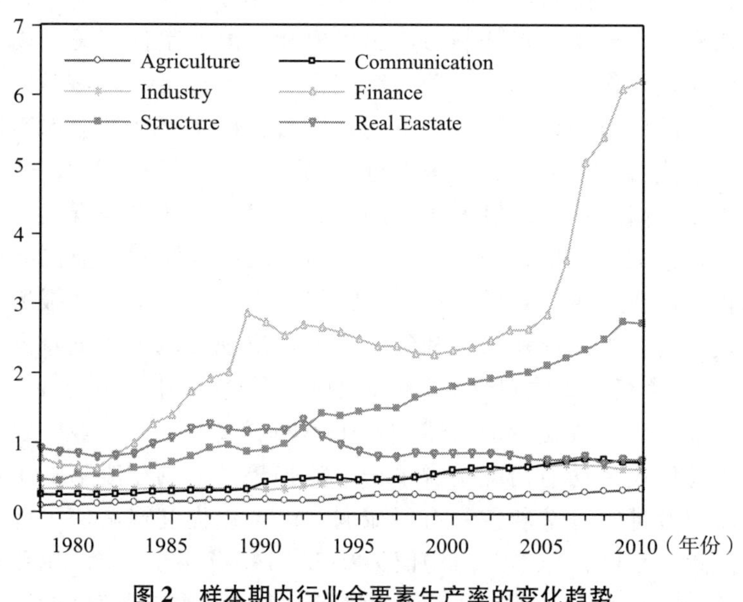

图 2　样本期内行业全要素生产率的变化趋势

结合劳动力错配系数估计样本期内我国劳动力错配诱发的效率损失情况，结果如图3和表5所示。数据显示：（1）我国劳动力错配引发的效率损失呈现“N”形非对称性特征。主要体现为20世纪80年代初期、80年代中后期、20世纪末和21世纪初的先降后升再降的变化趋势，表明改革开放初期以家庭联产承包责任制为主要内容的市场化改革，有效改善了劳动力扭曲配置现象，促使剩余劳动力产业和地区间流动提高了经济产出效率。之后虽历经国有企业改制和市场经济体制改革，却未能有效扭转劳动力错配水平，促使经济效率损失逐年提高。在历经近20年的劳动力市场制度改革有效破除了劳动力流动障碍，使近十年来劳动力错配引发的效率损失逐年减少。(2) 我国劳动力错配引发经济效率损失近20%。改革开放初期全要素生产率下降均值水平在14%左右浮动，但在1985年至1993年的观测期内，劳动力错配对全要素生产率的负效应持续加剧，其缺口攀升至25%，并于2003年达到36%的最高值。2003年至2010年期间，我国劳动力错配对TFP的效率损失虽有小幅缓解，但依旧维持在约30%的较高水平。这充分说明在既有投入条件下，我国经济发展还有巨大的潜力空间，可以通过纠正行业间劳动力错配水平提升经济效率。

图3　样本期内整体经济要素错配引发的效率损失

表5　　我国劳动力错配引发全要素生产率损失水平的统计特征

观测期	最大值	最小值	均值	标准差
1978～2010年	0.3670	0.1250	0.2391	0.0835
1978～1985年	0.1742	0.1250	0.1415	0.0162
1985～1995年	0.2388	0.1437	0.1929	0.0318
1995～2005年	0.3670	0.2163	0.3018	0.0570
2005～2010年	0.3543	0.3205	0.3390	0.0123

为进一步考察我国劳动力错配改善程度及其对经济效率的影响趋势，结合我国宏观经济中劳动力错配对经济效率的作用特征，将观测期分成

1978~1985年、1985~1995年、1995~2005年和2005~2009年四个阶段，分别考察不同时期劳动力错配对经济效率的影响，结果如表6所示。

表6　　不同时期分行业劳动力错配变化对全要素生产率的影响（均值）

行业	1978~1985年	1985~1995年	1995~2005年	2005~2009年
农业	0.0756	-0.1141	-0.1075	-0.3098
工业	-0.4626	-0.3939	0.3455	-0.1836
建筑业	0.0184	0.0743	0.0409	0.0179
交通运输业	-0.0269	-0.0065	-0.0045	0.0318
金融保险业	0.0120	0.0282	0.0306	0.0916
房地产业	0.0289	0.0506	0.0535	0.0673

表6显示：不同行业劳动力错配诱发全要素生产率损失分化趋势明显。分化趋势主要体现在两个方面：一是劳动力错配作用出现行业分化。其中农业劳动力错配改善最为明显，自20世纪80年中期开始后劳动力错配引发全要素生产率损失开始不断下降，在最新观测期内这一水平增加至-0.31%。工业劳动力错配紧接其次，平均保持两位数增长。而金融保险业、房地产业以及建筑业的劳动力错配程度对经济效率的作用基本保持稳定，并在某些时期表现出一定的正向积极效应。不过，在四个观测期内，行业劳动力错配程度变动对全要素生产率整体呈现负向效应。二是劳动力错配作用不同时期分化明显。劳动力错配改善更多反映在80年代中后期，其他时间段劳动力错配并未得到明显抑制。

四、劳动力错配形成成因检验

宏观经济和分行业劳动力错配现象及其引发效率损失突出，那么，是何种因素引发劳动力错配并且其作用强度如何？一般地，劳动力错配更多来自流动障碍和劳动报酬的差异，其中市场制度、劳动报酬和技能劳动水平更是决定了劳动力市场结构及其配置效率，为此，建立劳动力错配模型：

$$\ln\tilde{\lambda}_L = \alpha_0 + \alpha_1 \ln l_s + \alpha_2 \ln w_l + \alpha_3 \ln ins + \mu$$

其中，因变量为i行业对数劳动力相对错配系数。解释变量包括：行业i相对于整体经济的技能劳动水平即$\ln l_s$，技能劳动国家统计局并没有相应的指标，不同研究文献也并未形成统一认识，在此定义为行业或一国技能劳动水平为大学生与高中及以下学历劳动者的相对比例；行业i相对于整体经济的工资水平即 $\ln w_l$，利用行业 i 的平均工资和整体经济的平均工资表示；制度 ins 是发展中国家特别是转轨经济国家阻碍劳动力自由流动的关键决定因素，对于我国而言阻碍劳动力流动的制度因素更多体现为国有企业对市场的垄断，为此将制度表示为国有经济的市场垄断水平，利用国有员工人数与行业全体员工人数相对比例表示。本文采用 EViews 统计软件利用 Hausman 检验来选择固定效应和随机效应。其中劳动力相对错配系数使用上节对六个行业的估算结果，2002～2010 年劳动报酬、技能水平和制度变量数据直接选自历年《中国统计年鉴》和《中国劳动统计年鉴》，变量统计特征如表 7 所示。

表 7　　相关变量统计特征描述

行业类别		劳动相对错配水平	相对技能水平	相对工资水平	相对垄断水平
农业	均值	1.1685	-0.6040	-0.1645	-0.6118
	标准差	0.0717	0.0213	0.0307	0.0699
工业	均值	-1.5168	1.1718	1.7218	1.0201
	标准差	0.1101	0.0988	0.0567	0.2070
建筑业	均值	-1.2908	0.6897	0.3545	1.1036
	标准差	0.1198	0.1338	0.0279	0.1410
交通运输、仓储及邮电通信业	均值	-1.5118	1.2700	0.7447	1.9645
	标准差	0.1907	0.1291	0.0386	0.0597
金融业	均值	-1.5805	2.1490	3.1233	1.6227
	标准差	0.0898	0.1073	0.3749	0.1686
房地产业	均值	-2.7696	1.8968	0.7026	1.2089
	标准差	0.1796	0.2066	0.0731	0.2458

注：以上所有变量数据均经过对数化处理。

数据显示：农业行业劳动力错配更多体现为劳动力的过度使用，其相对技能劳动水平、相对工资以及市场垄断程度均显著低于整体经济。而其他五个行业的劳动力错配情形为劳动力使用不足，其相对技能劳动、相对工资水平和相对垄断程度在不同程度上均高于整体经济水平。应用 EViews 统计软件进行 Hausman 检验以确定固定效应或随机效应，分析结果发现在 5% 的显著水平下应使用固定效应模型。进而对劳动力错配模型应用面板数据普通最小二乘法，检验劳动力错配系数与行业相对工资水平、相对技能劳动水平、相对垄断程度的作用关系，结果如表 8 所示。

表 8　　劳动力错配成因的实证检验结果

解释变量	$\ln l_s$	$\ln w_l$	$\ln ins$	解释变量	$\ln l_s$	$\ln w_l$	$\ln ins$
全样本数据	-0.73*** (-11.96)	-0.26*** (-6.27)	-0.14*** (-4.82)	建筑业	0.66 (1.60)	-2.82*** (-2.15)	-0.95*** (-4.45)
农业	-1.08*** (-5.05)	-1.78*** (-6.78)	0.01 (0.12)	金融保险业	0.18 (0.61)	0.05 (0.41)	0.28 (0.56)
工业	-0.48** (-2.01)	-0.66*** (-5.08)	-0.29*** (-2.44)	房地产业	-0.65*** (-6.74)	-0.15 (-0.13)	-0.50*** (-7.13)
交通运输、仓储及邮电通信业	-0.98*** (-8.70)	0.18 (-0.34)	-1.37*** (-2.93)	$R^2=0.99$	$A-R^2$ $=0.99$	相伴概率 =0.0000	D. W. 值 =2.59

注：括号内为系数的 T 值；*、**、*** 分别表示在 10%、5% 和 1% 的显著性水平。

结果显示：劳动力错配决定因素模型拟合效果较好，模型对变量数据具有较好的解释能力，自变量与因变量之间的线性关系总体上显著。全样本数据结果反映技能劳动、工资和国有垄断水平对我国劳动力相对错配水平均有显著负向效应，其作用系数分别为 -0.73、-0.26 和 -0.14，即在宏观经济发展过程中，技能劳动、劳动报酬和国有经济市场化改革正不断降低劳动力的错配水平。与此类似，市场化改革使劳动力错配效应得到改善的还体现在工业、房地产业和交通运输、仓储及邮电通信业。农业技能劳动发展和劳动工资改革均有助于其减少劳动力错配，但国有化改革却并没有明显改善农业劳动力向其他行业转移。当然，这基本吻合预期，原因在于农业劳动力能否自由流动并非取决于国有企业的市场化改革及其市场化水平，而在于城乡户籍制度和社保制度发展程度。不过，需要注意的是，金融保险业的劳动力错配水平对解释变量的反映均不够显著，表明金融保险业作为最重要的资本要素市场，其市场化改革并未得到有效深化，国有垄断下吸引技能劳动涌入更多源于其行业高劳动报酬，为此，技能劳动过度配置、高工资和国有垄断性地位也正不断恶化金融业劳动力错配水平。

五、基本结论

在粗放型经济发展模式下，我国资本和劳动高投入有效拉动经济持续 30 多年高速增长。但在经济高速发展的同时，由于要素市场行政配置资源和国有化改革进展缓慢，技能劳动过度涌入高收入行业和普通劳动无法从富余行业流出，使劳动力配置出现明显的错配现象并引致全要素生产率低增长。

本文借助于存在劳动力错配的多部门一般均衡模型，演绎劳动力错配和全要素生产率作用关系，选取 1978 ~ 2010 年整体经济和分行业时间序列数据，测算了我国宏观经济及农业、工业、建筑业、交通运输仓储和邮电通信业、金融业以及房地产业的劳动力错配程度，并从劳动力错配视角考察其对全要素生产率增长的影响，最后考察引发劳动力错配因素的作用强度。结果发现：（1）劳动力错配水平呈现明显分化。一是劳动密集型行业劳动力产出弹性大于资本产出弹性而资本密集型行业与之相反，不同行业劳动力相对错配水平呈现显著差异，均值保持在 0.05 ~ 2.28 之间，农业劳动力过度使用与其他行业劳动力要素投入不足相并存。二是若从时间上看，农业、工业、建筑业和交通运输业几乎都经历了先减弱后恶化的变化趋势，而金融保险业和房地产业的劳动力扭曲则自 20 世纪 90 年代以来体现明显改善的趋势。（2）所有行业全要素生产率均呈现上升趋势但不同行业绝对值水平和增长幅度存在明显区别。其中全要素生产率水平较高行业有金融保险业、房地产业和建筑业，且持续呈现快速增长态势。农业、工业和交通运输业全要素生产率相对较低但在观测期内也呈现稳步上升趋势。（3）我国劳动力错配明显抑制了全要素生产率增长，劳动力错配整体诱致效率损失约 23% 并且呈逐渐恶化趋势，即若有效纠正行业劳动力错配可以提高全要素生产率增长 32% 左右，但不同行业劳动力错配对全要素生产率的作用存在差异。通过考察劳动力错配决定模型的检验结果发现，技能劳动规模、劳动工资和国有经济垄断水平均对我国劳动力错配情况有显著副作用，强度分别为 -0.73、-0.26 和 -0.14，且都在 1% 水平上显著。因此，缩减行业间工资差距、合理配置劳动力和破除国有垄断将有效抑制劳动力错配水平。

参考文献

[1] 白重恩、钱震杰：《国民收入的要素分配：统计数据背后的故事》，载《经济研究》2009 年第 3 期。

[2] 林毅夫、蔡昉、李周：《竞争、政策性负担与国有企业改革》，载《经济社会体制比较》1998 年第 5 期。

[3] 盛仕斌、徐海：《要素价格扭曲的就业效应研究》，载《经济研究》1999 年第 5 期。

[4] Acemoglu D., Zilibotti F., Productivity Differences [J]. The Quarterly Journal

of Economics, 2001, 116 (2): 563 - 606.

[5] Acemoglu D., Directed Technical Change. The Review of Economic Studies, 2002, 69 (4): 781 - 809.

[6] Aoki Shuhei, A Simple Accounting Framework for the Effect of Resource Misallocation on Aggregate Productivity, MPRA paper No. 11511, 2008a.

[7] Aoki Shuhei, Was the Barrier to Labor Mobility an Important Factor for the Prewar Japanese Stagnation, MPRA paper No. 81782008a, 2008b.

[8] Berman E., Bound J., & Griliches Z., Changes in the Demand for Skilled Labor within U. S. Manufacturing Industries: Evidence from the Annual Survey of Manufacturing. NEBR Working Paper 4255, 1993.

[9] De Melo, Distortions in the factor market: Some general equilibrium estimates. Review of Economics and Statistics, 1977, (59): 398 - 405.

[10] Diekens, Lang, Shadow prices with Variable Factor Supply and Distortion. Southern Economic Journal, 1985, 57 (3): 649 - 655.

新型城镇化建设

新型城镇化、创新要素集聚与城市群产业发展*

吴福象　沈浩平**

摘　要：我国传统的城镇化模式已不可持续，为此党的十八大提出要走新型城镇化道路。这种创新驱动的新型城镇化战略，可以通过要素空间集聚来推动技术创新和产业结构升级。文章以长三角城市群16个核心城市为例，解析了城镇化过程中城市群以人力资本为代表的创新要素的空间集聚，提高了集聚的外部经济性进而推动产业结构升级的作用机理；以及在要素集聚和分散的自由流动中城市群形成合理的产业分工体系，最终实现不同层级城市的产业协同发展的内在机制。文章认为，在未来新型城镇化和城市群体系构建中，应发挥要素的空间溢出效应，促进人才和产业的双向互动，形成合理的产业分工格局，促进地区产业发展。

关键词：新型城镇化　创新要素　空间集聚　城市群　产业分工

一、引言

改革开放30多年来，中国演绎了波澜壮阔的城镇化史诗，有力地支撑了中国经济增长的奇迹。刘志彪研究认为，城镇化任务给了中国一个协调增长、消化过剩产能和安置剩余劳动力矛盾的巨大机遇，即中国可以在完成城镇化任务和安排就业人口中，实现产业转型升级和持续的高增长。

---

* 基金项目：本文受教育部人文社科重点研究基地重大项目“长三角打造具有国际竞争力的世界级城市群问题研究”（11JJD790044），国家自然科学基金项目“基于动态DCI和CGE分析技术的区域一体化与福利补偿研究”（71173101），教育部“新世纪优秀人才支持计划”项目“GVC和NVC互动模式下中国区域公平与区域统筹协调研究”（NCET－10－0484）和教育部人文社会科学研究规划基金项目“动态空间经济关联模式下区域公平和福利补偿机制研究”（10YJA790198），南京大学产业经济学博士点学术创新基金（IEIF）项目的资助。

** 作者简介：吴福象，南京大学长江三角洲经济社会发展研究中心研究员，南京大学商学院产业经济学系教授，博士生导师；沈浩平，南京大学商学院产业经济学系硕士研究生。

目前，中国已经进入城镇化的中期阶段，传统的以物质资本大量投入为驱动力的城镇化模式已不可持续。党的十八大和中央经济工作会议明确提出了提高城镇化在质量方面的要求，并对我国新型城镇化发展进行了总体部署。正如李克强总理所指出的：协调推进城镇化是实现现代化的重大战略选择。在这样一个全新的时代背景下，对新型城镇化的模式、路径与战略进行系统的探索，无疑具有重要的意义。

新型城镇化“新”在以人为本、创新驱动和可持续发展的新特征。在空间上，推进新型城镇化，就是要构建区域经济和产业空间布局紧密衔接的城市空间生态，形成以城市群为主体形态，大、中、小城市与小城镇协调发展，城市群产业承载能力不断增强的区域经济一体化格局。新型城镇化的进程可以实现创新要素的空间集聚，推动技术创新，而技术创新正是产业发展和经济增长的原动力。在要素集聚和分散的自由流动中，由不同等级城市构成的城市群形成合理的产业分工体系，并最终实现城市群内的产业发展。

本文力图对城镇化过程中通过要素空间集聚促进技术创新，进而推动城市群产业发展的理论机制做出探讨，在此基础上进行实证研究，以期得出有价值的政策启示。

二、文献综述

雅克布（Jacobs）认为，城市中的竞争性市场结构，有助于创新和知识积累。费尔德曼（Feldman）则发现，专利活动在大都市区更为突出。格莱泽（Glaeser）研究指出，城市加快人力资本积累、知识外溢及更频繁的相互交往。由于人力资本具有明显的外溢效应，城市越大人均受教育程度越高，工人间的交流越频繁，从而使城市工人的创新性更强。卡利诺、查特和亨特（Carlino，Chatterjee and Hunt）发现，城市地区的专利密度与就业密度之间具有高度正相关性，控制其他变量，当一个都市区的就业密度是另一个都市区的2倍时，其专利密度相应地高出20%。可见，城市有利于知识外溢进而促进技术创新的重要作用。

相关的研究还发现，城市的出现主要是内生于产业集聚活动。也就是说，人口和经济活动的地理集中，会产生多方面的外部经济性，包括需求关联和成本关联的循环累积因果效应、劳动力市场的共享效应和信息技术的外溢效应等。以克鲁格曼为代表的新经济地理学理论认为，产业空间集聚导致技术溢出的外部性，集聚有利于创新。马库森（Markusen）则认为集聚有利于“面对面”的交流，有利于默示知识的传播，有利于形成不可分割的相互依赖的整体。通常，集聚经济带来的技术外部性分为两类：一是专业化经济，即由相同行业或相关行业的企业在一地集中并仅惠及本行业；二是多样化经济，即由多样化经济活动在一地集中并惠及所有行业。由此可知，城镇化过程中生产要素在城市集聚所产生的集聚经济，能产生一种全方位的外部经济效应。从根本上来讲，企业的创新绩效与马歇尔当年所论述的集聚经济中的知识溢出、劳动联合、要素共享条件是相关联的，这三种关联的结果正是要素的空间集聚。吴福象研究认为，城市群正是通过要素在区间的自由流动，提高了要素集聚的外部经济性和研发创新效率，从而促进经济增长。而要素流动分为资本流动和劳动力流动（人力资本流动）。一般来讲，人力资本水平越高，“干中学”和知识外溢的效果就越好，这会诱发技术创新，并推动产业发展。

在城市群中，中心城市、大城市将发挥集聚功能，增强对区域的辐射能力，起到增长极的作用。根据增长极理论，整个社会经济的发展依赖于增长极的发展，而能够在经济空间中形成增长极的行业往往是那些具有创新能力的行业。城镇化过程中，城市创新体系的建设就是要提高企业乃至城市的创新能力，进而依靠创新行业形成的增长极的扩散作用。新经济地理学特别强调集聚力和分散力在城市群体系中的作用。Fujita 等发现，在城市体系中，随着到中心城市距离的增加，集聚的向心力占主导，随着距离以及运输成本的上升，离心力逐渐发挥主要作用。这两种作用力和要素流动引发循环累积效应导致核心区和外围区的形成，呈现“中心—外围”的层级模式，同时也形成城市群内部的产业分工，这种均衡的梯度扩散的空间动态演变，区域获得了产业的转型升级以及提升式发展。中心城市剥离的制造业也必然带动外围地区工厂经济的发展。

三、机制分析

从上述理论回顾中可以看出，产业发展本质上就是对生产要素的重新配置。根据空间经济学的理论，区域间产业发展可以在要素能够在空间自由流动条件下形成，也可以在要素不能在空间自由流动条件下形成。这里主要包含两种情况：第一，当要素比如说人口在区域间自由流动时，会产生两种效应，一是需求关联的循环累积因果效应，即人口转移导致消费支出转移，而消费支出迁移又导致生产活动转移，进一步的，生产活动转移又会再一次刺激人口转移；二是成本关联的循环累积因果效应，即人口转移导致生产活动转移，而生产活动转移降低了产品消费的价格指数，价格指数的降低又进一步刺激了人口转移。在这两种循环累积因果效应下，一些优质要素主动向大城市集聚，而普通要素则被动选择向小城市集中，提高了大城市要素积聚的外部经济性和研发创新的效率，促进了产业发展。第二，当要素不能在区域间自由流动时，也可以通过两种路径来实现服务业集聚，一是通过区域间生产活动的投入产出联系，即地方溢出效应来实现，虽然它随着空间距离增大而衰减，但在长三角区域内，这种衰减速度是缓慢的；二是通过区域间固定资产投资的资本折旧和资本形成效率之间的差异来实现，同时当地政府也可以充分地利用“蒂伯特选择”机制的功能来实现。上述两种路径和机制，与吴福象和刘志彪在《城镇化群落驱动经济增长的机制研究》一文中的研究思路是一致的。

从生命周期角度来看，在城市群发展初期，集聚是空间联系的主导形式，随着中心城市的发展和规模的扩大，其对周边区域的辐射带动作用和扩散效应日益显著，集聚与扩散的双重作用下，城市群逐渐形成等级化和网络化的空间形态。城市群体系中不同级别城市通过充分发挥各自的区位优势，“吸引”处于产业链不同生产环节的企业集聚并实现中心城市产业的升级与“圈层”内部产业的合理分工。中心城市从位于价值链低端的传统制造业基地退出来，让位于广大周边地区，实现自身产业升级和产业结构的调整。

而城市群通过创新要素集聚驱动产业发展的微观机理，可用 Fujita et al. 为代表的新经济地理学派的要素流动驱动模型来解释，即通过要素向城市集中而驱动结构变动，实现创新和产业增长。城镇化作为一种人口从农村向城市在地理空间上集聚的过程，且城市的受教育机会及教育基础设施明显好于农村，城市环境更有利于人力资本的形成，为产业发展提供人力资源优势。本文研究的城镇化过程中的创新要素空间集聚，主要指人力资本的空间集聚状态。

四、理论模型

为简化分析，假定企业进行的是工艺创新活动，使得企业生产某种产品的单位成本由 C_1 下降到 $C_2(C_1>C_2)$。用 L 表示厂商利润，J 表示工艺创新的激励水平，P 和 D 分别为价格水平和产品需求，利率水平 r 用于对激励的贴现，符号中的上标 A、D 分别对应于创新要素空间集聚（Agglomeration）和分散（Disperse）两种状态下的函数值。

在创新要素集聚的市场结构中，企业面对的是向下倾斜的需求曲线。通过对产品价格的控制，拥有人力资源优势的企业可以实现利润最大化。在创新要素集聚的市场，支配厂商具有对市场价格的控制力。根据包络定理可知：

$$\frac{dL^A}{dC}=\frac{d[(P-C)D(P)]}{dC}=\frac{\partial L^A}{\partial C}=-D(P^A(C)) \tag{1}$$

因此，在人力资源集聚状态下，创新者创新激励的贴现值为：

$$J^A=\frac{L^A(C_2)-L^A(C_1)}{r}=\frac{1}{r}\int_{C_2}^{C_1}-\left(\frac{dL^A}{dC}\right)dC=\frac{1}{r}\int_{C_2}^{C_1}D(P^A(C))dC \tag{2}$$

在创新要素分散的市场结构中，所有企业都采用边际成本为 C_1 的技术生产产品，市场价格也为 C_1，所有企业都获得零利润。此时，如果某企业率先获得一项专利，使得产品的边际成本下降到 C_2，这个企业将定价至 $P^A(C_2)\leqslant C_1$，成为产品市场价格的垄断者。因此，分散状态下企业创新激励的期望值为：

$$J^D=\frac{1}{r}\int_{C_2}^{C_1}D(C_1)dC \tag{3}$$

根据假定，$C_2\leqslant P^A(C_2)\leqslant C_1$，因此 $D(P^A(C))>D(C_1)$，比较式（2）、式（3）发现：

$$J^D<J^A \tag{4}$$

上式表明，在初始状态为创新要素分散的竞争环境中，企业进行工艺创新激励的期望值低于创新要素集聚状态下垄断市场结构的创新激励。因此，人力资源流动导致创新要素在核心区的高度集中，而高度集中的市场结构更加有利于企业创新活动的开展，有利于实现产业结构高级化和产业发展。

五、统计分析

改革开放以来，我国各区域的城市化模式主要有以下几种类型：一是珠三角模式：即对外开放→外资企业建立→工业化→城市化；二是浙江温州模式：即小商品经营→个体私营企业→工业化→城市化；三是苏南模式：即大城市扩散→乡镇企业发展→工业化→城市化；四是云南德宏模式：即沿边开放→边贸发展→城市化；五是东北模式：森林矿产资源开发→国有大中型企业建立→工业化→城市化。

几种模式中，长三角作为辐射全国并具有一定国际影响力的城市群，不仅是我国城市密集度最高的区域，也是知识外溢和技术创新的中心。因而本文将选择长三角城市群的数据进行实证研究。根据经济发展状况，本文将整个长三角地区分为三类等级城市。上海是中心城市，第一等级城市有：南京、杭州、无锡、苏州、宁波，第二等级城市有：南通、绍兴、常州、台州、嘉兴、扬州、泰州。第三级为泛长江三角洲的城市。上述16个核心城市构成了狭义的长江三角洲地区，是长三角地区最具活力和辐射效应的城市。为此，本文所使用的数据主要来源于2001～2010年的《中国城市统计年鉴》和《长江和珠江三角洲及港澳特别行政区统计年鉴》。

1. 从就业结构看长三角城市群的城镇化

根据配第—克拉克定理和库兹涅茨的产业结构演变规律，在城镇化的推进过程中，一般遵循城市产业结构高度化的规律：表现为第一产业向第二、第三产业升级演进。三大产业从业人员的比例反映出该城市三大产业的比重和发展情况，也体现了该城市的城镇化水平。本文采用三大产业的就业结构，来分析长三角城市群的城镇化情况。对2010年长三角16个城市的就业结构分析可以发现，16个城市的从业人员主要集中在第二和第三产业（见表1）。

表1　长三角16个城市三大产业从业人员比重

城市	主要城市从业情况			产业结构的结构熵指数				产业结构的摩尔指数		
	第一产业	第二产业	第三产业	2001年	2004年	2007年	2010年	2001～2003年	2004～2007年	2008～2010年
上海	0.39	40.26	59.35	0.7585	0.7432	0.7298	0.7168	0.9993	0.9972	0.9987
南京	0.33	47.43	52.24	0.8599	0.8217	0.7959	0.7985	0.9957	0.9961	0.9974
无锡	0.29	62.88	36.83	0.8224	0.7681	0.7398	0.7631	0.9993	0.9999	0.9984
常州	0.31	49.34	50.34	0.8762	0.8238	0.7908	0.8047	0.9992	0.9998	0.9961
苏州	0.11	72.35	27.53	0.8425	0.7246	0.7238	0.7547	0.9897	0.9990	0.9914
南通	1.79	57.66	40.55	1.0175	0.9541	0.8943	0.8935	0.9943	0.9979	0.9992
扬州	0.22	57.32	42.45	0.9865	0.9348	0.8854	0.8861	0.9966	0.9981	0.9990
镇江	0.40	56.90	42.70	0.8757	0.8166	0.7996	0.8210	0.9983	0.9999	0.9979
泰州	0.65	48.24	51.12	1.0079	0.9508	0.8921	0.8895	0.9940	0.9975	0.9965
杭州	0.06	54.08	45.85	0.8966	0.8616	0.8321	0.8206	0.9992	0.9968	0.9985
宁波	0.09	65.68	34.23	0.8941	0.8519	0.8314	0.8268	0.9993	0.9985	1.0000

续表

城市	主要城市从业情况			产业结构的结构熵指数				产业结构的摩尔指数		
	第一产业	第二产业	第三产业	2001 年	2004 年	2007 年	2010 年	2001～2003 年	2004～2007 年	2008～2010 年
嘉兴	0.11	70.24	29.65	0.9317	0.8620	0.8447	0.8426	0.9964	0.9995	0.9991
湖州	0.05	66.14	33.81	0.9656	0.9390	0.8857	0.8991	0.9993	0.9986	0.9990
绍兴	0.03	79.37	20.60	0.9076	0.8595	0.8260	0.8487	0.9990	0.9997	0.9957
舟山	0.30	39.46	60.24	1.0840	1.0389	0.9633	0.9432	0.9801	0.9897	0.9994
台州	0.69	61.34	37.98	N	N	N	N	N	N	N

资料来源：各年份的《长江和珠江三角洲及港澳特别行政区统计年鉴》。

从表 1 可以看出，第一产业、第二产业和第三产业都分别在长三角城市群中形成了空间集聚。第一产业在南通、泰州形成了空间集聚；第二产业在苏州、无锡、嘉兴和湖州，以及绍兴、宁波、台州分别形成了产业集聚；第三产业则是在南京、常州、泰州形成了集聚。从中可以看出，各个城市城镇化水平的高低存在一定的差异。

另外，在长三角 16 个核心城市中，三次产业就业比重也存在着较大的差异。其中，第三产业就业比重最高的城市分别是上海、常州、泰州、南京、舟山；第二产业就业比重最高的城市分别为扬州、镇江、南通、苏州、无锡、杭州、湖州、嘉兴、绍兴、宁波、台州。说明就业的主导产业为第三产业的城市，其城镇化水平最高。同时，江苏省距离上海较近的城市，即苏州、无锡、常州、镇江等地城镇化水平也较高。

2. 从服务业看长三角城市群的产业发展

根据国内学者对生产者服务业自身特性及与制造业关系的有关论述，结合加拿大学者格鲁伯和沃克对生产者服务业的分类，本文中所统计的生产者服务业，主要包括交通运输、仓储和邮电通信业、批发和零售贸易业、金融保险业、房地产开发业、科研和综合技术服务业五大类①。这

① 各指标的估算过程如下：交通运输、仓储和邮电通信业直接从该年统计年鉴中进行分离。批发和零售贸易业则从“批发和零售贸易、餐饮业”数据中分离出来，分离时要乘以一个系数（我们估算的结果大约为 0.84）。因为严格意义上的生产者服务业主要是批发，但商业零售也具有一定的生产者服务业的功能，而餐饮业则必须从中予以剔除。金融保险业不必分离，因为金融和保险业都可以划归为生产者服务业的范畴。房地产业分类和计算比较复杂，大致包括四个小类，只有房地产开发咨询服务业可以列入生产者服务业的范畴，其他三类（主要是房地产管理业、城市和农村自有住房）应当从房地产业中予以剔除（经过我们的估算，房地产开发咨询服务业在房地产业当中的分离系数大约为 0.33）。当然，生产者服务业还包含研发、培训和中介服务业等，根据本文研究的需要，我们一般将其归结到前面五类生产者服务业的相关类别当中。

里选择了长三角中具有代表性的5个城市来分析城市生产者服务业内部各行业结构方面的差异（见表2）。

表2　长三角大都市群主要城市生产者服务业内部各行业增加值比重

		上海	南京	杭州	苏州	无锡
生产者服务业占三产GDP比重（%）		34.27	28.32	29.16	27.18	25.31
生产者服务业占总服务业比重（%）		66.37	63.51	62.44	60.76	59.60
其中：	交通运输、仓储和邮电通信业	14.89	16.34	15.76	16.47	13.26
	批发和零售贸易业	18.86	21.97	21.76	21.95	32.68
	金融保险业	22.72	17.53	17.05	15.25	8.18
	房地产开发业	5.98	5.31	5.62	5.22	3.86
	科研和综合技术服务业	3.92	2.36	2.25	1.87	1.62

资料来源：根据2011年《长江和珠江三角洲及港澳特别行政区统计年鉴》并结合生产者服务业定义计算。

从表2可以看出，各城市中生产者服务业占GDP比重，以上海最高，尤其是金融保险业。原因之一是，上海属于国际性大都市，生产者服务业高度发达，其他地区生产者服务业总部都放在上海，使得上海生产者服务业很大程度上替代了其他城市。像苏锡常等邻近城市处于上海都市圈的紧密圈层，必然要受到上海生产者服务业“阴影效应”的影响。另一种原因，可能与统计口径和范围有关，因为上海市生产者服务业在海关进出口当中可能会被重复计算，放大了其对其他城市的“阴影效应”。

从以上分析中可以看出，长三角城市群生产者服务业在三次产业结构中均呈现了较为明显的上升态势。与发达国家城市相比，虽然长三角生产者服务业整体规模偏低，但生产者服务业的发展速度等众多指标还是比较高的。从理论上来讲，服务业的发展，必须依赖于城镇化所产生的人口集聚效应。通过这种效应，才能创造出服务业发展所必需的市场需求和经营的规模效益。接下来就分析人力资本水平。

3. 从工资水平看长三角城市群的人力资本水平

一般来说，高级生产要素的要素报酬高于低级生产要素。因此，工资水平的高低可以用来衡量地区的人力资本状况。总体来看，长期以来上海一直处于领跑地位，其次是南京、杭州、苏州、无锡、宁波、常州、舟山。从平均名义工资的排序和城市等级的划分来看，结论非常吻合。

从上海对周边的辐射角度来看，其对于“苏锡常”城市带的辐射效应明显高于对浙江城市嘉兴、湖州。并且苏锡常由于地处南京和上海之间，同时受到城市群中心上海以及省会城市南京的带动作用，可以预测其未来发展前景会非常好。

浙江的城市中，杭州作为省会城市，其名义工资明显高于其他城市，而宁波和舟山，更多的是得益于其优厚的地理位置，依靠其临海优势发展。因而，宁波和舟山虽然距离上海的直线距离较远，但是其港口运输业发达，受到上海的辐射效应实则很大，产业的发展吸引了更多的人力资本的流入。

而江苏省内的城市相对于浙江的城市在过去 10 年其平均名义工资增长的更快一些。具体来说，苏锡常的辐射带动效应也逐步增强，南通、镇江受其影响明显。而对于浙江的城市群杭州和宁波的优势地位一直很显著，平均名义工资一直处于省内最高的地位，其人力资本水平也是最高的。舟山的增长速率明显高于另外几个城市，台州、湖州、嘉兴、绍兴的发展相对长三角城市群中的其他城市来说这 10 年来比较缓慢。其中绍兴和台州在经历的一段时间的快速增长之后，近五年的平均名义工资相对增长开始逐步放缓。可以看出，苏锡常城市带正逐步成为最具活力的城市带，其发展势头十分迅猛。

本文还计算了 2001 ~ 2010 年 10 年间长三角地区 16 个核心城市平均名义工资的增长率，以排除仅仅从 2001 年、2005 年及 2010 年这 3 年的地区平均名义工资的误差因素的干扰。从长三角城市群 16 个核心城市近 10 年的平均名义工资的增长率可以看出，增长率最高的三个城市是泰州、南通、无锡，其中无锡属于第一等级城市，泰州和南通属于第二等级城市。增长率第二高的城市为上海、苏州和常州，其中上海为长江三角洲 16 个城市的中心城市，苏州为第一等级城市，常州属于第二等级城市。增长率第三高的城市为扬州、镇江、舟山，这三个城市均为第二等级城市。最后是南京、杭州、湖州。平均名义工资增长率最低的城市为浙江省的嘉兴、绍兴、宁波、台州。

从长三角 16 个城市的平均名义工资增长率中可以看出，江苏各城市的增长率普遍、明显高于浙江省的城市。其中比较值得关注的是江苏的南通市和浙江的舟山市，这两个城市虽然距离上海的直线距离相对较远，但是这两个城市的增长率却比较高。尤其是南通，其 2001 ~ 2010 年 10 年间的平均名义工资增长率位居 16 个城市的第二名。这主要是由于南通南邻长江、东临黄海，水路交通十分便利，并且与中心城市上海的相对距离比实际距离要近很多，因而具备较高的人力资本水平。舟山亦如是，是我国两个以群岛建立的地级市之一，航道纵横、港湾众多，海上交通十分便利，因为其发展也较为迅速。中心城市上海作为中国最大外贸港口，其对于临海城市南通、舟山的辐射效应显著比对于内陆地区的影响效应大。

六、模型设定与计量检验

1. 模型设定

下面构建城镇化与产业发展的计量模型。模型的建立主要基于两个视角：一是将各项经济指标的静态时点水平引入模型；二是将各项经济指标的相对变化率引入模型。首先以长三角城市群静态时点水平的数据为模型变量建立模型：

$$Industry = \beta_0 + \beta_1 Urban + \beta_i X_i + \mu_{it} \tag{5}$$

模型中，$i=1, 2, 3, \cdots$，*Indusry* 和 *Urban* 分别表示各城市产业发展和城镇化的时点水平，分别用第三产业比重和第二产业就业比重代表，X_i 为控制变量，代表所具有的创新要素的静态时点水平，用名义工资水平代表。

由于对模型进行对数变换不改变模型的基本性质，并考虑到各项指标的具体特点，本文对模型（5）进行半对数变换，得：

$$Industry = \beta_0 + \beta_1 Urban + \beta_i \ln(X_i) + \mu_{it} \tag{6}$$

再将各项指标的相对变化率引入模型，则有：

$$Gindustry = \beta_0 + \beta_1 Gurban + \beta_i X_i + \mu_{it} \tag{7}$$

与模型（5）相类似，在模型（7）中，*Gindustry* 和 *Gurban* 分别表示各城市产业发展和城镇化水平的相对增长率，X_i 仍为控制变量，代表创新要素水平的增长率。

2. 城镇化与产业发展的计量检验

以 1992 年以后长三角 16 个核心城市的数据为研究样本，下面对各模型分别进行计量检验①。表 3 是城镇化率和服务业比重的时点水平回归的

① 计量之前，本文对各解释变量进行了多重共线性检验，发现多重共线性不明显，不会影响计量结果的可靠性。另外，各模型中的 D－W 检验值也基本上落在以 2 为均值的合理区间。

结果。不难看出，长三角城市群各城市的城镇化率与服务业比重之间具有高度的相关性，表明城镇化是长三角城市群产业发展的重要推动力。

表 3　　长三角城市群城镇化率与服务业比重相关性检验

解释变量	Constant	Urban	R^2	Adj. R^2	D－W 值	F 统计值
被解释变量：Industry	4.0633 (5.1855)	1.0120*** (4.3849)	0.3945	0.3725	1.7111	19.2353

注：*** 表示在 1% 的统计水平上显著，括号内为 t 检验值。

资料来源：各年份的《中国城市统计年鉴》和《长江和珠江三角洲及港澳特别行政区统计年鉴》。

为进一步验证城镇化是通过如人力资本的创新要素集聚而推动产业发展的，下面引入人力资本等变量对模型（6）进行检验。从表 4 的检验结果中可以看出，就平均水平，长三角城市群的城镇化率与产业发展之间均具有较高的相关性。在引入人力资本变量以后，在 5% 水平上依旧显著。新引入的变量通过了检验，且城镇化率在产业发展中的相关性和贡献率并没有降低。

表 4　　长三角城镇化驱动产业发展的因素检验

解释变量	Constant	Urban	ln（Labour）	R^2	Adj. R^2	D－W 值	F 统计值
被解释变量：Industry	－0.8312 (－0.241)	0.2405** (2.251)	1.3129** (1.941)	0.5781	0.4476	2.2017	5.1057
	1.8240 (0.675)	0.4635** (2.134)	1.2451** (2.073)	0.4328	0.4325	2.3016	4.7615
	－0.1381 (－0.079)	0.4512** (2.116)	1.2668** (2.115)	0.4961	0.4512	2.3078	4.9344

注：** 和 * 分别表示在 5% 和 10% 的统计水平上显著，括号内为 t 检验值。

资料来源：各年份的《中国城市统计年鉴》和《长江和珠江三角洲及港澳特别行政区统计年鉴》。

以上模型，均是就静态水平对长三角城镇化率与产业发展之间的相关性进行的计量检验。事实上，长三角城市群中，城镇化对产业发展所发挥的引擎作用，主要是通过动态的变量调整来实现的。表 5 是对长三角城市群中 16 个核心城市的城镇化率和服务业比重的相对变化率进行相关性检验的结果。在引入人力资本增长率变量之后，不仅新引入的变量通过了检验，而且城镇化率增长率与服务业比重增长率之间的显著性水平并没有明显降低。这些情况表明，在长三角城市群中，人力资本要素的集聚所产生的外部经济性为城镇化起到了拉动产业发展的作用。

表 5　　城镇化率和经济增长率的变化率相关性的分段回归

解释变量	Constant	Gurban	Glabour	R^2	Adj. R^2	D－W 值	F 统计值
被解释变量：industry	9.8555 (5.0038)	0.8188 * (1.965)	0.5281 *** (2.6185)	0.3543	0.2923	1.7089	5.4485

注：*** 和 * 分别表示在 1% 和 10% 的统计水平上显著，括号内为 t 检验值。

资料来源：各年份的《中国城市统计年鉴》和《长江和珠江三角洲及港澳特别行政区统计年鉴》。

以上检验的结果表明，以创新为新动力的新型城镇化，在城市群产业发展中发挥着重要作用。较高的城镇化水平，带来了城市群创新要素的空间集聚效应的累积。

七、结论与启示

本文对城镇化过程中创新要素空间集聚推动城市群产业发展的理论和机制进行了探讨，通过实证分析得出以下主要结论：第一，新型城镇化过程主要是通过各种优质要素的空间集聚，特别是创新要素空间集聚提高了要素集聚的外部经济性和创新效率，从而推动了地区产业发展。其中，人力资本作为一种重要的创新要素，使企业通过技术溢出和学习效应获取创新竞争优势，并通过匹配促进其他要素的流动，提高了产业发展速度。第二，在城市群空间体系的构造中，当要素能在区域间自由流动时，在需求关联和成本管理的循环累积因果效应作用下，高级生产要素，如较高禀赋的人力资源倾向于选择向大城市集聚，而普通劳动力则被动选择向中小城市集中，由此实现产业资本在空间的动态配置。

上述结果为区域协调机制的构建提供了有益的启示。例如，城市群内的每个城市需有清晰的功能定位。大城市可致力于发展以金融服务和研发咨询服务为主的总部经济，向外围转移制造业，让外围地区中小城市发展以制造业为主的工厂经济。地方政府应充分考虑“蒂伯特选择”中的“用脚投票”功能，将财政支出用于加强对人力资源的开发和利用，政策作用效果只有通过本地市场效应和价格指数效应的循环累积，才能促进地区间产业的发展。

总之，新型城镇化通过人口与产业双向的空间聚集和累积作用，不仅提供了创新要素的来源，而且提高了要素空间集聚的外部经济性，推动了城市群的产业发展。为此，在未来的新型城镇化和城市群体系塑造当中，应当促进人才和产业的聚集与互动，通过强化要素空间集聚的“溢出效应”和“蒂伯特选择”机制的用脚投票功能，实现城市群空间体系形成合理的产业分工，进而推动城市群空间体系产业的协调发展。

参考文献

［1］刘志彪：《以城市化推动产业转型升级：兼论土地财政在转型时期的历史作用》，载《经济学前沿》2010 年第 10 期。

［2］倪鹏飞：《新型城镇化的基本模式、具体路径与推进策略》，载《江海学刊》2013 年第 1 期。

［3］吴福象：《城市群是区域协调发展的新引擎》，载《中国社会科学报》2012 年 7 月 11 日（B6）。

［4］Jacobs. J. . The Economy of Cities. New York：Random House，1969.

［5］Feldman Maryann P. and David B. Audretsch. Innovation in Cities Science-Based Diversity，Specialization and Localized Competition，European Economic Review，1999，43（2）：409－429.

［6］Glaeser E. L. . Learning in cities，Journal of Urban Economics，1999，46（2）：254 277.

［7］Carlino Gerald A. ，Satyajit Chatterjee，Robert M. Hunt. . Urban density and the rate of invention，Journal of Urban Economics，2007，61（3）：389－419.

［8］Rosenthal，Stuart S. ，William，Strange C. . Evidence on the Nature and Sources of Agglomeration Economies，Handbook of Urban and Regional Economics，2003，（4）.

［9］Romer，P. M. . Capital Labor and Productivity，Brooking Papers on Economic Activity Microeconomics，1990：337－367.

基于空间均衡模型和地级城市的实证研究

范剑勇　莫家伟　张吉鹏*

摘　要： 基于空间均衡模型和西方经验基础上的、关于土地管制对城市房价、人口与工资增长影响的结论是否在中国成立？本文基于中国城乡二元土地结构，从地方政府以土地财政及土地金融作为拉动地方经济增长的手段出发，将土地管制理解为地方政府对土地要素扭曲配置，分析其对地级城市房价、人口与工资增长的影响。我们发现，土地管制导致较快的房价上涨，但是对于工资增长没有影响。由于中国城市人口增长主要源于流动人口增加，而且后者的居住条件是以城中村或厂商集体宿舍为主，人口增长对土地管制引起的房价上涨不敏感。

关键词： 土地市场扭曲　空间均衡　城市化

一、引言

本文试图从城乡二元土地结构角度解释中国快速城市化进程中出现的如下经济现象：为什么城市土地扩张速度快于人口增加速度？为什么高企的房价水平没能阻止流动人口流入城市的冲动与美好憧憬？概括地讲，城乡二元土地结构是指城市土地实行国有制，农村土地实行集体所有制；地方政府依据法律赋予的权力征收农村集体土地，并垄断供给城市化与工业化过程中所需要的土地。在面对工业用地与商业住宅用地（以下简称商住用地）两种不同的需求时，地方政府人为地进行区别化对待。对于工业用地需求而言，其供给土地的数量多、价格低，其价格普遍接近于其征收成本价甚至零地价；面对商住用地需求时，减少供给数量并抬高价格。这种由城乡二元土地结构引起的地方政府在土地市场上的配置偏好深刻地影响了中国城市化进程，使之带有明显的制度烙印。

---

* 作者简介：范剑勇（1971～），复旦大学产业与区域经济研究中心主任，教授、博士生导师。

在上述目标指引下，我们借助于空间均衡实证框架分析中国地级城市之间的人口流动、房价与工资增长等三个维度的城市化指标与城乡二元土地结构之间的关系。在已有的文献中，格莱泽、乔克和萨克斯（Glaeser，Gyourko and Saks，2006）与罗贝克（Roback，1982）均发现，劳动力在城市之间的流动遵循以下经典规则：工资 + 城市公共产品（amenity）- 居住成本 = 保留效用。其中，城市生产率（企业技术进步或工人人力资本）直接影响工资水平，城市公共产品为宜人的气候等自然环境或地方政府提供的公共服务，保留效用为工人选择不流动时能够获得的效用水平。从上式可以看出，当不考虑城市公共产品时：（1）外部的、正面生产率冲击对企业产生的影响，首先提升的是工资，然后是人口流入带动房价水平上升（居住成本），当工资与房价上升的幅度相同时，各城市工人的真实工资或保留效用水平保持不变，工人没有激励进行空间上的迁移；（2）当政府出于某种利益考虑或制度因素使然，对住房的土地供给进行管制，致使住房土地供给减少并使房价水平上升，将进一步推动工资等比例上升，此时城市人口水平不变；但如果厂商的技术进步或工人的技能没有相应地提升、工资增长速度低于房价上升，此时劳动力将迁离城市，城市人口水平下降。总结起来，土地管制对城市化影响的传导机制如下：土地管制→住房土地供给减少→房价上升，然后将出现以下两种情形：其一，工资增长与房价上升等速度，则城市人口水平不变；其二，工资增长速度低于房价上升，则城市人口水平下降。将这一框架置于中国城市化背景下，土地管制类似于地方政府在土地市场上的垄断供给行为；其内容是减少商住用地面积、抬高商住用地价格和增加工业用地面积、降低工业用地价格。

在现有研究框架下，以下两个关键问题随之而来：其一，地方政府为什么会有如此的土地供给行为；其二，房价的高企是否阻止了流动人口的入住或城市化速度的减缓？在此，我们先给出以下初步答案：

其一，空间均衡的基础是财政联邦主义和劳动力跨区域的无成本流动，在这一制度背景下，居民“用手用脚”投票机制选择某一空间区域定居，地方政府为本地选民提供公共产品服务；但在中国制度背景下，本级地方政府是垂直任命与水平选举相结合产生的，其不仅要对辖区内居民负责，而且要对上级政府负责。因此，地方政府的一项重要任务是必须在政治立场上与上级政府保持一致，在此前提条件下，对经济增长业绩的考核是一项重要内容。这一制度上的安排导致地方政府深度介入，并在一定程度上领导本地经济发展。政府官员的仕途发展与本地经济绩效密切有关，地区间类似锦标赛的、以 GDP 考核为基础的竞争异常激烈，以扭曲土地要素配置为手段、以土地城市化模式来取得 GDP 增长日益成为一种普遍的经济发展方式。

其二，目前占据城市人口增长的主要部分（约 70%）——流动人口普遍没有能力购买商品房，其住房消费服务主要通过价格低廉的“城中村”或免费的厂商集体宿舍来解决（陶然、汪晖，2010）。这一因素导致流动人口对由住房用地供给限制导致的城市房价飞涨这一事实不敏感，进而切断了房价上涨对工资的传导作用与联系，空间均衡赖以成立的链条在这里被掐断了。更为重要的是，在财政联邦主义背景下的地方政府是通过税收的筹集（包括房产税或个人所得税等）来提供公共服务，但在中国，土地拍卖收入并不为居民提供廉租房、子女入学、医疗等公共产品服务，而是将土地拍卖收入作为城市基础设施建设资金来创造更多的 GDP（蒋省三、刘守英、李青，2010），进而在地区间的 GDP 锦标赛中赢得胜利。因此，以城乡二元土地结构为基础的体制性土地管制对城市人口增长不会产生向下的影响，城市工资增长也没有出现相对于房价而言的等比例上涨，至此人口与工资增长均对土地管制不敏感。这恰恰是本文研究的实证目标，也是本文与以往文献（Glaeser，Gyourkoand-Saks，2006；Saiz，2010）的不同之处。

基于上述考虑，本文的结构安排如下：第二部分是空间均衡框架，第三部分阐述城乡二元土地结构的制度背景、土地出让与地方政府供地行为的度量，第四部分从城市流动人口、房价与工资增长三个维度概述中国城市化发展的若干特征性事实，同时交代本文的数据来源，第五部分是计量策略与结果，最后是结论。

二、空间均衡框架

基于财政联邦主义的空间均衡模型预期的结论是否在中国成立。依照格莱泽、乔克和萨克斯（2006），假定一个经济体中存在 j 个城市，劳动力为同质的，其在城市间的迁移与定居存在一个适用于所有城市的保留效用 $\underline{U}$，其构成为：

$$\underline{U} = W_j + G_j - R_j \tag{1}$$

其中，W_j，G_j，R_j 分别是 j 城市的工资、自然或政府提供的公共物品服务与房租支出水平。对于空间均衡来说，劳动力在任何一个城市得到的效

用水平均是 $\underline{U}$，后者完全取决于工资、公共物品与房价水平的相互间权衡。

从劳动力市场来说，城市的工作机会或劳动力需求取决于该城市生产率水平 A_j，并且工作机会的多寡与生产率水平呈现出指数分布形式 $e^{\alpha(A_j-W_j)}$。如果该城市的生产率水平高，则其劳动力需求高，不断吸引外界劳动力流入，直到劳动力的边际产出等于工资水平 W_j。因此，一个城市的劳动力需求数量为：

$$\ln(N_j)=\alpha A_j-\alpha W_j \tag{2}$$

从住房市场来说，其价格包括：开发商建筑的物理成本 + 各类自然或制度性的土地管制成本（包括房地产的各类税费，或由体制性因素产生的土地成本）。我们假定住房开发的物理成本为 C_j，土地管制和土地稀缺性产生的成本为 $\delta\ln(N_j/L_j)$，其中 L_j 为城市土地面积，N_j/L_j 为城市的人口密度，住房的开发总成本为 $C_j+\delta\ln(N_j/L_j)$。这里，土地管制与土地稀缺性均与人口密度有关，其中土地管制产生的成本为 $\gamma\ln(N_j/L_j)$，土地稀缺产生的房价与成本为 $\eta\ln(N_j/L_j)$，因此，$\delta\ln(N_j/L_j)=\gamma\ln(N_j/L_j)+\eta\ln(N_j/L_j)$。假定房价与房租之间的关系为 $R_j=\rho H_j$，其中 ρ 是住房的资本化率。同时假定每个工人拥有一套住房，则房价可以表达为：

$$H_j=\delta\ln(N_j/L_j)+C_j \tag{3}$$

在静态的一般均衡条件下，我们可以得到以下均衡表达式：

$$\ln(N_j)=\frac{\alpha A_j+\alpha G_j+\alpha\rho\delta\ln L_j-\alpha U-\alpha\rho C_j}{1+\alpha\rho\delta} \tag{4}$$

$$W_j=\frac{\alpha\rho\delta A_j+U+\rho C_j-G_j-\rho\delta\ln_{Lj}}{1+\alpha\rho\delta} \tag{5}$$

$$H_j=\frac{\alpha\rho\delta A_j+\alpha\delta G_j+C_j-\delta\ln L_j-\alpha\delta U}{1+\alpha\rho\delta} \tag{6}$$

实证分析是从比较静态的角度考察生产率冲击 A_j 对房价、城市人口与工资的影响。我们假定 $A_{j,t+1}-A_{j,t}=\beta_A X_{j,t}+\varepsilon_{j,t}^A$ 和 $G_{j,t+1}-G_{j,t}=\beta_G X_{j,t}+\varepsilon_{j,t}^G$，得到三个比较静态的表达式：

$$\begin{aligned}
&\ln\left(\frac{N_{j,t+1}}{N_{j,t}}\right)=\alpha^N+\frac{\alpha}{1+\alpha\rho\delta}\ (\beta_A+\beta_G)\ X_{j,t}+\frac{\alpha}{1+\alpha\rho\delta}\ (\varepsilon_{j,t}^A+\varepsilon_{j,t}^G)\\
&W_{j,t+1}-W_{j,t}=\alpha^W+\frac{\alpha\rho\delta}{1+\alpha\rho\delta}\left(\beta_A-\frac{\beta_G}{\alpha\rho\delta}\right)X_{j,t}+\frac{\alpha\rho\delta}{1+\alpha\rho\varepsilon}\varepsilon_{j,t}^A-\frac{1}{1+\alpha\rho\delta}\varepsilon_{j,t}^G\\
&H_{j,t+1}-H_{j,t}=\alpha^H+\frac{\alpha\delta}{1+\alpha\rho\delta}\ (\beta_A+\beta_G)\ X_{j,t}+\frac{\alpha\delta}{1+\alpha\rho\delta}\ (\varepsilon_{j,t}^A+\varepsilon_{j,t}^G)
\end{aligned} \tag{7}$$

在本文实证中，生产率冲击为城市的人力资本含量与累积的 FDI，其抬高了城市的人口、工资与房价水平。同时，本文的工作与贡献是，将土地管制理解为基于中国城乡二元土地结构基础上的地方政府在土地市场上的垄断，由此造成住房用地供给的体制性稀缺与房价水平飙升；城市人口增长的主要贡献者是流动人口，其居住条件是价格低廉的城中村或免费的厂商集体宿舍，其对城市房价水平飙升不敏感，进而使得土地管制对城市人口增长与工资水平增长均不产生明显的影响。也就是说，国际经验研究得到证实的空间均衡模型中土地管制对城市人口与工资水平增长产生显著影响的结论在中国没有得到支持。即在“土地管制→住房土地供给减少→房价上升→在工资增长不及房价增长的情况下城市人口增长减缓”的传导链条中，第三个箭头的传导失效；同时在“土地管制→住房土地供给减少→房价上升→在人口增长不减缓的情况下工资增长与房价同比例上升”的传导链条中，第三个箭头的传导失效，这是本文试图求证的两个传导失效机制。采取的技术手段是，将衡量地方政府供地行为的虚拟变量与生产率冲击 $X_{j,t}$ 形成交叉项，观察其是否对城市的人口增长、工资增长与房价增长产生影响。

需要说明的是，本文框架中生产率冲击是源头，衡量基于城乡二元土地结构基础上的土地管制是借助于生产率冲击来探求其对不同维度的城市化指标（分别是人口、房价与工资增长）的影响，而土地管制背后的因素是与财政体制、政治经济体制有密切联系。

三、土地制度背景、土地出让状况与地方政府供地行为的度量

（一）土地制度背景

近三十多年来的经济高速增长离不开地方政府所发挥的领导作用，而后者的发挥又离不开基本的政治经济制度环境（Xu，2011）。那么，地方政府发挥作用的机制是什么？从结构上看，本级地方政府既是水平选举生产的，也受上级政府的垂直任命与控制。从垂直任命来看，本级政府不仅受上级政府的控制，而且对下级政府进行人事关系上的控制，这使得本级地方政府在政治立场上总是与上级政府保持一致。在这一前提条件下，同级地方政府为 GDP 考核而展开激烈的地区间竞争。将这一行为目标应用到现实中来，地方政府运用了一切手段来推动 GDP 增长。我们认为，现阶段地方政府推动经济发展的抓手有两个：其一是压低工业用地价格和实施各类优惠的税收政策进行招商引资，主要以创建工业园

区的形式展开，目的是促进GDP与就业增长（张五常，2010）[①]。其二是利用土地市场的垄断地位进行土地要素的扭曲配置及其“土地金融”来进行城市基础设施建设、以直接投资形式推动经济增长。鉴于第二个抓手是本文的重点，本文接下来将着重予以介绍：

首先，地方政府发展本地经济所需的土地增量来自哪里？在经济发展的早期，主要是占用农村集体用地中的绿色部分，如耕地、林地等；在中央政府意识到滥占耕地可能会威胁到粮食安全等问题后，出台了各类限制性的政策措施来阻止耕地面积的持续减少[②]。此时，地方政府开始瞄向农村集体用地中的灰色部分——农村建设用地，主要是以宅基地为主，其政策手段或具体实现形式是“建设用地与农地的占补平衡”、“城镇与农村建设用地的增减挂钩”、“农村新居建设或农民集中区建设”、“地票交易”乃至“城中村改造”等。

其次，从制度上看，《土地管理法》第43条规定，企事业单位如需使用土地，必须向地方政府申请城市国有土地，这切断了企业与农村集体组织直接进行谈判使用集体土地的通道，使地方政府在工业化与城市化过程中取得了土地供给的独家垄断地位。国家出于公共利益需要可依法对土地实行征收、征用并给予补偿，但是《土地管理法》等相关法律对“公共利益”的内涵缺乏明确界定。这在一定程度上导致地方政府在进行征地时没有严格区分“公共利益”与“私人利益”的用地差别（这句话有缺陷，容易被人诟病）。

最后，如何对低价征来的土地进行价值增值后的利益分配，并带动城市基础设施建设和GDP增长？目前的流行做法基本如下：第一步，地方政府成立土地储备中心，将征收进来的土地纳入土地储备中心统一管理。第二步，将征收土地中的大约20% ~30%进行商住用地的70年使用权转让[③]，出让形式为挂牌、招标与拍卖（以下简称招拍挂），一般来说招拍挂的平均价格与土地拆迁等成本价之间差距达5~10倍[④]；同时，划

① 从税收竞相优惠的角度看，地区间是竞次式（race to bottom）的竞争，其税收优惠的幅度已超过社会最优水平（陶然，2011）。

② 如18亿亩耕地保护，举措是利用卫星遥感技术实时监控各省各县乃至各村的耕地面积变化。

③ 本处比例是一个粗略的经验值，通过蒋省三、刘守英、李青（2010）的个案调查得出。

④ 根据《国土资源统计年鉴》，2003年、2005年、2007年，中国分别供应工矿仓储用地9.94万公顷、9.05万公顷、13.56万公顷，分别占建设用地供应增量总量的51.4%、54.7%与57.7%，工业用地价格在这三年中增长缓慢，分别为每公顷125万元、138万元、156万元，而同期商服用地价格分别为每公顷355万元、634万元、871万元，住宅用地每公顷598万元、680万元、1 131万元。

出40%左右的土地用于工业开发区建设，为吸引外来投资入驻，50年使用权的工业用地使用由地方政府与厂商直接进行谈判，其协议价格水平一般低于土地征用成本价。第三步，商住用地的土地招拍挂纯收益直接为城市基础设施开发公司（即地方建设的融资平台）所用，该类公司通常以无偿行政划拨的方式获得大约30%～40%土地，并拿出一小部分土地作为抵押向银行贷款进行各类城市基础设施建设①。当以上三步完成后，地方政府进行新一轮的循环：土地征收→商住用地拍卖和工业用地协议转让→城市基础设施用地行政划拨与抵押融资、建设。

总结起来，土地城市化模式是以土地要素的扭曲配置及其衍生的土地金融为纽带来推动本地经济的快速发展。在这一过程中，地方政府累积起了以地方债务为形式的巨大金融风险。同时，商住用地的招拍挂价格与工业协议价格之间的价差可能会越来越大，本文将这种价差看作地方政府对土地要素配置扭曲的程度，并将它表示为"基于城乡二元土地结构基础上的土地管制强弱程度"②。

（二）土地出让状况

1999～2008年国有土地出让面积和成交价款（即出让总收入）总体上呈现出明显的上升趋势（图1）。其中，土地出让面积从1999年的4.54万公顷上升到2007年的23.5万公顷，年均增长为22.8%，2008年回落至16.59万公顷；与此同时，土地出让成交价款从1999年的514.33亿元陡然上升至2007年最高峰的12 216.72亿元，年均增长高达48.6%，2008年回落至10 259.8亿元；土地出让纯收益与成交价款走势大致相同③。

---

① 根据蒋省三、刘守英、李青（2010）的个案调查，县级地方政府进行城市基础设施建设的资金有70%～80%来自当地银行的土地抵押贷款。而据World Bank（2012），城市基础设施建设贡献了GDP增长的20%～30%。

② 也许读者会提出，价差可能是由本地的市场规模引起的，而非仅仅由二元土地制度引起的。本文不排除这种可能性，但是本文第五部分的实证结论否认了土地价差与市场规模之间的联系。

③ 《国土资源年鉴》从2003年开始公布国有土地出让的纯收益、新增土地等数据，以及协议、挂牌、拍卖、招标等地级市层面的更为细致的数据，故下文分析的时间段主要是从2003年开始。

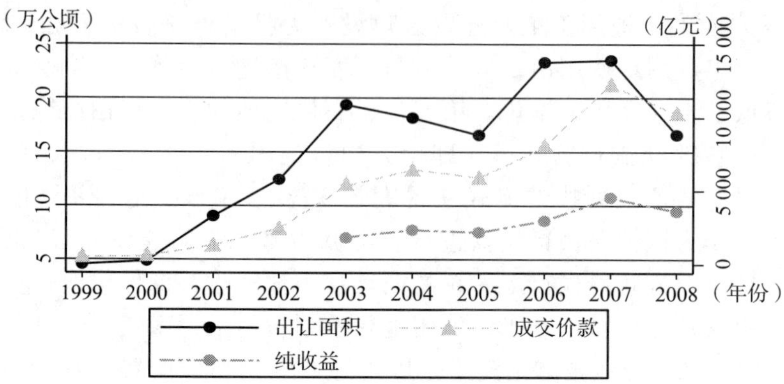

图1 1999～2008年国有土地供应面积、成交价款与纯收益

注：2003年批准用地面积中含三峡库区淹没用地面积10.13万公顷；2003年开始统计“纯收益”指标。

资料来源：《国土资源年鉴》（2000～2009年）。

从土地出让的用地类型结构看（见图2），2003～2008年工业用地出让面积除2006年、2007年有明显上升外①，基本保持在年均9万公顷的水平；住宅用地出让面积有略微上升的趋势，年均增长约3.5%；而商服用地出让面积则有明显的下降趋势，年均增长率为-11%②。然而，从出让成交价款看，各类型用地均有明显的上升趋势，工业用地、住宅用地和

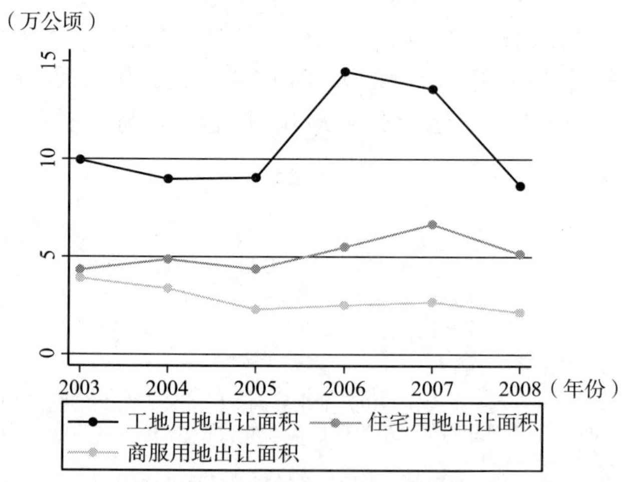

① 国有土地供应出让类型包括工矿仓储用地、商服用地、住宅用地、公共设施用地、公共建筑用地、交通运输用地、水利设施用地和特殊用地八大种类。此处的工业用地是指工矿仓储用地。

② 本处年均增长率的计算方法是：[(5.15/4.33)^1/5-1]×100%。

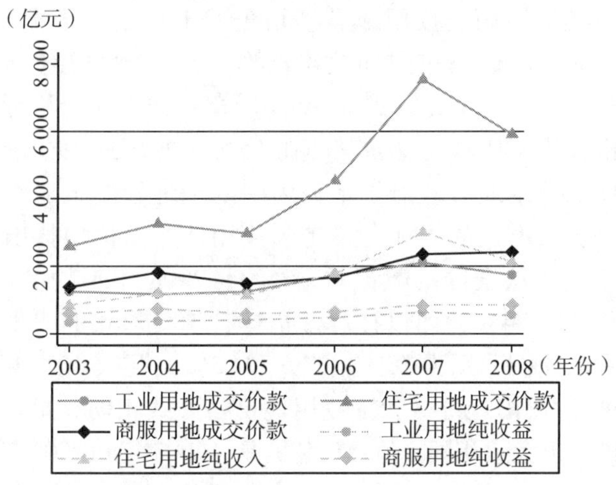

图 2　2003 ~ 2008 年各类型用地出让面积、成交价款与纯收益

注：2003 年批准用地面积中含三峡库区淹没用地面积 10. 13 万公顷。
资料来源：《国土资源年鉴》（2004 ~ 2009 年）。

商服用地的成交价款年均增长率分别为 7%、18% 和 11. 75%；若按照出让纯收益计算，住宅用地的年均增长率更是高达 20%。也就是说，从横向比较看，工业用地的出让面积几乎是住宅用地和商住用地面积之和的 1 ~ 2 倍，而成交价款和纯收益则远远比商用住宅用地小，总成交价款的工业用地与商住用地之比为 0. 30，纯收益的工业用地与商住用地之比为 0. 38。综合起来，体现在平均出让价格上的比例是，住宅用地的出让价格达到工业用地的 5. 8 倍（841. 60 ÷ 145. 32 = 5. 8，见表 1）。

表 1　2003 ~ 2008 年各用地类型的土地出让面积、成交价款、纯收益与价格

	土地出让面积		出让总收入（成交价款）		出让纯收益		价格	
	均值	年均增长	均值	年均增长	均值	年均增长	均值	年均增长
总体	19. 57	-3. 05%	8 077. 64	13. 61%	2 909. 09	14. 96%	412. 30	17. 18%
工业用地	10. 77	-2. 77%	1 542. 79	6. 91%	465. 57	11. 07%	145. 32	9. 96%
住宅用地	5. 15	3. 52%	4 465. 21	17. 95%	1 677. 29	20. 77%	841. 60	13. 93%
商服用地	2. 84	-11. 02%	1 853. 14	11. 75%	703. 67	8. 36%	694. 11	25. 59%

注：工业用地是指工矿仓储用地；面积单位为万公顷，成交价款和纯收入单位为亿元；价格为亿元/万公顷。

资料来源：根据 2004 ~ 2009 年《国土资源年鉴》整理计算而得。

考虑到地级市层面、按用地类型划分的土地出让数据不可获得性，本处进一步考虑采用地级市层面按出让形式划分的出让数据（即协议、挂牌、招标和拍卖四种出让方式），并使用招拍挂出让价格近似代替商住用地出让价格，使用协议出让价格近似代替工业用地出让价格，以这两个价格的比值来衡量地方政府供地行为中的土地管制强弱程度。为此我们事先说明，协议出让的土地主要是工业用地，而招拍挂出让的土地中主要是商住用地。从全国的数据看，2003～2008年平均的协议出让中，工业用地面积占了74%，而以挂牌、招标、拍卖形式的土地出让中，商住用地之和占的比例分别为78%，87%和85%（见表2）。从价格走势上看（见图3），协议出让价格和工业用地价格大致相同，招拍挂出让价格和商住用地价格也大致相同。值得注意的是，2007年和2008年两年的走势

表2　2003～2008年各类型用地在各出让方式中的平均比重及价格

	协议出让		挂牌出让		招标出让		拍卖出让	
	面积平均占比	万元/公顷	面积平均占比	万元/公顷	面积平均占比	万元/公顷	面积平均占比	万元/公顷
工业用地	73.57%	130.20	19.83%	284.21	10.81%	176.03	10.84%	299.94
商服用地	8.50%	443.11	28.02%	709.72	18.80%	1 520.99	25.47%	976.56
住宅用地	10.98%	371.13	49.59%	792.50	68.40%	1 448.64	59.58%	1 479.94
公共用地	6.96%	196.54	2.56%	489.52	1.32%	261.93	4.11%	348.63
平均价格	—	176.5	—	632.5	—	1 160.6	—	1 215.1

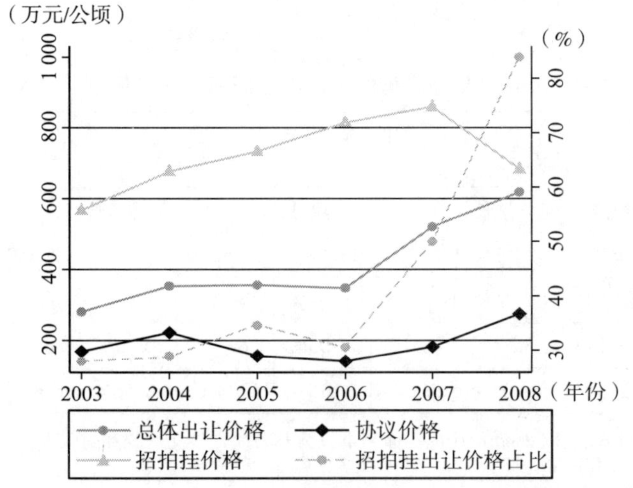

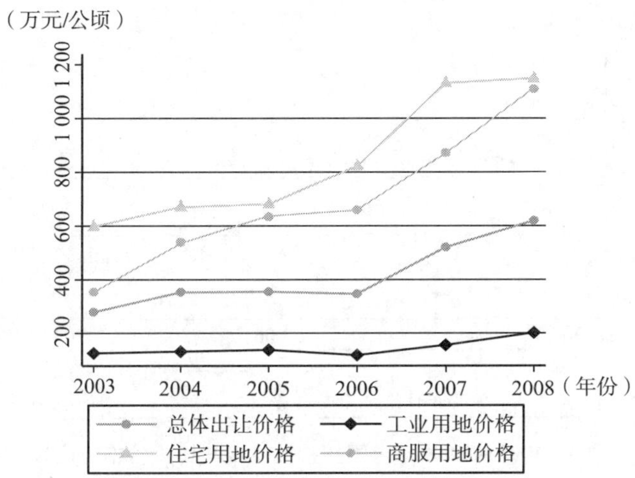

图 3　2003～2008 年按出让形式和按用地类型划分的出让价格情况

资料来源：《国土资源年鉴》（2004～2009 年）。

有明显的区别，主要是由于招拍挂出让的面积占总体出让面积的比例在这两年中有了大幅度的提高，从 30% 左右飙升到超过 80%，较多的工业用地采用招拍挂形式出让，导致招拍挂价格偏低。然而 2007 年、2008 年两年的变化没有影响协议出让和招拍挂出让在 2003～2008 年的总体代表性，因为地级市之间由于中央政策导致的系统变动可以认为是相同的。

（三）地方政府的土地配置行为：度量与特征性事实

前面已述，用“商住用地的招拍挂平均价/工业用地协议平均价”的比值来衡量地方政府这一供给行为是一个可行的指标。从招拍挂价与协议价比值来看（见图 4），2003 年协议价平均为 168.5 万元/公顷，而招拍挂平均价为 567 万元/公顷，两者比值为 3.36；2008 年，协议价平均为 274 万元/公顷，而招拍挂平均价为 684 万元/公顷，两者比值为 2.49①。从 2003～2008 年这两个指标的平均值来看，协议价平均值为 176.5 万元/公顷，而招拍挂平均价为 736.8 万元/公顷，两者比值为 4.17。

① 2008 年比值下降的原因是国务院在 2006 年规定下年起工业用地必须进行招拍挂形式出让，但在实际操作过程中，许多地方政府仍以“招拍挂”之名行“协议出让”之实进行工业用地出让，致使招拍挂的价格在 2007～2008 年出让整体性下降。

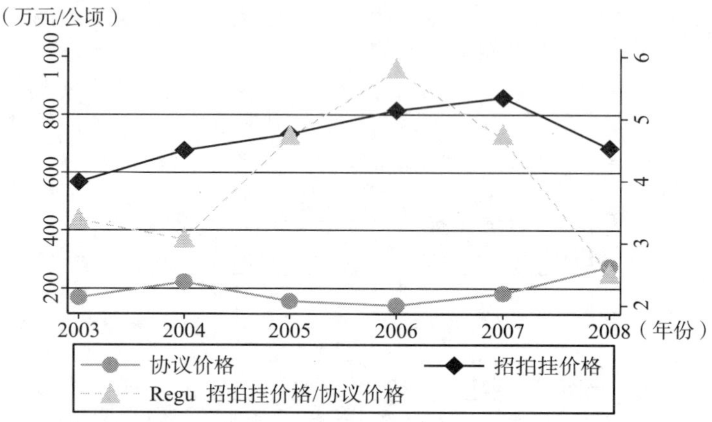

图4　2003～2008 年全国招拍挂价格与协议价格的比较

资料来源：根据《国土资源年鉴》(2004～2009 年) 绘制。

将全部 272 个地级城市的招拍挂平均价与协议价比重从高到低排列①，取城市前 30%、后 70% 分别作为土地管制强、土地管制弱的代表，并在计量分析时以虚拟变量来表示。表 3 报告了从土地管制强弱的视角看待城市的土地出让情况，并分解土地管制的式子表达式。首先，城市土地管制强与土地管制弱的中位数分别是 6. 76 与 2. 72，这可能由于是土地管制强与土地管制弱城市的招拍挂价格的巨大差异（招拍挂价格分别是 621 万元/公顷与 371 万元/公顷），也可能是由于土地管制强与土地管制弱城市的协议价格逆向过于悬殊（协议价格分别是 100 万元/公顷与 136 万元/公顷），也就是说，管制强的城市其协议价格反而是低的。其次，从出让面积上看，土地管制强的城市协议出让面积中位数远远高于土地管制弱的城市，分别是 23. 7 万公顷与 13. 2 万公顷，土地管制强城市的招拍挂面积中位数却没有比土地管制弱城市多出很多，分别只有是 15. 9 万公顷与 14 万公顷；因此，土地管制强城市具有“减少招拍挂供地、增加协议供地”的特征，这也从招拍挂面积占全部有偿出让面积的比重中可以看出，土地管制强的城市其比重中位数仅为 35%，而土地管制弱的城市达到 45%。最后，从协议出让收入来看，尽管土地管制强的城市其协议出让面积远高于管制弱的城市，但其协议出让收入两者相差无几，也就是说土地管制强的城市明显压低了协议价格；从招拍挂出让

① 由于相关数据的缺失，从本处开始的土地数据分析删除了江西、黑龙江、青海等省份的 15 个地级城市，共计城市数量为 272 个。

收入来看，由于有意减少了招拍挂出让面积，进而抬高招拍挂出让价格和出让收入，土地管制强的城市在招拍挂面积占全部面积仅为35%的情况下，其收入占比高达81%，而土地管制弱的城市在招拍挂面积占全部面积达45%的情况下，其收入占比却只有71%。

上述城市的土地管制强度包含两个方面内容：一是减少招拍挂供地面积，抬高商住用地价格；二是增加协议用地面积，压低协议出让价格。需要说明的是，尽管土地管制比值的大小不可避免地受到市场规模的影响，但是存在以下因素支持本文指标的合理性：其一，两种价格的比值是相对于全部城市平均水平的偏离，并得出城市土地管制强度的排序；其二，在第五部分表6与表7，土地管制虚拟变量对房价上升的影响系数为负值，这显然排除了由需求产生的内生性嫌疑；其三，在第五部分的稳健性检验中，我们使用另一种衡量土地管制方法（残差法），仍然支持土地管制对房价有显著影响，但对城市人口与工资增长没有影响的基本结论。

表3　　土地管制强弱与出让情况状况

分组	协议出让价格（百万元/公顷）			招拍挂出让价格（百万元/公顷）			管制强度		
	平均值	中位数	标准差	平均值	中位数	标准差	平均值	中位数	标准差
全国	1.63	1.27	1.48	6.00	4.19	6.80	5.33	3.48	9.40
管制弱	1.76	1.36	1.52	4.44	3.71	3.15	3.26	2.72	2.38
管制强	1.34	1.00	1.35	9.62	6.21	10.57	10.20	6.76	15.79

分组	协议出让面积（千公顷）			招拍挂出让面积（千公顷）			招拍挂面积占比（%）		
	平均值	中位数	标准差	平均值	中位数	标准差	平均值	中位数	标准差
全国	409	152	705	280	145	397	0.47	0.42	0.27
管制弱	310	132	533	247	140	351	0.49	0.45	0.27
管制强	642	237	959	354	159	480	0.42	0.35	0.27

分组	协议出让收入（十亿元）			招拍挂出让收入（十亿元）			招拍挂收入占比（%）		
	平均值	中位数	标准差	平均值	中位数	标准差	平均值	中位数	标准差
全国	741	184	2 146	2 153	558	4 975	0.70	0.75	0.22
管制弱	646	177	2 299	1 373	471	3 244	0.67	0.71	0.23
管制强	964	204	1 715	3 958	1 029	7 289	0.77	0.81	0.19

注：本表基于287个地级市的数据进行计算和整理，不包括地级市以外（如各自治州）的信息，故与全国数据不可比。其中“平均值”为简单算术平均值。

资料来源：根据历年《国土资源年鉴》相关数据计算得到。

根据全部城市土地招拍挂价格与协议价格比值 2003～2005 年与 2006～2008 年两个时间段可见：第一，从两个时间段来看，土地管制具有增强的趋势，在 2003～2005 年，比值大于 10 的城市数量为 15 个，在 2006～2008 年，比值大于 10 的城市数量达到 49 个。第二，从比值大于 10 的城市分布来看，总体上说，既有沿海地区的发达城市，如 2003～2005 年的广州、杭州、宁波等，也有沿海地区的欠发达城市，如浙江省的丽水与金华，广东省的汕尾、揭阳，同时还有内陆省份的非中心城市，如吉林省的白山市、辽宁省的朝阳市、山西省的忻州市等，内陆省份的城市占 33%；在 2006～2008 年期间，在比值大于 10 的城市分布中，沿海地区更多的欠发达城市加入进来，如福建省的莆田、南平、宁德，广东省的河源、茂名、江门、阳江，山东省的临沂、泰安等；内陆省份的城市开始增多，如甘肃省的陇南、天水、定西，贵州省的安顺，安徽省的马鞍山、宣城、池州、滁州，吉林省的松原、长春，陕西省的汉中等 20 个城市，占全部 49 个城市的 41%。第三，在 2003～2005 年，该比值最大的是珠海市，达到 31.42，第 82 位城市是铜陵市，达到 4.79。在 2005～2008 年，该比值最大的是福州市，达到 26.15，第 82 位城市是亳州市，达到 7.73。

总体上看，82 个城市并没有呈现出明确的规律，它取决于以下两个方面：其一商住供地的减少，迫使其价格提高；其二是降低工业用地的价格；沿海地区的欠发达城市和内陆省份的非中心城市开始增多这一事实，似乎表明“以土地配置扭曲及其土地金融”来带动城市化及其经济增长这一发展路径与模式正在扩展与蔓延。

四、与流动人口有关的中国城市发展若干事实

本部分首先交代本文的数据来源，然后将从流动人口的空间分布、居住特征与房价、工资增长等方面概述中国在 2000～2010 年的城市化特征事实。

（一）数据来源

本文的数据来源、变量构造和基本的统计描述如表 4 所示，土地管制的度量在第三部分已经详细给出，其数据来源是 2004～2009 年的《国土资源年鉴》。被解释变量分别为地级城市全市层面商品房价格、常住人口与工资的增长。其中，常住人口数据分别来自 2000 年与 2010 年第五

次、第六次人口普查资料，2005 年各城市常住人口是根据当年 1% 人口抽样调查资料得出的各省常住人口数乘以各市在 2000 年与 2010 年常住人口在该省份两年比重的平均值得出的。因此，本文的考察时间分别是 2000 ~ 2005 年与 2005 ~ 2010 年两个时间段的人口、房价与工资增长的决定机制。商品房价格与工资水平均来自 CEIC 数据库，其中商品房价格是依据地级城市的新建商品房销售额/销售面积得出的，由于 CEIC 数据库和国家统计局在 2002 年起才记录商品房销售额与销售面积数据，最新数据只更新至 2009 年，本处只能以 2002 ~ 2005 年与 2006 ~ 2009 年分别作为前后 5 年的房价变动数据。

表 4　　变量定义、数据来源与统计描述

变量名	定义与所取年份	来源	空间范围	观察数量	均值	标准误	最小值	最大值
dp	房价变动（2002 年，2005 年，2009 年）	CEIC（2002 ~ 2009 年）	全市	570	917.011	907.184	-767	8 682
dlnn	人口变动（2000 年，2005 年，2010 年）	普查（2000 年，2005 年，2010 年）	全市	570	0.031	0.062	-0.141	0.294
dw	工资变动（2000 年，2005 年，2009 年）	CEIC（2000 ~ 2009 年）	全市	551	9 785.336	3 874.072	1 136.66	26 757.69
lnfdi	累计 FDI 后取自然对数（期初值）	CEIC（1996 ~ 2005 年）	全市	542	7.431	2.245	-1.891	12.888
h	人力资本（期初值）	普查（2000 年，2005 年）	全市	516	8.476	0.984	5.080	11.408
regu	招拍挂价格/协议价格（平均值）	国土资源年鉴（2004 ~ 2009 年）	全市	574	6.273	5.904	0.153	59.109
regu_dummy	regu 虚拟变量 0、1	国土资源年鉴（2004 ~ 2009 年）	全市	544	0.301	0.459	0	1

本文的另一核心解释变量是代表外部生产率冲击的人力资本与 FDI 累积量。其中，人力资本变量来自 2000 年第五次人口普查资料与 2005 年 1% 人口抽样调查资料，指标的计算方法是：人力资本 = 小学占总人口百分比 ×5 +（初、高、中专占总人口百分比）×12 +（大专、本科、研究生

占总人口百分比）×15。由于2000年人口普查资料缺失鄂尔多斯、来宾、崇左、拉萨、中卫等5个城市；2005年1%人口抽样调查数据缺乏山西省（11个市），吉林省（8个市），湖南湖北两省（25个市），云南省（8个市）和西藏，共缺53个地级市样本，故人力资本2005年缺53个城市。FDI是城市有记录以来的、以1996年为起始年开始的累加量，其中第一个时间段2000～2005年的FDI为1996年开始累加到2000年，第二个时间段2005～2010年为FDI从1996年开始累加到2005年。

（二）常住人口变化与流动人口分布

从城市化进程来看，2000～2010年城镇人口增长2.07亿人，乡村人口减少1.33亿人，城市化率水平从2000年的36.2%提高到2010年的49.68%，累计提高13.48个百分点。本处关注的是人口的空间流动去向，切入点是地级城市的常住人口变化量、常住人口变化率、流动人口规模及其占本市常住人口的比率、流动人口流入的变化规模等方面描述人口的空间分布变化。

1. 常住人口及其变化

在2000～2010年内，城市常住人口分布似乎有以下规律可循：第一，从常住人口的绝对水平看，各城市的排名位序相对稳定，前20位城市中近2/3城市是沿海地区，既有上海、北京、广州等超大型城市，也有历史上一直人口密集的保定、邯郸等城市；从中西部地区来看，主要是重庆、成都、西安等区域性经济中心城市；后20位城市多数是内陆地区的地级城市，其地理位置偏僻，也有沿海地区的部分海岛旅游城市，如三亚、舟山等城市。第二，从常住人口变化的绝对量来看，排名在前20位的城市中绝大多数是沿海地区大型城市或新兴工业化城市，前者如上海、北京等，后者如广东省的佛山、东莞市、惠州市或江苏省的苏州等，也有中西部地区的省级中心城市，如成都、郑州等；排名后20位城市的人口变化均为负值，表明其劳动力的净流出，其中流出最大的城市是重庆，净流出人口达166.7万人，从其省份归属来看，多数省份是人口大省，如四川、河南、安徽省等；第三，从人口增长率排名来看，排在前列的城市要么是人口基数较低，由于其具有某种特殊资源，使其吸引了大量的流动人口，如厦门（72%）、克拉玛依（45%）、三亚（42%）等；或者是本来人口规模大、经济活力强的大型城市，如上海（38%）、苏州

(54%)、佛山(35%)等，这使得人口进一步向大型的中心城市集聚；排在末端的城市多数属于内陆人口大省或农业大省，如四川省广安市的人口增长率为 -22%。

总结起来，在 2000 ~ 2010 年，城市常住人口的空间分布变化呈现出集聚的动态趋势，主要是沿海地区大型城市或新兴工业化城市，或者为中西部地区部分少数省会城市的常住人口不断增长，而流出人口恰恰是中西部地区中人口大省中的非省会城市。

2. 流动人口规模及其占本市常住人口的比率

城市常住人口由户籍人口与流动人口组成，我们采用以下方法定义流动人口数量：流动人口 = 常住人口数量 - 户籍人口，其中户籍人口数据来自《中国城市统计年鉴》；如果流动人口大于 0，则表现为净流入，如果小于 0，则表现为净流出。以图 5 散点图为例，2000 ~ 2010 年常住人口与流动人口之间的相关系数达到 0.90，R^2 为 0.81，在一定意义上说，流动人口的多寡往往主导着城市常住人口的变化。

在 2000 年，仅深圳的流入人口超过 500 万人以上，超过 200 万人以上的城市有东莞(492 万人)、上海(352.1 万人)、北京(249.4 万人)、广州(293.5 万人)、佛山(201.3 万人)。在 2010 年，流入人口超过 500 万人以上的城市为上海(890.6 万人)、深圳(770.8 万人)、北京(704.4 万人)、东莞(639.6 万人)，超过 200 万以上的城市为广州(464.2 万人)、苏州(407.6 万人)、佛山(348.5 万人)、天津(303.4 万人)与成都(251.1 万人)。从流入城市的区位与性质来说，流入的城市不仅有区域性大型中心城市，也有新兴的工业化城市，如无锡、惠州、佛山与东莞等市。从流出的角度看，主要是从中西部地区人口大省的城市流出，如重庆(415.3 万人)、河南省的周口(335.4 万人)、商丘(187.1 万人)等，或者安徽省的亳州(123.4 万人)等。从 2000 年与 2010 年两年流动人口分布来看，流动人口的区位指向更加集中于少数具有优势的城市，如大型城市上海、北京和部分新兴工业化城市，如惠州、无锡等，也就是说，流动人口变化规模排列前 20 位的城市与 2000 年、2010 年流动人口规模前 20 位的城市具有高度的一致性。同样的规律也可以得出流出人口规模后 20 位的城市，流动人口模式几乎是固定地从中西部地区人口大省的部分城市向具有集聚优势的少数沿海地区城市转移。

为了刻画流动人口与本地户籍人口的比例关系，我们计算了流动人口占常住人口的比例，发现东莞、深圳与中山三市其比例达到50%以上，其中东莞达到77.8%。比例达到30%以上的城市还有佛山、厦门、苏州、上海、广州、北京、珠海等。

（三）流动人口的居住特征

从空间均衡模型来讲（工资+城市公共产品服务=居住成本+保留效用），流动人口进入城市，以其工资收入支付房租等日常支出，如果房租等项目支出超出其期望工资收入，他将自行选择离开。在含有政府提供公共产品服务的空间均衡模型中，当地居民为其提供税收收入，并享受政府提供的公共物品服务，如社会救助、治安、义务教育，甚至廉租房等。但在中国，在户籍制度改革没有取得突破的情况下，城市新增人口没有享受与城市户籍人口等同的公共产品服务。同时从住房需求的角度看，在没有享受到城市政府提供的廉租房后，这一部分为城市经济发展做出贡献的流动人口只能寻求政府提供的廉租房以外的途径来解决。其中，地方政府与农村集体经济体之间先期土地转让尚未解决的城中村解决了相当一部分流动人口的住房需求。以珠三角为例，该地区50%的流动人口居住在企业提供的员工集体宿舍或干脆在工作场所居住，剩下40%多的流动人口居住在以“城中村”、“城郊村”为主体的租赁房。本处以“城中村”为例，说明外来流动人口的居住条件，进而阐述目前中国正在进行的城市化中存在的问题。

城中村呈现出以下与本文相关的特征：其一，居住价格低廉、条件较差。据石巍（2010）等人对上海城中村的调研，多数城中村住房租金仅为周边商品平均房租金的1/3左右，同时存在大量违章建筑、房屋容积率高、居住环境拥挤、基础设施配套不完全和大量安全隐患等问题。其二，其居住的人口是以外来流动人口为主，外来流动人口数远远超过当地居民，在年龄构成方面，适龄劳动者占绝大多数，尤其年轻人居多。其三，职业结构特征是，依托周边工厂或企业实现就业，同时也有部分流动人口参与家政、营业员等服务业工作。其四，随着城中村的不断改造，流动人口聚居区不断向外迁移，以至于在一定程度上处于居无定所的被动局面。其五，流动人口收入水平低，在除去房租、水电煤、吃饭等开支后，所剩无几，如遇生病等突发事件，则需向朋友、亲戚借钱。

结合本文主题，城中村对于流动人口来讲，实际上充当了普通商品房之外的、本应由政府提供的廉租房角色。

（四）房价与工资增长

无论是城市流动人口还是房价、工资，均是描述城市化的重要指标。在空间均衡框架中，生产率冲击首先影响流动人口与厂商的空间分布，进而对住房市场中的需求产生影响。本处概述与生产率冲击密切相关的房价与工资变化情况。

由于无法获知 2000 年、2010 年的房价水平和 2010 年的工资水平，我们用 2002 年的房价与 2009 年的房价与工资来替代（见表 5）。从各变量的中位数上看，房价从 2002 年的 1 186 元/平方米上涨到 2009 年的 2 598 元/平方米，而名义工资相应地从 2000 年的 7 583 元上涨到 2009 年的 26 548 元。对于流动人口来讲，其关注的是真实工资和城市的名义房价水平，因为房价计入到消费者价格指数（CPI）的权重较低，因此城市名义房价水平不需要用消费者价格指数消长。出于这一逻辑假定，这里计算了 2002 ~2005 年、2006 ~2009 年的房价增长率与实际工资增长率，我们发现，无论从平均值还是中位数来看，两阶段的实际工资增长率都低于房价增长率，在 2002 ~2005 年，中位数实际工资增长率为 33.86%，房价增长率为 37.16%；在 2006 ~2009 年，中位数实际工资增长率为 51.2%，房价增长率为 65.54%。因此，按照传统的空间均衡框架，城市人口增长将放缓；但在中国，鉴于"城中村"等因素的存在，城市人口增长并没有显著放缓。

表 5　　房价与工资的简单数据描述

	房价（元/平方米）		名义工资（元/年）	
	2002 年	2009 年	2000 年	2009 年
平均值	1 340	3 161	8 248	27 573
标准差	639	1 931	2 591	6 798
中位数	1 186	2 598	7 583	26 548
	房价增长（%）		实际工资增长（%）	
	2002 ~2005 年	2006 ~2009 年	2002 ~2005 年	2006 ~2009 年
平均值	43.65	67.32	35.00	52.88
标准差	36.69	30.68	15.88	17.14
中位数	37.16	65.54	33.86	51.20

资料来源：CEIC 数据库。

五、计量策略、结果

本部分将分三个部分进行论述：第一部分是关键变量之间的散点图关系；第二部分交代本文拟采用的计量策略；第三部分是计量部分，主要包括基本结果与稳健性检验。

（一）各变量之间的简单相关关系

我们给出外部正面的生产率冲击分别与房价增长、人口增长与工资增长之间的散点图（见图5），并给出东部、中部与西部地区的拟合线。总体上说，外部的生产率冲击对三个被解释变量产生了正面的提升作用，但在地区之间的差异性在FDI体现得较为显著。就房价增长、人口增长受到FDI冲击反应的地区差异性而言，东部沿海地区的拟合线斜率高于其他两个地区，而人力资本对人口、房价与工资增长的冲击地区差异性较低。

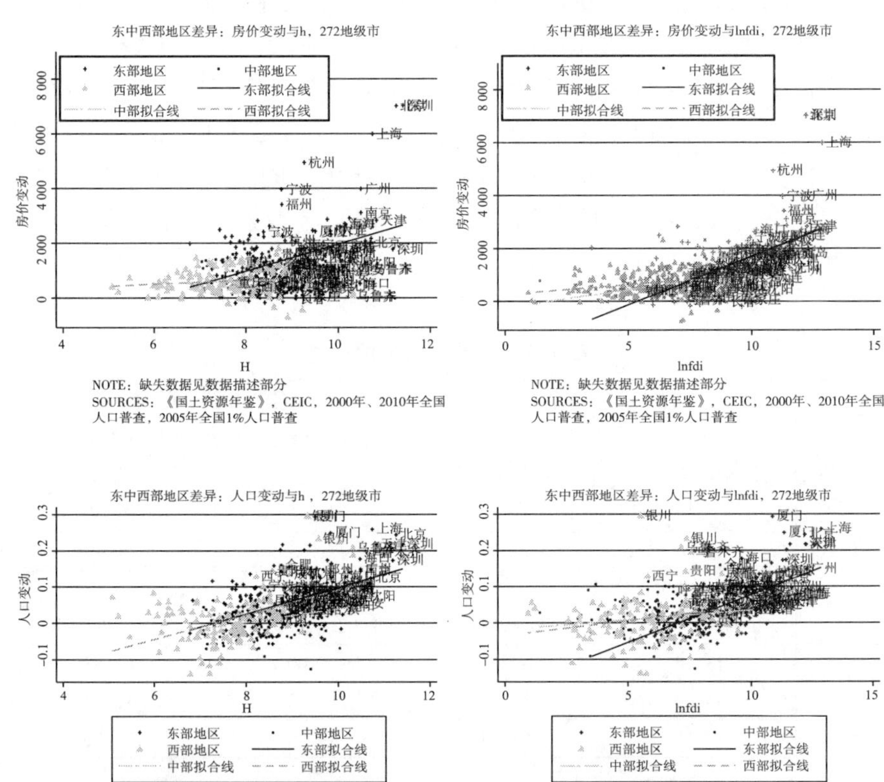

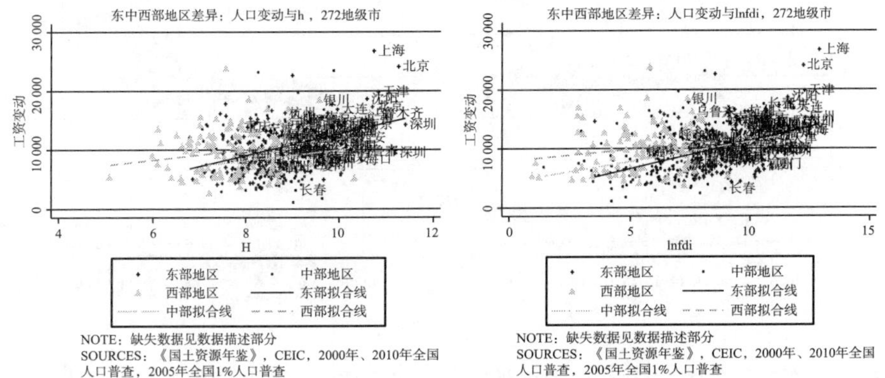

图5　外部生产率冲击分别与房价、人口与工资增长之间的散点图

我们不对外部生产率冲击 × 土地管制交叉项与房价、人口、工资增长之间画出散点图，而是按土地管制强弱将城市分成前 30% 的控制组、后 70% 的对照组，分别画出外部生产率冲击与房价、人口、工资增长之间的散点图（图 6）。图中 regu2 - dummy = 1、标出城市名称的、为前 30% 的城市控制组（拟合线为实线），而 regu2 - dummy = 0、未标出城市名称的、为后 70% 的城市对照组（拟合线为虚线）。可以看出以下规律：控制组与对照组的拟合线斜率差异在房价增长、人口增长与工资增长中存在显著差异，其中在图 7 中第一行的房价增长中两者斜率差异性最强，人口增长的斜率差异其次，在工资增长中的斜率几乎是平行的、没有差异。这意味着，如果按土地管制强弱以虚拟变量 1、0 表示分别与外部生产率形成交叉项，并与房价、人口与工资增长分别进行回归，那么交叉项的系数在房价增长回归中最有可能显著为正、在工资增长中肯定不显著，人口增长中可能显著也有可能不显著。也就是说，土地管制最有可能是在房价增长中发挥着正面的推动作用，而在人口与工资增长中可能没有发挥正面提升作用。

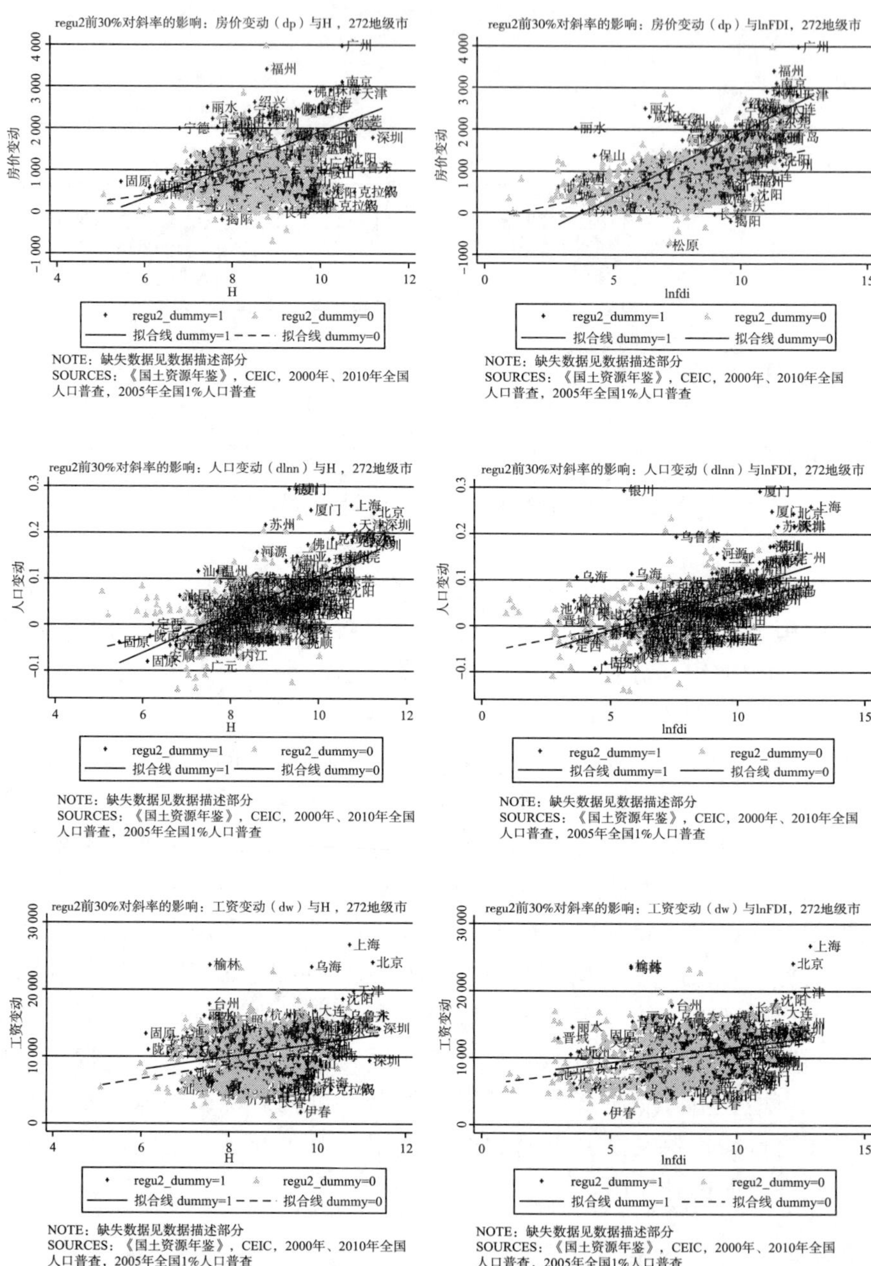

图6　按土地管制强弱划分的生产率冲击与房价、人口、工资增长之间的散点图

综合起来，本处交代了一个未经计量检验的经济学故事，外界的生产率冲击均对城市房价、人口与工资增长产生了正面的提升作用，但这种冲击在土地管制强与土地管制弱的城市体现得完全不一致。如果按照国际通行的经验法则，生产率冲击结合土地管制产生的联合作用均推动了城市房价、工资水平的上升和人口增长的减缓，但是，中国的经验事实可能与之完全不同。由于城市人口增长主体部分——流动人口的居住主要是由城中村或厂商集体宿舍解决，其对土地管制产生的房价上涨是不敏感的，进而使工资增长对其也不敏感。也就是说，在土地管制→住房土地供给减少→房价上升→城市人口增长减缓、工资增长加速的传导链条中，第三个箭头的传导失效。当然更进一步的证据需要下面给出。

（二）计量策略

本文的计量工作是在地级城市层面上验证外部生产率冲击及其与土地管制的交叉项对房价、人口、工资增长的影响是否符合国际经验。鉴于本文拥有的三个时间截点的数据，按人口、房价与工资增长计算，实际上存在两个时间段的观察样本。因此，本文存在两种估计方法：其一是两个时间段的混合数据估计（Pooled Data），其二是面板数据估计（Panel Data）。第一种估计方法对于各城市固定的、不可观察的因素可能难以控制，解释变量的系数估计值在理论上讲可能是有偏的，但是格莱泽、乔克和萨克斯（2006）对于美国城市的相应估计也是应用这一方法；本文以这一估计方法得出的计量结论作为基本结果使用，将面板数据估计方法得出的结果作为稳健性检验。

同时，为了消除由市场规模→房价上升所产生的内生性，本文还使用另一种方法（残差法）构建了土地管制指标，并重复上述面板数据进行估计。残差法的含义与步骤是：（1）假定房价是共同受本地市场规模（用 GDP 指代）、本地自然地理条件限制与政府土地管制三个因素影响。（2）应用密歇根大学中国数据中心的空间数据①，构建土地征用的自然地理限制条件指标（constraint），方法为：地级市的建设用地面积/（国土面积 - 耕地面积 - 水域面积），该指标越大，地方政府在征用土地时受到的地理限制越强，进而抬高了城市房价的上升。（3）简单计量分析招拍挂价格受市场规模与土地的自然地理限制条件的影响，并认为影响土地招拍挂价格的因素中未被解释的因素归结为政府的土地管制，并得到全部260 个地级及以上城市的残差项。（4）将城市的残差项按照高到低顺序排

① http：//spatialexplorer. org/cge2/。

列，取前30%的城市为虚拟变量1，其余城市为虚拟变量0。在此基础上，我们用新构建的土地管制指标对空间均衡假说重新进行检验。

（三）计量结果

我们将表6与表7的估计结果放在一起进行考察。需要着重指出的是，在房价变化的方程中，土地管制虚拟变量的系数为负，这直接排除本次计量过程中存在由需求产生的联立性内生性嫌疑。接下来汇报计量发现：首先，外部生产率冲击对城市房价、人口与工资增长的影响。在没有考虑东部沿海、中部地区与西部地区的差异情况下，人力资本与FDI均对房价、人口与工资增长产生了正面的提升作用（见表6）；但是，如果区分了外部生产率冲击对地区影响的差异性（见表7），人力资本对房价增长、FDI对工资增长变得不再显著，但其符号符合预期。

表6　　　基本估计结果：混合最小二乘法方法

	房价变化	对数（人口）变化	工资变化	房价变化	对数（人口）变化	工资变化
human capital	74.2 *	0.024 ***	736.5 ***			
	(40.05)	(0.0087)	(250.7)			
h-regu	337.5 **	0.016	112.5			
	(140.5)	(0.0097)	(370.9)			
lnfdi				87.3 ***	0.0098 ***	242 **
				(15.7)	(0.002)	(109.1)
lnfdi-regu				200.8 ***	0.0099 ***	2.44
				(35.24)	(0.003)	(157.7)
Regu-dummy	−2 273 *	−0.12	39.9	−1 130 ***	−0.064 **	1 026
	(1 208)	(0.079)	(3 433)	(309.4)	(0.0262)	(1 424)
Time-dummy	733.2 ***	−0.011	4 954 ***	538.9 ***	−0.016 *	4 483 ***
	(82.96)	(0.0095)	(544.1)	(63.09)	(0.0088)	(439)
Constant	−216	−0.19 **	849.4	−131.2	−0.041 **	5 431 ***
	(319.7)	(0.075)	(1 976)	(110.3)	(0.0169)	(787.3)
Observations	485	486	468	511	512	511
R^2_a	0.34	0.24	0.46	0.40	0.24	0.40
F	24.36	10.26	26.25	32.55	12.84	32.51

注：*** 为1%水平上显著，** 为5%水平上显著，* 为10%水平上显著，括号内为省份聚类的标准误。Regu-dummy为土地管制虚拟变量。

表 7　　基本估计结果：混合最小二乘法 + 区域虚拟变量

	房价变化	对数（人口）变化	工资变化	房价变化	对数（人口）变化	工资变化
human capital	240.7	0.0264 *	1 483 ***			
	(196.7)	(0.0139)	(517.2)			
h-regu	230.3 ***	0.0131	-294.9			
	(73.54)	(0.0086)	(416)			
h-west	-262.5	0.0022	-724.3			
	(207.1)	(0.0159)	(523.2)			
h-middle	-318.2	-0.0043	-1 059			
	(211.2)	(0.0144)	(674.5)			
lnfdi				192.7 **	0.0239 ***	515.9
				(86.81)	(0.0036)	(388.9)
lnfdi-regu				138.6 ***	0.004	-137
				(32.24)	(0.0029)	(119.7)
lnfdi-west				-163.4 *	-0.0179 ***	-343.4
				(84.15)	(0.0043)	(393.6)
lnfdi-middle				-155.9 *	-0.0165 ***	-294.6
				(82.74)	(0.004)	(460.3)
west dummy	1 766	-0.0251	6 365	1 139	0.1468 ***	3 076
	(1 817)	(0.1358)	(4 552)	(856.3)	(0.0408)	(3 514)
middle dummy	2 304	0.004	8 452	1 065	0.1373 ***	1 966
	(1 863)	(0.1267)	(5 712)	(834.3)	(0.0391)	(3 862)
Regu-dummy	-1 494 **	-0.0932	3 371	-709.7 ***	-0.0213	1 987 *
	(620.3)	(0.0719)	(3 617)	(230)	(0.0247)	(1 018)
Time-dummy	704.1 ***	-0.0145	4 790 ***	549.1 ***	-0.0182 **	4 414 ***
	(80.7)	(0.0087)	(561.5)	(79.4)	(0.0083)	(416.8)
Constant	-1 352	-0.182	-5 304	-941	-0.1625 ***	3 242
	(1 707)	(0.121)	(4 409)	(825)	(0.0337)	(3 474)
Observations	485	486	468	511	512	511
R^2_a	0.40	0.28	0.47	0.42	0.28	0.41
F	20.6	10.5	21.88	27.27	12.28	25.71

注：*** 为1%水平上显著，** 为5%水平上显著，* 为10%水平上显著，括号内为省份聚类的标准误。Regu-dummy 为土地管制虚拟变量。

其次，对本文来说更为重要的是，由于存在土地管制，外部生产率冲击可能会导致房价与工资的提升，而对人口增长将产生负面的影响；

从表6与表7的结果看，上述的理论预期只是部分成立，土地管制与外部生产率（人力资本、FDI）交叉项对房价的确产生了正面的提升作用，其系数分别为337.5与200.8（见表6）和230.3与138.6（见表7）；但其对工资与人口增长不符合理论预期，从其对工资增长的影响来看，表6与表7的交叉项对工资增长均没有影响；从交叉项对人口增长的影响来看，理论预期为负，但实际计量结果却完全相反，在表6、表7中人力资本与土地管制的交叉项对城市人口增长没有影响，表7中FDI与土地管制交叉项对城市人口增长也不存在影响。对于在表6中FDI与土地管制的交叉项对城市人口增长具有显著为正的影响结果（系数为0.0098），我们认为，地方政府压低了土地管制指标中的分母——工业用地价格，使得制造业厂商更容易在工业园区内进行产能扩张或新建厂房，进而吸引流动人口入驻，提升了城市人口增长速度。

对于外部生产率冲击与土地管制的上述回归结果不符合空间均衡框架预期的、基于国际经验的规则，也就是说，空间均衡框架中的住房供给减少→房价水平上升→人口增长降低和工资水平上升过程中的第二个箭头传导链条被切断了。我们认为，城市人口增长主要取决于流动人口的多寡，考虑到流动人口的居住状况，其居住价格远低于普通商品房的平均租金，以至于流动人口通常对土地管制造成的房价上升不再那么敏感，于是就产生了上述第二个箭头被切断的结果。具体来说，上述判断是基于以下经验事实，即流动人口的居住状况主要分为以下两类：其一是城中村，租金价格低廉且条件艰苦，其二是厂商提供的集体宿舍，也就是，厂商以工业用地的低价为农民工提供了宿舍，并将其成本隐含在产品的成本中。据粗略估计，全国各城市中现有外来流动人口达2.2亿人（陈锡文，2010），按2010年人口普查资料，大陆地区人口为13.39亿人。按居住在城镇人口的比率为49.68%来计算，城市常住人口中有33%的人口为外来流动人口，而其大多数是居住在租金价格低廉、条件艰苦的城中村或集体宿舍。

鉴于OLS估计方法可能对残差项中的未观察因素无法进行有效控制，我们转而应用固定效应进行估计。需要说明的是，如果按照表6加入时间虚拟变量（即第二阶段2006~2010年为1，2000~2005年为0），则人力资本与FDI对房价、人口与工资增长的影响将被时间虚拟变量吸收，使之变得不再显著；其次，如果按照表6加入土地管制强的城市虚拟变量，那么，由于存在差分，该变量回归的系数实际上仅代表了前后二期土地管制强的前30%城市中进入或退出的城市对房价、人口与工资增长的变化，这偏离了本文的计量初衷。因此，此处删除了时间虚拟变量与土地管制虚拟变量，估计结果见表8①。我们发现，表8的结果更加稳健地证实了以下现象：空间均衡框架中的住房供给减少→房价水平上升→人口增长降低和工资水平上升过程中的第二个箭头传导链条被切断。

表8　　稳健性检验：固定效应方法

	房价变化	对数（人口）变化	工资变化	房价变化	对数（人口）变化	工资变化
human capital	1 789. 3 ***	0. 04538 ***	7 804. 4 ***			
	(263. 9)	(0. 0151)	(1 658)			
h-regu	38. 108 **	-0. 00042	51. 279			
	(17. 35)	(0. 0013)	(78. 03)			
h-west	-1 729. 8 ***	-0. 10526 **	-616. 72			
	(451. 5)	(0. 0381)	(5 457)			
h-middle	-879. 96 **	-0. 09943 ***	2 568. 9			
	(355. 6)	(0. 0255)	(1 809)			
lnfdi				639. 5 ***	0. 01656 ***	2 742. 5 ***
				(157. 5)	(0. 0047)	(903)
lnfdi-regu				54. 978 ***	0. 0011	121. 12
				(19. 47)	(0. 001)	(88. 78)
lnfdi-west				-370. 02 **	-0. 03661 ***	135. 37
				(168. 2)	(0. 009)	(1 141)
lnfdi-middle				-347. 07 **	-0. 0209 *	47. 563
				(164. 9)	(0. 0118)	(977. 5)
Constant	-8 280. 3 ***	0. 13861	-62 727 ***	-2 575 ***	0. 00565	-11 198 ***
	(1 427)	(0. 111)	(12 491)	(585. 8)	(0. 0337)	(3 488)
Observations	485	486	468	511	512	511
R^2_a	0. 23961	0. 09199	0. 34468	0. 30941	0. 11269	0. 46901
F	14. 652	5. 5204	55. 049	25. 682	5. 0211	22. 622

注：*** 为1%水平上显著，** 为5%水平上显著，* 为10%水平上显著，括号内为省份聚类的稳健标准误。

还需要说明的是，使用招拍挂平均价格与协议价格的比值作为土地

① 如果对添加时间虚拟变量与土地管制虚拟变量的回归结果感兴趣，可向笔者索取。

管制的衡量，一个潜在的风险是联立性内生性问题，即招拍挂价格可能是由需求产生的，而不是由政府的土地管制产生。对于这一问题，我们的看法是：其一，本文的指标已经较好地衡量了地方政府的供地行为，联立性内生性问题不严重（见本文第三部分）；其二，即使内生性问题导致了有偏估计，本文的关注点也不是系数值的大小，仅仅是系数的方向及其显著程度；其三，表 6 与表 7 中土地管制虚拟变量（regu-dummy）对房价的影响系数是显著为负值，这直接排除了由需求引起的房价上升的可能性，即联立内生性产生的偏误其实并不严重。另外，本文还尝试添加"人均图书馆藏书"、"每万人床位数"等衡量城市公共产品的变量，计量结果没有改变基本结论，限于篇幅本文未能报告出来。

为了增强检验的稳健性，利用残差法构建的城市土地管制指标，本文重新检验了土地管制对城市化各项指标的影响，结果见表9。本处的结果更加稳健地印证了前面的结论，土地管制只对房价上升产生影响，但对城市人口与工资增长不会有影响。

表 9　　　　稳健性检验：混合最小二乘法 + 土地管制残差法

	TFP_shock = human capital			TFP_shock = lnFDI		
	(1)	(2)	(3)	(4)	(5)	(6)
	dp	dlnN	dw	dp	dlnN	dw
TFP_shock	174.8 *	0.0344 ***	1 059 ***	142.8 ***	0.0118 ***	348.3 *
	(86.24)	(0.0086)	(313.9)	(30.8)	(0.0042)	(197.6)
TFP_shock * regu_pr	290.5 **	0.0069	-172.1	111 *	0.0017	-174.1
	(133.5)	(0.0086)	(422.3)	(55.37)	(0.0041)	(198.2)
time_dummy	752.5 ***	-0.0089	4 663 ***	499.7 ***	-0.018 *	4 227 ***
	(93.9)	(0.0092)	(521.9)	(72.16)	(0.0092)	(468.7)
dummy_regu_pr	-1 911 *	-0.0417	2 500	-372.9	-0.0056	2 134
	(1 102)	(0.0718)	(3 728)	(351.2)	(0.0323)	(1 684)
常数项	-1 038	-0.2629 ***	-1 866	-516.7 **	-0.0505	4 719 ***
	(700.4)	(0.0752)	(2 555)	(224.6)	(0.0325)	(1 462)
观测数	473	474	472	515	516	515
R^2	0.3063	0.2405	0.4475	0.3744	0.1661	0.3853
R^2_Adjust	0.3004	0.2341	0.4428	0.3695	0.1595	0.3805
F	21.13	10.17	35.8	19.48	7.897	37.6

注：*** 为1%水平上显著，** 为5%水平上显著，* 为10%水平上显著，括号内为省份聚类的稳健标准误。regu_pr 为残差法构建的土地管制虚拟变量。

六、结论

本文基于中国特色的基本国情与制度环境，以空间均衡实证框架为基础，验证由城乡二元土地结构产生的土地管制对城市房价、人口与工资增长的影响。我们发现，在中国户籍制度条件下，以"用手用脚投票"机制作为制度基础的西方式土地管制对城市房价、人口与工资增长的影响在中国并不成立。这一新的经验证据提供了空间均衡框架在国际范围内的实证检验与解释。

从实践意义讲，本文的发现为探究经济发展方式粗放、政府转型停滞不前、收入分配矛盾突出等重要的政治经济隐患提供了一个新的独特视角。也就是说，上述现象与以城乡二元土地结构为基础的土地管制有密切关系，消除上述潜在隐患，需要全方位的系统性改革。

参考文献

[1] 陈锡文：《中国城镇化率严重高估》，http：//policy. caing. com/2010 - 08 - 07/100167691. html。

[2] 崔传义：《论中国农民工政策范式的转变》，载岳经伦、郭魏青主编：《中国公共政策评论（第一卷）》，上海人民出版社 2007 年版。

[3] 蒋省三、刘守英、李青：《中国土地政策改革：政策演进与地方实施》，上海三联书店 2010 年版。

[4] 石巍：《城中村外来流动人口聚集的机制分析——以上海市虹梅路街道为例》，http：//www. curb. com. cn/pageshow. asp? id_ forum = 013027，工作论文 2010 年。

[5] 陶然：《中国当前增长方式下的城市化模式与土地制度改革：典型事实、主要挑战与政策突破》，清华——布鲁金斯公共政策研究中心，工作论文 2011 年。

[6] 陶然、汪晖：《中国尚未完之转型中的土地制度改革：挑战与出路》，载《国际经济评论》2010 年第 2 期第 85（2）卷。

[7] 张五常：《中国的经济制度》，中信出版社 2010 年版。

[8] 张小宏、郑思齐：《住宅用地供给短缺背后的地方政府动机》，载《探索与争鸣》2010 年第 11 期。

[9] 周飞舟：《分税制十年：制度及其影响》，《中国社会科学》2006 年第 6 期。

[10] 周飞舟：《生财有道：土地开发和转让中的政府和农民》，载《社会学研究》2007 年第 1 期。

[11] 周飞舟：《大兴土木：土地财政与地方政府行为》，载《经济社会体制比较（双月刊）》2010 年第 3 期。

[12] Glaeser, Edward, Joseph Gyourko, and Raven Saks , 2006, "Urban Growth

and Housing Supply", Journalof Economic Geography, 6, 71 – 89.

[13] Roback, Jennifer, 1982, "Wages, Rents, and the Quality of Life." Journal of Political Economy, 90, pp. 1257 – 1278.

[14] Saiz, Albert. "The Geographic Determinants of Housing Supply," Quarterly Journal of Economics, forthcoming, 2010.

[15] Xu Chenggang, 2011, "The Fundamental institutions of China's Reforms and Development", Journal of Economic Literature, 49: 4, 1076 – 1151.

[16] World Bank, 2012: "China 2030: Building a Modern, Harmonious, and Creative High – Income Society". http://www.worldbank.org//China – 2030-complete.pdf.

中国城市化滞后于工业化：是规律还是扭曲

于　左*

摘　要：为什么中国的城市化长期显著滞后于工业化？本文从理论上分析了地方政府行为对城市化和工业化的影响，并进行了实证检验。发现城市化严重滞后于工业化与地方政府行为有关。地方政府主导经济的行为，特别是地方政府为了追求GDP和财政收入的行为虽然对工业化有直接加速效应，但却显著阻碍了城市化的进程，扩大了城市化和工业化之间的差距。地方政府主导经济行为也不利于城市公共服务质量的改善，降低了进城务工农民的市民化以及城市对人口的吸引力。加快政府职能转变和行为调整，加快财政收支结构和事权结构调整，完善城市规划和基础设施建设是有序推动城市化的关键。

关键词：城市化　工业化　GDP导向　财政收支结构错位　地方政府主导经济

一、引言

近些年来，中国的城市发展和城市化推进问题越来越引起人们的关注。美国1953年第二产业增加值占GDP的比重达到最高点，为37%，城市人口占全部人口比重大约为65%；巴西1980年第二产业增加值占GDP比重达到最高点，为42%，城市人口占全部人口比重为66%；中国1997年第二产业增加值占GDP比重达到最高点，为48%；城镇人口占全部人口比重为32%；2011年，美国第二产业增加值占GDP的比重为20%，城市人口占全部人口比重为82%。巴西第二产业增加值占GDP的比重为28%，城市人口占全部人口比重为85%。中国第二产业增加值占GDP比重为47%，中国的

* 作者简介：于左，东北财经大学产业组织与企业组织研究中心主任，教授。

城镇人口占全部人口比重为50%。与美国和巴西相比，中国城市化滞后于工业化是不争的事实。根据中国国家发展和改革委员会公布的数据，2012年中国城市化率为53%，而实际的户籍城市化率仅为35%。

自20世纪90年代中后期开始，伴随着快速城市化进程，城市的数量和空间规模均出现了大幅度扩张；但这种由政府主导更注重“物”的扩张的土地城市化模式产生了一系列问题，造成城市对人口、产业等吸纳能力低。特别是在一些三、四线城市，“造城运动”导致城市化与工业化严重脱节，虽然“造城运动”带动了当地的工业发展和城市楼房的增加，但城市化并没有跟进，相反出现了断裂。继鄂尔多斯的“空城”曝光后，江苏常州、湖北十堰、辽宁营口等地新加入的“鬼城”、“睡城”也开始蔓延。这种“造楼运动”式城市化已造成“空城”频现；而在一些一线、二线城市，时常出现彻夜排队抢号的购房现象。为什么会出现这种迥然相异的怪相？城市化并不是城市建筑形态的简单变化，更不是盲目的“造城”，而应是有产业支撑的自然的城市化。然而，作为产业集聚地的城市如东莞、晋江，为什么城市化水平也不高？城市化进程也远远滞后于工业化？中国的城市化与工业化在一定阶段内的不平衡发展是规律还是扭曲？

关于城市化问题的研究成果很多。既有的城市化理论解释了移民规模和城市化水平的提高，并未解释城市化水平的滞后，中国的问题不能只是简单地用刘易斯模型来解释。陈钊、陆铭（2008）认为，城乡分割的经济政策使得城乡之间的劳动力市场必然处于源于政府干预的“非均衡”状态，是导致人口的“城市化”滞后于经济的“工业化”的重要原因之一。肖卫、朱有志、肖琳子（2009）也认为城乡分割的政策因素导致了城市化长期滞后于工业化。奥和汉德森（Au and Henderson，2006）认为对劳动力跨地区流动的限制是城市化滞后的重要原因。陈钊、陆铭（2008）也发现，主要源于劳动力市场的歧视性政策导致的城乡内部收入差距的持续扩大可能阻碍了城市化进程和城市可持续发展。刘晓峰、陈钊、陆铭（2010）证明，在经济发展和城市化早期，对移民的歧视可能有利于城市居民，但当城市化进程达到一定阶段、城市内移民规模达到一定水平时，对移民的公共服务歧视会加剧城市内部不同户籍身份劳动力之间的福利差距和社会冲突，造成社会资源的非生产性消耗，阻碍城市化进程。还有一些学者认为中国的户籍制度及其背后的公共服务差异直接阻碍了农民工转变为稳定的城市产业工人和市民，是导致城市化滞后的重要制度原因（吕政等，2005；陆铭和陈钊，2012）。诚然，户籍制度等从劳动力供给的视角解释了城市化长期滞后于工业化的原因，但是它并不能完全解释这一现象。这是因为：第一，户籍制度对于中国各地区而言是一致的，我们发现，不同地区城市化与工业化差距大为不同，城市化滞后于工业化可能并不是经济发展过程中普遍存在的阶段性现象，而是城市化与工业化的矛盾所产生的畸形问题；第二，如果说户籍制度阻碍了城市化的进程；那么，在加快城市化发展的背景下，为什么改革多年的户籍制度迟迟不愿放开？更深层次的原因是什么？本文拟从地方政府主导经济发展的视角来分析城市化滞后于工业化问题，试图发现体制机制症结并提出相关政策建议。

二、分析框架与理论假说

城市化和工业化具有阶段性特征。在经济发展不同阶段，各国城市化和工业化不可能始终保持同步水平，在工业化初、中期，城市化水平通常随着工业发展而提高，进而带动服务业发展；而在工业化中、后期，随着人均 GDP 逐步增加，人们对服务业的需求增加，服务业占 GDP 的比重呈上升趋势，成为城市化水平提高的主要推动力量。相应地，工业增加值占 GDP 比重会逐步下降。在中国，城市化长期滞后于工业化。

中国是从典型的城乡分割“二元经济”和“缺口模型”开启的新时期工业化历程，发展经济成为政府的重要目标。改革初期最重大的财政举措是实行财政包干体制，大量经济租金因而得以留在民间部门和基层政府，调动了地方政府发展经济的积极性。但是，这种包干制的推行改变了政府预算财政的增长格局和中央财政的相对地位，不仅出现了政府预算收入的增长落后于 GDP 增长的趋势，而且出现了中央财政相对下降的趋势；最终导致 1994 年中央决定用“分税制”取代实行多年的“财政包干制”。然而，分税制改革在地方政府层面上切断了收入与支出需求的联系，却没有为提高地方政府的融资提供更多的选择机会，使地方政府的负担不断加重，如图 1 所示。随着事实上支出责任的下放，地方政府的预算外收入和非预算融资快速增加。由于缺乏征税权，获得上级转移支付的不可靠，地方政府加倍努力扩大预算外收入寻求补充资源（Wong et al.，1998）。与此同时，中央政府仍然掌握着地方官员的人事任免权，并通过绩效考核机制约束地方政府行为。周黎安（2004）证明，地方官员处于以任期内 GDP 增长率为考核指标的“政治锦标赛”中。为了在短期内做出引人注目的政绩，就必须有能力动员足够的资源，突破已有的预算约束（周雪光，2005）；由于上下级政府之间存在严重的信息不对称，地方官员主要以“资源密集型”工程发出有关自己政绩的信号（Guo，2009），从而诱导了增长导向的财政支出结构。

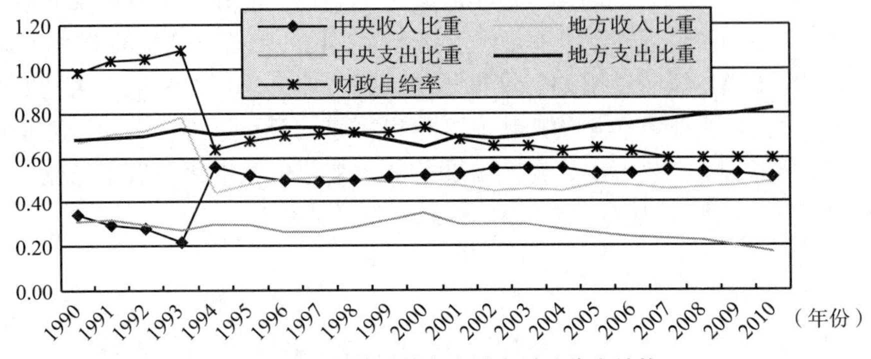

图 1 分税制前后的中央地方财政收支结构

资料来源：《中国统计年鉴（2012）》。

1994 年以财政集权为特征的分税制改革限制了地方政府利用税收工具扶持本地制造业企业的机会，地方政府能够用以扶持本地企业或吸引外来制造业投资的方式主要限于地方可支配的企业所得税；地方政府热衷 GDP、财政收入与吸引外资，采取各种非税收手段，通过降低劳工、环保控制要求，提供廉价工业用地和补贴性配套基础设施等方式进行大规模的招商引资，同时开拓以土地出让、各种行政事业性收费为主体的新预算外收入来源。分税制改革以来，绝大多数地区政府都在加速工业化，通过压低资源、要素价格实施工业化。全国各地区都遵循这一工业化模式，中国成为工业经济大国。在财政压力和政治晋升双重激励作用下，加快“城市化”成为各地方政府共同选择。地方政府通过大规模造城运动，实现财政收入和 GDP 双增长。政府过于追求 GDP 必然挤占政府本应重视的就业、基本公共服务供给和社会保障等其他政府本应履行的基本职能，从而导致中国的城市化进程和城市体系出现了一系列不符合经济规律的扭曲。

为了获得更多的土地出让金收入，地方政府通过控制土地供给阀门和采取拍卖形式出让土地，抬高地价和房价。过高的房价影响了在城市就业的农民买房和定居，这是中国户籍城市化率过低的主要原因。过高的房价不仅对进城务工农民入住城市产生挤出效应，而且对城市的产业也产生了挤出效应。土地和劳动力成本的大幅上升，使得城市很多企业一些产业逐渐失去了竞争力，这影响了城市化率的提高。城市的养老、医疗、保障性住房等社会保障制度对进城务工农民覆盖不足，很大部分进城务工农民无法实现在城市定居的梦想。地方政府通过土地财政，发展地方基础设施等项目，建立地方融资平台，扩大地方 GDP。在政府“经营城市”的口号和巨大的经济利益驱动下，城市化发展脱离了自身的发展轨道，很多地区脱离经济基本面大干快上，不惜成本地过度盲目扩大城市和开发区规模，造成了城市化泡沫，出现了“鬼城”和“睡城”，城市建筑“千城一面”，相关产业跌入“升级陷阱”。地方政府过于追求 GDP，加大对工业项目投资，尤其是重工业项目投资，重工业项目投资大，GDP 显示和增加财政收入效应明显，这是中国重工业在工业经济所占比重较高的主要原因，2012 年，中国的重工业增加值在规模以上工业增加值中所占比重较高。重工业项目资本有机构成高，吸纳劳力少，这也是中国城市的就业率较低的主要原因。城市的就业率较低，必然影响城市化率的稳步提高。不当的 GDP 导向、财税收支导致了偏向于投资和出口的 GDP 支出结构偏差，进而导致了偏向于第二产业，偏向于工业，偏向于重工业的产业结构偏差，产业结构偏差与 GDP 支出结构偏差相互强化，阻碍了中国经济发展方式的转变（于左，2013），这也从根本上导致了城市化与工业化的脱节。

虽然，中国充分利用低成本优势形成了世界规模的加工制造业。但是，近年来，随着国内外经济环境的变化，劳动力、资本和土地等要素成本的上涨使得中国长期以来依赖低价格竞争的第二产业规模扩张已难以为继。探寻新的资源配置机制来推动中国经济的持续变革是中国未来经济增长的主题。进入 21 世纪后，中国各种发展资源迅速向城市集中，很多学者都认为，城市化不仅是重振内需和结构转变的枢纽，也是未来驱动经济长期增长的主要动力。然而，以 GDP 增长为导向的官员晋升机制，扭曲了地方政府的行为，把城市化作为追求 GDP 的手段，借助推进城市化之名，大搞基础设施建设和房地产开发投资，不顾成本地过度扩大城市和开发区规模，造成了城市的房地产泡沫，城市化慢变量被当做快变量来处理，与城市化自发演进的规律背道而驰。城市规模的扩张由政府预先设定，而非由产业扩张来推动，城市化成为“投资拉动型经济”增长模式的延续。很多地方政府依靠土地财政，以及通过大规模的房地产招商引资，在 GDP 的增长上取得了显著的成绩，土地出让收入飞速增加，2007 年突破万亿元，超过税收成为地方政府的“第一财政”①。2012 年，全国土地出让

---

① 周飞舟（2007）研究表明，在省级以下的地方财政收入中，土地出让收入已经占了地方财政总收入的30% ~50%，在某些发达地区这一比例达到50% ~60%；甚至在很多地区，土地出让金收入成为地方政府预算外收入的主要来源。

金达2.69万亿元①，相当于同期全国地方财政总收入的40%以上。土地出让收入由本级政府“自收自支”，收支规范与监督机制缺位，致使楼堂馆所和“形象工程”频现。大量资金集聚于地方融资平台和房地产项目，银行资金体外循环，金融风险升高。

在政府的推动下，城市的数量和空间规模都出现了大幅度的扩张；然而，地方政府过度追求“土地融资”和“土地城市化”目标扭曲了城市房地产价格，导致房地产成本上升过快，企业负担快速增加；如果城市化带来的规模效率抵不过城市化产生的“高成本”，城市的可持续发展就会面临挑战。在工业化进程中，政府的支出以经济项目为主，在生产性领域的投入很高，而且税收也是支持生产型的，政府所提供的公共服务相对比较少。傅勇和张晏（2007）通过比较中国地方财政支出中基础设施与科文卫投入比重的变化发现，地方政府对能够带来地方经济增长的基建投入的热情要远高于对地方公共服务尤其是教育的投入。部门竞争、地区竞争表现为一种政府行为的“路径依赖”，产生“锁定效应”，各层级政府从自身利益出发，对许多公共服务“利小不为”，而与经济有关的事务都“利大为之”过度介入。由于城市的投资及回报具有长期性，而为了在短期内实现GDP的增长和补充财政政资金，地方政府片面地造城运动违背了城市的自身演进规律。由此，我们提出以下命题：

命题1：在财政压力和政治晋升激励的双重作用下，为获得短期内GDP的增长，地方政府通过压低劳动力、工业用地和资本等资源要素价格获得了巨大的低成本比较优势，促进了工业化的快速发展。

命题2：在城市化推进过程中，掌控土地资源和公共服务供给的政府成为土地红利和税收增长的受益者，土地要素被重估，成就了地方政府的“土地财政”；政府主导下的土地财政扩张，土地价格上涨过快，导致生产成本和城市生活成本快速上升，阻碍了人口城市化。

城市化进程中的政府与企业的目标不同，政府要管理城市，要提供更多的公共服务，城市的投资及回报都具有长期性，这是与地方政府追求短期增长的目标相悖的；因此，我们可以得到：

命题3：从工业化主导向城市化主导的转变过程中，政府行为不转变，城市化水平和质量就很难提高。

---

① 引自《2012年房地产业对财政收入贡献率研究》报告。

三、计量模型、指标选择与数据说明

城市化与工业化是发展的主题（Lewis，1954），工业化推进城市化，城市化反过来也会带动工业化的深化。那么，在中国工业化主导向城市化主导转变的过程中，地方政府主导的发展模式对城市化水平的提高又有着怎样的影响？政府行为是如何转变的？本部分将对这两方面进行实证分析。

基于以上的考虑，我们构建如下的面板数据模型：

$$urban_{it} = \alpha_0 + \gamma gov_{it} + \sum \beta_k X_{it}^k + \varepsilon_{it} \tag{1}$$

$$indus_{it} = \alpha_0 + \gamma gov_{it} + \sum \beta_k X_{it}^k + \varepsilon_{it} \tag{2}$$

$$unemp_{it} = \alpha_0 + \gamma gov_{it} + \sum \beta_k X_{it}^k + \varepsilon_{it} \tag{3}$$

$$hospi_{it} = \alpha_0 + \gamma gov_{it} + \sum \beta_k X_{it}^k + \varepsilon_{it} \tag{4}$$

$$hous_{it} = \alpha_0 + \gamma gov_{it} + \sum \beta_k X_{it}^k + \varepsilon_{it} \tag{5}$$

其中，下标 i 和 t 分别代表第 i 个省份和第 t 年，ε_{it}是残差项。城市化水平（*urban*）用城镇人口占总人口的比重来表示。工业化水平（*indus*）用第二、第三产业产值占总产值的比重来表示。为进一步衡量城市化对人的吸引力，我们用城市失业率来度量城市就业保障水平（*unemp*）。用每万人口医疗机构床位数来度量城市医疗水平（*hospi*）。用城市人均住房面积来度量城市居民生活质量（*hous*）。

为考察地方政府主导经济的各种行为（*gov*）对城市化和工业化水平的影响，基于中国的政治体制和官员治理的特殊性，并参照以往的文献，我们选取了代表性的四个变量，下面逐一加以分析。

财政压力（*pres*）=（预算内财政支出－预算内财政收入）/预算内财政收入。这里的财政收入不包括向上或向下的转移支付。财政压力度量了地方政府财政自给的能力和充裕程度。财政缺口越大，地方政府的收支压力就越大；而只有“责权利”相对应，才能取得财政分权理论所带来的政府效率改进（Careaga and Weingast，2002）。1978 年开始的财政体制改革使得中国由一个高度集权制国家向分权制国家转变，向下级政府的分权给予地方政府发展经济的激励，地方政府在转型和发展过程中为增长而相互竞争（Shleifer and Vishny，1998），但也可能带来财政资源利用效率的下降，有更多的资源被用于政绩工程或行政消费（World Bank，2006）。

预算内财政支出规模（scal）= 预算内财政支出/GDP。吴一平（2008）用这一指标来衡量政府规模对腐败的影响，他认为，政府规模越大，政府机构内部及机构之间的关系也越复杂，直接影响政府行为，对于政府规模相对较大的地区而言，它更有力量去强化政策执行的力度和治理制度的质量。我们将其还原为预算内财政支出规模。

市场分割（seg）=（地区商品零售价格指数 - 全国商品零售价格指数）/（全国商品零售价格指数 -100），取绝对值。这里采用的是价格法计算的指数值，数值越大，表明分割越严重。由于中国的中央政府在财政分权的同时维持了政治权力的集中和奖惩地方官员的能力，官员个人利益与地方经济增长的总体利益有着密切的联系；因此，财政分权形成了严重的地方保护主义，阻碍了商品，特别是生产要素的跨地区自由流动，政府通过行政手段保护了地方经济的低效率。

预算软约束（soft）= 预算外财政收入/预算内财政收入。与其他国家不同，中国的财政分配体制存在大量预算外收支；分税制改革未能解决预算外收入问题，反而间接支持地方政府加倍努力寻求补充财源来支持地方经济发展，损害了预算决策权，因而导致出现地方政府“预算软约束”的不良惯性。预算软约束对微观经济行为和资源配置效率的扭曲作用已逐步被经济学家们所认识；其中最具影响的解释来自 Dewatripont 和 Maskin（1995）的研究，他们认为，预算软约束是一个内生现象：由于时间的不一致性，政府有积极性对未完工的无效率项目追加投资，从而产生预算软约束问题。然而，受预算内财力与支出责任的限制，地方政府不得不部分依赖于预算外资金来源（傅勇，2010）。

根据以上的分析，我们运用主成分分析法（PCA）将上述四个地方政府行为的信息整合在一起，构造了地方政府主导经济行为的综合指标（gov），从整体上反映地方政府行为的信息。

此外，参考相关文献，考虑控制以下变量。人力资本水平（hr）用每万人口普通高等学校在校大学生人数来表示，以控制城市对不同人力资本水平劳动者的筛选作用。陆铭等（2012）发现，在特大城市的落户条件中，人口限制政策主要针对的是低技能劳动者。外资开放度（fdi）用外商直接投资额占 GDP 的比重来表示，以控制外资进入对城市化的带动作用。其中，外商直接投资额的原始数据单位为美元，我们通过各年中间汇率进行了相应换算。另外，借鉴张璟和沈坤荣（2008）的做法，用全部金融机构的存贷款余额之和与 GDP 的比值来衡量金融发展水平

(loan)，该指标越大，说明金融体系相对于经济的规模越大，金融发展水平越高；反之，则相反。

实证样本为1990~2011年除西藏外的30个内地省、自治区和直辖市的面板数据。文中数据来自《新中国60年统计资料汇编》、CEIC中国经济数据库、历年《中国财政年鉴》和历年各省统计年鉴。

四、实证结果

（一）城市化滞后于工业化的主要原因

表1列出了计量分析结果，列（1）和列（3）分别是方程（1）和方程（2）的回归结果，我们采用政府主导行为指标来检验其对工业化和城市化的影响。gov的系数均在1%的水平上显著为正，分别为-0.019和0.012，表明地方政府主导经济的行为与工业化之间呈现正相关关系，地方政府主导的经济发展模式推动了工业化水平的提高，这与我们的命题1是一致的；而对城市化水平的影响却反之，进一步验证了我们的命题2：即地方政府行为不仅不能显著增加以城镇户籍人口比重度量的城市化水平，反而阻碍了人口的城市化。我们的实证研究验证了本文提出的理论解释：中国的城市化长期滞后于工业化并不是经济发展阶段中的必然，而是由于地方政府主导经济的发展模式抑制了工业化对城市化的拉动作用，重“工业项目、基本建设，轻人力资本投资和公共服务”① 的扭曲结果。奥和汉德森（2006a，2006b）的研究也表明，中国的城市化水平与中国改革开放以来持续快速的工业增长极不相称，城市化水平不高使得中国的经济发展没有充分发挥其规模经济效应而遭受了生产率的损失。

表1　　　　地方政府行为对工业化与城市化的影响

变量	(1)	(2)	(3)	(4)
	urban	urban	indus	indus
gov	-0.019*** (0.007)		0.012*** (0.003)	
pres		-0.020** (0.008)		0.018*** (0.003)

① 陆铭和欧海军（2011）研究发现，省级政府生产性基本建设支出与GDP的比重每上升一个百分点，城市就业弹性就会下降0.089个百分点。

续表

变量	(1)	(2)	(3)	(4)
	urban	urban	indus	indus
scal		-0.081 (0.100)		0.131*** (0.037)
seg		-0.003 (0.002)		0.001 (0.000)
soft		-0.044** (0.019)		-0.070*** (0.007)
hr	0.001*** (0.000)	0.000*** (0.000)	0.001*** (0.000)	0.000*** (0.000)
fdi	0.212 (0.159)	0.144 (0.165)	0.393*** (0.065)	0.233*** (0.061)
loan	-0.005 (0.018)	-0.009 (0.018)	0.009 (0.007)	0.005 (0.006)
C	0.371*** (0.019)	0.423*** (0.028)	0.740*** (0.012)	0.784*** (0.010)
Hausman p	0.000	0.019	0.447	0.000
Within - R^2	0.123	0.134	0.585	0.677

注：（1）***、**、*分别表示1%、5%、10%以下的显著水平，括号中为标准误(se.)。(2) 相应的检验均在1%的水平下拒绝没有组别效应，White检验均在1%的水平下拒绝同方差；(3) Hausman检验原假设为随机效应模型，备择假设为固定效应模型。

进一步地，为考察政府主导经济的各种行为对工业化和城市化的影响，我们把政府主导行为（gov）的综合指标还原为财政压力（pres）、预算内财政支出规模（scal）、市场分割（seg）和预算软约束（soft）四个分指标进行回归分析，结果见列（2）和列（4）。从中可以得到以下结论。

第一，财政压力在加快工业化水平提高的同时，显著抑制了人口的城市化。列（2）显示，pres的系数在5%的水平上显著为负；而在列（4）中，pres的系数在1%的水平上显著为正。表明，地方政府的财政支出和收入之间的缺口越大，就越有动力不惜一切代价来推动工业化的发展；其中，最为显著的是，几乎各级地方政府都具有强烈的卖地冲动以补充财政资金的不足，并且地方政府推动的城市化也被作为追求GDP的手段，导致土地城镇化过程中农民城市化进程严重滞后，造成大量“伪城市化”农民。

第二，预算软约束的硬化有利于工业化和城市化水平的提高。soft的系数分别在5%和1%的水平上显著为负，表明地方政府的软预算约束问题对中国的工业化和城市化带来了极其不合意的结果。在中国目前的体制下，地方政府获得了财政和政治晋升的双重激励，各地区几乎无一例外地制定了以GDP为导向的发展思路。一方面，GDP竞争导致地方政府热衷于搞政绩工程，甚至通过"造城运动"来带动基础设施的投资，推动土地城市化和区域经济增长，但土地的供给特性和跨期分配效应导致宏观风险增加，房地产价格上升过快，阻碍了人口城市化，去工业化特征明显（课题组，2011）。另一方面，政治晋升锦标赛还会产生晋升博弈下的软预算约束问题，比如地方政府会动用一切政策手段（包括财政和金融工具）通过增加提高企业投资边际产出的公共投资和基础设施建设来支持企业和其他商业扩张，并同时降低其他类型公共品支出（Keen and Marchand，1997），这种只重数量而非质量的扩张很容易造成企业经营效率低下和政府的财政赤字与负债。因而，出现这种结果也是无可厚非的。

另外，scal的系数分别为 -0.081 和0.131，表明地方政府预算内财政支出政府规模扩大将有利于工业化水平的提高；但对城市化水平的提高却有不利的影响，虽然效果不显著。seg的系数分别为 -0.003 和0.001，均不显著。

最后，控制变量的结果基本符合我们的预期，在此不再赘述。

（二）城市化水平差异性的内在原因

诚然，中国城市化水平滞后于工业化是普遍现象；但是，城市化水平滞后的原因却大相径庭。从现实观察中发现，一些特大城市如北京房价之高昂，已逼近中国香港房价水平，而且在北京落户的难度也非常之大，特别是对低技能劳动者的歧视相当严重①。为什么仍然吸引那么多人趋之若鹜？反观另一景象，很多地区的"城市供给"已经过剩，甚至"空城"、"鬼城"频现，而又是为什么人们不愿意进城呢？如果说，没有产业支撑，工业化水平滞后是其根本的原因，那么像晋江、东莞那样的产业集群带，为什么城市化水平也远远滞后于工业化水平？我们认为，这一系列的原因都要归咎于城市有没有吸引力；那么，又该如何提高城市的吸引力？下面就对我们所提出的问题给予验证。

① 按照现行政策，落户北京共有八种渠道，除夫妻投靠、子女投靠外，还有考取公务员及部分事业单位、在京工作的博士后、海归、大学生村官或应聘有进京指标的企业和各类特殊人才计划等方式。

城市吸引力用城市就业保障水平（unemp）、城市医疗水平（hospi）和城市居民生活质量（hous）三个指标度量。回归结果见表2。从中可以得到以下结论。

表2　　地方政府行为与城市生活质量

变量	(1)	(2)	(3)	(4)	(5)	(6)
	unemp	unemp	hosp	hosp	hous	hous
gov	0.245*** (0.049)		-1.551*** (0.315)		1.041*** (0.305)	
pres		0.252*** (0.058)		-1.935*** (0.364)		2.245*** (0.332)
scal		-0.944 (0.667)		30.225*** (4.166)		11.109*** (3.807)
seg		0.041*** (0.013)		-0.287*** (0.082)		-0.002 (0.075)
soft		-0.430*** (0.126)		-0.775 (0.790)		-5.359*** (0.722)
hr	0.005*** (0.000)	0.004*** (0.000)	0.038*** (0.002)	0.022*** (0.003)	0.098*** (0.002)	0.069*** (0.003)
fdi	3.615*** (1.069)	2.257** (1.098)	13.822** (6.869)	19.389*** (6.862)	7.336 (6.646)	-6.202 (6.270)
loan	0.226* (0.123)	0.234* (0.123)	-0.232 (0.795)	-0.785 (0.769)	1.571** (0.770)	1.455** (0.702)
C	2.371*** (0.131)	2.785*** (0.186)	26.048*** (0.846)	24.251*** (1.166)	9.609*** (0.818)	12.392*** (1.065)
Hausman p	0.007	0.007	0.000	0.000	0.000	0.000
Within - R^2	0.323	0.345	0.276	0.338	0.742	0.789

注：（1）***、**、*分别表示1%、5%、10%以下的显著水平，括号中为标准误（se.）。（2）相应的检验均在1%的水平下拒绝没有组别效应，White检验均在1%的水平下拒绝同方差；（3）Hausman检验原假设为随机效应模型，备择假设为固定效应模型。

第一，地方政府主导经济的行为在一定程度上恶化了城市生活质量。gov的系数分别为0.245、-1.551和1.041，表明地方政府主导经济的行为不仅无益于改善城市居民的就业状况，反而加剧了其失业率。这是因为，改革开放后，财政分权体制推动地方政府在GDP增长方面展开竞争，往往会压低土地与资本价格，使劳动力相对价格上升，导致在生产中用资本替代劳动（蔡昉等，2004），使得城市部门投资增长对劳动力的需求弹性很低；政府甚至为维护在当地投资设厂的资本拥有者的利益，忽视劳动者的利益。此外，地方政府主导经济的行为也不利于改善城市的医疗水平，一方面是由于中国的医疗体制改革存在很大的问题，把本该由政府负责的医疗卫生资源配置却交由市场来主导，市场化配置主导的局面必然会导致基本医疗卫生服务的可及性呈现非均等化趋势；另一方面是由于政府对于医疗卫生事业的投入有限①；而且，即使有限的政府资源也主要用于补助已经占据大部分市场份额的医院，从而导致资源配置扭曲进一步加剧。最后，地方政府主导经济的行为显著改善了居民的生活条件；的确，在政府的推动下，城市的数量和空间规模都出现了大幅度的扩张，这是毋庸置疑的；但是，需要说明的是，本文用城市人均住房面积来衡量居民生活条件存在着不足之处，因为社会不同阶层中间的内部差异很大，人均住房面积可以反映社会整体居住条件的改善，但并不能反映大多数百姓的居住状况。所以，这个结论的准确性还有待于进一步考察。

第二，政府主导经济的各种行为影响城市生活质量的差异性。pres 的系数分别为 0.252、-1.935 和 2.245，表明财政压力不利于城市就业状况的改善和医疗水平的提高；但有利于改善居民的生活条件。scal 的系数分别为 -0.944、30.225 和 11.109，表明地方政府财政支出规模的扩大有利于降低失业率，但收效甚微；除此之外，政府规模扩大还能够有效地改善城市的医疗水平和居住条件。seg 的系数分别为 0.041、-0.287 和 -0.002，由此可见，由于担心随着城市的人口规模扩张，城市无法提供充足的就业岗位而造成失业加剧，人为地市场分割特别是劳动力市场分割对城市的就业影响是非常不利的；soft 的系数分别为 -0.430、-0.775 和 -5.359，表明政府的预算软约束有利于降低城市的就业率，但是会恶化居民的生活条件；这可能是由于在“经营城市”的口号下，地方政府为获得巨额的土地出让收入，进行“收储土地”和高价拍卖，结果就造成高地价与高房价并存的局面，最终都会增加消费者负担，加剧百姓住房难。

五、结论与政策含义

城市化与工业化呈阶段性特征，在工业化初、中期，工业化带动了

① 根据《中国统计年鉴（2012）》计算，2011 年国家卫生事业支出 6 429.51 亿元，仅占当年财政总支出的 5.88%。

城市化的发展，因而城市化与工业化之间的差距被认为是经济发展中的阶段性现象。在中国，虽然我们能看到工业化在城市化等方面带来的巨大推动力，但中国城市化滞后于工业化的程度比同等经济发展水平的国家更为突出，快速发展的工业化使得大量的中国农民进入城市成为产业工人，2011 年中国非农人口比重是 65%，然而中国的城市化率仅为 50%，① 大量的农民工"迷失"在城乡之间，城市的可持续发展面临着挑战。为什么大量的农民工进入城市，而不能成为市民？很多人试图从城市理论和发展经济学理论中寻找答案，但结果都很难令人信服。农民工进城了，同时，政府也在加快推进城市化步伐，为什么政府还采取户籍、城乡分割的政策等制度来限制产业工业向市民的转变？研究该问题，如果不结合中国特殊的转型背景，就很难得到根本性的研究结论。中国从上到下过于追求 GDP 增长和财政收支结构的扭曲是导致这一问题的根源。以 GDP 增长为导向的晋升机制扭曲了地方政府的行为，导致地方政府出现了职能错位；全国各地政府忙于项目和经济建设，政府支出偏向于经济项目，税收和非税收入为生产服务；政府本应提供的环境保护、安全健康规制和公共服务供给职能缺失。城市规模的扩张甚至是政府预先设定的，政府不顾成本过度扩大城市和开发区规模，背离了城市化自身演进规律，造成城市化泡沫，阻碍了人口城市化的进程。地方政府主导下只重数量而非质量的发展模式有其显而易见的短期 GDP 增长和财政收入增加，但这也是导致城市化滞后和城市化质量不高的根本性制度根源。

本文通过实证研究发现：第一，地方政府为追求 GDP 和财政收入的主导经济的行为显著且可观地促进了工业化水平的提高，但却显著阻碍了城市化的进程；其中，政府的财政压力和软预算约束对城市化的负面影响更为显著，从而导致城市化长期显著落后于工业化。第二，地方政府追求 GDP 行为也非常不利于城市化质量的改善，对城市就业和医疗水平均产生了负面影响；其中，政府的财政压力和市场分割带来的负面影响最为显著；而政府的预算软约束却有降低城市失业率的作用。这说明了从工业化主导向城市化主导的结构转变中，地方政府的行为和职能的转变是非常重要的。如何转变地方政府职能，调整地方政府行为，已成为当前经济发展中亟待解决的根本性问题。基于本文的分析，我们提出的政策建议如下：

① 根据《中国统计年鉴（2012）》计算得到。

1. 加快政府职能转变与行为调整

中国当前推进城市化核心在于政府职能转变与行为调整，即从“增长型”转向“服务型”；从“主导经济”转向“市场监管”，经济增长由企业自发投资带动，而不是以政府采取措施不断推动高固定资产投资等方式拉动。城市化归根结底是要实现人口的城市化，人口的城市化关键在于住房、就业、养老、医疗、教育等公共服务。政府要更注重民生而不是追求 GDP 的过快增长。实现政府职能转变和行为调整关键在于完善政府考核体制。首先应禁止地方政府追求 GDP 增长目标，因为地方政府不具有调控 GDP 的手段，地方政府追求 GDP 目标，通过层层分解 GDP 增长率指标只会导致经济扭曲，导致“市场经济”倒退为“计划经济”。其次，应强化对就业的考核。由国家统计局调查并公布调查失业率指标，而不是登记失业率。再次，强化政府对生态环境、安全健康、医疗卫生和产品质量、公平竞争等市场监管，强化政府的责任，加强对执法者和官员的考核，同时减少简化不必要的审批和规制，以法律制度巩固简政放权成果①，促进公平竞争，释放经济活力。最后，完善政府的公共服务供给，尤其是加强社会保障领域的公共服务供给，促进公平与普及，使进城务工农民享受市民待遇。

2. 加快财政收支结构和事权结构调整

财权与事权的结构错位是导致地方政府主导经济行为的又一关键体制症结。地方政府事权过多，财权过少。调整的思路是加快财税体制系统改革，一方面，将税收由间接税向直接税转变，由对生产环节征收向对最终销售环节征收转变，将土地出让金等非税收入转变为地价和房产税，既抑制土地和住房投机，又增加地方稳定的可持续的税源；另一方面，减少地方政府的事权，增加中央政府的事权，以此减少地方政府为钱而出现扭曲的主导经济的行为。

3. 完善城市规划和基础设施建设

现存的城市以“摊大饼”方式发展，城市规划被城市“首长”个人的武断规划或意志所取代。城市本身所应有的功能，应有的布局经常被

① 全国很多城市尤其是省会城市规模的过度扩张，与行政权力的过度集中有关，实施简政放权和加快行政管理体制改革是促进城市化有序推进的又一关键所在。

打乱，城市的绿地、林地、蔬菜供应地被工业用地和住房用地挤占。城市的燃气、水、电、热、通讯等管网及基础设施布局极为混乱，既不经济又不安全。城市的垃圾处理分类、工业与生活污水处理等设施不完善，生态环境损害严重，增加了未来的城市化成本，影响了城市化进程①。未来应完善城市规划立法和执法，严格执行城市规划，尤其是新建城市，应严格执行规划在先，实施基础设施建设适度超前规划，统一集中与合理布局。

参考文献

[1] 陈钊、陆铭：《从分割到融合：城乡经济增长与社会和谐的政治经济学》，载《经济研究》2008 年第 1 期。

[2] 肖卫、朱有志、肖琳子：《二元经济结构、劳动力报酬差异与城乡统筹发展》，载《中国人口科学》2009 年第 4 期。

[3] 刘晓峰、陈钊、陆铭：《社会融合与经济增长：城市化和城市发展的内生政策变迁》，载《世界经济》2010 年第 6 期。

[4] 周黎安：《晋升博弈中政府官员的激励与合作——兼论我国地方保护主义和重复建设问题长期存在的原因》，载《经济研究》2004 年第 6 期。

[5] Au，Chun2Chung and J. Vernon Henderson. How Migration Restrictions Limit Agglomeration and Productivity in China，Journal of Development Economics，2006，80（2）：350 – 388.

[6] Wong，C.，C. Heady，W. Woo. Fiscal Management and Economic Reform in the People's Republic of China，Journal of Asian Studies，1998，57（1）：210 – 211.

[7] Guo，G.. China's Local Political Budget Cycles，American Journal of Political Science，2009，（53）：621 – 632.

[8] Lewis，William A.. Economic Development with Unlimited Supplies of Labour. The Manchester School，1954，22（2）：139 – 191.

[9] Careaga，Maite，and Barry R. Weingast. Fiscal Federalism，Good Governance，and Economic Growth in Mexico，in Dani Rodrik（eds.），In Search of Prosperity：Analytic Narrativeson Economic Growth，Princeton University Press，2003.

[10] Shleifer，A. and R. W. Vishny. The grabbing hand：government pathologies and their cures，Cambridge，Mass：Harvard University Press，1998.

[11] World Bank. Fiscal Decentralization and Rural Health Care in China，Working Paper，mimeo，2006.

① 一些城市的工厂对周围土壤和地下水造成的污染难以根本修复，即使在周围盖上楼房，也没有居民购买。

[12] Dewaatripont, Mathias, Eric Maskin, and Gerard Roland. Soft Budget Constraints and Transition, Mimeo, Harvard University, 1996.

[13] Au, Chun2Chung and J. Vernon Henderson. Are Chinese Cities Too Small, Review of Economic Studies, 2006a, 73 (3): 549 – 576.

人口年龄结构的城镇化分析与预测

张　宁*

摘　要：文章引入了人口年龄结构城镇化的概念，考虑不同年龄人口的城镇化率。同时文章建立了人口年龄结构城镇化的分解模型，分析了人口年龄城镇化率的年龄因素和时间因素，并通过时间因素的时间序列建模，对未来6年的人口年龄结构城镇化作了预测。

关键词：城镇化　人口年龄结构　年龄结构城镇化　面板数据

一、前言

城镇化是人类发展史上最重要的显著变化之一，特别是中国的城镇化，因为人口数量众多、农业大国、发展中国家等多方面原因，更加引人注目。可以确定的是，中国正在经历和即将经历的城镇化是人类历史上规模最大的，前无古人。在这个过程当中，对于城镇化诸多问题的把握、研究和预测是当前的紧迫任务。

通常按照统计数据，国家每年会给出城镇化比率，该比率是衡量城镇人口在所有人口中的占比，以此作为城镇化发展的位置，该数值虽然明确，但是并不能很好地测度城镇化平，因此，一些相关研究在此角度对城镇化进行了分析，从测度、影响因子、相互关系等多个角度来探讨城镇化：例如陈明星（2009）等从人口、经济、社会和土地等角度综合评价城镇化，用信息熵的方法来给出一个统一的数值，同时还给出了动力因子分析；简新华等实证角度论述了中国城镇化的水平和速度，得出中国城镇化水平相对于其他国家还较落后的结论；王晓东则重点分析了城镇化的动力机制，并根据这些机制的发展对城镇化进行了宏观预测。除此之外，城镇化分析和预测的诸多研究一般都是基于人口或者其他方

* 作者简介：张宁，中央财经大学中国精算研究院副教授，硕士生导师。

面的时间序列数据，以此来获得未来城镇化的信息。

笔者认为，尽管存在很多争议，但城镇化最明显的标志仍然是人口，这是前提，只有人口城镇化才有后续的经济和社会效应，所以我们的工作仍然集中在人口方面；但以前的研究数据基础是城镇化人口比率的时间序列序列，我们认为这是不足的。该数值仅仅代表了城镇人口的比率，不能清晰表明城镇人口中老年人多少，中年人多少和儿童多少，即不能表明人口年龄结构方面的城镇化信息。

人口年龄结构城镇化即是指各年龄人口中，城镇化的比率；其结果并非是一个百分比，而是每一个年龄或者一个年龄段（一般 5 年为一个年龄段）的人口城镇化比率，是一系列百分比。与简单的总人口城镇化比率相比，它具有以下优点：

第一，人口年龄结构城镇化对于经济发展具有重要意义。人口结构对经济发展具有重要影响，而人口年龄结构城镇化给出了各年龄层次的城镇化比率，对整体经济发展以及城镇经济发展政策具有重要意义。

第二，人口年龄结构城镇化对于就业具有重要意义。城镇化本身还要求对城镇化后的人口提供就业，而传统的总人口城镇化率并没有告诉具体有多少需要就业的人口，人口年龄结构城镇化恰好填补了这种空缺，清晰地给出了城镇人口中各年龄段的人口数量，对于就业安排以及就业政策制定具有重要意义。

第三，人口年龄结构城镇化对于城镇经济结构调整具有重要意义。经济结构调整，产业结构升级要考虑人口结构，针对不同的人口结构有不同的经济发展模式，例如对于老年人口城镇化比率增长快的情况，有关部门应该大力发展养老产业等。

第四，人口年龄结构城镇化对于人口流动驱动因素分析具有重要意义。在中国目前的城镇化进程中，不同年龄段的人口流动的主要驱动因素是不同的。例如青少年人口和老年人口他们的驱动因素就有很大不同。

第五，人口年龄结构城镇化对于城镇化后续政策安排具有重要意义。在城镇化过程中，不同年龄段的人口数量需要匹配不同的政策安排，这些政策应该随着人口结构变动而动态调整。

总之，基于人口年龄结构城镇化，可以对目前的城镇化进程进行分析，更方便我们进行预测。

二、数据基础与初步统计

数据来源有三块：

第一，国家统计局发布的《中国统计年鉴》1996～2012年数据，特别是第三部分人口篇；

第二，国家统计局人口司编纂的《中国人口与就业统计年鉴》，中国人口出版社出版，包括1993～2010年数据；

第三，其他数据来源，包括商业数据库的城镇化数据资料、工业和信息化部的产业人口分布、劳动和社会保障部发布的就业人口，以及教育部的教育人口统计数据，以及我们自己的一些调查资料。

在城镇化人口比率方面，统计局有权威的数据资料，但是具体到分年龄的人口分布，则很难直接获得。例如对于某一年龄的人口中城镇化人口占多少，这样的数据仅仅在产业人口分布中有简单地提及，且是关于年龄段的。

针对此，我们对人口的年龄段首先进行了划分，将人口年龄段划分为：0～4岁，5～9岁，10～14岁，…，90岁以上，共19组。然后重点查找其在人口与就业统计年鉴中各年龄的总体比率。该比率给出了整体人口中的各年龄段的人数，该数据作为校验数据备用。

具体到城镇化的比率，我们从中国人口死亡率信息中分别获得城镇和乡村的各年龄和各年龄段的比率。据此可以计算出不同年龄段的城镇化人口和乡村人口。

该初步结果需要进行四次的数据预处理：

首先，利用整体人口的年龄段人数来进行修正，修正后，2002年的数据变化很大，也和2002年数据严重异常有关，也和调查数据中的比率分配设置有关；

其次，对于18～60岁的人口，包含多个年龄段，其总和利用就业人口和失业率数据进行修正，方法是最小二乘法；

再次，老年人口总和，利用社保数据进行修匀；

最后，适龄就学人口数据利用教育部数据以及入学率等进行修匀和调整。

最后的统计结果包括1993～2010年，共计17年的数据，我们最主要使用的是1997～2009年这13年的数据。

图1给出了1997～2009年年龄人口结构城镇化的结果。

从图1可以看出，各年龄总体上城镇化率都在提升，但各年龄的提升的比率是不同的，在部分年龄段，城镇化率出现波动，这也充分说明，进行人口结构城镇化研究的必要性。

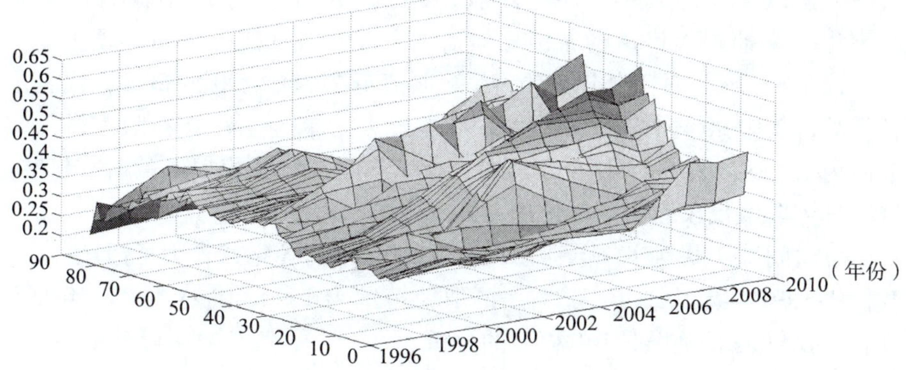

图1　分年龄人口城镇化示意图

图 2 给出了 1997 ~2009 年年龄段人口结构城镇化的结果。

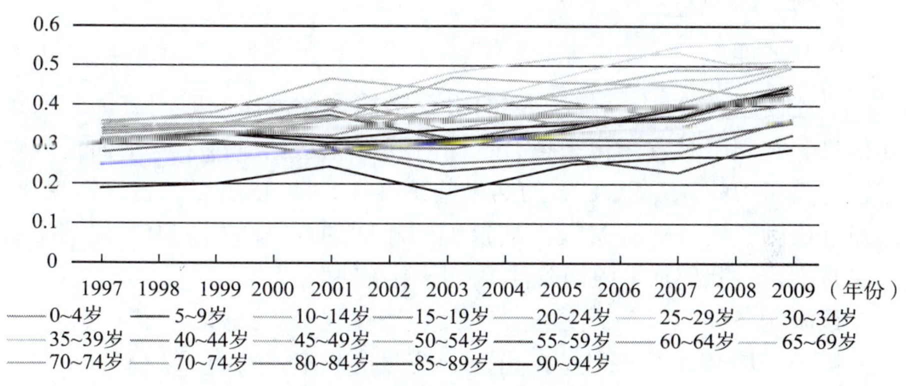

图2　年龄段人口结构城镇化

三、人口结构城镇化因素分解模型

尽管从某一个年龄或者年龄段来看，1997 ~2009 年的数据是一个时间序列，但是总体上，数据集都不再是一个简单的时间序列数据，而是一个面板数据，为了对面板数据分析，我们需要对数据进行更好的分析。

从数据集上看，整体上都有沿着时间比率增加的趋势，这也符合我们城镇化的进程；同时各年龄段的比率有差别，这说明除了年代导致的整体增加的趋势外，还有年龄因素的考虑，为此，我们参考面板数据分析的方法以及长寿风险的一些经验，建立了“人口年龄结构城镇化分解模型”来捕捉人口结构城镇化的信息，并基于此进行分析和预测。

设年龄为 x，对于分年龄情况，x 取值范围为 0 ~ 90 的整数，代表了各年龄，其中 90 还代表了 90 岁及 90 岁以上的年龄；对于年龄段情况，x 取值为 0 ~ 18，其中 18 这个年龄段包括了 90 岁及 90 岁以上的所有年龄。这些具体取值仅仅作为下标使用，并不影响模型的计算。

设时间即年代为 t，范围为 1997 ~ 2009 年的各年代，为了后续方便，我们将 1997 年定为 1 年，这样 t 的取值范围为 1 ~ 13 的整数，与年龄一样，它仅仅是下标并不影响模型的分析。

这样，人口年龄结构城镇化率就可以表示为 $U(x,\ t)$，表示 x 岁的人或者 x 年龄组的人在 t 年的城镇人口比率。

人口年龄结构城镇化分解模型如下所示：

$$U(x,\ t)=A_x+I_xK_t \tag{1}$$

限制条件 1：$\sum_t K_t=0$

限制条件 2：$\sum_x I_x=1$

上述模型，通过 A_x，I_x，K_t 的组合来捕捉年龄以及时间方面的城镇化信息，并利用对数变化来拟合；同时我们注意到，对于一个面板数据来说，模型中的 A_xI_x 以及 K_t 的结果并不唯一，即 A_x 可以通过线性变化，I_x 通过比例变换，K_t 通过线性变换得到相同的面板数据，为了使结果有意义且唯一，我们加上限制条件 1 和限制条件 2。

该限制条件的引入，使得三个参数具有很明确的意义：

第一，I_x 是 K_t 的系数，K_t 作为自变量的斜率，表明了 $U(x,\ t)$ 对于 K_t 整体城镇化趋势的变化率。

第二，将模型（1）年龄固定，并沿着时间 t 相加，因为 K_t 之和为 0，故结果为 $A_x=\dfrac{\sum U(x,t)}{13}$，即 A_x 表明了 x 岁的人 13 年的平均城镇化率；

第三，固定时间不变，沿着年龄角度求和，得到 $K_t=\sum U(x,t)-\sum A_x$ 表明了年龄结构城镇化率中扣除平均因素的那部分变化，既代表了受时间因素的影响，也衡量了城镇化率随时间增加的因素。这是年龄结构城镇化分析和预测的出发点。

上述模型的求解有三种方式可以完成：

第一种方式，最小均方估计，确定目标函数为：

$$O(A, I, K) = \sum_x \sum_t (U(x, t) - A_x - I_x K_t)^2$$

第二种方式，用奇艺值分解方法，其是上述求解的一个结果，首先对面板数据进行中心化处理，用 $U(x, t)$ 减去 A_x 在时间角度的均值，这样形成新的面板数据，记为矩阵 U；然后计算 UU^T，U^TU 的特征值和特征向量，设最大的特征值 λ_1 对应的特征向量分别为 u_1，v_1；最后给出 I_x 和 K_t 的估计：

$$\overline{I_x} = \frac{v_1}{\sum v_{1j}}, \overline{K} = \sqrt{\lambda_1}(\sum v_{1j})u_1$$

第三种方式是我们采用的方式，即考虑到城镇化人口拟合的影响，我们在最小均方估计的目标函数上进行了调整：

$$O(A, I, K) = \sum_x M_x \sum_t N_t (u(x, t) - A_x - I_x K_t)^2$$

上述目标函数增加了两个权重，M_x 为各年龄人口数量，N_t 为各时间（1997～2009 年）的城镇人口数量。基于此获得最后参数的解。

四、分析结果与预测

A_x 求解结构如图 3（分年龄）和图 4（年龄段）所示。根据 A_x 表示的含义，可以清晰地看到在各年龄段当中，20～29 岁中青年城镇化率最高，这除了带有就业方面的需求之外，还意味着强烈的房地产需求。同时 60～70 岁的老年人口城镇化率也很高，这给社会保障系统带来压力，同时也带来了养老产业、城镇居民的商业养老等机会。

图 5 和图 6 分别代表分年龄和分年龄段的 B_x 计算结果。

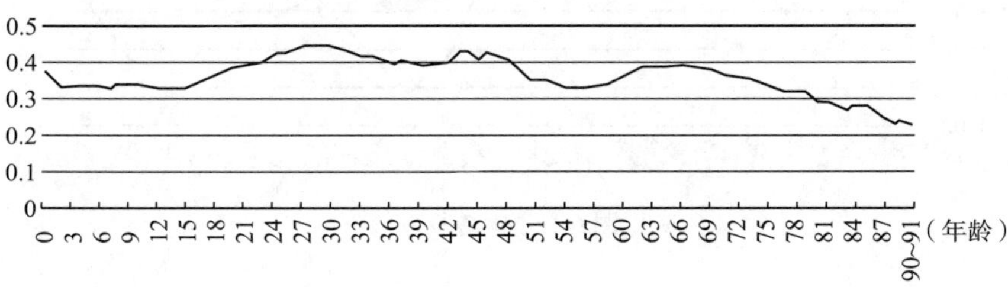

图 3 分年龄 A_x

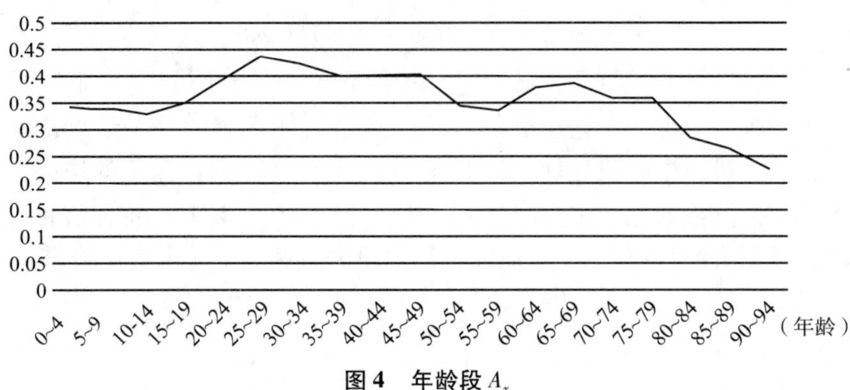

图 4　年龄段 A_x

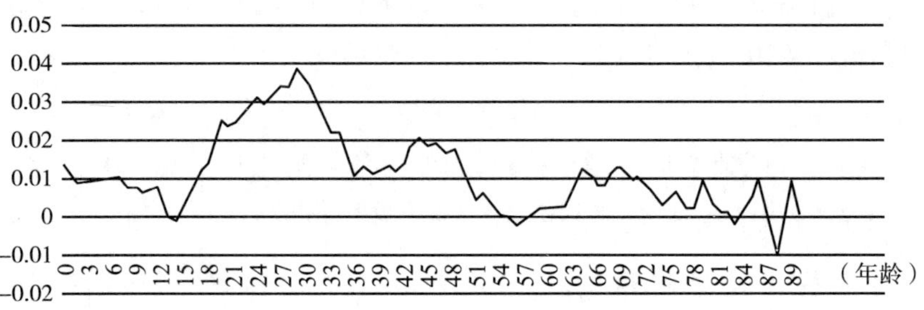

图 5　分年龄 B_x

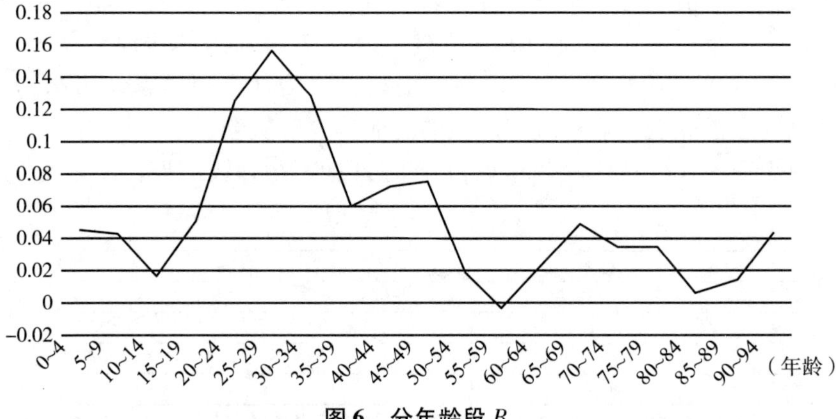

图 6　分年龄段 B_x

根据 B_x 的含义，可以看到，在对时间因素影响上，20～30 岁的年轻人最大，这意味着随着时间的推移，这一部分人群最快被“城镇化”，这和我们的直观感觉一致。最后看 K_t 的结果（见图 7）。

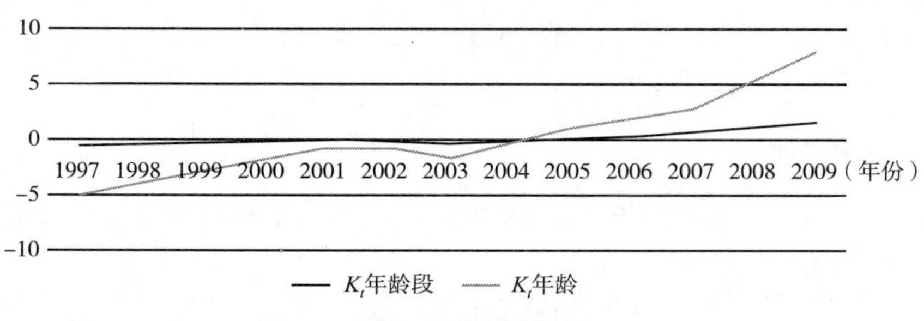

图 7　K_t 计算结果

从图 7 可以明显看到无论是年龄段还是年龄，城镇化的趋势都很明显，接下来，就基于此数据，对 K_t 进行 ARIMA 扩展，从而对年龄结构城镇化进行有效预测。为节省篇幅，这里以年龄段为例给出未来 5 年的人口年龄结构预测结果（该结果基于 K_t 的 ARIMA（0，1，0）预测而得）。

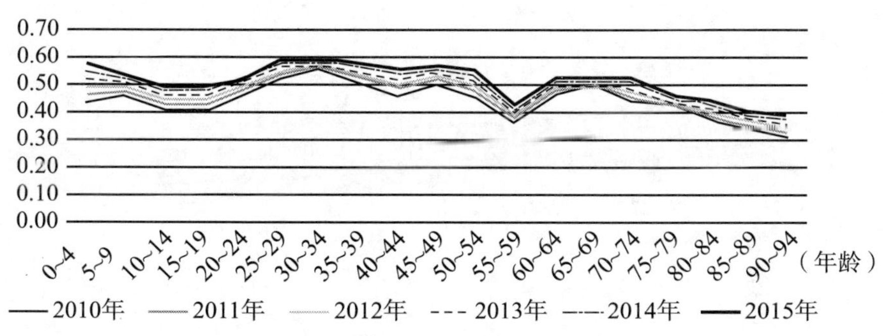

图 8　年龄结构城镇化预测结果

值得注意的是，根据该预测计算 2012 年城镇化率，在对总人口加权计算后大约为 51.8%，比国家公布的 52.57% 要低，这可能是因为我们在预测中没有考虑世代效应所致，考虑该效应后，会提升预测的数值，从初步估计看，大约提升 1～1.5 个百分点。

五、结论与未来工作

综上所述，人口年龄结构城镇化具有重要的参考意义，而人口年龄结构城镇化分解模型区分了年龄和时间因素，可以清晰地看到城镇化的时间因素，即城镇化速度；也可以清晰地看到城镇化在年龄结构上的作用。在未来工作中，还应该考虑世代效应，实际上 20～24 岁的人口再过 5 年后即为 25～29 岁的人口，转移到下个年龄段，而时间因素也过去 5

年，这种因素考虑进去后，可以使分析更加明确，预测结果更具有说服力，目前该工作已经接近完成。

参考文献

［1］陈明星、陆大道、张华：《中国城市化水平的综合测度及其动力因子分析》，载《地理学报》2009 年第 4 期。

［2］王晓东：《城镇化的动力机制与水平预测》，载《河北师范大学学报》2003 年第 3 期。

［3］Lu Dadao，Yao Shimou，Liu Hui et al. . 2006 China Regional Development Report：Urbanization and Spatial Sprawl. Beijing：Commercial Press，1997.

［4］George Lin. Chinese Urbanism in question：state，society，and the reproduction of urban spaces，Urban Geography，2007，28：7 – 29.

［5］Friedmann，J. . Four theses in the study of China's urbanization. International Journal of Urban and Regional Research，2006，30（2）：440 – 451.

城市化背景下我国农村工业的再定位*

成德宁**

摘　要：改革开放初期，我国农村工业迅速崛起，成为当时拉动我国经济增长的重要推动力。但是，随着改革和开放的推进，农村工业发展的环境发生了重大转变，许多地方的农村工业发展开始陷入困境。学者们对于我国农村工业发展方向和农村工业化前景也出现了分歧。在新的发展阶段，我国农村工业要摆脱发展过程中的困境，首先需要在产业和市场定位上进行调整，即应瞄准国内市场，把产业发展重心放在农副产品加工业上。其次，政府要改变发展思路，积极推动农村工业与城市工业的融合以及分工发展，积极培育和发展农村工业集群，鼓励农民合作组织兴办各种类型的农村工业。

关键词：农村工业　市场定位　产业融合　产业集群

一、文献综述

在1949年中华人民共和国成立后，经过短暂的经济恢复，我国进入了社会主义工业化时期。当时我国的工业化是以城市为主的工业化，实行了“城市搞工业、农村搞农业”产业布局政策，结果，我国农村地区的工业几乎消失，占人口80%左右的农民长期被排斥在工业化和城市化之外，不但造成了城市化长期滞后于工业化的局面，也使我国农民和农村地区难以分享工业化和城市化的收益。改革开放以后，我国农村工业迅速崛起，成为20世纪80年代创造我国经济奇迹的重要推动力。从此，我国的农村工业成为国家工业体系的重要组成部分，在促进城乡一体化发展中扮演着重要的角色。

---

* 基金项目：教育部人文社会科学重点研究基地重大项目“中国经济城乡与区域协调发展研究”（项目号：10JJD790002）。

** 作者简介：成德宁（1969～），湖南省绥宁人，武汉大学经济与管理学院教授。

然而，随着改革与开放的推进，城市化的加快发展，我国发展进入一个新的发展阶段，农村工业发展的环境发生了重大转变，我国农村工业发展也在一定程度上陷入困境。于是，对于我国农村工业发展方向和农村工业化前景的讨论，也成为当前学术界关注的重要议题。概括起来，目前我国学术界主要存在着两种不同的观点和主张。

第一种观点认为，农村工业在我国经济社会发展中的地位不可忽视，农村工业化是我国工业化的重要组成部分，推进农村工业化，也是我国实现工业化的重要途径。高峰、郝玥和曹新等认为，我国的工业化、现代化不能靠一条腿走路，要靠两条腿走路，即实行城乡工业化并举，在提高城市工业发展水平的同时，要大力发展农村工业，并使之与城市工业的发展同步。支持这种观点的学者还认为，我国作为一个人口大国，城市化虽然可以使一部分农业剩余劳动力完全脱离农村向城市迁移流动，变成城市市民，但我国有限的城市工业存量显然无法容纳众多农业劳动力的转移，因此无法效仿发达国家所走过的"单一城市工业化"道路，而必须实行城乡并举，实施城乡工业双轮驱动，将振兴城市工业与发展农村工业结合起来，使城乡经济全面进入工业化进程。如果我国几亿农民都流入城市，他们的就业、居住、公共服务等问题全部要在城市解决，在较长的时期内我国还是难以做到的，很可能带来很多发展中国家都出现过的"城市病"。因此，我国在未来仍要继续延续和鼓励对于农村工业投资的政策，继续推进农村工业化，通过大力发展农村工业，改变农村的产业结构，使一部分农业剩余劳动力脱离农业，脱离土地，从事非农产业活动，但并不离开农村，让更多的农民就地实现非农化。在王震、王振等学者们看来，在新的发展阶段，我国要建设社会主义新农村，还必须继续大力推进农村工业化，夯实社会主义新农村建设的经济基础。何况对中国而言，如果大量农村劳动力都可以通过农村工业化完成从农业向非农业的转移过程，这确实是一条既现实又理想的工业化道路。

第二种观点却认为，我国的农村工业化是在城乡分割的独特体制背景下"偶然而被迫"走出的一条工业化道路，这违反了生产力聚集、规模规律和城市化规律，是我国政策失衡的体现。实际上，如果没有户籍制度的限制，高速增长的工业部门应该在改革的初期就吸引大批农村劳动力进入城市，从而带来一个更大的城市工业部门。然而，我国在改革开放初期由于户籍制度限制了农村劳动力的流动，农村富余劳动力不得不以"离土不离乡、进厂不进城"的方式参与到工业部门生产，在农村地区发展起了工业。过去，农村工业的确吸收了大量的农业劳动力，但现在由于农村工业缺乏集聚经济效应，原有的优势逐渐丧失，社会经济效益下滑。从长远来看，农村工业并不能从根本上解决农村剩余劳动力出路问题。目前，建立在劳动成本优势基础上的农村工业已经进入发展的拐点，其在缩小城乡收入差距的作用也在递减，农村工业化的道路已经走到尽头了。政府未来的政策应顺应经济全球化和市场化的大趋势，改革现有的户籍制度等，消除阻碍城乡要素流动的制度壁垒，集中于城市内部以及周边地区扩大工业生产能力，通过城镇化而非继续鼓励农村工业化来缩小城乡收入差距，并最终消除城乡二元结构。

显然，我国过去的工业化是在城乡分割体制下推进的，在计划经济时期，我国形成了以国有经济为主体的城市工业；在改革开放初期，各种类型的农村工业则抓住传统城市工业体制转变滞后的时机，在计划经济体制的夹缝中迅速崛起，在城市工业之外构筑起了强大的“第二工业体系”。结果，我国形成了工业化的“二元结构”。笔者认为，在21世纪新的发展阶段，我国已明确提出要走新型工业化道路，而推进我国新型工业化的一个重要内容是对农村工业进行再定位，寻找新的发展方向，实现城乡工业的融合发展。本文首先对我国农村工业面临的发展困境及其原因进行了分析，然后提出了我国农村工业再定位和进一步发展的新思路。

二、城市化背景下我国农村工业发展的困境

农村工业是布局于广大农村区域上的工业，这是与城市工业相对的一个概念。在蒸汽机引入并大规模应用于工业部门之前，人类社会动力的来源主要是水力和畜力。许多工业生产受动力的束缚，不得不布局在乡村河谷地带。因此，在西欧等工业化先行国家和地区，最初的工业化主要表现为农村工业的兴起。西方史学家曾把当时西欧那些面向市场生产的新型农村工业的兴起和发展称为“原始工业化”（Proto-industrialization），并把它看做是“工业化前的工业化”（Industrialization before Industrialization），是工业化的第一个阶段。直到人类发明和引进了能够将热转化为功的发动机，以不可再生的煤炭、石油等化石能源逐步替代了可再生的有机能源后，工业生产才摆脱了对水力、风力等动力的束缚，在聚集经济效益作用下，迅速在城市地区聚集发展起来，城市工业也才主宰世界。可以说，在工业化先行国家和地区，农村工业化曾是国家工业化

的前奏。

历史上，我国农村地区一直存在一些家庭手工业，但数量很少，所占比重也很低。到近代，由于受西方工业化先行国家工业的冲击，我国传统的农村手工业不但没有发展起来，反而趋于破产，在农村地区所剩无几。中华人民共和国成立后，我国开始进行社会主义工业化，但当时我国政府采取了优先发展重工业的经济发展战略，并实施了“工业/城市偏向”的政策，国家集中力量在城镇发展以国有工业为主的现代工业体系，形成了“城市搞工业、农村搞农业”的产业发展格局。直到 1978 年改革开放后，在我国城市工业部门仍然受旧体制的束缚之时，广大的农民利用率先改革、机制灵活的优势，在原有“社队工业”的基础上大力兴办各种类型的乡镇企业，我国农村工业才获得了长足的发展。我国的农村工业从 20 世纪 70 年代中后期起步，仅用了 20 年左右的时间，即到 90 年代中期，就达到了全国工业总量的一半。

农村工业的兴起，是我国农民伟大的创造和发明之一，它使我国的农村经济结构从单一的以农为主向农工商并举、以工商为主的复合结构转变。这种结构转变是我国农村发展的必由之路，在我国实现城乡一体化发展进程中做出了历史性贡献。但是，自 20 世纪 90 年代中期以后，随着我国加入 WTO，对外开放的步伐加快，大幅度降低了关税，加上分税制改革，进一步对内开放，打破了地方保护主义和市场封锁，统一开放的市场逐步形成。农村工业发展面临的市场环境和制度环境发生根本变化，许多有利于农村工业发展的条件不复存在。我国农村工业的先天缺陷和不利因素逐渐显现出来，许多地方的农村工业发展开始陷入困境。根据对我国乡镇企业（乡镇企业是指“农村集体经济组织或者农民投资为主，在乡镇举办的承担支援农业义务的各类企业”，其范围比农村工业要广，但农村工业是乡镇企业的主体）主要经济指标的统计，我国乡镇企业无论在就业还是产值方面，仍在全国经济中占据重要地位，但增速却以 20 世纪 90 年代中期为界，分为前后两个时期：在 20 世纪 90 年代中期以前，乡镇企业保持了高速增长，但 20 世纪 90 年代中期以后，增速明显回落。其中，乡镇企业就业人数在一定时期内还出现了负增长，从吸纳农业劳动力的部门转变为释放劳动力的部门（见图 1）。

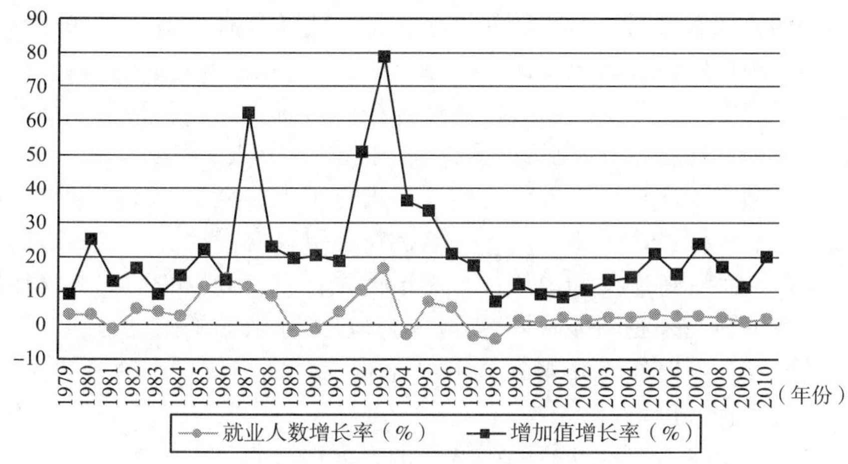

图1　我国乡镇企业增长速度

注：1978～1983年乡镇企业为乡村两级数，1984年以后为乡镇企业全部数。本表已对统计口径变化年份的增长率用平均数进行了调整。

资料来源：《新中国农业60年统计资料》、《中国农业年鉴》（历年）、《中国统计年鉴》（历年）。

我国农村工业发展面临的困境主要是我国市场环境和制度环境发生了重大转变，而农村工业却未能根据新的发展趋势，及时进行变革和调整的结果。

首先，我国农村年工业发展的市场环境发生了根本转变。我国农村工业的崛起是在我国由计划向市场转轨、由卖方市场向买方市场转变的大背景下发生的。在计划经济时期，我国实行了超前重工业化的经济发展战略，产业长期存在着“重工业偏重、轻工业偏轻”的结构性失衡，满足人们消费需求的许多轻工业产品长期处于短缺状态。因此，在改革开放初期，我国农村工业抓住这个市场机遇，以技术和资金门槛比较低的轻工业起步，在农村地区迅速崛起。但是，自20世纪90年代开始，我国整个国内市场供求关系出现了质的转变，由卖方市场转变为买方市场，农村工业生产的产品相继出现供大于求的格局。

其次，我国农村工业发展的制度环境也发生了很大改变。在改革开放初期，政府掌握着资金、土地等主要的生产要素，在资源配置中具有决定性的地位，且当时“分灶吃饭”的财政包干体制又驱使地方政府保护和发展当地企业。农村工业作为基层地方政府新的经济增长点，曾得到了基层政府的大力支持与保护。农村工业企业往往通过割让一部分企业产权为代价，换得基层政府为企业提供的各种有形、无形的服务和资源。例如，在农村工业创办资金的获取上，社区政府或出面担保，或干预农村信用社的信贷政策，使农村工业能够获得信用机构的贷款；在土地占用时，农村工业也能以远远低于市场价格获得土地，甚至无偿占用土地。然而，随着经济体制的转轨和政府职能的转变，我国土地、金融、财政、流通、工商管理等方面的政策都进行了大幅度的改革与调整，城乡工业发展的政策环境逐渐趋于一致，在基层政府庇护下发展起来的农村工业的一些独特制度和政策优势逐渐消失，而因分散布局在农村地区的劣势却显得越来越明显。许多分散的农村工业缺乏基础设施和分工协作网络，无法及时跟踪市场行情和技术信息，远离市场、交易成本高、经营与发展面临困境。

此外，21 世纪我国出现的一些新的发展趋势也给农村工业的发展带来了新的挑战。这种挑战首先是随着全社会的保护资源与环境意识不断加强，农村工业过去低价或无偿占用土地资源、水资源、少缴或不缴环境污染费等方面的倾斜政策不可能延续。国家对于那些资源开采率低、综合利用率低，造成资源浪费严重，或者污染排放大、难以集中治理、环境污染问题突出的农村工业，环境规制的力度不断加大。其次是随着我国农村剩余劳动力持续向非农部门转移，我国已经开始进入“刘易斯拐点”，农村劳动力无限供给时代正在走向结束，使得工业企业雇工工资上涨，劳动力成本上升，农村工业依靠劳动力资源便宜的优势正在逐渐丧失。那些生产环境差、缺乏安全保护设施、损害劳动者的健康和权益的农村工业企业，发展面临的约束日益明显，经营越来越困难。

三、农村工业的再定位及发展的新思路

面对我国农村工业发展的困境，一些学者主张我国应放弃农村工业化道路，把庞大的农村工业彻底转化为城市工业，走单一的工业城市化道路。笔者认为这种观点是不可取的。实际上，在新的发展阶段，我国农村工业仍有发展的必要，也有发展的空间。不过，我国农村工业需要根据变化的环境，进行产业和产品再定位，并探索新的产业组织形式和发展思路。

（一）农村工业的再定位

在新的发展阶段，我国农村工业要重新崛起，摆脱发展过程中的困境，除了需要在产权制度和公司治理上进行创新外，还需要在产业选择

和发展定位上进行调整。

首先，要进行农村工业的市场再定位。我国农村工业是在计划经济体制下轻工业发展不足、农村地区的消费需求得不到满足的背景下发展起来的，发展初期是“就地取材、就地生产、就地销售”。它扎根于农村，也主要是面向农民、面向农业提供产品和服务的。但是，随着乡镇企业的发展壮大，许多地方的乡镇企业在产业升级的口号下，开始出现明显的“离农”倾向：它们或是转向矿产资源开发产业，兴办起许多小煤矿、小铁矿；或是接收国际订单，进行贴牌加工，转向外向型的出口加工业。这种发展趋势使得农村工业与城市工业的产业和市场定位越来越趋同，农村工业的原有特色和优势日益削弱。实际上，农村地区具有比较优势的产业还是农产品加工业。因此，我国农村工业应把发展重心放在农副产品加工业上，重点围绕农副产品加工来调整和提高我国的农村工业。农村工业的产品重点也应瞄准国内市场，致力于为当地农村居民提供适销对路的产品，而不能一味眼光向外，只接受国外订单，进行来料加工、贴牌加工，赚取加工费。特别是在当前国际经济不景气的背景下，我国农村工业的产品更应坚持面向农村、面向农业、面向农民，这样才有利于农村工业的持续发展，也才有利于促进农业和农村发展。

其次，要对农村工业的角色进行新的定位。我国农村工业化早期的作用主要体现在通过在农村地区发展非农产业，转移农村剩余劳动力，以扭转我国长期存在的“高土地产出率与低劳动生产率紧密结合”的“农业过密化”趋势①，缓解农村地区严重的人地矛盾。但现在我国乡镇企业为农业剩余劳动力提供就业机会的能力明显下降，农村地区有意愿、有能力转移到非农部门就业的剩余劳动力也基本转移完毕。我国农村工业的角色和作用应进行再定位。在新的发展阶段，农村工业也应成为我国落实“工业反哺农业、城市支持农村”战略的主要载体。我国农村工业的角色应定位到完善农业产业链、实现农业产业化这个目标上来，鼓励乡镇企业投资发展农产品加工和营销，积极推进农业产业化经营，使农业成为一种“从田头到餐桌”，包括了农产品的生产、加工、储运和销

---

① “农业过密化”（Agricultural Involution，又译为“农业内卷化”）是指在人口压力下，农户对单位面积的土地投入大量密集型劳动，以单位工作日劳动生产率和报酬下降为代价而获得总产量的提高。黄宗智教授认为这种小农经济的过密型增长并不会带来生产力的质性突破，是一种“没有发展的增长”。

售等全部内容的完整产业，并形成科研、生产、加工、销售一体化的产业链，最终实现我国农业的现代化，而不仅仅着眼于解决农村剩余劳动力问题。

（二）农村工业发展的新思路

在新的发展阶段，我国农村工业不仅需要进行再定位，也需要创新发展思路，探索新的发展路子。

1. 积极推动农村工业与城市工业的融合以及分工协调发展

我国在体制转轨时期发展起来的农村工业，技术上相对落后，但机制却是先进的，而同一时期的城市工业，技术上相对先进，体制却是落后的。结果，农村工业在城市工业之外复制出强大的“第二工业体系”，城乡产业彼此产业结构趋同，自成一体，未能形成相互协作、优势互补、共生共荣的分工发展与一体化产业体系。在新的发展阶段，我国应改变城市工业化与农村工业化分割的局面，把农村工业与城市工业融合起来，实现彼此的分工与协调发展。为此，当前我国需要重点做好以下两个方面的工作：第一，促进我国城乡产业从旧的产业间分工模式向产品分工和产业链分工的新模式转变，在城乡间进行产业的迁移和空间布局的调整。即将产业链中的研究开发、管理控制、产品设计、原料采购、市场营销、物流配送等环节或部门，迁移到拥有丰富科技和人才资源的城市地区。与此同时，将生产制造、组装等环节或部门迁移到城市郊区或者农村地区的专业市镇，在这些农村地区的市镇形成专业化的产业集群。通过这种产业链分工布局的调整，充分利用城乡的丰富要素，降低各个生产链上的成本，变城乡产业水平竞争为垂直生产链上的相互合作，实现城乡产业间的分工发展和互利共赢。第二，进行城乡产业组织和管理体制创新。鼓励与支持城乡企业间的兼并、联合、重组，构建以大企业集团主导的产业分工与协作网络，将一些孤立分散发展的农村工业纳入企业集团生产体系。鼓励城乡企业之间的分包，积极支持城市大企业把适合在农村地区加工生产的产品和零部件等辅助性的土地密集型、劳动密集型环节分包给农村地区的中、小企业完成，使众多的农村中、小工业同城市大工业形成分工协作关系，使小企业的“小而专”和大企业的“大而强”相互配合，共同发展。政府还应根据城乡工业发展的现状，改乡镇企业局为中小企业局，统一管理城乡工业，并按行业进行对口分类指导。

2. 积极培育和发展农村工业集群

我国农村工业发展的一个重要制约因素是布局分散，往往是“村办企业在村里，镇办企业在镇上”。许多在村镇孤立发展的乡镇企业既无法共享基础设施，也缺乏发达的分工协作网络，从而制约了企业的进一步发展。我国农村工业要有进一步的发展，一个重要的途径是培育和发展农村工业集群。农村地区的中、小企业可以通过发展产业集群，建立起彼此之间的信任感和长期的、稳定的合作关系，培育出区域创新网络和生产协作网络，克服以往“小而全”、“小而散”的弊端，最终形成有活力的“蚁群经济”，从而带动农村地区的发展。实际上，近年来，我国农村工业园区化、集群化的趋势日益明显。许多地方以特色产业为主体，以骨干企业为龙头，把相关配套企业聚集到专业园区和专业市镇，形成了具有特色的专业村、专业镇和工业园区。据统计，目前全国乡镇企业各类园区有5 661个，入园企业84万家，园区实现增加值已占乡镇企业增加值的22.74%，产业集群在乡镇企业中的比重越来越大。到2006年年底，农村工业发展水平较高的浙江省就已形成年产值超亿元的产业集群601个，其中10亿元以上的285个，100亿元以上的37个，这些产业集群实现产值已占全省乡镇企业产值的45%以上。

3. 鼓励农民合作组织兴办各种类型的农村工业

正如前面所论述的，我国农村工业未来的发展应定位在农副产品加工和营销等生产链环节，要通过发展农村工业，实现完善我国农业产业链、促进农业产业化这个目标。这一方面可以增强农民的市场谈判力，另一方面还可以使农民能够分享农产品加工和销售等环节的收益。在我国农业产业化过程中，乡镇企业可以扮演重要的角色。众所周知，我国的乡镇企业大多源自以前的“社队企业”，实行的是“村企合一”的模式。在乡镇企业发展的初期，企业的控制权和剩余分配权一般掌握在村组织或基层政府手中，企业是“村庄型公司”，是村庄控制着企业。从20世纪90年代开始，我国乡镇企业开始大规模产权改革，企业的控制权和剩余支配权逐渐从村集体或基层政府转移到企业管理者，村庄与企业之间的关系也发生了改变，从“村庄型企业”转变为“公司型村庄”。经过这场产权改革，集体所有制在我国农村工业中逐渐退出，股份制、股份合作制和个体经营成为我国乡镇企业主要的经营形式。

在农村工业经营形式的选择上，笔者认为股份制、股份合作制和个体经营等各种经营形式均是选项，各地可根据实际情况选择合适的经营形式。现在，我国许多地方乡镇企业实行的是股份合作制。这种股份合作制是把股份制引入合作制，实行劳资结合的一种经济组织形式，它和泛指的股份制不同，和一般的合作制也不相同。一般而言，股份制是资金的联合，合作制是劳动的联合，股份合作制既有资金的联合又有劳动的联合；在分配上，股份制是按资分配，实行一股一票，合作制是按劳分配，实行一人一票。股份合作制既实行按劳分配，又实行按资分红。这种企业经营形式适应了我国当前农村的需要，成为我国乡镇企业经营形式的一个重要创新。但从长远的发展方向上看，笔者认为农民在自愿联合、民主管理基础上建立起的合作经济组织应成为未来兴办农村工业的主体。农民合作组织是农民在追求自身利益的基础上，为实现某些共同利益而采取合作行动的结果。这些合作组织既可以充当中介，为农户提供产前、产中、产后服务，降低农户与企业之间的交易费用，也可以自己从事农产品的加工和销售，向农产品加工和销售等高附加值环节延伸，提高农产品生产经营的比较收益。以农民合作组织为主体兴办农村工业，更有利于广大农民把经营活动延伸到农产品生产前的服务环节和产后的加工、流通、销售等环节，分享农业产业链中非农产业环节的利润，并改善自身在市场竞争中的地位，从而保障农业产业化过程中农户的利益，有利于缩小工农差别和城乡差别。

参考文献

［1］王小鲁：《农村工业化对经济增长的贡献》，载《改革》1999 年第 5 期。

［2］高峰、郝玥：《再谈农村工业与中国工业化道路》，载《乡镇企业研究》1996 年第 3 期。

［3］曹新：《农村工业与中国现代化》，载《学习与探索》1999 年第 2 期。

［4］林木西、王慧：《工业化的“二元结构”与农村工业化的发展》，载《当代经济研究》2003 年第 7 期。

［5］王震：《新农村建设的收入再分配效应》，载《经济研究》2010 年第 6 期。

［6］王振：《面向 21 世纪的农村工业化》，载《农业经济问题》2000 年第 2 期。

［7］曾赛丰：《论中国农村工业向城市工业的转换》，载《贵州社会科学》2004 年第 2 期。

［8］钟宁桦：《农村工业化还能走多远》，载《经济研究》2011 年第 1 期。

［9］周其仁：《十年农村改革实质进展与制度创新》，载《教学与研究》1988 年第 5 期。

［10］曾赛丰：《论中国农村工业向城市工业的转换》，载《贵州社会科学》2004 年第 2 期。

［11］Mendels，Franklin F.. Proto-industrialization：the First Phase of the Industrial Process. Journal of Economic History，1972，Vol. 32，No. 1，pp. 241 – 261.

浙江省城镇化与商贸流通业耦合发展研究

王纯彬*

摘　要：把握城镇化与商贸流通业的关系，有助于深入分析中国城镇化的动力演变态势。本研究以浙江省为案例，运用灰色关联法，剖析商贸流通业对城镇化发展的贡献程度和演变特征。研究表明浙江省城镇化与商贸流通业发展有着较强的耦合度。在城镇化进程中，商贸流通业有助于吸纳农村大量的剩余劳动力，同时有助于缩小城乡居民收入的差异，促进城乡一体化发展。

关键词：城镇化　商贸流通业　耦合　浙江省

城镇化与产业发展是一个复杂而有序的关系，如何准确全面分析两者间内在的关联，有助于更好把握城镇化的动力演变趋势。诸多学者应用各种方法，进行尝试，如利用现代计量经济学的非平稳时间序列分析方法，定量探究城镇化发展与产业结构升级之间的内在联系；运用层次分析法测度了城镇化与产业结构协调度；运用系统聚类分析研究城镇化与产业结构的互动关联机制；通过协整分析与格兰杰因果检验方法研究城镇化和第三产业发展之间的动态相关性以及因果关系（马智利，2008；陆远权，2008；王林，2011；王乐军，2011）。这些研究表明，支撑中国过去三十余年的城镇化主要动力倚重于第二产业的发展，第三产业与城镇化尽管表现出一定相关性，但与第二产业相比，其对于城镇化的贡献度不显著。

与全国多数省市相比，以民营经济为主要动力的自下而上推动城镇化发展是浙江的显著特点，期间出现的“温州模式”、“义乌模式”等，已引起众多学者关注（张仁寿、李红，1990；史晋川、金祥荣，2002；李王鸣、王纯彬，2002）。改革开放后，浙江的城乡集市贸易开放和迅速

* 作者简介：王纯彬（1975～），浙江乐清人，博士，浙江工商大学城市管理系副主任，主要研究方向：经济地理与城市规划。

发展，使得大量农民进入城市和小城镇，出现大量的城镇暂住人口，同时个私企业、乡镇企业的蓬勃发展又进一步促进了浙江城市和小城镇的发展。浙江省的城镇化水平从 1978 年的 14.05% 提高到 2011 年的 62.3%，33 年间提高了约 48 个百分点。从浙江省多年的实践来看，以大量中小企业为主体、以专业市场为依托、以区域特色产业集群为支柱的良性互动，巧妙弥补了浙江资源匮乏等发展条件的先天不足，有力推动了浙江工业化、城镇化持续稳定地发展。由此，形成一个基本判断，在浙江城镇化进程中工业（制造业）与商贸流通业发展共同推动了城镇数量增加和城镇规模扩大。本研究运用灰色关联法，分析和比较浙江城镇化与商贸流通业、工业的关系，深入剖析在浙江这个市场大省的城镇化进程，商贸流通业对城镇化发展的贡献程度和演变特征。

一、研究方法

（一）指标体系和数据来源

城镇化与产业之间的相互关系极其复杂，需要建立一定的指标体系才可以清晰地计算出城镇化与产业的耦合关联度。选定两个指标组，以不同的指标表示城镇化、商贸流通业的发展程度（见表 1），通过计算指标组内部指标的相关性和独立性，评估指标的科学性、动态性和相对独立性（林道辉，2001）。

表 1　城镇化与产业的评价指标体系

指标体系群	指标组	指标
城镇化	城镇化 Y_1	城镇化率 Y_{11}
		人均 GDP Y_{12}
		城镇人均可支配收入 Y_{13}
		农村居民人均纯收入 Y_{14}
产业	商贸流通业 X_2	商贸流通业就业人数 X_{21}
		社会消费品零售总额 X_{22}
		商品市场交易额 X_{23}

首先，利用 SPSS 软件中的 Spearman 模型计算两个指标组内各个指标的显著相关性，结果发现城镇化和商贸流通业指标组显著性未达到 0.01，相关性不显著，指标间没有协同关系。

其次，为了判断指标间的重复度利用空间变异度公式（1）计算指标的独立性，相关研究定义独立性在0.95以上，则可以考虑合并重复指标。

$$C_{vi}=\frac{\sigma_j}{\overline{X}_j} \tag{1}$$

式中，C_{vi}为指标独立性，σ_j为指标的标准差，$\overline{X}_j$为指标的平均值。

结果显示，所有指标都符合独立性标准（变异度最大为0.88，最小为0.29）。

指标评价体系所用数据来源于历年的《浙江统计年鉴》、《浙江60年统计资料汇编》以及六次人口普查数据。

（二）研究方法

由于研究涉及多个指标组之间的时序性和关联性，故采用灰色关联分析法（邓聚龙，1987），以便揭示多个因素之间的相关关系，从而计算其耦合度关系。灰色关联度分析法能够以各个指标的样本数据为支撑，计算各个指标之间的灰色关联度反应数据之间关系的强弱、大小和次序。若最终所得数据反映出两个指标之间的变化趋势较相似，则指标间的关联度较大，反之，则关联度较小。

在对数据进行耦合分析之前，必须对指标数据进行标准化（无量纲化），以保证数据之间单量纲的统一。数据标准化的方法有许多，用标准化变换方法对数据进行标准化较为合理（周化如，2005），即先分别求出各个性状的平均值和标准差，然后将各个原始数据减去平均值后再除以标准差，这样得到的新数据列即为标准化序列。

$$x_i(k)=[x_{i'}(k)-\bar{x}]/S_i \tag{2}$$

式中：$x_i(k)$为标准化数据，$x_{i'}(k)$为原始数据，$\bar{x}$为同一性状的原始数据的平均数，S_i为同一性状的原始数据的标准差。

数据标准化之后，选取参考数列Y与比较数列X，利用灰色关联分析模型计算指标间的相关程度，以揭示出浙江省城镇化水平与产业发展的相互影响程度。

$$\begin{aligned}Y&=x_0(t)=\{Y_i(t)\mid t=1,2,3,\cdots,n\}\\&=(Y(1),Y(2),Y(3),\cdots,Y(n))\\X&=x_s(t)=\{X_1(t)\mid t=1,2,3,\cdots,n\}\\&=(X(1),X(2),X(3),\cdots,X(n))\end{aligned}$$

$$\xi_{ij}(t)=\frac{\min\limits_{s}\cdot\min\limits_{t}\left|x_0(t)-x_s(t)\right|+\rho\max\limits_{s}\cdot\max\limits_{t}\left|x_0(t)-x_s(t)\right|}{\left|x_0(t)-x_i(t)\right|+\rho\max\limits_{s}\cdot\max\limits_{t}\left|x_0(t)-x_s(t)\right|} \tag{3}$$

式中：$\xi_i(t)$ 为 t 年 i 指标或是 j 指标的关联系数，$x_0(t)$、$x_s(t)$ 分别为 t 年城市化水平相关标准化数据和产业发展相关数据，$x_i(t)$ 为 t 年 i 指标的具体数值。

将 Y 指标以 t 年的单个指标作为参考数列，将 X 指标以 t 年的所有指标作为比较数列，通过公式（3）计算得出关联度矩阵 γ_{ij}，反映了城镇化水平体系单个指标对产业发展体系单个指标的相关性影响［式（4）］。平均化产业发展单一指标的关联性，通过式（5）得出城镇化水平体系的单个指标对工业和商贸流通的耦合度。

$$\gamma_{ij}(t)=\begin{array}{c|ccc|} & X_1 & \cdots & X_m \\ Y_1 & \xi_{11}\cdots & & \xi_{1m} \\ & & \cdots & \\ \cdots & & \xi_{ij} & \\ & & \cdots & \\ Y_l & \xi_{l_1}\cdots & & \xi_{l_m} \end{array} \tag{4}$$

$$C_{ij}(t)=\frac{\sum\limits_{i=1}^{m}\xi_{ij}(t)}{l} \tag{5}$$

式中：$C_{ij}(t)$ 为 t 年的指标系统间单一指标的耦合度，l 为城镇化水平体系指标个数，m 为产业发展体系指标个数。

为了在宏观上、时空上研究城镇化水平对商贸流通业的相关程度的演变，将 Y 指标全部年份的所有指标作为参考数列，以 X 指标全部年份的所有指标作为比较数列。通过公式（3）计算 1990～2011 年城镇化指标体系对产业发展体系单一指标的关联度。利用公式（6）分别得出每年城镇化体系对商贸流通业的耦合度。

$$C_{1j}(t)=\frac{\sum\limits_{i=1}^{k}\xi_{1j}(t)}{k} \tag{6}$$

式中：$C_{1j}(t)$ 为 t 年份城镇化体系与产业发展体系单一指标的耦合度，k 为产业发展体系单一指标组中的指标个数。

根据评估关联系数与实际情况的符合程度所拟定的灰色模型关联度分级标准（罗上华，2003），通过比较各个指标的关联度 $C(t)$ 的大小，可以分析得出浙江省城镇化水平与商贸流通业发展状况的内部指标之间的相互关联程度。$C(t)$ 介于 0 与 1 之间，越接近于 1，则耦合度越好，反之则耦合度越弱。当 $0 < C(t) \leqslant 0.3$ 时，关联度较弱，指标间的耦合作用也较弱；当 $0.3 < C(t) \leqslant 0.6$ 时，关联度适中，指标间的耦合作用也中等；当 $0.6 < C(t) \leqslant 0.8$ 时，关联度较强，指标间的耦合作用也较强；当 $0.8 < C(t) \leqslant 1$ 时，关联度极强，指标间的耦合作用也相当的好，说明两个指标的变化趋势基本一致。

二、结果分析

（一）城镇化率与商贸流通业的耦合度总体较好

本文利用灰色关联分析法，计算出 1990 ~ 2011 年浙江省城镇化率与商贸流通业的灰色关联度（见表 2）。结果显示，浙江省城镇化率与商贸流通业总体关联强度较高（大于 0.6），在 1993 ~ 1997 年和 2007 ~ 2008 年两个时间段，两者的关联度极强。城镇化率是城镇人口占总人口的比重，反映城镇化进程中人口城镇化的状况。商贸流通业具有就业容量大、就业形式灵活、准入门槛较低等优势，因此在人口的城镇化进程中商贸流通业的作用较为显著。

表 2　1990 ~ 2011 年浙江省城镇化率与商贸流通业的灰色关联度一览表

年份	关联度	年份	关联度
1990	0.767917	2001	0.686287
1991	0.768092	2002	0.660657
1992	0.773297	2003	0.668943
1993	0.815084	2004	0.714939
1994	0.879795	2005	0.728021
1995	0.828736	2006	0.836009
1996	0.81373	2007	0.961349
1997	0.83282	2008	0.793993
1998	0.783628	2009	0.752108
1999	0.771608	2010	0.736361
2000	0.662651	2011	0.651657

（二）城乡居民收入变化与商贸流通业发展的耦合度有所差异

根据表 3 显示，1990 ~ 2011 年浙江省城镇人均可支配收入和农村居民人均纯收入与商贸流通业总体上表现出较强的关联度。但比较而言，农村居民人均纯收入与商贸流通业的关联度要强于城镇人均可支配收入与商贸流通业的关联度。城乡居民收入与商贸流通业关联度的差异，表明浙江的城乡集市贸易开放和迅速发展，使得广大农村地区居民就近就地实现了城镇化，这种自下而上的城镇化模式，有助于城镇化进程中缩小城乡差距。

表3　1990～2011年城乡居民收入变化与商贸流通业的灰色关联度一览表

年份	城镇人均可支配收入	农村居民人均纯收入	年份	城镇人均可支配收入	农村居民人均纯收入
1990	0.7096	0.7947	2001	0.7385	0.7918
1991	0.6886	0.7830	2002	0.6800	0.9033
1992	0.7068	0.7945	2003	0.5092	0.6701
1993	0.8193	0.8764	2004	0.5590	0.6895
1994	0.8910	0.9052	2005	0.6126	0.7068
1995	0.7061	0.9161	2006	0.7650	0.7292
1996	0.6433	0.6496	2007	0.6913	0.7062
1997	0.6662	0.8450	2008	0.8039	0.8525
1998	0.6533	0.8990	2009	0.8066	0.8641
1999	0.6829	0.6874	2010	0.6318	0.7325
2000	0.8163	0.8295	2011	0.4915	0.6100

（三）商贸流通业与工业发展对城镇化影响相互交替

人均GDP作为城镇化、工业化进程中经济发展的一个重要指标。为了更好地分析商贸流通业和工业对人均GDP变化的影响。本次研究中选取工业增加值和工业就业人数作为指标，利用灰色关联分析法，计算出工业与城镇化的灰色关联度，然后再与商贸流通业进行比较（见图1）。

根据图1显示的两条曲线变化，可以看出1993～2000年浙江省人均GDP变化与商贸流通业耦合度极强；而从2000年以后工业与人均GDP的耦合度要强于商贸流通业。事实上从1997年后，浙江各地开始大量开发工业园区，到1999年工业增加值占地区生产总值比重达到高点（49.2%），随后开始回落。而对于浙江的工业化、城镇化进程而言，商贸流通业在地区生产总值中的比重还是偏弱。

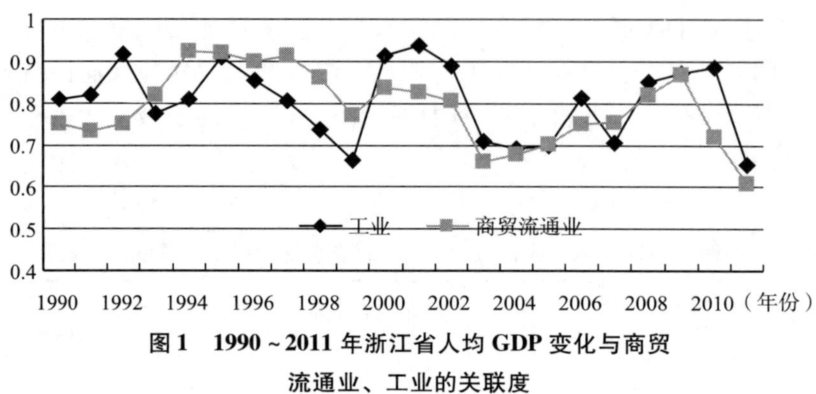

图1　1990～2011年浙江省人均GDP变化与商贸流通业、工业的关联度

三、结论和讨论

综上所述，浙江省城镇化与商贸流通业发展有着较强的耦合度。在城镇化进程中，商贸流通业有助于吸纳农村大量的剩余劳动力，同时有助于缩小城乡居民收入的差异，促进城乡一体发展。

但不可否认，当前商贸流通业低、小、散和城乡分异等现状表征制约其壮大。随着中国工业化进入成熟阶段，产业结构转型升级已是必然，第二产业所能承载的农村剩余劳动力进入瓶颈。未来中国城镇化发展，依旧需要就业容量大的商贸流通业来实现。应积极扩大商贸流通业发展规模，持续吸引大量农村剩余劳动力和周边的产业工人，推动城镇人口集聚进程。依托商贸流通业大发展，引发相关产业大联动，从而切实有效推动城镇产业结构升级。

随着中国工业化进入成熟阶段，转变现有发展模式，尽快确立以需求引导生产的传导机制，商贸流通业扮演着重要角色，由此可以预期流通业对未来中国新型城镇化进程的贡献度将大大提升。

参考文献

［1］马智利、陈滨：《西南地区城镇化与产业结构升级关系研究》，载《重庆工商大学学报》2008年第12期。

［2］王林：《城镇化与产业结构的互动关联机制研究——以关中地区为例》，西北大学博士论文，2011年。

［3］陆远权、杨丹：《三峡库区城镇化与产业结构协调度测度研究》，载《科技

管理研究》2008 年第 7 期。

［4］张仁寿、李红：《温州模式研究》，中国社会科学出版社 1990 年版

［5］史晋川、金祥荣等：《制度变迁与经济发展——温州模式研究》，浙江大学出版社 2002 年版。

［6］李王鸣、王纯彬：《温台地域城市化机制与转型分析》，载《经济地理》2002 年第 5 期。

［7］林道辉、杨坤、周荣美等：《可持续发展的定量评价与限制因子分析》，载《浙江大学学报（理学版）》2001 年第 1 期。

［8］刘耀彬、李仁东、宋学锋：《中国区域城市化与生态环境耦合度分析》，载《自然资源学报》2005 年第 1 期。

［9］邓聚龙：《灰色系统基本方法》，华中理工大学出版社 1987 年版。

［10］周化如、吕晓刚、郝海荣：《不同数据变换方法对灰色关联度分析结果的影响》，载《种子技术》2005 年第 5 期。

［11］罗上华、马蔚纯、王祥荣等：《城市环境保护规划与生态建设指标体系实证》，载《生态学报》2003 年第 1 期。

金融市场发展

市场需求对重工业投资影响的非对称性诱导效应研究*

孙　巍　赵天宇**

摘　要：本文基于经济高速增长环境下，巨大经济体市场需求对投资进入与退出非对称性诱导的理论预期，选用2003年以来我国重工业各行业市场与投资的季度数据，运用固定效应变系数面板模型实证检验发现，各行业市场需求对投资诱导效应存在着显著的行业差异性；进一步运用VAR模型和脉冲响应函数分析国内外需求对投资影响的非对称效应时发现，国内需求是影响投资的主要原因，各行业市场需求的大幅增长诱发了显著的投资增长惯性，且需求增长对投资进入的拉动作用要明显强于需求缩减对投资退出的抑制作用。这种非对称的投资诱导机制决定了中国重工业行业投资的高速增长及巨大产能存量，本轮多个重工业行业的产能过剩正是这种诱导机制在需求缩减条件下的直接结果。

关键词：诱导效应　投资惯性　面板数据　脉冲响应函数

一、引言

入世以来，中国逐渐形成了“高经济增长速度，高投资增长率，高出口增长率”的发展局面。以2003年可比价格计算，2003～2011年，中国实际GDP增长1.5倍，由2003年的136 613.4亿元增长到2011年的207 499.20亿元。期间，重工业各行业市场规模快速扩张，按2003年可比价格计算，规模以上工业主营业务收入由2003年的143 171.53亿元增长到2011年的629 811.5107亿元，市场容量扩大近5倍（见图1），市场

* 基金项目：教育部人文社会科学重点研究基地重大项目（10JJD790032）和吉林省科技厅软科学项目（20110616）。

** 作者简介：孙巍（1963～），吉林省吉林市人。教授，博士生导师，主要从事数量经济学研究；赵天宇（1977～），女，吉林省农安县人，博士研究生，研究方向：数量经济学。

需求以年均18.5%的速度增长。与此相伴随的是重工业各行业固定资产实际投资额由2003年的15 721.69亿元增长到2011年的94 829.68亿元(见图2)，年均增速约20%。

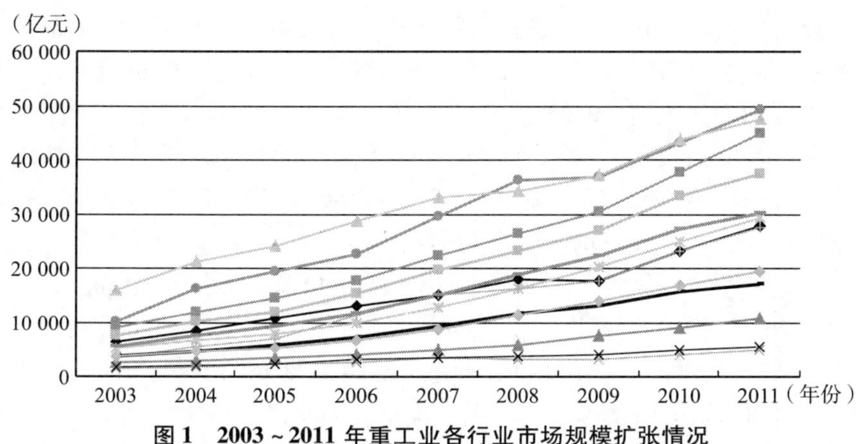

图1　2003～2011年重工业各行业市场规模扩张情况

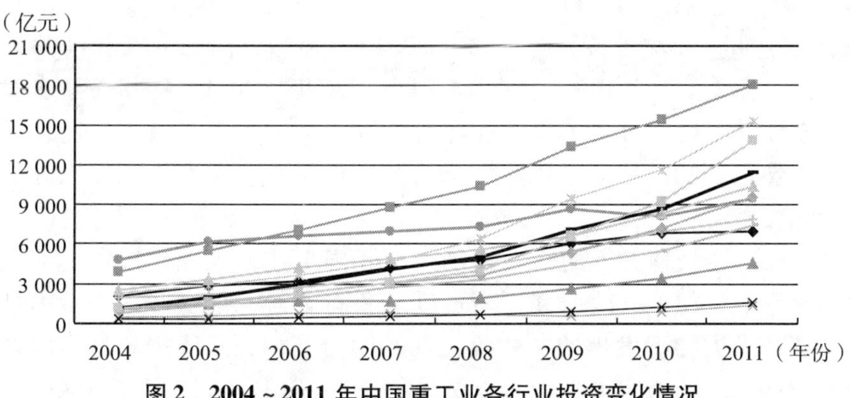

图2　2004～2011年中国重工业各行业投资变化情况

对于如此大规模的投资，林毅夫（2007，2010）曾经将其形象概括为“投资潮涌”，认为市场主体对产业发展前景良好预期的共识引起了投资大量涌入，在市场规模已知的前提下，对厂商数目不确定而引发事后的过量投资进行了数理分析。并举例分析了钢铁、水泥、电力、电解铝、汽车等行业受市场需求影响，出现了史无前例的投资扩张。事实证明，市场对上述行业的良好前景并非误判，我国经济持续增长，重工业多个行业市场需求始终快速上涨。重工业13个行业市场规模在9年间平均扩大了3~8倍[①]，有5个行业扩大了5倍以上。分别为：非金属矿物制品、有色金属冶炼及压延加工、通用设备制造、专用设备制造、电气机械及器材制造，上述5个行业的市场规模分别增长了5.53倍、7.80倍、5.54倍、5.31倍、5.01倍。与此同时，快速膨胀的市场规模吸引了重工业各行业投资平均增长6倍[②]。投资扩张较快的行业有：非金属矿物制品、金属制品、通用设备制造、专用设备制造、电气机械及器材制造业，其投资增长分别为6.7倍、9.22倍、10.05倍、9.35倍、12.32倍。对于中国重工业各行业投资的持续快速增长，张军（2002，2005）认为较快的工业化进程内在地需要快速的投资。孔宪丽、高铁梅（2007）认为，市场需求正在成为工业投资增长的重要影响因素。

经典的西方经济学理论早就提出，需求增长是投资的原动力，Vanhoudt（1998）等的研究进一步证明，快速的经济增长导致了投资增量的形成。另一方面，以经济周期理论为基础，西方经济学多位学者，如Kydland，F. E. and E. C. Prescott，1982；Long，J. B. and C. I. Plosser，1983；King，P. G. and C. I. Plosser，1984，认为投资源于对经济增长的动态预期。近年来，国内有汪同三（2012），李涛（2001），张军（2002），汤敏（2006）和沈坤荣、孙文杰（2004），孙巍、尚阳、刘林（2008），罗毅丹、徐俊武（2010），耿强、江飞涛、傅坦（2011）等多位学者对需求动态波动与投资过热等周期性经济问题之间的关系进行了研究，而周劲、付保宗（2011）对中国投资增长的研究发现，存在周期性以外的因素影响投资增长。

作为一个快速发展的巨大经济体，我国工业的大规模投资可能受其他因素影响，如地方政府和厂商过度竞争行为等，但这些竞争行为都是在市场需求诱导下发生的。林毅夫（2010）指出，对于中国这样的经济快速发展下的转型经济，受需求诱导“潮涌现象”可能会比其他国家发生更加频仍，会在很多行业一波接一波不断发生，因而成为讨论快速增长的发展中国家经济中不可忽视的因素。厂商数目不确定环境下确实会引发大规模投资，但市场容量的快速变化更是一个诱导投资发生的核心因素。自2003年以来，我国经济增长始终处于快车道，重工业各行业市场需求和投资均以每年20%的速度增长，然而实体投资的“准固定成本”属性决定了投资退出的高昂代价，这势必造成投资以非对称方式进入与

① 按2003年可比价格计算，资料来源于《中国统计年鉴》。
② 按2003年固定资产投资可比价格计算，资料来源于《中国统计年鉴》。

退出。即在市场规模扩张期，投资持续增长，并形成巨大产能存量；而一旦需求收缩，庞大的产能将很难在短期找到出口。伴随经济持续高速增长的是市场需求井喷式释放，大量投资短期快速进入某个行业越来越常规化，但却缺乏常规化的退出机制，造成经济大起大落并引发一系列不良后果。因此，探究中国经济高速增长背景下的需求快速上升对投资的潮涌般诱导与需求缩减对投资的抑制效应，才能更深刻地揭示投资增长的动因及其演化规律，对提高宏观调控政策的针对性和改善微观主体投资效率及防控产能过剩有着重要的现实意义。

二、投资增长影响因素及实证分析

（一）投资模型的选择

本文选用纳洛夫（Nerlove，1958）提出的存量调整模型来研究工业各行业投资增长的影响因素。该模型假定在一定技术水平下，最优资本存量取决于产出水平。存在给定产出所需的资本存量的均衡或最优额度。

假定理想资本存量 K^* 是产出 Y 的线性函数：

$$K_t^* = \beta_0 + \beta_1 Y_t + \xi_t \tag{1}$$

资本存量符合下述规律：

$$K_t - K_{t-1} = \gamma(K_t^* - K_{t-1}) \tag{2}$$

其中，$0 < \gamma \leqslant 1$，称为调整系数。K_t^* 为最优资本存量；$K_t - K_{t-1}$ 为实际变化，$K_t^* - K_{t-1}$ 为理想变化。式（1）可以写成如下形式：

$$K_t = \gamma K_t^* + (1-\gamma) K_{t-1} \tag{3}$$

将式（1）代入式（3）整理可得：

$$K_t = \gamma\beta_0 + \gamma\beta_1 Y_t + (1-\gamma) K_{t-1} + \gamma\xi_t \tag{4}$$

假定两期资本存量的差额为当期投资（考虑折旧率并不影响分析），将式（4）重新整理可得：

$$I_t = \alpha_0 + \alpha_1 Y_t + \alpha_2 K_{t-1} + \upsilon_t$$

（二）工业各行业投资的影响因素分析

市场经济条件下，能否抓住市场发展的机遇，使企业自身不断发展壮大是每个企业追求的核心目标，而自主经营的市场主体会对投资风险进行充分评估。企业自身的盈利水平、未来行业的规模、本企业所占有的市场份额以及未来自身的发展定位等，都是企业投资决策的主要参考依据。因此，本文研究中将反映企业经营效益的成本费用利润率引入基本模型。这样在式（4）基础上，引入各行业成本费用利润率后的最终计量模型设定为：

$$I_{it}=\alpha_{0i}+\alpha_{1i}Y_{it}+\alpha_{2i}K_{it-1}+\alpha_{3i}R_{it}+\upsilon_{it} \tag{5}$$

其中，I_{it}为各行业固定资产投资，Y_{it}为各行业产品销售收入，反映市场对该行业产品的实际需求，K_{it-1}为上一期的资本存量，反映该行业的生产能力，R_{it}为各行业的成本费用利润率，反映各行业盈利情况。υ_{it}为随机扰动项。I＝1，2，…，13①，代表重工业的13个行业。

（三）指标确定及数据选取

本文以重工业13个行业为研究样本，选取其2003～2011年的季度投资数据、产品销售收入数据、固定资产年平均余额数据②，运用固定资产投资价格指数对固定资产投资数据进行价格平减处理，以获得样本期间各行业的实际生产能力数据；为真实反映各行业投资增长水平，将各行业的固定资产投资数据、产品销售收入数据首先运用Census X12进行季节性调整，保留季节调整后的纯趋势（TC）序列，并对趋势序列数据进行对数化处理，用处理后的最终序列反映近年来各行业投资增长及市场需求的增长情况。选择13个样本行业各季度的成本费用利润率反映行业内部的盈利状况。

经典经济学理论中，用固定资产存量水平来度量生产能力被广泛认可。本文亦沿用这一标准，用各行业历年的固定资产存量来度量各行业的生产能力。具体数据选择各行业历年固定资产年平均余额③，通过对其投资数据④综合处理后获得。有关资本存量的处理方法较多，经过认真比较筛选，选择孙巍（2006）提出的规避计算折旧率的资本存量计算方法。

① 按GB2001标准，这些行业分别为：C25：石油加工、炼焦及核燃料加工业，C26：化学原料及化学制品制造业，C27：医药制造业，C30：非金属矿物制品业，C31：黑色金属冶炼及压延加工业，C32：有色金属冶炼及压延加工业，C33：金属制品业，C34：通用设备制造业，C35：专用设备制造业，C36：交通运输设备制造业，C37：电气机械及器材制造业，C38：通信设备、计算机及其他电子设备制造业，C39：仪器仪表、文化办公用机械制造业。

② 由于缺乏季度固定资产数据统计数据，本文是将年度固定资产数据进行变频转换成季度数据使用。

③ 资料来源于《中国工业经济统计年鉴》。

④ 资料来源于中国经济信息网。

（四）实证检验及结果分析

下面将在本文前面模型设定的基础上进一步对工业各行业投资增长的影响因素展开实证分析与检验。

1. 面板数据检验

由于本文的研究样本均属重工业各行业，因而有理由假设各个行业的市场需求、前期资本存量以及成本费用利润率对投资的影响在趋势上是相同的，但允许其在截距项上存在差异以提高模型整体的估计效果。同时，面板模型还涉及固定效应和随机效应的选择，高铁梅（2009）指出，当数据中所包含的个体成员是所研究总体的所有单位时，即个体成员单位之间的差异可以被看做回归系数的参数变动时，固定影响模型是一个合理的面板数据模型。而古扎拉蒂在其《计量经济学基础》指出：在截面数量与时期长度相差无几时，固定效应和随机效应模型的估计效果相当接近，此时主要根据研究具体的研究问题需要及方程整体的显著性来确定最终的模型形式。由于本文研究的样本是13个截面，9年期间，结合上述的经验性研究结论和固定效应的检验结果，确定选择固定效应变系数面板模型。

计量经济学经典理论指出，在进行时间序列数据进行回归分析前，为避免“伪回归”问题，首先需对数据进行平稳性检验，同样，在使得面板数据进行估计前也要对面板数据进行数据平稳性的单位根检验。只有面板数据水平平稳或满足同阶单整的前提下，才能对面板数据进行协整检验，待协整检验通过后，方可对面板模型的参数进行有效估计，各变量面板单位根检验结果如表1所示。

表1　　各变量的单位根检验结果

变量	LLC 检验	IPS 检验	Fisher - ADF	Fisher - PP
I	4.512410 (1.0000)	2.34415 (0.9905)	1.25843 (1.0000)	0.01201 (1.0000)
Y	5.37944 (1.0000)	1.18262 (0.8815)	0.43033 (1.0000)	0.00186 (1.0000)
K	8.37274 (1.0000)	3.47053 (0.9997)	0.07269 (1.0000)	0.00160 (1.0000)
R	2.23141 (0.9872)	-0.38930 (0.3485)	16.8215 (0.9144)	15.1300 (0.9549)

续表

变量	LLC 检验	IPS 检验	Fisher – ADF	Fisher – PP
ΔI	–6.09777 (0.0000)	–12.3370 (0.0000)	69.4642 (0.0000)	54.1406 (0.0010)
ΔY	–8.08938 (0.0000)	–6.49860 (0.0000)	90.2172 (0.0000)	57.2112 (0.0000)
ΔK	–2.80482 (0.0025)	–5.28389 (0.0000)	32.2186 (0.0118)	52.9453 (0.0000)
ΔR	–16.5916 (0.0000)	–11.2668 (0.0000)	269.115 (0.0000)	1 006.41 (0.0000)

注：表中各变量显著性水平均为5%

表 2　　面板数据协整检验结果

检验方法	检验统计量	检验结果	
Pedroni 检验	Panel v	1.442070 *	(0.0746)
	Panel rho	1.553122	(0.9398)
	Panel PP	1.394203	(0.9184)
	Panel ADF	–4.452584	(0.0000) ***
	Group rho	3.232642	(0.9994)
	Group PP	2.368857	(0.9911)
	Group ADF	–5.037470 ***	(0.0000)
Kao 检验	ADF	–3.033583 ***	(0.0012)

由表 1 可知，各变量水平皆为非平稳，一阶差分后变为平稳序列，即各变量皆为 $I(1)$ 序列，同阶单整的非平稳序列可能存在协整关系。有关面板数据的协整检验，主要分为两大类：一类是建立在 Engle and Granger 二步法基础上的 Pedroni 检验和 Kao 检验；二者不同之处在于 Pedroni 检验放松了同质面板的假设，考虑了异质的斜率系数、固定效应和异质趋势；另一类是建立在 Johansen 协整检验基础上的面板协整检验。而目前研究工作中，Pedroni 检验和 Kao 检验因其检验效应良好而被广泛使用。本文将样本数据分别进行 Pedroni 检验和 Kao 检验，其检验结果见表 2。Pedroni（1997）曾提出，当 $T<20$ 时，检验效力最强的为 Group ADF，其他依次为 Panel v 和 Panel rho，考虑到本文研究的样本期间为 $T=9$ 年，因此以 Group ADF 的检验结果为依据，即支持变量间存在协整关系。本文采用 Cross-section SUR 方法，运用 2003 ~ 2011 年季度数据，对此期间的 13 个行业进行了固定效应的面板模型估计，其估计结果如表 3 所示。

表 3　各行业固定效应面板模型的估计结果

行业	α_{0i}	α_{1i}	α_{2i}	α_{3i}
黑色金属冶炼和压延加工	-8.938936	0.392905 *** (6.476141)	1.364331 *** (15.69806)	-0.04869 *** (-4.634303)
化学纤维制造业	-5.014897	0.406744 *** (5.261234)	1.706942 *** (11.69685)	0.047896 *** (5.791680)
有色金属冶炼和压延加工	3.511935	0.699626 *** (14.48638)	-0.120437 * (-1.778123)	0.016109 *** (3.360884)
通用设备制造业	-1.500969	1.515903 *** (14.61133)	-0.235525 *** (-2.717379)	—
专用设备制造业	2.696708	0.673768 *** (21.03436)	0.228264 *** (7.267450)	—
电气机械和器材制造业	0.541813	0.567742 *** (11.53053)	0.483622 *** (9.560515)	0.018494 *** (2.660546)
石油加工、炼焦和核燃料加工业	1.022604	0.902159 *** (16.71092)	0.255079 *** (4.133549)	0.004399 *** (3.686543)
医药制造业	0.512472	0.283082 *** (6.465129)	0.884514 *** (19.10633)	—
仪器仪表制造业	2.951193	0.415559 *** (6.182458)	0.511959 *** (6.628290)	0.019557 *** (5.934613)
非金属矿物制品业	-0.093242	0.897137 *** (14.55693)	—	-0.025939 *** (-6.612412)
计算机、通信和其他电子设备制造业	-3.112828	0.709653 *** (12.74921)	0.733688 *** (14.85781)	0.021074 ** (2.271261)
化学原料和化学制品制造业	5.251183	1.259003 *** (22.42047)	-0.665163 *** (-9.924764)	—
金属制品业	2.172964	1.211552 *** (48.53504)	-0.242227 *** (-10.42439)	0.011309 *** (2.642073)
Adjusted R-squared	0.999854	D-W 0.797666	Prob（F-statistic）0.000000	

注：括号中为对应的T统计量值，* 为10%显著性水平，** 为5%显著性水平，*** 为1%显著性水平。

2. 实证检验结果分析

由上述检验结果可以看出，在2003~2011年，市场需求对重工业的13个行业投资增长均起到显著的拉动作用。其中，通用设备制造业、化学原料和化学制品制造业、金属制品业的投资需求弹性分别为达到1.52、

1.26 和 1.21，市场需求对投资作用较为明显的行业还有非金属矿物制品业和石油加工、炼焦和核燃料加工业，其弹性值分别为 0.897 和 0.902，接近于 1。从这 5 个行业来看，此期间厂商投资的目标主要是满足不断增长的市场需求规模。实际上，自 2005 年起，房地产行业发展迅猛，时至今日依然火热，而房地产行业是所有行业中关联性最广，产业链延伸最长的产业。在其席卷神州大地快速发展的带动下，与其相关的上下游行业都得到了快速的发展。正如我们检验结果所表明的，通用设备行业生产的工业锅炉、起重设备、水轮机、汽轮机、数控机床等；化学原料及制品行业生产的电石、各种合成纤维；非金属矿物制品行业生产的水泥、混凝土、各种石材、平板玻璃、卫生陶瓷、瓷砖、耐火材料等；金属制品行业生产的金属切削工具、日用不锈钢制品等都是与建筑业发展紧密相关。建筑业迅速发展使得这些行业的产品需求同步加快，厂商面对不断增长的市场空间做出投资决策是必然选择。

从上述检验结果还可以看出，黑色金属冶炼与压延加工、非金属矿物制品两个行业盈利能力系数为负，说明该行业的投资动因并非源于经营绩效好，甚至可能存在越亏损越投资的怪现象。这首先受行业特征影响，钢铁行业是典型的规模经济行业，不达到一定的生产规模企业想实现利润相当困难。其次，持乐观预期的厂商总是对未来市场旺盛需求抱有信心。为避免需求到来时自己企业错失赚钱机会而促使其决定投资。而需求终归是市场决定，盈利与否也同样主要决定于市场。最后，由于各地区钢铁产业皆为地方经济发展的支柱，地方政府为实现税收、解决就业等需要对“大客户”伸手援助之手也并不鲜见，也就是说，我们这里看到的不盈利还投资，可能遗漏了某些影响企业实际收益的重要因素所致。与黑色金属冶炼与压延加工行业相类似的还有非金属矿物制品行业，也同样出现了不盈利仍然投资的“怪”现象。

综上可以看出，工业各行业投资增长的原因既有相同之处也有不同特点：需求引致投资是各行业共有特征；行业内部盈利水平对部分行业投资有显著正向影响，前期产能不足引发大多数行业的投资；追求规模经济性以及市场外部干扰因素导致不断投资。

三、国内外需求波动对投资的冲击效应

市场需求增长是各行业投资增长的共同动因，加入 WTO 以来，我国出口贸易量增长较快，国内市场需求也逐步得到释放。2004 年、2006 年

我国曾两度出现经济过热的势头，中央政府都采用相机抉择调控政策对市场予以适度干预。为平抑 2008 年金融危机各种版本量化宽松政策的时滞效应，我国政府也及时调整了宏观调控政策，这一切都在某种程度上使得市场需求波动较常规情况下更为显著。本文选择重工业各行业出口交货值作为国际市场需求的代理变量，用工业销售值扣除出口交货值的余额作为国内市场需求的代理变量，运用 *VAR* 模型的脉冲响应函数分析各行业国内外市场需求波动对各行业投资的影响。

（一）*VAR* 模型和脉冲响应函数

1. *VAR* 模型设定

$$\Delta Y_{it} = \sum_{j=1}^{p} \pi_i \Delta Y_{it-j} + \varepsilon_{it} \tag{6}$$

式中，$i=1, 2, \cdots, 13$，$\Delta Y_{it} = (d\log i_t, d\log x_t^1, d\log x_t^2)$，其中 i_t 为各行业经价格平减后的实际投资额；x_t^1 为各行业国内市场需求；x_t^2 为各行业国际市场需求。π_i 为参数矩阵，ε_{it}为随机扰动向量。

2. 脉冲响应函数

脉冲响应函数用来刻画在扰动项上加一个一次性冲击对内生变量的当前值及未来值产生的影响，并通过 *VAR* 动态系统传递给其他内生变量。本文的脉冲响应函数为：

$$\Delta Y_{it} = \sum_{j=0}^{p} \psi_j \varepsilon_{t-j} \tag{7}$$

其中，ψ_j 为系数矩阵，ε_{t-j}为新息。本文采用不依赖变量次序的扰动项正交矩阵的广义脉冲方法。

本文通过对 ΔY_{it}的 3 个变量分别进行协整检验，检验结果表明各变量之间存在长期均衡关系。13 个行业的 *VAR* 模型的特征根都落在单位圆内，表明各行业的 *VAR* 模型均为稳定系统。短期内扰动项的冲击会在一定滞后期内消失，系统恢复到初始稳态。利用似然比（LR）统计量 5% 置信水平下的滞后阶数检验发现，13 个行业中有 3 个行业为 *VAR*（3），分别是：黑色金属冶炼与压延加工、电气机械及器材制造、仪器仪表行业；8 个行业为 *VAR*（4），这些行业分别是：石油炼焦、化学原料、医药制造、化学纤维、有色金属、通用设备制造、专用设备制造、通信设备及计算机制造行业；2 个行业为 *VAR*（5），这两个行业是非金属矿物制品和金属制品行业。说明这些行业在受到冲击后会在 3 ~5 个季度内恢复到均衡状态。即市场需求变化的信息通过各种传导路径逐渐扩散，并被市场主体知晓与掌握，进而会对投资决策做出调整，通过这样的修正使市场回归到均衡状态。由于本文研究的样本行业均属重工业行业，行业间传导路径相似度较高，信息扩散消化的时期也基本相近，多个行业是在一年内将信息的影响完全消化。

通过脉冲响应分析我们发现：在研究的样本期内，多个行业国内需求与国际需求对投资的作用方向相反。投资对国内需求的反应速度为正，且在 4 个季度内呈现增长—下降—收敛特征，而投资对国际需求的反应速度迟缓，且由反应速度越来越滞后于国际需求变化速度，直至投资相对于国际需求严重滞后时才开始逐渐出现满足国际需求的投资，部分行业出现了投资对国际需求由滞后反应到加速增长的过程，如图 3 ~ 图 21 所示，这些行业分别为：有色金属冶炼及压延加工、金属制品、专用设备制造、仪器仪表加工制造、电气机械及器材等。根据我们选择的样本冲击反应时期可以看出，国际需求的短期增长并未显著引发投资增长，投资增长的诱导来源于国内需求。

国内需求对投资 $\pm\sigma$ 冲击效果的分析中发现：国内需求的正向冲击会使投资增速表现出增长—峰值—持续（爬行）—收敛的特征，本文将其定义为投资增长惯性。而负向冲击反应效果则完全不同：投资对需求缩减的影响则表现出触底即刻反转效应。进一步通过脉冲响应的累积效应分析发现，同样大小的正负向需求冲击，对投资进入及退出的诱导速度差异甚大。分析结果如表 4 所示。本文将需求增长与收缩对投资影响的不同表现定义为非对称性诱导。

表 4　　　　一个 $\pm\sigma$ 对投资进入、退出速度的影响效果

行业	国内市场		投资进入速度/退出速度（倍数）
	增长冲击对投资进入速度的累积作用效应	收缩冲击对投资退出速度的累积作用效应	
石油加工、炼焦和核燃料加工业	6 期后达 20%（∞）	3 期后达 5%（∞）	4
化学原料与化学制品	4 期后达 5%（∞）	2 期后达 2%（∞）	2.5
医药制造	6 期后达 6%（∞）	2 期达 2%（∞）	3

续表

行业	国内市场		投资进入速度/退出速度（倍数）
	增长冲击对投资进入速度的累积作用效应	收缩冲击对投资退出速度的累积作用效应	
化学纤维制造业	6 期后达 20%（∞）	2 期后达 5%，3 期后降为 1%（∞）	4 ~ 20
非金属矿物制品	7 期后达 5%（∞）	2 期后达 2%，3 期后降为 1%（∞）	2.5 ~ 5
黑色金属冶炼及压延加工	2 期后达 5%（∞）	2 期后达 4%，3 期后降为 1%（∞）	1.25 ~ 5
有色金属冶炼及压延加工	6 期后达 4%（∞）	2 期后达 2%，3 期后降为 1%（∞）	2 ~ 4
金属制品业	10 期后达 10%（∞）	2 期后达 3%，3 期后降为 2%（∞）	3 ~ 5
通用设备制造	18 期后达 20%（∞）	18 期后达 10%（∞）	2
专用设备制造	20 期后达 5%（∞）	20 期后达 10%（∞）	0.5
电气机械及器材制造	20 期后达 10%（∞）	20 期后达 10%（∞）	1
通信设备	6 期后达 4%（∞）	6 期后达 4%（∞）	1
仪器仪表	2 期后达 6%（∞）	3 期后达 3%（∞）	2

（二）市场需求非对称诱导效应

在本文研究的 13 个行业中，有 9 个行业投资对国内需求增长表现出投资增长惯性，7 个行业投资对国际需求表现出增长惯性（见表 4 及图 3 至图 22）。从投资进入、退出速度看，石油加工、炼焦和核燃料加工、医药制造、化学纤维制造、非金属矿物制品、黑色金属冶炼及压延加工、有色金属冶炼及压延加工、化学原料等行业投资进入与退出速度差异相当明显：投资进入速度分别是其退出速度的 4 倍、3 倍、4 ~ 20 倍、2.5 ~ 5 倍、1.25 ~ 5 倍、2 ~ 4 倍、2.5 倍；与此相对应，2003 ~ 2011 年，上述各行业市场需求分别增长了 4.40 倍、3.94 倍、3.52 倍、5.53 倍、4.82 倍、7.80 倍、4.99 倍。截至 2011 年，上述行业市场容量分别达到 27 887.21 亿元、10 836.42 亿元、4 972.89 亿元、29 398.19 亿元、49 309.75 亿元、27 583.69 亿元、44 961.97 亿元，相应地各行业固定资产投资分别为 6 999.30 亿元、4 545.68 亿元、1 330.66 亿元、15 273.85 亿元、9 452.20 亿元、7 887.72 亿元、18 011.23 亿元①。由此可以看出，正是

① 上述数据均按 2003 年可比价格计算。

近年来我国经济快速发展，快速扩张的市场需求使投资大规模迅速进入，从脉冲响应的模拟可以看出，投资对需求收缩表现出反应惰性，投资的准固定成本属性决定了多数行业投资难以应对需求缩减的冲击，前期投资只能无效滞留在行业内部，上述分析很好地解释了图1与图2中重工业各行业市场规模扩张与投资的快速增长。

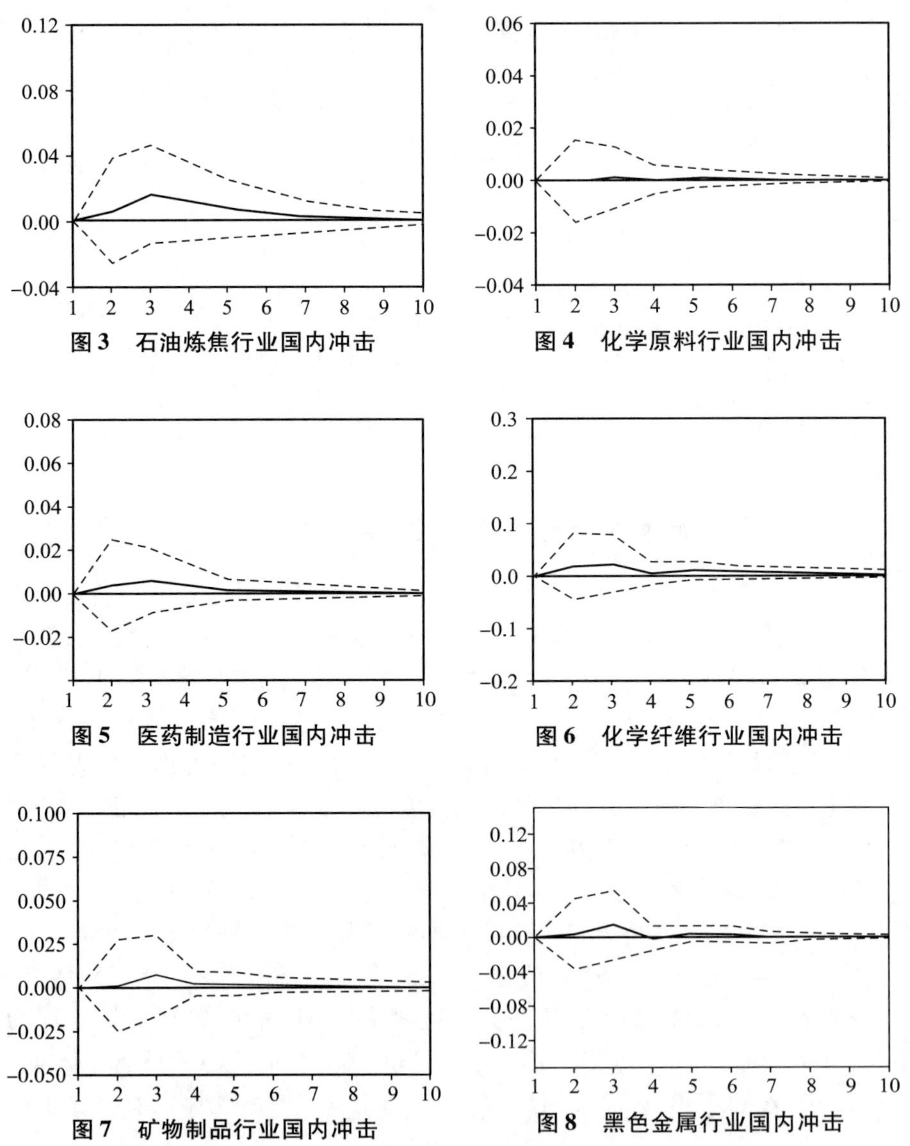

图3　石油炼焦行业国内冲击

图4　化学原料行业国内冲击

图5　医药制造行业国内冲击

图6　化学纤维行业国内冲击

图7　矿物制品行业国内冲击

图8　黑色金属行业国内冲击

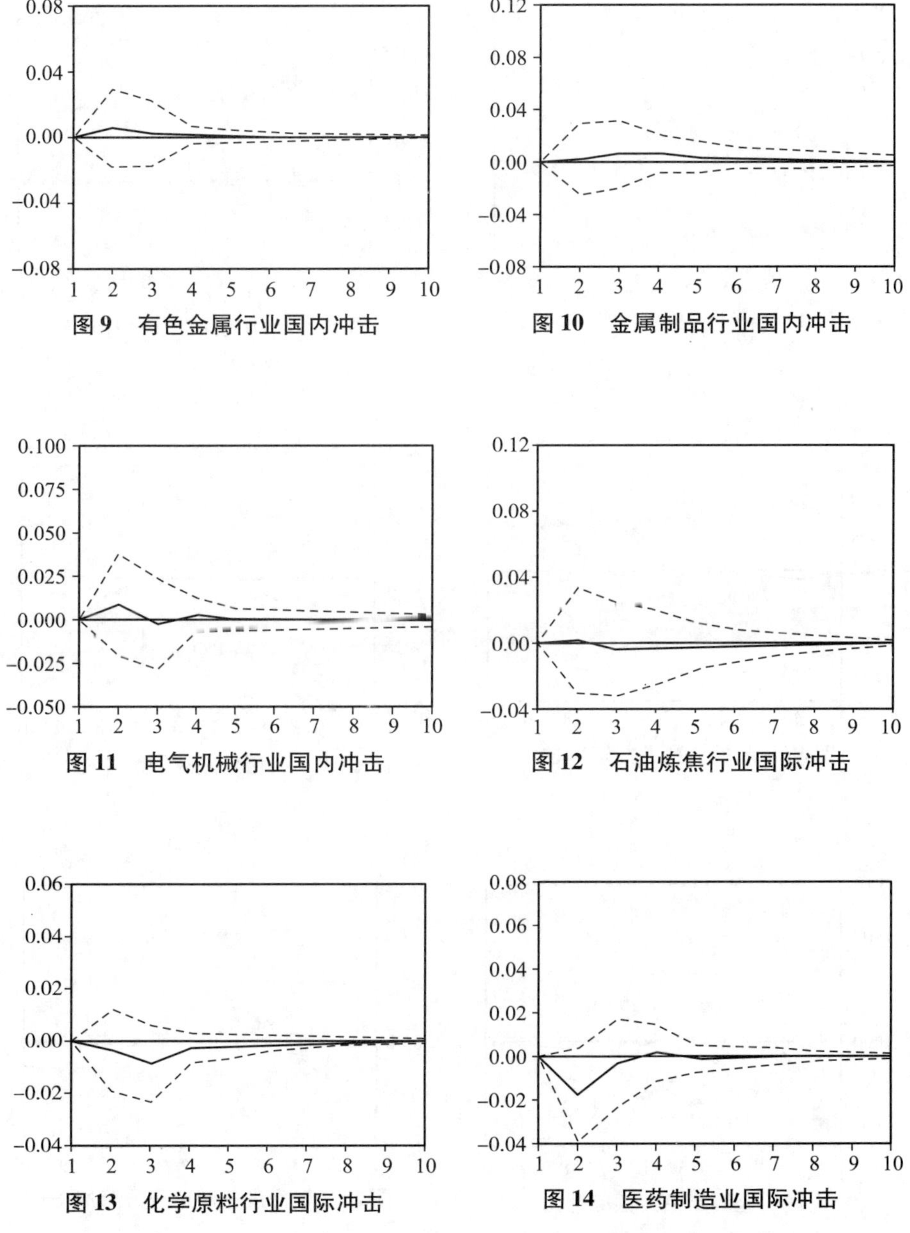

图 9　有色金属行业国内冲击

图 10　金属制品行业国内冲击

图 11　电气机械行业国内冲击

图 12　石油炼焦行业国际冲击

图 13　化学原料行业国际冲击

图 14　医药制造业国际冲击

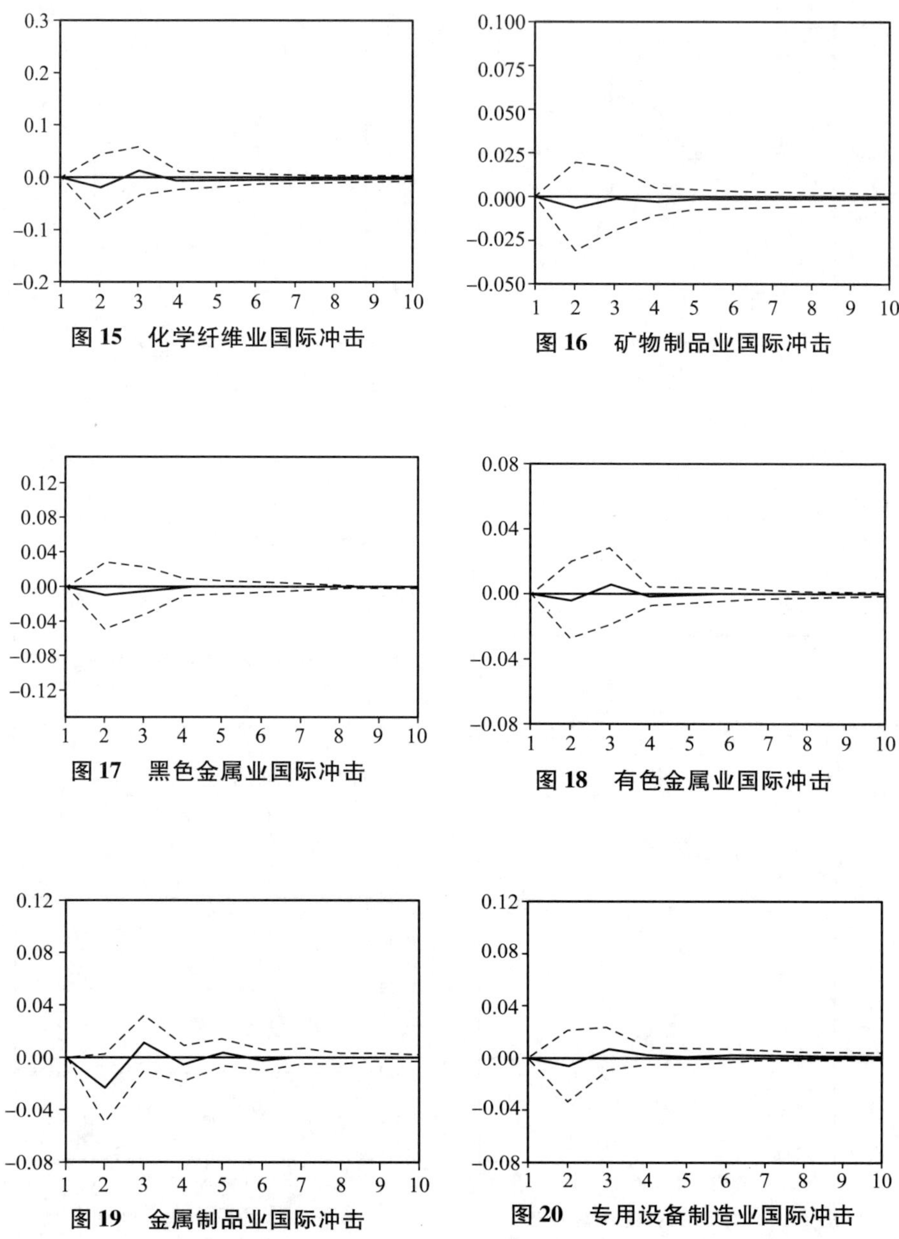

图 15　化学纤维业国际冲击

图 16　矿物制品业国际冲击

图 17　黑色金属业国际冲击

图 18　有色金属业国际冲击

图 19　金属制品业国际冲击

图 20　专用设备制造业国际冲击

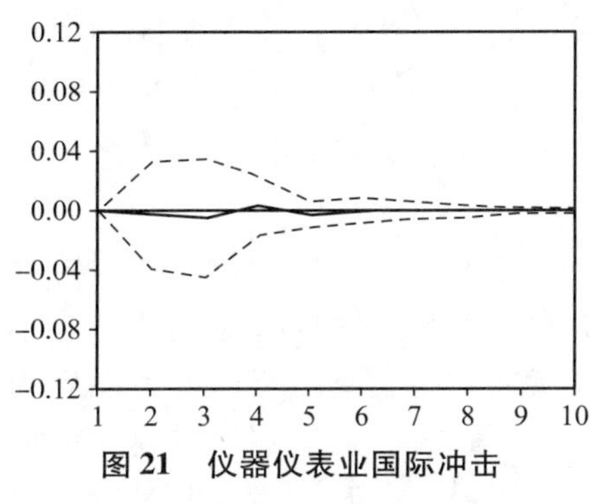

图 21　仪器仪表业国际冲击

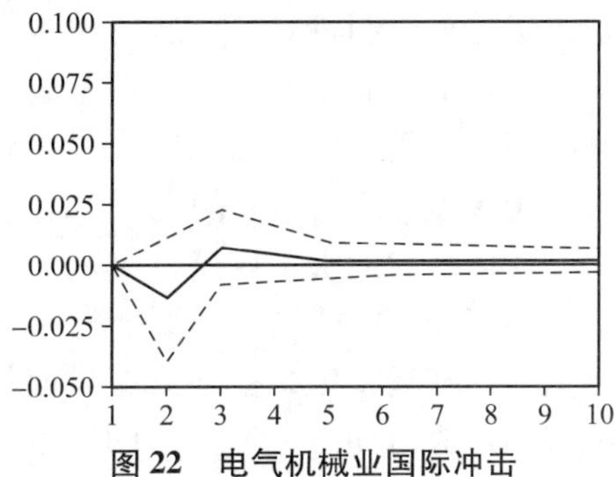

图 22　电气机械业国际冲击

四、结论与政策建议

中国经济持续多年高速增长，重工业各行业市场规模快速扩张，由此诱发了重工业各行业史无前例的投资进入，催生了大量产能。特定的经济发展阶段和经济增长方式以及中国的现实经济环境，决定了此期间市场需求对中国工业投资作用效应具有区别于其他经济体的特征。具体概括为以下两点：

（1）需求增长是重工业各行业投资增长的共同动因，2003～2011 年，伴随中国经济持续快速增长，我国重工业行业市场规模的快速扩张诱使各行业投资主体做出投资决策，从影响程度看，不同行业市场需求对投资的诱导效应存在显著差异。较为突出的是通用设备制造业、化学原料和化学制品制造业、金属制品业，它们的投资需求弹性分别为：1.52、1.26 和 1.21；非金属矿物制品业和石油加工、炼焦和核燃料加工业，其弹性值分别为 0.897 和 0.902，接近于 1。

（2）样本数据的脉冲响应函数分析发现，国内外需求扩张诱发的投资增长具有明显的惯性特征，且需求增长对投资进入的拉动作用要明显强于需求缩减对投资退出的抑制作用。市场需求增长以加速水平吸引投资进入，投资对市场萎缩应对迟缓，国内需求是中国投资增长的原动力。考察各行业投资进入与退出速度发现，行业投资进入速度与投资退出速度差异较大，平均处于 3～5 倍，某些行业甚至达到近 20 倍。这种巨大经济体的需求对投资进入与退出的非对称诱导机制是我国投资过热与产能过剩的根源。

高速增长的中国经济需要大规模投资来满足市场需求，大规模投资成就了中国经济的快速发展。规模庞大的市场，一旦需求发生变化，通过市场传导机制将对经济运行产生深远影响。以往我们过多关注如何应对需求暴涨，而今处在结构调整、社会转型期的中国经济，应该在注意某些行业市场快速扩张诱发大量投资进入可能引起新一轮产能过剩的同时，警惕需求下滑带来的逆向作用。

如此巨大的市场规模，在其需求上升期对投资主体形成极大的诱惑，加之投资和产能速度远滞后于需求的暴发，市场主体为规避预期产能不足造成的利润损失，往往具有超前投资意愿。而大举投资形成产能后却又很难适应短期内市场需求的快速转型，因此政府相关部门应建立更加完善的行业投资引导机制，适时发布投资预警，及时发布当前投资存量情况、在建情况、未来产能形成情况，以便市场主体及时参考并理性选择投资。而非等到投资已经进入，产能洪水暴发后再进行围堵，此类方案只能造成社会资源的过度消耗及中国经济大起大落。

适度的投资是保持经济增长的必要条件。快速膨胀的市场需求对市场主体的投资意愿构成了极大的诱惑，为规避投资这种“快进慢出”特征造成的不良后果，需要相关部门在产业政策方面予以引导和规制，也需要培育市场主体在适应市场变化方面的能力，真正做到自主经营，自负盈亏。在需求上行期理性思考，而非贪多求大，而且要注意投资结构的多元化：对于成熟期产品市场，投资风险小、收益快，同时这类市场也很容易就达到饱和；而投资于行业内的高端产品市场，相对风险较大，短期不易见到成效，但此类投资却具有未来的市场空间，饱和或过剩几率较小。因此投资决策应考虑本行业内中、高端，长短期收益的结构搭配，这样既可以保证短期收益，又能为企业未来技术升级做好铺垫，在应对市场转型时具有较高的灵活性。

在经济发展的不同阶段，社会需求差异也较为明显。中国正处于工业化中后阶段，此时社会对服务的需求日益增长，而对工业品的消费增长速度会逐步放缓。因此，若仍仿照以往大举投资于工业，其投资效率必然低下；而环境污染、资源过度消耗、生态平衡不可持续等问题只能日益加剧，甚至产能过剩的泥淖也会难以摆脱。此时的市场投资需及时转向城市轨道交通、水资源开发与保护，空气净化，食品安全等与民生直接相关的领域，尽管短期难以获取丰厚利润，但这却是实现整个社会可持续发展的必由之路，可谓功在当代，利在千秋。

参考文献

［1］林毅夫：《潮涌现象与发展中国家宏观经济理论的重新构建》，载《经济研

究》2007 年第 1 期。

[2] 林毅夫:《“潮涌现象”与产能过剩的形成机制》,载《经济研究》2007 年第 10 期。

[3] 汪同三、李涛:《中国通货紧缩的深层次原因》,载《中国社会科学》2001 年第 1 期。

[4] 张军:《增长、资本形成与技术选择:解释中国经济增长下降的长期因素》,载《经济学(季刊)》2002 年第 2 期。

[5] 沈坤荣、孙文杰:《投资效率、资本形成与宏观经济波动》,载《中国社会科学》2004 年第 6 期。

[6] 汤敏:《投资过热是当前宏观经济的主要问题》,载《中国物流与采购》2006 年第 5 期。

[7] 李何:《市场化进程对地区工业经济发展的作用机理研究》,吉林大学博士论文,2006 年。

[8] 孙巍、尚阳、刘林:《工业过剩生产能力与经济波动之间的相关性研究》,载《工业技术经济》2008 年第 6 期。

[9] 罗毅丹、徐俊武:《过剩产能与通货膨胀的关系分析——基于包含随机波动的 TVP 模型考察》,载《中南财经政法大学学报》2010 年第 2 期。

[10] 耿强、江飞涛、傅坦:《政策性补贴、产能过剩与中国的经济波动》,载《中国工业经济》2011 年第 5 期。

[11] 周劲、付保宗:《产能过剩的内涵、评价体系及在我国工业领域的表现特征》,载《经济学动态》2011 年第 10 期。

[12] Kydland, F. E. and E. C. Prescott. Time to Build and Aggregate Fluctuations, Econometrica, 1982, 50: 1345 - 1370.

[13] Long, J. B. and C. I. Plosser. Real Business Cycles, Journal of Political Economy, 1983, 91 (1): 39 - 69.

[14] King. R. G. and C. I. Plosser. 1984, Money credit and prices in a real business cycle, American Economic Review, 74, 363 - 380.

[15] Vanhoudt P. . A fallacy in causali-research on growth and capital accumulation. Economic Letters, 1998, 60, 77 - 81.

[16] Eisner, R. , Strotzr, H. . Determinants of Business Investment, in Commission on Money And Credit, Impacts of Monetary, Policy, N. J. : Prentice - Hall, 1963.

[17] Jorgenson, D. W. . Capital Theory and Investment Behavior, The American Economic Review, 1963, 53 (2): 247 - 259.

民间资本投资先进农业时的经济政策研究

李晓春*

摘　要：本文将农村部门分割成先进农业部门和传统农业部门，在城市民间部门资本投资先进农业的背景下，建立了一个一般均衡模型研究了政府的促进先进农业发展政策的经济效果。本章的主要结论是：政府为促进先进农业发展对该部门实施利息补贴政策，会减少农业劳动力向城市的转移，却能促进农村劳动力向先进农业的转移；对先进农业部门实施工资补贴政策，则会导致城市失业率上升，传统农业部门的劳动力数量减少。

关键词：民间资本　先进农业　经济政策

一、引言

长期以来，发展中国家的农村主要以家庭为生产经营单位，由于规模小不适宜接受金额较大的民间资本（非正式金融除外），而民间资本又不愿为小额借款而花费时间成本与人力成本，使得资本在城市与农村之间几乎处于不流动状态。然而，近年来，以此为契机，民间资本开始流入农村。所谓“先进农业”学术界没有严格统一的定义，说法很多，但其核心是指以市场为导向，引入现代农业生产设备和技术，实现单位面积土地收益高于传统农业的新兴农业。开展先进农业有多种形式，与传统农业相比需要更多的资本投入是其共同特征。为了获得足够的资本开发先进农业，中国一些地区的地方政府设立了专项基金向农户提供帮助，由政府的基层组织或由懂市场经营的“现代农民”联系若干农户将各自承包的土地统一运作，开展集约化种植、养殖或其他产业，以合作社的形式对生产到销售各环节进行经营管理。在中国，先进农业虽然被认为

---

* 作者简介：李晓春（1966~），哈尔滨人，南京大学商学院教授。

是一种能使农民尽快脱贫致富的优良模式，然而，仅依赖政府基金的发展模式对于广大农村是不够的，有一些地区开始尝试利用民间资本（以下简称为“民间资本”）发展先进农业。在此背景下，政府促进先进农业发展的政策会有什么样的经济效果呢？由于缺乏深入的理论研究，加上先进农业运作的时间不长，所以各地对其发展规律不甚了解，在其发展过程中存在许多不足，在产业化、生产效率和环境保护等方面存在诸多问题。

另外，在研究经济发展和劳动力转移的课题时，常将城市部门分割成两个部门，例如，将传统的城市劳动市场分割为正式部门和非正式部门，以哈里斯－托达罗模型研究农村劳动力向城市正式部门和非正式部门的转移，就是20世纪90年代以来的热门课题，代表性的研究有古普塔（Gupta，1993）、格里诺尔斯（Grinols，1991）、丁（Din，1996）等。但是，将农业劳动市场进行分割的研究却不是很多，本章在这里作一简单的回顾；古普塔（Gupta，1997a）利用一个四部门模型，分析一个小国开放欠发达国家产品价格的变化对正式和非正式资本市场的影响，其发现先进农业部门产品的上升会提高农业部门和非正式部门的工资，降低非正式资本市场利率，但同时会导致城市失业率的上升；周哈利（Chaudhuri，2006，2007）将农业部门分为先进部门和落后部门，前者也用一个三部门的一般均衡模型分析发展中国家的劳动力市场改革的合理性和重要性，其研究表明一定条件下，劳动力市场的自由化可以引起农村工资率的上涨，土地资本回报率下降，城市工资的下降和社会福利的提升；后者通过一个三部门的一般均衡模型分析发展中国家积极争取外来资本和改革中失业率上升的原因，他发现外国资本的增长会改善社会福利，也会降低城市的失业率。

上述研究虽然各有特色，但有一定的局限性，因为这些论文的前提都是先进农业部门和传统农业部门的工资是相同的，这与发展先进农业的宗旨不符，在理论上不能解释传统农业部门劳动力转移到先进农业部门的动力来源，在实际中也不符合发展中国家发展先进农业的现状。例如，在中国，先进农业的工资就明显高于传统农业部门。另外，上述的研究也没有将重点放在民间资本投资先进农业的背景下政府促进先进农业发展政策有多大的经济效果上。

为了明确民间资本投资先进农业的背景下政府促进先进农业发展政策的经济效果，本文将农村部门分割成先进农业部门和传统农业部门，与上述文献不同的是，我们设定先进农业部门的工资高于传统农业部门的工资，在政府鼓励发展先进农业的规模化经营的前提下，用比较静态的方法分析以下政策的经济效果：

（1）政府提供专项资金或介绍民间借款信息，对其贷款的利息进行补助的政策；

（2）政府实施对先进农业部门用工的工资进行补助的政策；

（3）要素禀赋增加的经济效果。

本文拓宽了现有的理论研究的领域，以图形几何地展示出三部门（城市1部门、农村2部门）经济中的劳动力转移机制，通过研究发现，对先进农业部门贷款利息的补贴政策效果优于对先进农业部门工资补贴的效果。

二、建立模型

本文考虑一个三部门的封闭经济，这三个部门分别是城市部门、先进农业部门和传统农业部门，假设背景是先进农业刚建立不久，正处于成长发展阶段。城市部门和先进农业部门都使用劳动力和资本两种生产要素，传统农业部门只使用劳动力一种投入。为了建立模型，我们进一步对经济做出以下设定：

（1）传统农业部门劳动力向先进农业部门和城市部门进行部分转移的情况；资本在城市部门和先进农业部门之间自由流动。

（2）城市部门的工资率外生给定，农村两个部门的工资率自由浮动，并且城市部门工资高于农村部门，先进农业部门工资又高于传统农业部门。

（3）市场是完全竞争的，要素禀赋量外生给定。

设各部门生产函数为：

$$M = F^1(L_1, K_1) \tag{1}$$

$$A = g(K_2)F^2(L_2) \tag{2}$$

$$B = F^3(L_3) \tag{3}$$

这里，M、A、B 分别表示工业部门、先进农业部门及传统农业部门产品的产量，L_1、L_2、L_3 分别表示工业部门、先进农业部门和传统农业部门所使用的劳动力数量，K_1、K_2 分别表示工业部门和先进农业部门所使用的资本，其中的 K_2 来自于城市民间的贷款；函数 F^1 为一阶齐次的拟凹函数，$F^i(i=2, 3)$ 为凹函数。定义 $g=g(K_2)$ 为先进农业部门使用资本的规模效应函数，并设 g 为函数值大于 1 的凹函数，即：$g=g(K_2)>1$，$\forall K_2>0$；且 $g'=g'(K_2)>0$，$g''=g''(K_2)<0$，$\forall K_2>0$，并且，当 $K_2=0$ 时，设定 $g(0)=1$，这意味着在没有资本投入的情况下，先进农业部门就退化为传统农业部门。

以 L、K 分别表示整个经济中的劳动力和资本禀赋量，L_{uu} 表示城市失业人数，便有：

$$L_1+L_2+L_3+L_{uu}=L \tag{4}$$

以 $\lambda=\frac{L_{uu}}{L_1}$ 表示城市部门失业率，则（4）式可变形为：

$$(1+\lambda)L_1+L_2+L_3=L \tag{4'}$$

另外，我们设定传统农业部门的劳动力不能无限制地向先进农业部门转移，先进农业部门吸收传统农业部门的劳动力数量受先进农业部门资本量约束，其雇佣人数与资本的关系如下：

$$L_2=\begin{cases}f(K_2), f'(K_2)>0, f''(K_2)<0, K_2<K_2^* \\ f(K_2), f'(K_2)\leqslant 0, f''(K_2)>0, K_2\geqslant K_2^*\end{cases}, f'(K_2^*)=0 \tag{5}$$

要注意的是（5）式上半段是针对先进农业处于发展阶段设定的。

经济的资本是被城市部门和先进农业部门完全雇佣的：

$$K_1+K_2=K \tag{6}$$

以 $\overline{w}_1$、w_2 和 w_3 分别表示城市部门、先进农业部门和传统农业部门的工资，由各部门的利益最大化的条件可得以下三式：

$$p_1F_L^1=\overline{w}_1 \tag{7}$$

$$p_2g(K_2)F_L^2=w_2 \tag{8}$$

$$F_L^3=w_3 \tag{9}$$

其中，$F_L^i=\partial F^i/\partial L_i(i=1, 2, 3)$；$\overline{w}_1$ 是外生变量；p_1 和 p_2 分别表示以传统农业部门产品价格为基准的城市部门和先进农业部门产品价格。

以 r 表示贷款利息率，根据利润最大化和资本在城市工业部门和先进农业部门之间的自由流动条件，我们可以得到：

$$p_1F_K^1=r \tag{10}$$

$$p_2g'(K_2)F^2(L_2)=r \tag{11}$$

这里，$F_K^1=\partial F^1/\partial K_1$，$g'(K_2)=\partial g/\partial K_2$。

在劳动力分配机制方面，本章采用三部门的哈里斯—托达罗劳动力分配模式。本章设想的情况是：虽然传统农业部门的劳动力转移到城市存在失业风险，但他们将从事传统农业得到的实际工资与先进农业部门和城市部门的期望工资相比较，当先进农业部门和城市部门的期望工资高于传统农业的工资时，他们就会转移。虽然城市部门存在失业，但传统农业部门的体力劳动力在先进农业部门和城市工业部门的较高的预期工资吸引下，会向先进农业部门和城市工业部门转移。这样的行为，与(5)式并不矛盾，因为通过(8)式可知先进农业部门的工资最终决定于该部门的资本量。资本量变化，先进农业部门雇用人数就会变化，工资随之发生相应变化。但作为劳动力个人而言，是否转移则取决于他对预期工资的判断。在转移均衡处，有下式成立：

$$\frac{L_1}{(1+\lambda)L_1+L_2}\overline{w}_1+\frac{L_2}{(1+\lambda)L_1+L_2}w_2=w_3 \tag{12}$$

以上(1)至(12)式中，有 L_1、L_2、L_3、K_1、K_2、λ、w_2、w_3、r 共9个内生变量，L、K、$\overline{w}_1$、p_1、p_2 为外生变量，由(4′)至(12)式这9个等式决定9个内生变量的值。至此，完成一般均衡模型的构建。根据(12)式，可以绘出经济的劳动力转移机制(见图1)，以下给出解释：

将(12)式变形，可得：

$$L_1\overline{w}_1+L_2w_2=w_3[(1+\lambda)L_1+L_2]=w_3(L-L_3) \tag{12′}$$

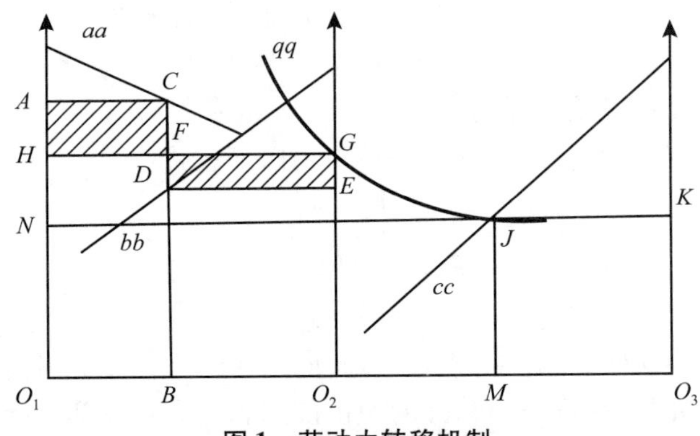

图1 劳动力转移机制

图1的横轴 O_1O_3 表示经济中劳动力禀赋量 L，左纵轴以 O_1 为原点，表示城市部门的工资水平，右纵轴则以 O_3 为原点，表示传统农业部门的工资水平。因为$\overline{w}_1$ 外生给定，令 $O_1A=\overline{w}_1$，过 A 作横轴的平行线交城市部门的劳动边际生产曲线 aa 于 C，再过 C 点引横轴 O_1O_3 的垂线，交 O_1O_3 于 B，可以得知 $O_1B=L_1$；联立(5)、(6)、(7)、(10)和(11)式可以解得 K_2、L_2，令 $O_2B=L_2$，确定点 O_2 的位置，并以 O_2 为原点作中间纵轴，以此表示先进农业部门的工资水平。设线段 CB 和先进农业部门的劳动边际生

产曲线 bb 的交点为 D，过 D 点作横轴 O_1O_3 的平行线交中间纵轴于 E，由（9）式可知 $O_2E=w_2$。在左纵轴上确定点 H，使得 $O_1H=\frac{L_1\overline{w}_1+L_2w_2}{L_1+L_2}$，过点 H 作横轴 O_1O_3 的平行线交中间纵轴于 G，此时，$S_{AHFC}=S_{FDEG}$（即图1中的两个阴影部分面积相等）。最后，过点 G 作一条正双曲线 qq 交农业部门的劳动边际生产曲线 cc 于点 J，过 J 点引横轴 O_1O_3 的垂线交 O_1O_3 于 M，过 J 点作横轴 O_1O_3 的平行线分别交左、右纵轴于 N 和 K，易知 $O_3M=L_3$，$O_2M=L_{UU}$，$JM=KO_3=NO_1=w_3$，而正双曲线 qq 则表示（12′）式所示的劳动力转移机制。

三、理论分析

上节建立的模型可以分为两个子系统，其中由（5）、（6）、（7）、（10）和（11）式决定内生变量 L_1、L_2、K_1、K_2 和 r，我们不妨将其命名为“资本系统”，由（4）、（8）、（9）和（12）式决定内生变量 L_3、λ、w_2 和 w_3，不妨称其为“劳动系统”。

1. 补贴先进农业部门贷款利息的经济效果

如果在民间资本投资先进农业时，政府为促进先进农业的发展，实施补贴先进农业部门贷款利息的政策，补贴率为 s_1，则（11）式变为：

$$p_2g'(K_2)F^2=r(1-s_1) \tag{11'}$$

对资本系统（5）、（6）、（7）、（10）和（11′）式进行全微分，并在补贴政策启动之初令 $s_1=0$，便可得到以下的线性方程组：

$$\begin{bmatrix} 0 & 1 & 1 & 0 \\ F_{LL}^1 & F_{LK}^1 & 0 & 0 \\ p_1F_{KL}^1 & p_1F_{KK}^1 & 0 & -1 \\ 0 & 0 & -p_2(g''F^2+g'f'F_L^2) & 1 \end{bmatrix}\begin{bmatrix} \mathrm{d}L_1 \\ \mathrm{d}K_1 \\ \mathrm{d}K_2 \\ \mathrm{d}r \end{bmatrix}=\begin{bmatrix} 0 \\ 0 \\ 0 \\ rds_1 \end{bmatrix} \tag{13}$$

令 Δ 为（13）式的系数矩阵行列式，则有：

$$\Delta=p_1(F_{LL}^1F_{KK}^1-F_{KL}^1F_{LK}^1)+p_2F_{LL}^1(g''F^2+g'f'F_L^2)$$

根据系统稳定性条件，必须要满足 $\Delta>0$。由于函数 F^1 具有一阶齐次性，所以 $F_{LL}^1F_{KK}^1-F_{KL}^1F_{LK}^1=0$，故不等式 $p_2(g''F^2+g'f'F_L^2)<0$ 成立时，系统稳定。而这个条件实际上是被满足的，引理1给出证明。

引理1：当 $f'>0$ 时，在本章所设的经济中不等式 $p_2(g''F^2+g'f'F_L^2)<0$ 成立。

证明：对（11）式全微分可以得到下式：

$$p_2g''(K_2)F^2(L_2)dK_2+p_2g'(K_2)F_L^2(L_2)f'dK_2=dr$$

从而有：

$$p_2[g''(K_2)F^2(L_2)+g'(K_2)f'(K_2)F_L^2(L_2)]=dr/dK_2$$

随着流入先进农业部门的资本增多，利息应该下降。所以有 $dr/dK_2<0$，注意到 $f'>0$，就意味着 $p_2(g''F^2+g'f'F_L^2)<0$。证明完毕。

用克兰姆法则解（13）式可以判断 s_1 变化对内生变量 L_1、K_1、K_2 和 r 的影响，如表 1 的相关部分。进而，我们考察 s_1 变化对其他内生变量的影响。对劳动系统中的（4）、（8）、（9）和（12）式进行全微分，整理可得下式：

$$\begin{bmatrix} L_1 & 1 & 0 \\ 0 & 0 & 1 \\ 0 & w_3-(L-L_3)F_{LL}^3 & L_2 \end{bmatrix}\begin{bmatrix} d\lambda \\ dL_3 \\ dw_2 \end{bmatrix}=\begin{bmatrix} -(1+\lambda)dL_1-f'dK_2 \\ p_2(g'F_L^2+gF_{LL}^2f')dK_2 \\ -\overline{w}_1dL_1-w_2f'dK_2 \end{bmatrix} \quad (14)$$

令 Ω 为（14）式系数矩阵行列式，由（14）式可以得到：

$\Omega=L_1\{[(1+\lambda)L_1+L_2]F_{LL}^3-w_3\}<0$。

在进行下一步的分析前，先证明以下两个不等式在所设经济中成立：

引理 2：在本章所设的经济中，以下的不等式成立：

（1）当 $f'>0$ 时，$g'F_L^2+gF_{LL}^2f'>0$

（2）$\overline{w}_1dL_1/ds_1+w_2dL_2/ds_1>0$

证明 1：对（8）式全微分，可得下式：

$$p_2(g'F_L^2+gF_{LL}^2f')dK_2=dw_2$$

注意到 $dw_2/dK_2>0$（这是因为由于随着进入先进农业的城市资本增加，集聚的农村劳动力就会增多，而工资上升正是集聚劳动力的主要力量），便可以得到 $g'F_L^2+gF_{LL}^2f'>0$。

证明完毕。

证明 2：先进农业出现后，农村劳动力向先进农业转移，传统农业部门因劳动力数量减少而损失的工资收入的绝对值一定小于先进农业部门因劳动力增加而增加的工资收入，否则无法解释劳动力的转移。故而有：

$$\overline{w}_1dL_1/ds_1+w_2dL_2/ds_1>0 \text{ 证明完毕}$$

用克兰姆法则解（14）式可以直接判断 s_1 变化对内生变量 L_3、λ、w_2 的影响，不等式 $g'F_L^2+gF_{LL}^2f'>0$ 用在判断 dw_2/ds_1 的符号上；而 $\overline{w}_1dL_1/ds_1+w_2dL_2/ds_1>0$ 则用在判断 dL_3/ds_1 的符号上，并进而判断出 s_1 变化对 L_3 的影响，如表 1 的相关部分。

表 1　　(13) 式和 (15) 式计算结果

	dL_1	dL_2	dL_3	$d\lambda$	dK_1	dK_2	dr	dw_2	dw_3
ds_1	—	+	—	/	—	+	0	+	+

注意：其中："—"表示横向栏中项与 ds_1 之比为负值；"+"表示横向栏中项与 ds_1 之比为正值；"/"表示横向栏中项与 ds_1 之比无法判断符号。

综上所述，我们可以获得以下的命题 1：

命题 1：给予先进农业部门贷款利息补贴有以下经济效果：

(1) 城市部门的劳动力雇用量下降，城市资本流向先进农业部门；

(2) 先进农业部门劳动力雇用量及工资水平上升；

(3) 传统农业部门的劳动力雇佣量下降、工资水平上升。

对先进农业部门贷款利息进行补贴以后，城市部门减少的雇佣劳动力加入了失业人群，但同时原来城市失业人群中的传统农业部门劳动力转向了先进农业部门。所以不能确定城市失业率的变化状况。对先进农业部门进行资本补贴之所以导致城市部门劳动力雇佣量下降，并不是因为农村转移劳动力减少，而是因为农村转移劳动力有了既能够增加收入、又有了更便利的去向——先进农业部门，从而减少了向城市的劳动转移。这种状况与命题 1 的 (2) 和 (3) 的结论相吻合。这是一个充满积极性的结论，它与政府解决"三农"问题的大方向一致，该政策使得先进部门可以以更低的利率引入资本，由此可以提高工资水平，进而雇佣更多的劳动力。无疑，这样的政策有利于促进先进农业部门的发展，但实施该政策时应充分考虑城市部门的"用工荒"现象，采取适当措施缓解城市部门的用工荒，使城市经济与农村经济得以协调发展。

对先进农业部门资本进行补贴的经济效果可以用图 2 表示。由表 1 可知，对先进农业部门的资本补贴使 K_1 减小使得城市工业部门边际劳动曲线及先进农业部门边际劳动曲线向左平移，假设分别至 $a'a'$ 和 $b'b'$，再参考前述的图 1 构成就不难得知：对先进农业部门资本进行补贴使得中间纵轴应向右平移（不妨设原点 O_2 右移至 O_2'），劳动力配置机制曲线则向右上方移动至 $q'q'$；图 2 中的 B'、D'、E'、F'、G'、H'、K'、M'、N'、J' 诸点分别是图 1 中的 B、D、E、F、G、H、K、M、N、J 点移动后的位置，城市部门、先进农业部门及传统农村部门的新雇佣量 L_1 和 L_3 分别缩小为 O_1B'、O'_2B' 和 O_3M'，城市部门失业人数为 O'_2M'，先进农业部门的工资 w_2 则上升为 O'_2E'。

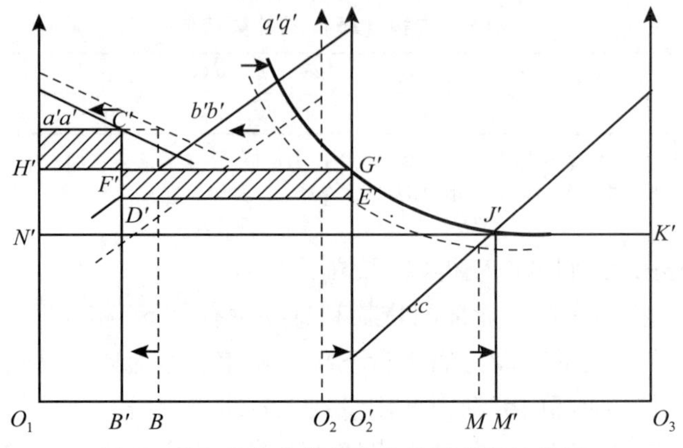

图 2　对高效农业部门资本补贴的经济效果

2. 补贴先进农业部门工资的经济效果

如果对先进农业部门的工资进行补贴，补贴率为 s_2，则（8）式改变为：

$$p_2g(K_2)F_L^2 = w_2(1-s_2) \tag{8'}$$

对（4′）、（5）、（6）、（7）、（8′）、（9）、（10）、（11）和（12）式进行全微分，并在补贴政策启动之初令 $s_2=0$，进行整理可得下列线性方程组：

$$\begin{bmatrix} 0 & 0 & 0 & 1 & 1 & 0 \\ F_{LL}^1 & 0 & 0 & F_{LK}^1 & 0 & 0 \\ -p_1F_{KL}^1 & 0 & 0 & -p_1F_{KK}^1 & P_2[g'(K_2)F_L^2f'+g''(K_2)F^2] & 0 \\ 0 & 0 & 0 & 0 & P_2[g(K_2)F_{LL}^2f'+g'(K_2)F_L^2] & -1 \\ 1+\lambda & 1 & L_1 & 0 & f' & 0 \\ \bar{w}_1 & w_3-(L-L_3)F_{LL}^3 & 0 & 0 & w_2f' & L_2 \end{bmatrix}$$

$$\begin{bmatrix} \mathrm{d}L_1 \\ \mathrm{d}L_3 \\ \mathrm{d}\lambda \\ \mathrm{d}K_1 \\ \mathrm{d}K_2 \\ \mathrm{d}w_2 \end{bmatrix} = \begin{bmatrix} 0 \\ 0 \\ 0 \\ -w_2 \\ 0 \\ 0 \end{bmatrix} ds_2 \tag{15}$$

令 Δ 为（15）式的系数矩阵行列式的值，则有：

$$\Delta_2 = L_1[w_3 - (L - L_3)F_{LL}^3]\Delta > 0$$

根据克兰姆（cramme）法则解（15）式，可得表2：

表2　　（15）式计算结果

	dL_1	dL_2	dL_3	$d\lambda$	dK_1	dK_2	dr	dw_2	dw_3
ds_2	0	0	—	+	0	0	0	+	+

注意："0"表示横向栏中项与 ds_1 之比为0；其余各种符号的意义同表1下方的"注意"。

根据表2，我们可以得到以下命题：

命题2：补贴先进农业部门工资的政策有以下经济效果：

（1）引起城市失业率上升，但对城市部门的劳动力数量、工资和资本水平没有影响；

（2）对先进农业部门的劳动力数量和资本水平没有影响，但是工资会上升；

（3）使传统农业部门的劳动力数量减少，工资上升。

对先进农业部门进行工资补贴政策的劳动力转移效果特别值得注意，它一方面对城市部门和先进农业部门的雇佣不产生影响，但另一方面却能促进传统农业部门的劳动力的转出，根据命题2的（1）我们可以发现，这些转出的劳动力都进入城市加入了失业者行列，这主要是因为对先进农业部门的工资补助将促进先进农业的发展，对于身在传统农业部门的劳动力来说是一个激励，使他们为致富尽快地行动起来。但是对先进农业部门进行工资补贴时不会对该部门雇佣产生影响，这是先进农业部门的雇佣主要受来自于城市部门资本的流入所左右，而对先进农业部门进行工资补贴却不能影响城市资本流动的缘故，传统农村部门的劳动力只有向城市部门转移，从而增加了劳动力转移的盲目性，进城后直接加入失业行列的可能性大大增加。如果经济的综合形势需要政府使用对先进农业部门的工资补贴时，应该注意到该政策的负面影响，而这个负面影响的核心是使得城市失业率上升，所以政府要在实施该政策的同时，积极开发城市就业渠道。扩大就业领域，鼓励企业增加雇佣，尽量降低失业率，不能顾此失彼。

对先进农业部门进行工资补贴的经济效果可以用图3来表示。对先进农业部门的工资进行补贴，由 $p_2g(K_2)F_L^2 = w_2(1 - s_2)$ 可知先进农业部门的边际劳动曲线向右上方移动。我们不难验证：原来的先进农业部门

工资水平上升至 O_2E'，劳动力配置机制曲线则向右上方移动至 $q'q'$；图3中的 D'、E'、F'、G'、H'、K'、M'、N'、J' 诸点分别是图1中的 B、D、E、F、G、H、K、M、N、J 点移动后的位置，此时，城市部门失业人数则为 O_2M'。

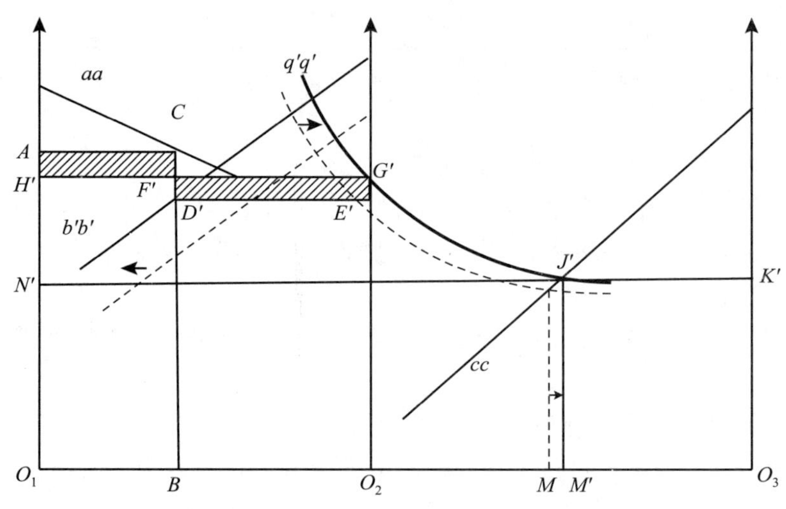

图3　对高效农业部门工资补贴的经济

相比产出是劳动和资本函数的一般情况而言，产出只是资本函数的情形时，对先进部门的资本利息补贴将会更直接地促进生产量的提高，从而就会有更好的经济效果，这一点也反映到命题1和命题2的比较上。

比较命题1和命题2，我们可以清楚地看到：给予先进农业部门贷款利息补贴政策比起补贴先进农业部门工资政策有更多优越性，正面影响多、负面影响较小，这是因为先进部门雇佣劳动受到该部门资本量的制约的缘故。所以，对先进农业部门的资本补贴政策应为有关部门考察决策时的首选。

3. 生产要素禀赋的变化对经济体的影响

对（4′）、（5）、（6）、（7）、（8）、（9）、（10）、（11）、（12）进行全微分，进行整理可得下列线性方程组：

$$\begin{bmatrix} 0 & 0 & 0 & 1 & 1 & 0 \\ F_{LL}^1 & 0 & 0 & F_{LK}^1 & 0 & 0 \\ -p_1F_{KL}^1 & 0 & 0 & -p_1F_{KK}^1 & P_2[g'(K_2)F_L^2f'+g''(K_2)F^2] & 0 \\ 0 & 0 & 0 & 0 & P_2[g(K_2)F_{LL}^2f'+g'(K_2)F_L^2] & -1 \\ 1+\lambda & 1 & L_1 & 0 & f' & 0 \\ \overline{w}_1 & w_3-(L-L_3)F_{LL}^3 & 0 & 0 & w_2f' & L_2 \end{bmatrix}$$

$$\begin{bmatrix} dL_1 \\ dL_3 \\ d\lambda \\ dK_1 \\ dK_2 \\ dw_2 \end{bmatrix} = \begin{bmatrix} 1 \\ 0 \\ 0 \\ 0 \\ 0 \\ 0 \end{bmatrix} dK + \begin{bmatrix} 0 \\ 0 \\ 0 \\ 0 \\ 1 \\ 0 \end{bmatrix} dL$$

设上式的系数矩阵行列式的值为 Δ_3，通过计算有：

$$\Delta_3 = \Delta_2 = L_1[w-(L-L_3)F_{LL}^3]\Delta > 0$$

用 cramme 法则解上式，可以得到表 3：

表 3　　资本和劳动要素禀赋变化的结果

	dL_1	dL_2	dL_3	$d\lambda$	dK_1	dK_2	dr	dw_2	dw_3
dK	+	0	—	—	+	0	0	0	+
dL	0	0	0	+	0	0	0	0	0

从表 3 可以得到以下命题：

命题 3：劳动禀赋量的增加部分全部被城市部门的失业所吸收；资本禀赋的增加有以下的经济效果：

(1) 使部门 1 的劳动力雇佣量上升，失业率下降，所增加的资本禀赋量全部被城市部门吸收；

(2) 对先进农业部门的资本，劳动力数量和工资都没有影响；

(3) 使得传统农业部门的雇佣量下降，工资上升。

从命题 3 可以看出，资本禀赋增加的经济效果要优于劳动禀赋增加的经济效果，资本禀赋增加给城市部门和传统农业部门带来的正面效果非常明显，但是它们的共同点是对先进部门没有影响。所以如何利用资本禀赋增加的优势促进先进农业的发展应该作为政策当局考虑的问题，同时政策当局也要重视劳动禀赋增加时失业率上升的负面效应。

4. 补贴先进农业部门工资政策的社会福利效果

我们考虑封闭经济的情况。如果设 $G=G(p_1, p_2, \bar{L})$ 为总产出，则：

$$G(p_1, p_2, \bar{L}) = p_1 M + p_2 A + B \tag{16}$$

设经济的最小支出函数为 $e=e(p_1, p_2, U)$，其中 U 为社会效用水平，那么有如下关系成立：

$$e(p_1, p_2, U) = G(p_1, p_2, \bar{L}) \tag{17}$$

将（16）式代入（17）式，并对（17）式两边求全微分，有：

$$\begin{aligned} e_U dU &= dG = p_1 dM + p_2 dA + dB \\ &= p_1 F_L^1 dL_1 + p_1 F_K^1 dK_1 + P_2[g(K_2)F_L^2 f' + g'(K_2)F^2]dK_2 + F_L^3 dL_3 \end{aligned}$$

根据表2我们可以知道：

$$\begin{aligned} e_U \frac{dU}{ds_2} &= p_1 F_L^1 \frac{dL_1}{ds_2} + p_1 F_K^1 \frac{dK_1}{ds_2} + P_2[g(K_2)F_L^2 f' + g'(K_2)F^2]\frac{dK_2}{ds_2} + F_L^3 \frac{dL_3}{ds_2} \\ &= \frac{-w_2 L_2 F_L^3}{w_3 - (L - L_3)F_{LL}^3} < 0 \end{aligned}$$

上式意味着对先进农业部门进行工资补贴会降低社会的福利水平，这样的结果与政策的制定者的初衷大相径庭。对先进农业部门工资补贴虽然意在促进其发展，但根据命题2，此举却能引起城市部门的失业率上升，这是导致社会的福利水平下降的主要原因所在。所以，在实际经济工作中如果确有必要对先进农业部门进行工资补贴，就需要在城市部门采取反失业措施，以确保社会的福利水平不会因此而降低。

四、结束语

本文在发展中国家民间资本投资先进农业的前提下，研究了政府促进先进农业发展政策的经济效果。在所建的一般均衡模型中，我们根据发展中国家的实际情况，将农村部门分割成先进农业部门和传统农业部门，与现有的其他相关研究不同，我们设定先进农业部门的工资高于传统农业部门的工资，在研究方法上拓宽了现有领域。我们设想的促进政策是对先进农业部门所用资本的利息进行补助及对先进农业部门的用工进行工资补助；本章还考察了要素禀赋变化的经济效果。通过本章的研究，我们认为，对先进农业部门所用资本的利息进行补助政策经济效果优于对先进农业部门的用工进行工资补助政策的经济效果；资本禀赋的增加效果优于劳动禀赋的增加效果。本章得到了 3 个命题和关于工资补贴的社会福利效果之结论，可以供有关部门在推广先进农业的过程中参考。

由于本文讨论范围所限，本研究有以下可以改进的方向：

（1）如果将城市部门分割成正式部门和非正式部门，还可以清楚地看到政策对城市的影响。

（2）在农业发展水平较高的发展中国家，农村民间资本增大，它们也有理由进入先进农业部门，这样的分析对发展水平较高的发展中国家或许更有价值。

参考文献

［1］Brecher R. A. and C. F. Diaz Alejandro（1977）Tariffs，foreign capital and immiserizing growth. Journal of International Economics，7（4），pp. 317 – 22.

［2］Chandra V. and M. Ali Khan（1993）Foreign investment in the Presence of an Informal Sector，Economica，60（237），pp. 79 – 103.

［3］Chaudhuri S.（2006）Labour market reform，welfare and unemployment in a small open economy，Keio Economics Studies，43（2），pp. 1 – 17.

［4］Chaudhuri S.（2007）Foreign capital，welfare and urban unemployment in the presence of agricultural dualism，Japan and the World Economy，19，pp. 149 – 165.

［5］Din M.（1996）International capital mobility and development policy in a dual economy，Review of the International Economics，6，pp. 185 – 201.

［6］Gupta M.（1993）Rural-urban migration，informal sector and development policies：A theoretical analysis，Journal of Development Economics，41，pp. 137 – 151.

［7］Gupta M.（1997a）Informal sector and informal capital market in a small open less-developed economy，Journal of Development Economics，52（2），pp. 409 – 428.

［8］Gupta M.（1997b）Foreign Capital and the Informal Sector：Comments on Chandra and Khan. Economica，64（254），pp. 353 – 363.

［9］Grinols E. L.（1991）Unemployment and Foreign Capital：The Relative Opportunity Costs of Domestic Labor and Welfare，Economica，58（229），pp. 107 – 121.

［10］Harris J. and M. Todaro（1970）Migration，unemployment and development：a two-sector analysis，American Economic Review，60，pp. 126 – 142.

商业银行风险溢出效应研究*

陈守东　章　秀**

摘　要： 本文采用基于分位数回归的CoVaR模型，利用股价数据测度了我国16家上市商业银行的系统性风险贡献度，并对国有银行系统和股份制银行系统之间的风险溢出效应进行了测度。实证结果表明：VaR值和增量CoVaR值没有明显的对应关系，同时基于历史数据度量的VaR值可能会低估风险；通过排序可以看出，中国银行、建设银行作为国有股份制银行对系统风险溢出效应远大于其他的银行，具有区域垄断性的商业银行或是经营结构相对灵活的商业银行，如中信和平安银行对于系统风险的贡献较大；国有银行股对于股份制银行股的风险溢出效应大于股份制银行股对国有银行股的风险溢出效应。

关键词： 分位数回归　风险溢出效应　CoVaR　商业银行系统

一、引言

金融创新、自由化和一体化加强了金融机构之间的关联，在分担风险和促进资金自由流动的同时潜在地增大了金融机构行为产生的外部性，从而潜在增多了风险在繁荣时期的积累，使得危机的爆发呈现波及面更广、危害力更强的特点，2008年次贷危机是一个很好的例证。银行系统作为金融系统的核心，银行系统的稳定性关系到金融系统的稳定，新巴塞尔资本协议Ⅲ中强调关注银行系统性风险。银行间资产负债表紧密相关，在利益最大化的驱动下采取同质性的投资经营行为以获得更高的利润，这样的市场行为增加了金融系统本身的顺周期性和关联性，潜在地增大了系统性金融风险。

---

* 基金项目：本文受到教育部人文社科重点研究基地重大项目（08JJD790153）、(2009JJD790015)，国家社科基金重大项目（10ZD&010）、(10ZD&006）的资助。

** 作者简介：陈守东，吉林大学商学院教授，博士生导师；章秀，女，吉林大学商学院博士研究生。

国际货币基金组织（IMF，2009）定义系统性金融风险为重要性金融机构经营失败，即由于内部关联性对其他金融机构带来的巨大损失。Bandt 等学者（2009）区分系统性风险为广义系统性风险和狭义系统性风险，其中狭义系统性风险指银行间市场的传染效应引发的系统性风险，而将一种对许多机构或市场的普遍性冲击所引起的系统性风险定义为广义系统性风险。系统性风险具有如下特征：一是内在周期性，风险在经济繁荣时期积累只在危机时期爆发，所以信用增加时系统性风险积累，风险测量值低但系统性风险却在增加；二是外部性，金融系统内部金融机构的市场行为给其他金融机构或是整个金融系统带来外部性，即金融机构间的风险溢出效应，这种溢出效应会放大危机时期的原始不利冲击。

由于外部性的存在，使得金融机构在繁荣时期承担额外的风险，金融机构在追逐利益最大化的驱动下会通过增加杠杆的方式提高收益，通过金融创新等手段控制自身风险，这种市场行为虽然达到个体效用最大化，但是对于金融系统整体效用并不是最大化的，因为风险针对个体发生了转移，但是对于系统而言风险只是在系统内部重新分配，同时由于杠杆的增加增大了风险在系统内部的积累。当危机发生时，机构选择去杠杆化的行为（如减价售卖资产）规避风险，这样会导致市场上资产价格的下降，引起流动性螺旋和保证金螺旋，加剧市场上流动性紧缺，恶化市场环境，进一步放大原始不利冲击。度量是有效监管的必要条件，准确有效地度量单个金融机构对整个金融系统的风险贡献程度具有重要的理论和现实意义。本文借鉴艾德里安等（Adrian et al.，2009）提出的 CoVaR 方法测度我国商业银行的系统性风险及单个金融机构的边际风险贡献程度，并通过风险贡献程度的排序挑选出系统重要性机构，以期有利于监管当局进行监管。

本为结构安排如下：第二部分对相关文献进行评述；第三部分介绍基于分位数回归的 CoVaR 模型测度银行风险溢出效应的理论依据和具体方法；第四部分运用时变的 CoVaR 模型对我国商业银行系统风险溢出效应进行了实证分析；第五部分给出了本文的研究结论。

二、文献评述

系统性风险事件是由金融危机的四个因素引起的，这四个因素是：流动性、杠杆、损失和关联性。当使用杠杆手段来提高回报时亏损也会放大；当施加太多的杠杆后一个小的损失可以很容易地变成一个更广泛的流动性紧缩，这是通过非流动性头寸的强制清算及金融体系内的网络关联建立起的负反馈循环。计量和分析银行机构之间的相互关系乃至系统性风险贡献度主要有两种方法：

第一种结构化方法，基于商业银行诸如账面贷款、风险敞口和银行间关联之类微观数据基础上的系统性风险度量方法（Gauthier et al.，2010）。例如，网络分析方法，基于金融机构之间的资产负债表相互敞口数据研究系统性风险的主流方法，其主要思想是通过金融机构之间的相互敞口和交易数据建立网络，根据网络形状模拟风险相互传染情况，从而测算每个网络中积累的系统性风险（IMF，2009b）。克里兹曼（Kritzman et al.，2010）用吸收率刻画了市场的紧密相关程度，分析了几个国外的市场资产价格变动如何与金融混乱产生关联的。宫晓琳等（2012）利用2007年国民经济核算中的资金流量表（金融交易账户）数据，建立了基于会计数据的中国国民经济部门间金融关联网络模型，量化分析了资产－负债表传染发生时，各个部门于各传染轮次中的损失量。

第二种简约化方法，基于系统重要性金融机构资产收益联合分布直接度量系统性金融风险。对于风险溢出效应研究的方法又分为“自下而上”和“自上而下”分析法（Drehmann & Tarashev，2011）。“自下而上”的分析法，如阿德里安等（2009）基于风险价值（VaR）提出的条件风险价值（CoVaR）模型以单个金融机构的破产为条件来估计整个金融系统的系统性风险，能够测度金融机构对整个系统的风险贡献，并能很好地反映整个金融网络间的风险溢出效应。但不能捕捉门限值以下极端情况下的尾部风险，并且不具有可加性，也就难以通过单个金融机构的风险贡献加总来估计整个金融系统所面临的系统性风险（Adrian et al.，2009）。诺恩平亚等（Roengpitya et al.，2010）应用CoVaR方法测度了1996年第2季度至2009年第1季度泰国银行机构的系统性风险及单个银行对系统整体的风险负外部溢出效应，实证研究表明，在亚洲金融危机以后，单个金融机构对系统风险的贡献度显著上升，并与资产规模正相关。“自上而下”分析法先推导出系统性风险，然后通过某种分配方式将此系统性风险分配给单个金融机构，如阿查里雅（Acharya et al.，2010）基于期望损失（ES）提出的系统性期望损失（SES）和边际期望损失（MES）方法。恩格尔（Engle，2010）在计算MES方面做了改进，提出多元GARCH模型估计个体金融资产和市场指数之间的相关性，预测和模拟市场指数下跌时的期望损失。

国内学者对我国银行系统性风险贡献的研究有陈守东、王妍（2011）通过选取银行部门、证券市场、外汇市场指标构建了一个金融压力指数研究中国金融系统的压力。赵留彦、王一鸣（2003）采用向量 GARCH 模型，对我国股票市场进行实证检验，发现在股票市场之间存在波动溢出效应。高国华和潘英丽（2011）采用了动态 CoVaR 方法对我国商业银行组成的金融系统性风险进行了分析和检验，实证结果表明银行系统性风险贡献度与其自身 VaR 之间并无显著线性关系。丁庭栋、赵晓慧（2012）使用 CoVaR 方法，借助分位数回归技术，研究了国内银行业、保险业、多元金融服务业及房地产行业之间对金融系统整体的波动溢出效应。范小云、王道平和方意（2011）使用 MES 和 SES 方法度量了我国金融机构在美国次贷危机期间及危机前后对金融系统的边际风险贡献程度。通过国内外研究现状的了解，发现我国对于金融风险溢出效应的研究尚处于起步阶段，对于 CoVaR 模型的应用，尤其是对上市商业银行系统的风险溢出效应的度量及国有银行系统和股份制银行系统之间的风险溢出效应的研究还是十分匮乏的，这为本文的研究提供了空间。

三、基于分位数回归的 CoVaR 模型

VaR 是指在一定持有期内和给定置信水平下，由于利率、汇率等市场风险因子变动造成资产价格波动时，某金融工具、特定资产组合和金融机构可能造成的潜在最大损失。在险价值，是对市场风险的一种测度，其目的是试图将由于市场因素的改变而带来的投资组合价值变化的敏感度同市场因素变化概率结合起来。

定义 1：VaR_q^i 是隐含地定义收益分布的 q 分位数

$$\Pr(X^i \leqslant VaR_q^i) = q \tag{1}$$

式中，X^i 代表机构 i 的最大损失，VaR_q^i 为 i 在市场发生了剧烈负面动荡时的预期价值损失，为负数，其中剧烈是指在某一天发生的损失机会等于或超过 1%。Adrian 等（2009）提出条件在险价值 $CoVaR_q^{j|i}$ 是指当机构 i 处于某种情况下，机构 j 的在险价值。$\Delta CoVaR_q^{j|i}$ 可以度量机构 i 对机构 j 的风险溢出效应。

定义 2：$CoVaR_q^{j|i}$ 表示以机构 i 的一些事件 $C(X^i)$ 为条件的机构 j（或是金融系统的）的 VaR。这就是说，$CoVaR_q^{j|i}$ 可以用 q 分位的条件概率分布定义：

$$\Pr(X^j \leqslant CoVaR_q^{j|C(X^I)} \mid C(X^i)) = q \tag{2}$$

我们通过增量来定义机构 i 对机构 j 的贡献：

$$\Delta CoVaR_q^{j \mid i} = CoVaR_q^{j \mid X^i = VaR_q^i} - CoVaR_q^{j \mid X^I = Median^i} \tag{3}$$

机构之间的风险溢出效应通过概率分布之间的尾部协方差量化，$\Delta CoVaR_q^{j \mid i}$ 表示 i 机构在极端情况下即 $\{X^i = VaR_q^i\}$ 时，j 机构的风险值。当 j = 系统时，$\Delta CoVaR_q^{j \mid i}$ 代表了当危机发生时，机构 i 对于整个系统的风险贡献大小。这种情况下，$\Delta CoVaR_q^{j \mid i}$ 指的是以一个特定金融机构 i 处于危机时和处于正常状态下金融系统的 VaR 之间的差值。

CoVaR 通过金融机构和金融系统的尾部协方差来表征金融机构对于金融系统的风险溢出效应。同期 $\Delta CoVaR$ 通过度量一个机构极端状态下和正常状态下使金融系统风险变化的差值量化了金融机构对系统的溢出效应。风险溢出效应可以是直接来自于交易对手风险，也可以是通过影响资产价格间接体现。间接的风险来自于当危机发生时，机构去杠杆行为导致持有相似敞口的市场参与者的逐日盯市损失，形成流动性螺旋；市场波动增加，投资人或是融资人对于市场失去信心导致整个市场的保证金增加，更高的保证金又会恶化市场的流动性，形成保证金螺旋。

对于呈现“尖峰厚尾”的金融时间序列采用分位数回归方法可以更充分地利用数据，根据线性分位数回归模型（Koenker and Bassen，1978），线性条件 τ 分位数函数定义为：

$$F_Y^{-1}(\tau \mid x) = x^T \beta(\tau) \tag{4}$$

通过求解：

$$\min_{\beta \in R^0} \sum \rho_\tau (y_{\substack{i \\ i=1}}^n - X_i^T \beta) \tag{5}$$

可得到 $\beta(\tau)$ 的估计量 $\widehat{\beta}(\tau)$，其中 $\rho_\tau(u) = (\tau - I(u \leqslant 0))u$，则式（4）可以进一步被写作：

$$\min_{\beta \in R^0} \left(\sum_{y \geqslant x^T \beta} \tau \mid y_i - x_i^T \beta \mid + \sum_{y \leqslant x^T \beta} (1 - \tau) \mid y_i - x_i^T \beta \mid \right) \tag{6}$$

$\tau \epsilon (0, 1)$，系数向量 β 随着 τ 的取值不同而不同。

我们假设被解释变量机构收益率（X_t）和解释变量（风险影响因素）之间的关系是线性关系，我们建立方程（7）方程（8）。方程（7）表征了机构 i 收益率和滞后状态变量之间的关系，方程（8）表征系统收益率和机构 i 收益率之间的关系。分位数回归模型作为一种估计 *VaR* 的新方法不必关注收益率的概率分布，而是根据分位数所遵循的行为特征估计 *VaR*。*VaR* 本身就是一个分位数，*CoVaR* 也是条件 *VaR*，所以 *CoVaR* 也是一个分位数。可以通过建立分位数回归来对 *CoVaR* 进行有效分析。表示

机构 i 对系统的风险溢出效应通过 X^i 和 X^{system} 的条件分布表征，X^i 和 X^{system} 的条件分布通过包含状态变量的条件分布表示。由于传导具有滞后性，所以状态变量选择滞后变量进行计算。风险溢出效应表示建立在金融机构和金融系统的尾部协方差上。系统性风险贡献可以修正特定公司在危机时对金融系统压力增加的程度，因此系统性风险贡献可以表征溢出效应，这些溢出效应中许多是外部性效应。选取表示风险溢出效应原因的变量作为状态变量，用日数据计算如下分位数回归方程（这里 i 是一个机构）：

$$X_t^i = \alpha^i + \gamma^i M_{t-1} + \varepsilon_t^i \tag{7}$$

$$X_t^{system} = \alpha^{system|i} + \beta^{system|i} X_t^i + \gamma^{system|i} M_{t-1} + \varepsilon_t^{system|i} \tag{8}$$

然后从这些回归方程中得出预测值：

$$VaR_t^i(q) = \hat{\alpha}^i + \hat{\gamma}_q^i M_{t-1} \tag{9}$$

$$CoVaR_t^i(q) = \hat{\alpha}^{system|i} + \hat{\beta}^{system|i} VaR_t^i(q) + \hat{\gamma}^{system|i} M_{t-1} \tag{10}$$

最后，我们对每个机构估算 $\Delta CoVaR_t^i$

$$\Delta CoVaR_t^i(q) = CoVaR_t^i(q) - CoVaR_t^i(50\%) \tag{11}$$

$$\Delta CoVaR_t^i(q) = \hat{\beta}^{system|i}(VaR_t^i(q) - VaR_t^i(50\%)) \tag{12}$$

从这些回归方程中，我们得到日的 $\Delta CoVaR_t^i$ 的面板数据。

四、实证分析

银行系统作为金融系统的一个重要子系统，银行的系统性风险被定义为狭义的系统性风险。银行作为市场流动性的中介，在社会资源配置中有着重要的作用。上市银行是银行系统的重要组成部分，资产占资产总额的77%，负债占到85%，故我国上市商业银行的风险溢出效应研究具有重要研究价值。本文选取16家上市商业银行的银行股2006年10月9日~2012年6月14日为研究对象，这16家银行包括国有4家国有银行、9家股份制银行和3家具有区域性特点的地方商业银行。数据包括两次衰退（2007年9月和2010年12月）和两次金融危机（2008年美国次贷危机和2011年欧洲债券危机），因此此段时间银行系统处于极端风险水平下，是很好的观测样本。数据来源为Wind数据库。样本中有16个机构，共1 386个交易日的观测值。数据处理使用EViews6.0。

（一）金融机构收益率

采取16家银行交易日的总市值和杠杆率计算得到收益率，其中杠杆率通过各银行的资产负债表得到，由于资产负债表上资产和负债的比率是季度数据，通过平均法将其转换为日度数据。我们通过 ME 和 LEV 定义金融机构资产市场价值的收益率，X_t^i 的表达式：

$$X_t^i = \frac{ME_t^i \cdot LEV_t^i - ME_{t-1}^i \cdot LEV_{t-1}^i}{ME_{t-1}^i \cdot LEV_{t-1}^i} = \frac{A_t^i - A_{t-1}^i}{A_{t-1}^i} \tag{13}$$

ME_t^i（银行 i 的市场价值）和 LEV_t^i（杠杆率），这里 $A_t^i = ME_t^i \cdot LEV_t^i$ 定义，$A_t^i = ME_t^i \cdot LEV_t^i = BA_t^i$（$ME_t^i/BE_t^i$）这里 BA_t^i 作为机构 i 的总资产的账面价值。系统的总资产增长率 X_t^{system} 通过各个金融机构的收益率以滞后一期的资产与总资产的比为权重加权平均得到。研究样本的描述统计如表 1 所示。

表 1　　收益率的统计量

收益率	均值	最大值	最小值	标准差	偏度	峰度	J－B 统计量	概率
工商银行	0.0429	0.1005	－0.1000	0.0210	0.32	7.460	1 159.4	0
农业银行	－0.038	0.0997	－0.0846	0.0173	0.95	11.22	1 306.1	0
中国银行	0.0201	0.1016	－0.0995	0.0199	0.48	8.177	1 599.9	0
建设银行	－0.032	0.1002	－0.1009	0.0200	0.241	7.157	835.73	0
交通银行	－0.043	0.1162	－0.09813	0.0240	0.121	6.012	472.22	0
招商银行	0.0630	0.1000	－0.1409	0.0274	0.114	5.261	298.30	0
兴业银行	0.0479	0.1043	－0.1530	0.0300	0.025	4.861	188.14	0
民生银行	0.1167	0.2133	－0.3090	0.029	－0.354	16.82	13 513	0
光大银行	－0.038	0.0997	－0.0846	0.0173	0.95	11.22	1 306.1	0
浦发银行	0.1271	0.2456	－0.2604	0.0316	0.29	10.83	3 559.5	0
华夏银行	0.1136	0.3987	－0.3370	0.0345	0.77	24.35	26 448	0
平安银行	0.1214	0.4701	－0.3342	0.0352	0.82	35.84	63 437	0
中信银行	－0.055	0.1173	－0.1852	0.0264	－0.06	7.353	986.68	0
北京银行	－0.017	0.1858	－0.1947	0.0273	0.17	8.842	1 641.5	0
南京银行	0.0467	0.1705	－0.100	0.0268	0.63	6.725	771.02	0
宁波银行	0.0002	0.1703	－0.1528	0.0288	0.325	6.4674	619.243	0

注：数据来自 Wind 数据库。

表 1 从上述收益率的统计描述中，我们可以看到银行股收益率分布符合大多数金融时间序列呈“尖峰厚尾，非对称分布”的特征。针对这

样的收益率序列，我们分别用分位数回归估计正常状态下在险价值 VaR（50%）和压力水平下的在险价值 VaR（q）。选取国有银行的代表工商银行和股份制商业银行的代表招商银行列出其收益率分布与正态分布的比较的 Q－Q 图，如图 1 和图 2 所示。

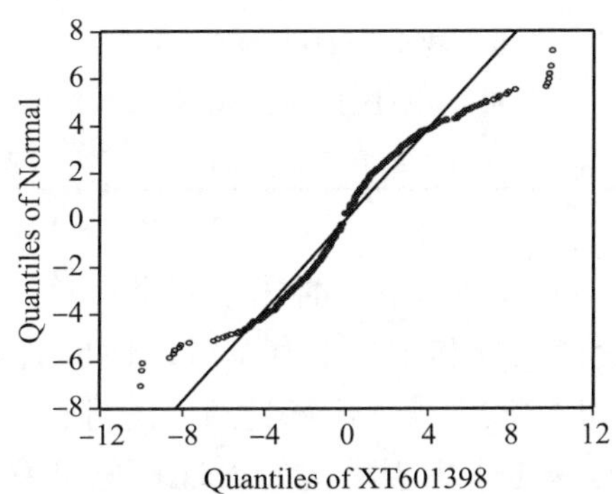

图 1　工商银行股票收益率序列的 Q－Q 图

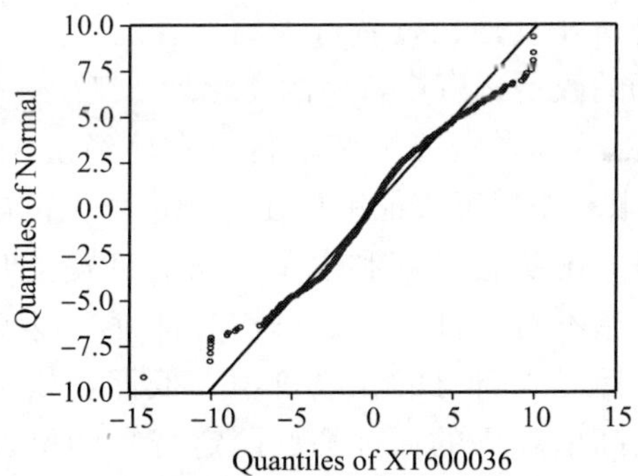

图 2　招商银行股票收益率序列的 Q－Q 图

（二）状态变量的选择

由于风险的传导具有滞后性，系统状态变量是滞后变量，这些状态变量刻画了伴随时间变化的尾部风险的变化特征，这些状态变量改变风险度量的条件平均值和条件波动。选取状态变量的标准是：（1）与资产收益相关随时间变化的变量；（2）具有流动性并且容易交易。为防止过度使用数据，本文选取股票市场的波动率、流动性利差、期限利差和股票市场收益作为状态变量，分别刻画资本市场的收益、波动和银行间市场的交易情况（见表2）。

表2　相关状态变量的选取

变量	变量选取
股票市场上的波动（N1）	沪深300指数的GARCH波动率
股票市场收益率（N2）	沪深300指数日收盘价计算的收益率
流动性价差（N3）	银行同业拆借加权平均利率－6个月固定利率国债到期收益率
期限利差（N4）	10年期国债到期收益率－6个月国债到期收益率

N1、N2刻画资本市场的变化，冲击引起资产价格变化导致上市银行市值变化，银行资金流动性和市场上资本流动性也随之变化。N1股票市场收益率和N2股票市场波动表征市场受到冲击时整个市场上资产价格的波动。这种流动性的变化作用于机构的表现是危机发生时，机构为了规避风险会采取降低负债的去杠杆化行为，货币的外部性使得资产价格进一步下降，产生流动性加剧机构受冲击的影响。N1："股票市场上的波动"表征对资产价值及其他投资者行为的不确定性；N2"股票市场收益率"表征股票市场的收益，资产价格的变化。

N3、N4刻画银行间融资能力和银行与实体经济关系的变化。N3流动性价差和N4期限利差银行表征银行在金融市场上的融资难易程度和银行通过对实体经济的融资自身获利水平。当危机发生时，市场上的流动性会减少。由于信息不对称性，金融机构为保证自身安全会采取更加审慎的行为，这就包括提高自身的在险价值、抵押贷款中由于抵押资产的减值会相应要求提高借款人的保证金、制定贷款的更加严格的审核标准等，这些个体利益最大化规避风险的审慎性行为会使得市场上的流动性紧缺更加严重，积聚原始冲击的破坏性。N3"流动性价差"代表了银行同业间的交易对手风险，作为风险的补偿，流动性价差越大，银行对于同业间要求的风险溢价越大；N4"期限利差"代表了由于银行通常是将短期的存款转变成长期的贷款，因此这个期限利差越大，银行越容易获利；负的期限利差衡量了银行收益受危害的程度，这个值越大银行的压力越大。

方程（7）和方程（8）中的$\hat{\beta}^{system|i}$的估计结果如表3所示。

表 3　　q = 0.05 单个银行收益率方程（7）估计的结果

	$\hat{\beta}^{system \mid i}$	γ_1^i	γ_2^i	γ_3^i	γ_4^i
浦发银行	0.22 (−17.87)	1.04 (−15.81)	−23.04 (−4.35)	0.53 (−2.44)	0.15 (−0.82)
平安银行	0.41 (−18.67)	0.03 (−0.52)	−67.01 (−7.27)	0.12 (−0.48)	0.10 (−0.36)
宁波银行	0.48 (−22.12)	0.03 (−0.33)	−41.9 (−3.66)	−0.32 (−0.51)	−0.13 (−0.29)
华夏银行	0.25 (−5.47)	1.09 (−17.75)	−18.00 (−2.88)	0.32 (−1.00)	0.07 (−0.37)
民生银行	0.40 (−18.53)	0.93 (−23.73)	−13.21 (−2.50)	0.54 (−2.80)	0.17 (−1.18)
招商银行	0.55 (−13.55)	1.02 (−17.23)	−24.44 (−5.64)	0.26 (−1.62)	0.05 (−0.37)
南京银行	0.26 (−4.92)	0.92 (−23.06)	−16.80 (−4.70)	0.38 (−1.91)	−0.32 (−2.41)
兴业银行	0.36 (18.10)	1.05 (13.53)	−21.55 (−3.51)	0.42 (2.08)	0.12 (0.47)
北京银行	0.18 (3.72)	1.02 (21.62)	−11.21 (−2.90)	0.13 (0.72)	−0.44 (−2.46)
农业银行	0.85 (18.61)	−0.06 (−0.85)	44.14 (2.98)	0.20 (0.44)	−0.61 (−4.79)
交通银行	0.45 (18.89)	0.86 (27.32)	−24.22 (−6.10)	0.35 (2.23)	−0.33 (−2.01)
光大银行	0.35 (−0.33)	−0.01 (−0.12)	17.21 (0.79)	1.00 (1.31)	−1.14 (−2.14)
建设银行	0.84 (45.91)	0.02 (0.21)	−43.30 (−7.92)	0.21 (0.78)	−0.14 (−0.57)
中国银行	0.88 (24.15)	0.07 (0.67)	−31.84 (−4.88)	0.17 (0.56)	−0.41 (−1.75)
中信银行	0.55 (33.54)	0.05 (0.37)	−34.09 (−5.38)	0.34 (0.75)	−0.33 (−0.88)
工商银行	0.70 (40.06)	0.71 (18.33)	−17.49 (−3.13)	0.13 (0.68)	0.11 (0.78)

注：括号内为 t 统计量的值，γ_1^i 是股票市场收益率的系数、γ_2^i 是股票市场上的波动系数、γ_3^i 是流动性价差的系数、γ_4^i 是期限利差的系数。

从表3中我们发现基本上 γ_1^i 为正，显著性高。单个银行股对股票的收益率正相关，单个机构与系统之间的资产价格具有同向变化关系，即单个银行股对股票市场的风险的敏感度。其中，股份制银行中浦发、华夏、招商、兴业、北京银行对于股票市场的收益率的系数大于1，对资本市场价格变化敏感。在国有银行中工商、中国银行系数在0.5至1之间，相较于建设和中国而言，工行和中行对资本市场的价格变动要大，但是相对于股份制银行，国有银行对于股票市场价格波动的敏感度较小。这部分可以归因于国有银行相对于商业银行和区域性银行的股份制程度较低。

作为反映资产价值和投资者行为的不确定性的股票市场波动率，我们用的是股票市场收盘价的GARCH（1，1）波动率代表。基本上 γ_2^i 为负，显著性高，即当资本市场波动加大时，由于资产价值和投资者行为的不确定性增加，使投资者对于资本市场失去信心，从而导致了银行股价格下跌。在国有银行中，最早上市的建行对股票市场的波动反映最大，它对股票市场波动率的敏感系数为-43.3。而中国银行、交通银行次之，敏感系数的绝对值均大于20。在股份制银行中，敏感系数绝对值都大于20的有平安、中信、招商、浦发、兴业银行。

代表同业间交易对手风险的“流动性利差”和代表着银行可能盈利性的“期限利差”的显著性相对较弱。γ_3^i 大部分为正，γ_4^i 有正有负。当金融市场处在压力下，银行间同业交易对手风险加大，作为风险补偿银行对同业间要求的风险溢价越大。相对于股份制银行，国有银行对于“流动性利差”的反应较迟钝，四大行的敏感系数均在（0.1，0.2）之间，而大部分股份制银行的敏感系数则在（0.2，0.5）之间。股份制银行对于同业之间的交易对手风险表现出更大的敏感度，即股份之间，银行对于银行市场中其他同业者的市场行为有着更强的关联反应。

“期限利差”反映银行的盈利能力。危机发生时，由于市场的萧条，银行对于放贷会更加谨慎，升高长期贷款利率，而短期存款利率下降。在正常条件下，“期限利差”越大代表着银行获利更容易。当危机发生时，市场萧条，整个市场的融资需求减弱，市场上流动性减少，违约增多。每个银行面对盈利可能性表现的反应有所不同，在国有银行中，中行、交行、建行、农行相对于“期限利差”的敏感度都是为负，可能原因是当市场在压力情况下，大型国有银行可能会以保证机构在险价值为经营目标，采取审慎的风险管理政策，缩减贷款的额度，以确保自身的安全。而大型股份制商业银行的敏感系数一般为正，民生、浦发、兴业、平安、华夏对“期限利差”的敏感度都在0.1左右，银行可能将利润最大化作为了首要的经营目标，保证在险价值的风险管理目标辅助。而地区型商业银行系数为负主要原因可以归结为由于经济形势比较严峻，在地区性市场上整个融资需求减少，并且优质客户数量也减少，使得虽然“期限利差”增大，但是地区性商业银行的贷款额也没有因期限利差的增大大幅度上升，反而可能出现下降的可能性（见图3、图4）。

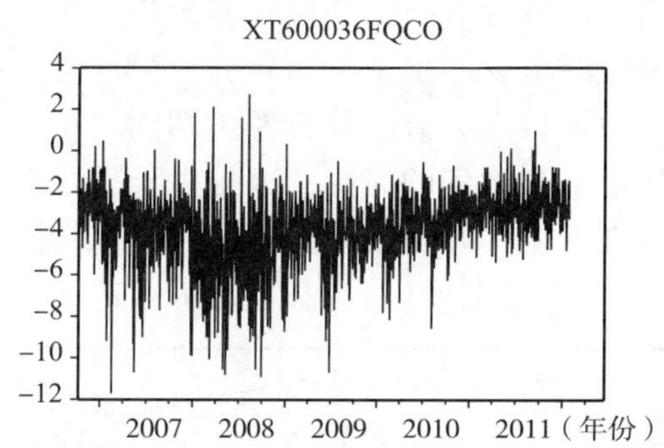

图3　招商银行 q=0.05 分位数下日度 $CoVaR_t^i$ 值

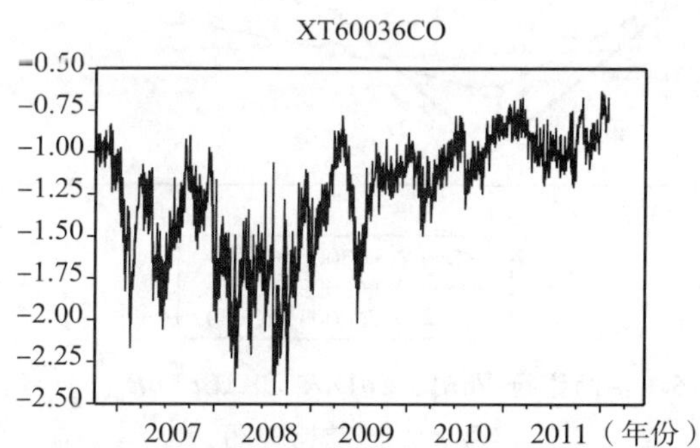

图4　招商银行 q=0.05 分位数下日度 $\Delta CoVaR_t^i(q)$ 值

在图5中，粗黑线为VaR值，带圆圈细黑线为CoVaR值，带实心点细黑线为$\Delta CoVaR_t^i(q)$，在金融危机发生的时段（2008年中期到2011年）招商银行的风险值被低估，即CoVaR值比VaR值高。$\Delta CoVaR_t^i(q)$即招商银行对系统的风险溢出值和$VaR_t^i(q)$并没有显著的相关性。从招行的VaR值图可以看出在2007~2008年招行的在险价值不断增大，在2008年风险值达到最大，在2009年风险值下降，并在2010年后有一个比较显著的下降，并持续到2012年。但是招商银行CoVaR值和$\Delta CoVaR_t^i(q)$表现出了不同的趋势，2006~2008年两者都是上升的，与VaR值迅速下降的趋势不同的是 CoVaR 值缓慢地下降，条件在险价值超出了在险价值，但是 $\Delta CoVaR_t^i(q)$ 在 2008 年下降后并在 2009 年到谷底之后又有了一个新的反弹并一直上升，在 2011 年达到峰值 2011 年后下降。当今金融机构之间的紧密联系，使国际市场上的交易对手违约、信贷市场的收缩、流动性枯竭对中国市场产生了很大的冲击。同时，由于华尔街的崩盘，整个市场的信心也受到打击，金融市场的衰退作用于实体经济，实体经济也会反作用于金融市场，投资者信心受挫导致的抛售手中资产、保证金的增加和融资困难都对金融市场产生了负面影响。2008 年，招商银行在这样大的背景下自身风险值也在上升。危机发生期间，招商银行受到的风险大于自身在独立环境下测度到的风险。这是由于现代金融市场已经是一个大的网络，当危机发生后机构会感受到更多来自系统内的风险溢出。

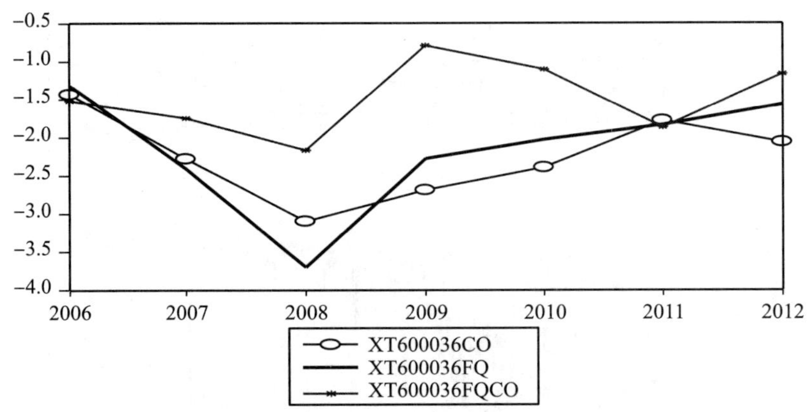

图 5　招商银行 VaR_t^i、$CoVaR_t^i$ 和 $\Delta CoVaR_t^i(q)$ 年度平均的趋势比较图

表 4 为对各个银行日度数据平均得到的年度 $\Delta CoVaR_t^i(q)$ 进行排序的结果。

表 4　　年度 $\Delta CoVaR_t^i(q)$ 的排序

排名	银行	均值	2006 年	2007 年	2008 年	2009 年	2010 年	2011 年	2012 年
1	中行	-2.32	—	-2.19	-2.86	-3.23	-2.51	-1.85	-1.32
2	建行	-2.3	—	-2.34	-3.88	-2.68	-2.04	-1.47	-1.41

续表

排名	银行	均值	2006 年	2007 年	2008 年	2009 年	2010 年	2011 年	2012 年
3	中信	-2.14	—	-2.39	-2.93	-2.49	-2.07	-1.51	-1.42
4	平安	-1.65	-1.16	-2.07	-2.94	-1.78	-1.34	-1.14	-1.15
5	农行	-1.44	—	—	—	—	-1.72	-1.37	-1.24
6	工行	-1.21	-1.03	-1.38	-1.75	-1.17	-1.05	-1.04	-1.02
7	招商	-1.2	-1.01	-1.42	-1.76	-1.29	-1.01	-0.94	-0.89
8	光大	-1.03	—	—	—	—	-1.54	-0.87	-0.7
9	交行	-0.92	—	-1.09	-1.3	-1.13	-0.9	-0.59	-0.53
10	民生	-0.85	-0.9	-0.98	-0.98	-0.88	-0.84	-0.74	-0.67
11	兴业	-0.81	—	-1.08	-1.2	-0.98	-0.87	-0.74	-0.71
12	华夏	-0.67	-0.63	-0.76	-0.86	-0.69	-0.63	-0.58	-0.56
13	浦发	-0.53	-0.49	-0.64	-0.74	-0.57	-0.49	-0.4	-0.38
14	南京	-0.46	—	-0.19	-0.69	-0.65	-0.54	-0.36	-0.32
15	北京	-0.36	—	-0.36	-0.45	-0.43	-0.37	-0.28	-0.27
16	宁波	-0.21	—	-0.22	-0.3	-0.22	-0.18	-0.16	-0.16

我们对 16 家银行 2006～2012 年的 $CoVaR_q^{system/i}$ 进行加权平均得到年度平均值，再通过对其进行均值处理得到银行 $CoVaR_q^{system/i}$ 的排名，从表中我们可以看出当整个系统陷入危机时，风险贡献程度最高的是中国银行，其次是建行、中信、平安、农行、工行；风险贡献程度最小的是南京银行、北京银行和宁波银行。在前六名中，国有银行占了四名，并且中行最高；而贡献最小的三名都是区域性地方银行，可以看出国有银行的风险贡献程度在整个系统中普遍很高，股份制银行次之，区域性银行最小。国有银行具有资产规模大、利润水平高的特点，在风险抵御能力上，国有银行发挥了他们的优势，国有银行股整体风险溢出效应较低。而像招商银行、兴业银行这样经营方式灵活、在区域市场上具有较强竞争力的银行在抵御银行业整体风险溢出效应能力上强于部分国有商业银行。

我们把工行、中行、建行、交行作为国有股份制银行的国有银行系统股，把招行、浦发、华夏、兴业、民生等股份制银行作为股份制商业银行系统股，并对两者之间的风险溢出效应进行估计。其中，表 5 为股份制银行对国有银行的风险溢出效应，其中股份制银行系统对国有银行系统估计方程（8）为 $\hat{\beta}^{gy\mid gf}=0.71$；表 6 为股份制银行对国有银行的风

险溢出效应，其中国有银行系统对股份制银行系统估计方程（8）为 $\hat{\beta}^{gy|gf}=0.62$。图6和图7分别为国有银行系统对股份制银行系统的风险溢出效应的动态路径，图6为两者风险溢出效应的比较图。

表5　股份制银行对国有银行的风险溢出效应

2006年	2007年	2008年	2009年	2010年	2011年	2012年
-1.98969	-3.23366	-3.40072	-3.51647	-2.37432	-1.92711	-1.69418

表6　国有银行对股份制银行的风险溢出效应

2006年	2007年	2008年	2009年	2010年	2011年	2012年
-1.18355	-2.36928	-2.74651	-2.51438	-1.46551	-1.43172	-1.31253

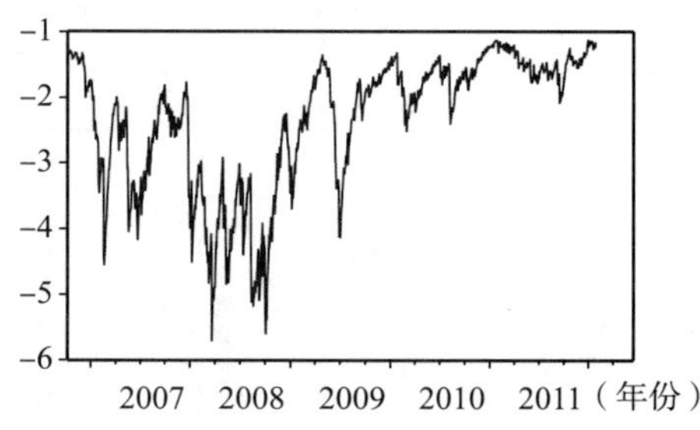

图6　国有银行对股份制银行风险溢出效应的动态路径

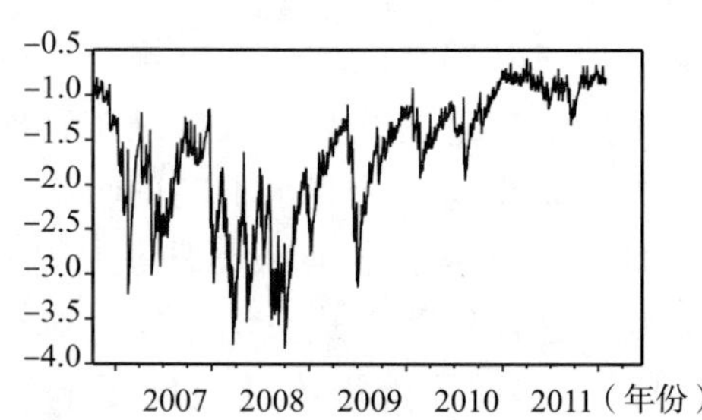

图7　国有银行对股份制银行风险溢出效应的动态路径

图中带圆圈的黑线为股份制银行股对国有银行股的 $\Delta CoVaR_t^i(q)$，灰线为国有银行股对股份制银行股的 $\Delta CoVaR_t^i(q)$。股份制银行系统对国有银行系统的风险溢出效应的趋势和国有银行系统对股份制银行系统的风险溢出效应的趋势是相似的，即在2007年末开始上升，并在2008年和

2009年一直保持在一个较高的水平，在2010年开始下降，但是股份制银行系统对于国有银行系统的风险溢出效应要大于国有银行系统对股份制银行系统的风险溢出效应。从年度的风险溢出效应图可以看出，两张图都是先经历了一个大的凹陷，然后再上升并趋于平稳，从风险溢出效应的角度可以解释为，国有银行系统和股份制银行系统在对对方的风险影响中，在世界金融危机发生时，双方的溢出效应都增大，当金融市场环境都好转时，两者之间的相互影响也下降。但是相对于股份制银行对国有银行的影响，当危机发生时，国有银行对股份制银行的风险溢出效应比在市场状况稍好的时候影响程度更强（见图8）。

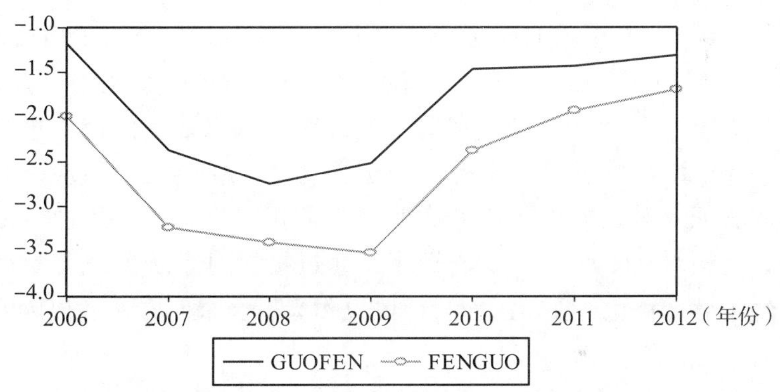

图8　国有银行对股份制银行风险溢出效应和股份制银行对国有银行的风险溢出效应的比较图

CoVaR具有方向性，即股份制银行对国有银行的风险溢出效应和国有银行对股份制银行的风险溢出效应不一样，股份制银行对国有银行的风险溢出效应大于国有银行对股份制银行的溢出效应；产生这种现象的可能是，在危机发生时期，国有银行系统在危机中以保证在险价值为经营首要目标，采取审慎的政策；从前文分析中，可看出股份制银行在危机中可能大部分仍然以利润最大化为首要经营目标，而在危机中较为激进的经营方式，会带来更大的风险。由于在危机中，交易对手风险增大、违约率变大，股份制银行的不良贷款增多，会对股份制银行带来更大的风险。而这样的市场行为可能会使投资者对金融市场缺乏信心，导致股票市场波动，资产价格降低，从而对国有银行系统产生影响，带来负的外部性。

综上所述，国有银行单个银行对于系统的风险贡献大，但是由于在危机期间，股份制银行系统的市场行为会对国有银行系统产生负的外部性，所以在危机期间，对于股份制银行系统的宏观审慎监管具有重要意义。

五、结论

2008 年的次贷危机后，巴塞尔委员会对于系统重要性银行应对风险的能力提出了各项风险监管标准，系统重要性机构的识别对于宏观审慎监管有着重要意义。本文以 Adrian 等的研究为基础，利用分位数回归法对我国上市商业银行的收益率进行了测度，度量了一家银行处于压力时整个银行体系的脆弱性。度量我国 16 家上市商业银行股的 VaR 值和 $\Delta CoVaR_t^i(q)$，就可以计算出单个银行违约的风险。并对表征单个机构对系统风险贡献的 $\Delta CoVaR_t^i(q)$ 进行了排序。本文得出以下三个结论：

（1）$VaR_t^i(q)$ 和 $\Delta CoVaR_t^i(q)$ 没有明显的对应关系，同时基于历史数据度量的 VaR 值可能会低估风险。通过对极端水平下的情形进行估计得到的 $\Delta CoVaR_t^i(q)$ 可以很好地刻画机构之间的风险溢出效应，并且能够具体的表征出风险溢出效应的大小。当危机发生时，VaR 值一般是被低估的，机构对 $\Delta CoVaR_t^i(q)$ 的排序，通过机构对系统的风险贡献程度判断系统重要性机构。$\Delta CoVaR_t^i(q)$ 可以作为更为全面有效的风险管理技术，具有很强的操作性。

（2）通过排序可以看出，国有银行中行、建行、工行和具有区域垄断性的商业银行或是经营结构相对灵活的商业银行如中信、平安和招商，对于系统风险的贡献较大；地区性商业银行对于系统的风险溢出效应较小，均位列末尾。国有银行和部分商业银行应被看做系统重要性机构，需对这些系统重要性机构进行重点监管。

（3）国有银行股对于股份制银行股的风险溢出效应大于股份制银行股对国有股的风险溢出效应，其原因可能在于在危机当中股份制银行的市场行为对国有银行产生的负外部效应远大于国有银行系统对股份制银行系统产生的负外部效应。尽管“大而不能倒”的系统重要性机构对于系统的风险贡献十分巨大，但是在危机期间股份制银行系统的同质性市场行为可能对于系统产生更大影响，对于股份制银行系统在危机期间的市场行为需有力的监管。

参考文献

[1] 陈守东、王妍：《金融压力指数与工业一致合成指数的动态关联研究》，载

《财经问题研究》2011 年第 10 期。

[2] 丁庭栋、赵晓慧:《不同行业与金融系统的波动溢出效应分析》，载《统计与决策》2012 年第 3 期。

[3] 范小云、王道平、方意:《我国金融机构的系统性风险贡献测度与监管——基于边际风险贡献与杠杆率的研究》，载《南开经济研究》2011 年第 4 期。

[4] 高国华、潘英丽:《银行系统性风险度量——基于动态 CoVaR 方法的分析》，载《上海交通大学学报》2011 年第 2 期。

[5] 宫晓琳、李连发、辛晓岱:《未定权益分析方法与中国宏观金融风险的测度分析》，载《经济研究》2012 年第 3 期。

[6] 赵留彦、王一鸣:《AB 股之间的信息流动与波动外溢》，载《金融研究》2003 年第 10 期。

[7] Acharya V. , Philippon T. , Richardson M. , et al. The Financial Crisis of 2007 – 2009: Causes and Remedies, Financial Markets, Institutions & Instruments, 2009, 18 (2): 89 – 137.

[8] Adrian T. , M. Brunnermeier. CoVaR. Federal Reserve Bank of New York Staff Repors. 2010, No. 348.

[9] Bandt O. , Hartmann P. , Peydró J. . Systemic risk in banking: an update. Oxford Handbook of Banking, 2009. Oxford University Press.

[10] Brownlees C. , Engle R. . Volatility, correlation and tails for systemic risk measurement. 2011. NYU Working Paper.

[11] Drehmann M. , Tarashev N. . Measuring the systemic importance of interconnected banks [J]. BIS Working Paper, 2011. No. 342.

[12] Roengpitya R. . Measuring the Level of Competition in the Loan Market of the Thai Banking Industry Using the Boone Indicator, Economic Research Department, 2010. Bank of Thailand.

[13] Kritzman M. , Li Y. , Page S. , et al. . Principal components as a measure of systemic risk, Journal of Portfolio Management. 2011. 37 (4): 112 – 126.

[14] Koenker R. , Bassett Jr G. . Regression quantiles. Econometrica: journal of the Econometric Society, 1978. 33 – 50.

试论金融支持新型城镇化建设的基本方略

彭克强*

摘　要： 基于赴川、渝专题调研，深入剖析金融机构支持城镇化建设中存在的主要问题及其症结所在，并在此基础上提出金融支持新型城镇化建设的总体思路、基本原则、重点领域和相关配套措施，尝试对发挥金融业的新型城镇化建设融资主渠道作用作出顶层设计和战略谋划，以便为金融决策部门提供决策参考。

关键词： 新型城镇化　县域城镇化　金融支持　基本方略

一、引言

改革开放30多年来，我国经济建设取得举世瞩目的巨大成就，同时，保持经济平稳较快增长也面临诸多结构性矛盾的制约，突出表现在城乡间、区域间发展差距不断拉大及其引致的经济增长过分依赖投资和出口拉动等方面。为此，党的十八大提出，坚持走中国特色新型工业化、信息化、城镇化、农业现代化同步发展道路；2012年中央经济工作会议强调，积极稳妥推进城镇化，科学布局大中小城市和小城镇，着力提高城镇化质量，走集约、智能、绿色、低碳的新型城镇化道路；李克强总理反复强调，改革是中国的最大红利，而城镇化是中国的最大内需潜力所在。显然，推动新型城镇化建设的过程，就是通过进一步释放改革红利充分挖掘经济发展内需潜力的过程。

中共十八大以后，学术界围绕新型城镇化议题展开了深入研讨。学界普遍认为户籍制度、土地制度、社保制度等配套制度改革是推进新型城镇化建设的重要条件，例如，辜胜阻（2013）、迟福林（2013）认为，新型城镇化持续健康发展的关键在于加快推进户籍制度、土地制度、社

* 作者简介：彭克强，西南财经大学中国西部经济研究中心副教授，硕士生导师。

会保障制度、投融资体制等相关领域改革，尽快全面放开中小城镇落户限制，公共资源配置应向小城镇倾斜；部分有识之士高度关注“三农”问题在新型城镇化建设中的基础战略地位，例如，陈锡文（2013）、张虎林（2013）、刘明国（2013）认为，中央推进新型城镇化旨在促进“三农”问题和城乡发展差距过大问题的逐步解决，“三农”问题攸关城镇化建设的成败，应基于“三农”视野统筹谋划城镇化建设，实现新型城镇化与农业现代化协调发展，统筹做好耕地保护、粮食安全、农民转移工作；还有不少学者非常重视县域城镇化对于国家新型城镇化建设中的战略支撑作用，例如，继费孝通提出我国应走大中小城市和村镇共同发展的多元城市化道路观之后，温铁军（2013）、韩康（2013）、孙才仁（2013）、仇保兴（2013）等人从增进民生幸福、维持社会稳定、避免落入“城市化”陷阱的战略高度出发，主张新型城镇化建设应以县域为重点，从现行大城市导向型城镇化向小城镇优先型城镇化转变，引导农民就地就近实现城镇化。目前，学界已就新型城镇化的核心应是人的城镇化、其基本格局应是大中小城市和小城镇协调发展，应坚持市场主导、产业支撑、产城融合、生态宜居城镇化发展路径等重大问题达成基本共识。

新型城镇化建设是涵盖城镇基础设施、产业经济、社会事业、生态环境等领域建设的宏大工程，共需投入数十万亿元甚至上百万亿元资金。钱从何处来？当前，财政、金融、社会等融资渠道均存在严重的体制僵化、机制梗阻、能力不足问题。国家财政连年赤字，试图主要通过财政渠道筹集城镇化建设资金的想法并不现实；国家金融体制改革尚未到位，防控金融风险面临硬约束，金融业支持新型城镇化建设面临诸多具体障碍；投融资体制机制不畅，致使社会资本参与城镇化建设的巨大潜力难以发挥。可见，新型城镇化建设面临着巨大的融资难题。迟福林（2013）认为，能否构建起合理的农民工市民化成本分担机制攸关新型城镇化建设的前景；周其仁（2013）认为，应切实改变政府主导型城镇化发展模式，着重构建社会自发型资源动员机制；张承惠（2013）、董仕军（2013）认为，应按照充分发挥财政资金杠杆作用的总体思路，针对具体项目性质努力弥补新型城镇化建设资金缺口；贾康（2013）主张通过引入公私合作伙伴关系（PPP）模式构建新型城镇化建设筹资放大机制和管理增效机制；王曙光（2013）、易宪容（2013）、徐高林（2013）认为，金融业应积极审慎地参与新型城镇化进程，应重点支持优质城镇化项目建设；卓尚进（2013）主张构建政策性金融与商业性金融、城市金融与农村金融、间接融资与直接融资、正规金融与民间金融两两并存的新型城镇化建设多元化金融服务体系。虽然不少学者对城镇化建设融资问题展开了深入研究，但目前仍未能就一些重大问题形成广泛共识。

综上，新型城镇化已上升为国家重大战略，且学界对其内涵及建设方向也达成诸多共识。面对巨大的城镇化融资难题，作为现代经济的核心，金融业理应发挥新型城镇化建设融资主渠道作用。尽管全国各类金融机构都在积极探索支持城镇化建设的可行途径与方式，并初步形成了一些创新性做法，但金融监管当局迄今仍未制定和出台关于金融业支持新型城镇化建设的方针政策，致使金融机构在探索金融支持城镇化建设途径、方式中难免出现混乱无序、风险失控、效率低下等不容忽视的问题。鉴于此，2013 年 5 ~8 月，笔者带领银监会“金融支持城镇化建设研究”课题组先后赴宜宾市南溪区、筠连县，重庆市璧山县、开县，成都市郫县、双流县、新津县、邛崃市，对金融业支持新型城镇化建设情况进行了深入实地调研。基于此次调研成果，我们尝试性地提出金融业支持新型城镇化建设的基本方略。

二、金融支持城镇化建设存在的问题及症结

（一）金融支持城镇化建设存在的问题

1. 县域金融生态环境欠佳，抑制金融支持小城镇建设的积极性

从各方面情况看，县域应是此轮新型城镇化建设的重点区域。然而，县域金融生态环境普遍不理想，对金融机构（特别是商业性金融机构）开展县域金融业务造成了严格约束。其主要表现在五个方面：一是县域信息不对称问题严重、交易成本高昂。县域经济主体生产生活比较分散，金融服务需求多样，单笔金融交易额度小、业务量大，单位交易成本高昂，对商业性金融机构进入县域市场展业构成天然的排斥作用。二是县域经济主体信用观念淡薄。县域广大农民、中小业主往往缺乏现代金融业发展要求的信用观念和诚信意识，在一定程度上抑制了商业性金融机构服务县域经济发展的积极性。三是县域信用体系严重缺损。现代信用体系是整个金融系统对金融交易的失信者进行联合惩戒的一系列制度设施。由于县域经济金融发展滞后，信用体系建设起步较晚，正规金融机构难以对恶意逃废债务者实施有效惩罚。四是县域借款者通常难以提供

合格抵押品。农村土地、农房等资产产权不完善、流动性比较弱，农产品、畜禽的价值不够稳定，中小微企业也缺乏合格的抵押品，致使县域借款主体往往难以提供符合银行要求的合格抵押品，严重约束了银行的放贷能力。五是多数县域经济结构不合理、产业经济实力弱、信贷风险分担机制缺失、基础设施项目缺乏合格承贷主体，致使县域城镇化建设蕴藏的巨大金融需求难以转化为有效需求。

2. 县域金融发展水平低下，县域城镇化建设资金缺口令人忧虑

长期以来，县域是我国城镇化建设的薄弱环节，但县乡财政普遍处于“吃饭财政”的尴尬境地，调整国家财政分配体制又绝非易事，因而金融业肩负着支持县域城镇化建设的历史重任。然而，县域金融业一直是我国金融体系的最薄弱环节，其支持小城镇建设的主观意愿、资金实力和风险防控能力都显得相当有限，势必严重阻碍县域城镇化建设的持续较快推进。具体地，县域金融发展水平的低下性主要体现在四方面：一是县域金融网点较少、服务内容单一。由于县域金融市场固有的信息不对称、服务成本高两大难题，商业化取向的农村金融改革难免造成原有县域金融机构普遍脱农、背农；而三类新型农村金融机构中，仅商业化股份制的村镇银行发展比较迅速，专营贷款公司和农村资金互助社发展缓慢，未能有效缓解县域小微企业和广大农户面临的贷款难题；小额贷款公司虽然发展迅猛，但存在着服务对象过分集中和贷款利率偏高的问题。同时，县域金融机构的服务内容通常局限于存、贷、汇等传统业务。二是县域金融组织体系严重缺损。目前，草根性农村金融组织，特别是合作性农村金融组织，发育严重滞后，直接导致大中型商业性金融机构无法有效克服面临的农村金融市场信息不对称和交易成本难题。三是县域金融服务环境有待改善。县域金融生态不佳主要表现在县域信用体系不健全、金融监管模式僵化、居民金融意识淡薄、借款主体经济实力弱且难以提供合格抵押品等方面。四是县域金融资源长期严重外流。尽管县域金融资源严重匮乏，县域城镇化建设亟待外部资金大量注入，但县域资金仍经由金融机构大量外流到大中城市。

3. 中小微企业融资难，信息不对称和交易成本高昂是关键原因

中小微企业是县域经济的重要增长点和县域城镇化进程中最主要的就业岗位来源。从调研了解到的情况看，县域中小微企业经济实力普遍比较薄弱，缺乏特殊优惠信贷政策支持，符合银行要求的抵押资产不足，对担保公司的反担保能力弱；国有大型银行信贷产品由总行开发，各分支机构难以开展针对性金融产品创新，而地方性金融机构的自主创新能力又比较弱。这些导致县域中小微企业普遍陷入融资困境。尽管各类县域金融机构为此做出了巨大努力，但效果依然是有限的和局部性的。须知，金融服务面临着永恒的两大主题：一是信息问题，即设法掌握筹资者尽可能详细、准确的信用信息，以便有效防范金融交易中的逆向选择和道德风险问题；二是成本问题，即努力将金融服务成本控制在筹资者可承受且金融机构可盈利的水平上。其实，金融服务的信息问题与成本问题是紧密相关的，因为在信息不对称比较严重时，为缓和信息问题所需花费的交易成本势必上升。显然，中小微企业融资的症结就在于金融机构对于中小微企业的信用信息缺乏充分了解，而要弄清这些信用信息，就需要付出高昂的交易成本。

4. 批发式信贷投放导向，县域城镇化建设的金融风险值得关注

鉴于县域金融生态环境不佳，特别是县域金融交易信息不对称问题严重，金融机构支持县域城镇化建设通常采用集中式信贷投放模式，尤其热衷于发放政府融资平台项目贷款，而平台公司城镇化建设项目通常是中长期项目，投资回收期比较长，贷款违约风险不容小觑。自 2009 年国家启动地方政府融资平台贷款清理工作以来，银行业金融机构按照“总量控制、有保有压”政策要求，对平台公司存量贷款进行了全面清理，增量平台贷款政策也日渐收紧，地方融资平台存量贷款风险得到了有效控制。然而，面对巨大的城镇化建设资金压力，各类平台公司纷纷转向采用信托贷款、发行债券、BT 融资等方式开展多元化融资，且各类资金交叉混用，平台债务总量和结构日益复杂，平台公司与银行、监管部门之间信息不对称加剧，风险防控难度增大。同时，县域金融机构通常热衷于支持辖内大中型企业，虽然有助于缓解县域信用信息不对称问题，但也存在着贷款的行业、期限集中度过高，潜在信贷风险比较严重的问题。

5. 配套政策体系缺失，金融支持城镇化建设巨大潜力难以发挥

银行业是我国金融体系的主体成分，是金融支持城镇化建设的主力军。然而，新型城镇化建设涉及经济、社会、文化、生态等诸多领域，

城镇化建设贷款的整体风险程度要远高于现行商业性贷款的平均风险水平。目前，金融支持城镇化建设尚缺乏相关配套政策体系的有力支撑。其至少体现在五个方面：一是农村产权制度改革有待加快。耕地承包经营权、宅基地使用权、房屋所有权、林权等农村基础产权制度仍然缺乏足够的完备性，农作物、畜禽、林木等农林产品的价值稳定性和变现能力较差，均不具备良好的抵押融资属性，农村产权综合改革任重道远。二是农村金融体制改革亟待深化。1996 年国务院发布《关于农村金融体制改革的决定》以来，农村金融改革历经曲折反复，目前改革虽已取得阶段性成效，但尚未真正走出农村金融改革发展的迷茫状态。三是财政资源分配体制不够合理。1994 年分税制改革型构了现行中央、地方财政资源分配关系，在显著增强中央政府宏观调控能力的同时，也造成了地方财政特别是县乡财政极端困难的消极后果，严重阻碍了县域城镇化建设的快速健康发展。四是财税金融优惠政策长期缺位。城镇化建设贷款风险比较大、成本比较高，需要国家在财政政策、税收政策和金融政策方面给予扶持和帮助。国家至今仍未出台鼓励金融支持城镇化建设的财税、金融优惠政策，不利于调动银行业金融机构支持城镇化建设的积极性。五是现行金融业监管体制存在严重弊病。一方面，我国现行金融业分业监管体制不利于银行业、证券业、保险业之间形成良性互动关系，严重抑制了金融业整体功能的有效发挥；另一方面，现行金融业监管模式比较僵化，不能适应不同区域、不同金融机构的具体情况，监管效率低下。

（二）金融支持城镇化建设问题的根本症结

1. 新型城镇化建设关键领域体制机制弊病根深蒂固，推进新型城镇化进程缺乏科学体制机制保障

新型城镇化建设既是我国经济增长的最大潜力所在，也是全面推动我国经济、社会、行政、生态等领域深化改革的战略抓手，其中，财政体制、金融体制、城镇体制、投融资体制是核心领域。在触动利益比触及灵魂还难的当下，这些核心领域的体制弊病已经根深蒂固，加之利益集团的形成，改革这些关键体制相当困难。例如，现行财政体制的最大问题是中央政府与地方政府在财权、事权分配上严重不匹配，各级地方政府承担了大量经济、社会、生态等方面的建设责任，却长期面临财力

不足的困扰，迫使它们竞相发展具有政府隐性担保性质的各类融资平台，造成金融风险与财政风险不可避免地交织在一起，平台公司的债务风险不可小觑；又如，现行金融体制的弊端突出表现在业已形成的二元金融体制格局上，致使金融资源经由各种渠道向大中城市集中，而县域城镇化建设的可用金融资源严重不足；还有，国家财力上移、大城市偏好，造成事实上长期存在着过分重视大城市发展、轻视中小城市特别是小城镇建设的畸形城镇建设体制，此间，大城市、大项目导向型投融资体制起到了推波助澜的作用。显然，尽管国家发展改革委员会提出了“以大城市为依托、以中小城市为重点，逐步形成辐射作用大的城市群，促进大中小城市和小城镇协调发展”的新型城镇化建设构想，然而，如果不能对财政体制、金融体制、城镇体制、投融资体制等关键领域进行深刻改革，就无法提高县域城镇化建设的资源投入保障能力，我国大城市与中小城市、小城镇之间的发展差距必将进一步拉大，城乡统筹发展、各级城镇协调发展的政策目标将更加难以实现。

2. 城镇化建设相关领域改革缺乏系统性和协调性，新型城镇化建设尚未找准战略重点和关键环节

改革开放以来，我国经济金融改革始终处于“摸石头过河”、“各自为战”式简单试错阶段，缺乏统筹谋划和顶层设计，各项改革之间缺乏系统性和协调性，已经不能适应深化改革的新形势和新型城镇化建设的新要求。例如，长期以来，财政体制改革与金融体制改革之间协调性差，稀缺财政资金未能有效发挥撬动巨量信贷资金的杠杆效应，致使财政资源利用低效、金融资源配置错位；又如，20 世纪 80 年代国家曾明确提出“积极发展小城镇”的城镇体制改革方向，但投融资体制改革未能与之相适应，依旧沿袭大城市、大项目导向型投资偏好；又如，改革开放以来，国家执行比较消极的城镇化发展政策，未能通过整体推进农村土地制度、户籍管理制度改革，积极引导农业人口向各级城镇有序转移。

目前，各界仍未能就新型城镇化建设的战略重点和关键环节达成共识，必将严重制约金融支持城镇化建设功能的有效发挥。尽管国家发展改革委员会最近提出了“以城市群为主体形态”的新型城镇化建设构想，但未来的城镇化建设实践中能否真正贯彻“以大城市为依托、以中小城市为重点”的新型城镇化发展意图，尚缺乏相关制度、体制保障，其结果很可能是大城市规模更大而中小城市特别是小城镇仍深陷发展困境。

还有，虽然人们普遍认同“人的城镇化”、“产城融合”这些新型城镇化的核心理念，但“人的城镇化”与“产城融合”之间的关联机制是什么，即怎样正确处理城镇基础设施、社会事业、产业经济、生态环境建设之间的复杂关系，至今仍未能形成清晰的认识。应当说，此轮新型城镇化建设不仅是未来相当长时期内我国经济增长的最大潜力所在，而且为我国在顶层设计和科学规划基础上深化经济社会各领域改革提供了难得的历史机遇。

3. 金融改革过分强调股份制、商业化模式，金融发展未能步入中国特色、区域特点动态演进轨道

改革开放以后，经过10余年艰辛探索，1993年年底国务院发布《关于金融体制改革的决定》，确定了我国金融体制改革的市场化目标。20年来，我国金融改革发展取得了长足进展，有力地支撑了宏观经济的持续较快发展。然而，我国现行金融体制也存在着严重弊端，集中体现在金融机构“大型化”、金融产权“股份化”和金融运作“商业化”等方面，阻碍了城乡之间、区域之间经济社会协调发展，致使县域金融发展滞后、合作性金融日渐衰微、小微金融组织发育不良，加之农村产权改革滞缓、财政引导不力，导致县域小微企业、工商户、农牧民普遍面临严重的贷款难、融资贵问题。须知，深刻认知我国国情特色和区情特点，是高效推动金融业改革发展的一个重要前提。其实，我国金融业发展除了面临大多数发展中国家金融发展的共性制约因素之外，还深受幅员辽阔、人口众多、人均资源少、市场化转轨、区域发展失衡、儒家文化影响、集权主义传统等异质性因素的影响，从而决定了中国金融业改革发展既不能简单照搬其他发展中国家的金融发展经验，也不应机械套用发达国家金融发展的股份制、商业化模式。鸦片战争以后，我国逐步蜕变为区域经济文化发展极不平衡的半殖民地半封建国家；新中国成立后，通过实行国民经济计划化和开展三线建设，我国区域发展的不平衡性有所缓解；改革开放后，国家鼓励东部沿海省份利用优越区位条件率先发展起来，使区域经济发展差距再次拉大。同时，随着各地区的经济发展水平不断提高，相应的金融业态也应随之发生动态演进。种种迹象表明，我国金融业发展仍然未能进入中国特色、区域特点的动态演进轨道。

三、金融支持新型城镇化建设的思路、原则与重点

（一）总体思路

金融支持城镇化建设的总体思路大致体现在正确处理五大关系上：（1）正确处理城镇化建设与金融业改革发展之间的辩证关系。一方面，金融是现代经济的核心，当然也是新型城镇化建设的核心。没有金融业的深度参与和大力支持，新型城镇化建设的巨大资金缺口将无法有效弥补，新型城镇化建设将举步维艰；金融业在积极支持城镇化建设的同时，也应切实履行对新型城镇化建设的宏观调控职能，如严控“两高一剩”产业发展、严禁乱占耕地等，以金融手段推动新型城镇化建设持续健康协调地发展。另一方面，新型城镇化建设为金融业改革发展提供了一次难得的历史机遇。金融业应紧紧围绕新型城镇化建设这一国家战略，根据城镇化建设提出的各项金融服务需求，积极稳妥地加强金融组织、金融产品及服务方式创新，大力深化金融制度体制机制创新，显著增强金融业支持新型城镇化建设的综合实力，在支持新型城镇化建设这场宏大战役中实现自身改革创新发展的大跃进和综合实力的大跃升。（2）正确处理财政资金与金融资金之间的辩证关系。一方面，国家优惠政策扶持是金融支持城镇化建设的一个前提条件。国家应通过实施财税、金融、产业等优惠政策措施，诱导商业性金融机构积极为各类城镇化建设项目提供综合化金融服务。就是说，国家相关优惠政策的实施有助于提高金融机构城镇化建设项目贷款的收益水平，从而实现金融机构在商业可持续前提下支持城镇化建设。另一方面，金融业积极参与新型城镇化建设进程，不仅可以为财政资金使用方式转变创造业务环境，为检验财政资金杠杆化运用的实际效果提供实践基础，而且可以在推动城镇产业经济持续健康发展和城镇居民收入持续较快增长的基础上不断扩大税基，从而为未来国家拿出更多财政资金作为引导资金奠定雄厚的财力基础。（3）正确处理县域城镇化建设与县域金融改革发展之间的辩证关系。长期以来，县域经济金融发展双双陷入困境的根本症结在于未能有效打破县域经济与县域金融之间的低水平相互制约关系，未能有效构建起两者之间的动态合作博弈机制。今后，必须以新型城镇化建设为契机，依托国家优惠政策扶持，深化经济金融等相关领域体制机制改革，坚决打破县域经济金融之间的发展僵局。一方面，金融业应借助城镇化建设背景下相对宽松

的政策环境，切实加快金融产品和服务方式创新，在有效防控金融风险的前提下，不断加大对新型城镇化建设的支持力度，积极促进县域经济发展振兴，有力地推动县域城镇化发展进程；另一方面，县域城镇化建设为县域金融改革发展提供了相对宽松的政策环境。随着城镇化进程的持续推进，县域经济发展水平将不断提升，县域经济体量将逐步扩大，县域居民收入水平和金融意识也会不断提高，这就为县域金融业改革发展准备了良好的经济金融条件。（4）正确处理银行业资金与资本市场资金之间的辩证关系。金融机构体系和金融市场体系是我国金融体系的两大组成部分，而银行业金融机构是我国金融机构体系的主体性成分。在支持新型城镇化建设进程中，银行间接融资与资本市场直接融资之间存在着辩证统一的关系。一方面，通常而言，资本市场的融资门槛比较高，比较适合成熟型大型企业发行股票、债券进行融资；中小微型企业不仅难以达到主板市场的发股融资条件，而且大多数中小微企业也不具备上中小板、创业板进行融资，其比较现实的融资选择是向银行业金融机构申请贷款。可见，银行信贷资金在支持绝大多数中小微企业发展上具有极端重要的作用。另一方面，在政府优惠政策扶持和银行业金融机构大力支持下，大量中小微企业不断发展壮大，逐步具备到资本市场进行融资的条件，企业发展走上资本集聚的快速通道。这些做大了的企业既为银行业体系提供了大量存款资源和金融服务业务，又在更高层次上对银行业金融机构提出了信贷服务需求。（5）正确处理金融资金与民间资本之间的辩证关系。在推进新型城镇化建设进程中，金融资金与民间资本存在着比较复杂的辩证关联。一方面，由于银行业金融机构的资本充足率比较低，其绝大部分运营资金来自于对社会公众和行政事业单位的负债；民间资本（现又称社会资本）是民营企业主长期积累起来的较大额度私人资本，它们除大部分处于企业生产经营资金状态之外，还有小部分暂时处于闲置状态，成为银行存款的一个来源。可见，银行业金融机构的运营资金主要来自于社会资金。另一方面，如果民间资本被用于投资创办或参股经济实体，且处于持续健康发展状态，有利于创造社会财富、增加财政收入、扩大城镇就业，不仅可以为银行业金融机构提供源源不竭的稳定存款来源，而且会向银行业金融机构提出更多更高层次的金融服务需求。

（二）基本原则

从战略上讲，新型城镇化建设的成败取决于能否妥善应对两大潜力威胁：国家粮食安全问题和国家金融安全问题。只有不危及国家粮食安全基础并确保金融体系安全的城镇化建设成果才经得起历史的检验；反之，若不能同时消除这两大隐患，无论什么样的城镇化建设成果都是不足称道的。根据我国新型城镇化建设面临的特殊国情、复杂区情及具体条件，金融支持城镇化建设工作应牢牢把握如下基本原则：

1. 坚持政府引导、市场主导、规划先行的原则

政府引导，指各级政府通过完善城镇基础设施、公共服务条件，实施差异化产业政策、诱导性财税优惠政策，引导金融资本和民间资本积极投向城镇化建设重点领域及其关键环节。市场主导，指在政府政策引导下充分发挥市场机制在城镇化建设资源配置中的基础性作用，努力提高资源利用效率和城镇化建设效益。规划先行，指以城镇化建设规划、城镇化建设融资规划等科学规划为引领，推进城镇化建设融资工作有序、健康发展。在金融支持城镇化建设工作中，政府引导、市场主导、规划先行三者密切关联、缺一不可，其中，政府政策引导为市场主体积极参与城镇化建设提供必要前提，市场机制是城镇化建设资源配置的主导性力量，相关科学规划则为城镇化建设及其融资工作提供方向指引和保障措施。

2. 坚持以支持县域城镇化建设为着力点的原则

我国是一个人口多、底子薄、区域发展不平衡的发展中大国。预测结果显示，2030 年前后我国人口规模将达到约 16 亿人的峰值水平，届时城镇人口估计将超过 10 亿人。显然，现有的 200 多座大中城市无法容纳如此庞大的城镇人口规模。现实国情决定了县域城镇化应是我国新型城镇化建设的战略方向。大致可分 3 种类型有序开展县域城镇化建设：对于大中城市近郊区（县），可通过主城区扩容将其吸纳进大中城市；对于大中城市远郊县（市），可通过建设城市群并发挥中心城市的辐射作用，带动它们与中心城市一道协调发展；对于远离大中城市的众多县（市），应根据各自资源、环境、人口条件走差异化、特色化县域城镇化道路。国家应进一步加大县域金融改革发展力度，并将支持县域城镇化建设作为县域金融工作的着力点。

3. 坚持银政合作、银保合作、银担合作的原则

我国金融体系的主体是银行业金融机构，这就决定了银行业是金融支持城镇化建设的主体性力量。安全性是银行业金融机构业务经营的最大关切，能否有效降低贷款风险，直接决定着银行业金融机构参与新型城镇化建设的广度和深度。实行银政合作、银保合作、银担合作，有助于消除或降低银行业发放城镇化项目贷款的风险顾虑，应是有效调动银行业支持城镇化建设积极性的重要工作原则。银政合作，指银行业金融机构与各级地方政府之间的合作，地方政府应积极推动当地信用环境建设、深化农村产权综合改革，为银行业放贷营造良好的金融生态。银保合作，指银行业机构与保险机构之间的合作，通过大力发展相关保险业务，改善借款主体的资信条件，从而提高银行业放贷的积极性。银担合作，指银行业机构与信用担保机构之间的合作，通过大力发展融资性担保机构，切实降低银行业贷款风险，从而激发银行业支持城镇化建设的巨大潜力。

4. 坚持间接金融与直接金融有机结合的原则

目前，尽管我国金融体系仍然以间接金融为主体，但直接金融市场也已有了相当程度的发展。鉴于城镇化建设项目性质的差异性和银行业信贷风险防控的硬要求，在推进新型城镇化建设中，过分依赖银行业间接融资渠道是不现实的。只有综合运用间接金融与直接金融两种融资手段，才可能有效弥补城镇化建设面临的巨大资金缺口。在妥善防控金融风险的前提下，各城镇化项目建设主体应针对具体项目属性，合理选择融资方式和金融工具，有效整合和充分利用各类社会资金资源，及时满足城镇化建设项目的合理资金要求。就是说，应切实改变长期形成的项目建设间接融资路径依赖，在大力推动多层次资本市场体系建设的基础上，积极稳妥地扩大直接融资在城镇化建设项目融资总额中的比重。扩大直接融资的途径除了普通的发行企业债券、公司股票之外，还应积极探索资产证券化、收入证券化、集合融资券、中期票据、股权投资等各类新型直接融资工具。

5. 坚持金融创新与金融风险防控相协调的原则

面对新型城镇化建设融资难题，金融机构应积极创新金融产品和服务方式，努力增强金融业支持城镇化建设的综合能力。金融业是经营风险的行业，金融创新必然出现新的金融风险形态。这就要求我们正确理解和妥善处理金融创新与金融风险防控之间的辩证关系。一方面，金融创新是金融机构适应社会融资需求变化而进行的金融产品开发、金融服务流程再造的过程，直接拓展了社会融资渠道，增加了融资工具选择范围。另一方面，有些金融创新是在更大时空范围内运用多种担保手段对传统金融产品及服务方式进行改造、综合，实现了金融风险的某种对冲；另一些金融创新是根据实体经济的新需求，设计、开发新型金融产品，必然出现新的金融风险。因此，新型城镇化建设金融创新中，既不应盲目开展金融创新而导致金融风险失控，也不应过分强调风险防范而对金融创新心存恐惧，正确的态度是，妥善协调金融创新与金融风险防控之间的关系，以更积极的态度、更开阔的视野、更多样的手段，在更大时空范围内积极审慎地开展金融创新，有效控制金融创新风险。

（三）重点领域

考虑到我国城镇化建设的现实水平，我们认为，当前和今后一个时期，金融支持城镇化建设的重点领域主要包括如下五个方面。

1. 城镇基础设施建设

基础设施既是城镇产业发展的硬件条件，也是影响城镇人口集聚能力的重要因素。金融业应重点支持城市群中心城市的交通、通信、能源、供水、管网等基础设施改造升级工程建设；重点支持城市群中小城市、小城镇的水、电、气、暖、路等基础设施建设项目；重点支持连接城市群中心城市与卫星城镇的轨道交通设施建设项目；重点支持城镇土地整理开发项目和城镇新社区建设、商品房开发、安置房建设等项目。

2. 城镇产业经济建设

就业是城镇民生之本，产城融合是城镇可持续发展的必要途径。金融业应重点支持城镇产业园区、工业园区、物流园区等建设项目，提高城镇要素资源聚集能力；重点支持城镇特色产业、支柱产业发展，增强城镇吸纳就业能力；重点支持县域旅游、矿产、水电、商贸等优势资源开发，推动特色小城镇发展；大力支持进城农民自主创业和消费升级，尤其是积极支持城镇新进居民购买住房和其他大额消费业务。

3. 城镇社会事业建设

公共服务能力是城镇综合承载能力的重要方面，加快城镇社会事业建设是实现城镇新、老居民公共服务均等化的基本保证。金融业应积极配合地方政府搞好城镇教育、文化、医疗、卫生、社会保障等社会事业建设。

4. 城镇生态环境建设

生态环境建设是现代城镇建设的一项重要内容，直接影响一个城镇的综合承载能力和可持续发展能力。在规划建设城镇生态景观、污染物处理设施时，要做到适度超前、留有余地。金融业应重点支持城镇废水、废气、固体污染物等处理设施建设项目；重点支持城镇绿地、森林等生态景观工程建设。

5. 新农村建设

大力发展现代农业，是推动城镇化持续健康较快发展的重要条件，也是推进城镇化与农业现代化一体化发展的基本保证。金融业应围绕国家农业生产经营体制改革创新，积极推进“三权”抵押贷款，大力支持现代农业建设；围绕城乡建设用地增减挂钩、农村土地复垦等政策，大力支持还款来源有保证的农民新型社区建设、宅基地复垦整理、农村土地整理等新农村项目建设。

四、金融支持新型城镇化建设的配套措施

（一）切实加强顶层设计能力建设，改善新型城镇化建设的决策主体条件

新型城镇化建设涉及我国经济、社会、生态、行政等各领域的深层次改革，攸关我国未来数十年经济平稳较快发展和社会长治久安，已经成为国家的一项重大经济社会发展战略。我国的特殊国情决定了新型城镇化建设离不开各级政府运用宣传发动、规划引领、政策扶持、奖惩规制等手段进行积极引导，而政府引导对于城镇化建设是一柄“双刃剑”，引导得好，可以发挥政府引导措施的杠杆作用，反之，则将阻碍城镇化建设甚至将城镇化建设引入歧途。为了确保新型城镇化建设始终沿着正确轨道向前发展，必须切实加强国家新型城镇化建设的战略谋划和顶层设计工作，以便以科学的城镇化发展理念指导城镇化实践、以正确的城镇化建设路径引领城镇化进程、以合理的城镇化建设政策保证城镇化建

设工作有章可循，从而切实提高各级政府的城镇化建设管理和服务水平，进而有效激发金融业支持城镇化建设的积极性并妥善防控城镇化建设中的相关金融风险。应汇集全国乃至全球优质城建科研力量和规划资源，在广泛、深入调查研究并深刻借鉴国际国内相关经验教训的基础上，实事求是、科学辩证地明确提出我国新型城镇化建设必须坚持的战略、策略、原则和路径，确保新型城镇化建设在全国层面具有鲜明的中国特色，在区域层面具有浓厚的地方特点，在发展阶段上具有明显的纵向差异。当前，我国可以考虑构建三级新型城镇化规划研究机构。具体地，在国家层面上，在吸纳国家发改委城市与小城镇发展研究中心并整合国内外顶尖城市化研究规划机构、人才的基础上，设立“新型城镇化规划研究院”，挂靠在国家发改委规划司，负责国家新型城镇化发展战略和规划工作，为国家发改委提供具有顶层设计水准的中国特色新型城镇化发展基本方略和科学规划；在省级层面上，在吸收省（区、市）发改委城市发展研究机构并整合省内外优势城市研究规划机构、人才的基础上，设立“新型城镇化规划研究中心”，挂靠在省（区、市）发改委发展规划处，负责本省份新型城镇化发展战略研究和规划工作，向省发改委提供符合国情与省情的新型城镇化发展战略和科学规划；在县级层面上，在整合、充实县内外优秀城市建设规划人才的基础上，设立“新型城镇化规划研究所”，挂靠在县（区、市）发改局，负责本县域新型城镇化发展研究和规划工作，向县发改局提供符合城镇化发展规律和具体县情的高水平新型城镇化建设方案和科学规划。

（二）不断深化国家金融体制改革，壮大金融服务城镇化建设的综合实力

金融业能否切实履行支持新型城镇化建设的历史使命，关键要看我国金融体系的健康状况和运作效率。然而，我国现行金融体制仍然存在诸多严重缺陷，突出表现在金融体系结构失衡、金融机构体系结构失调、银行业金融机构体系结构失当、城乡金融发展不平衡等方面。若不能妥善应对我国金融体制存在的上述问题，金融支持新型城镇化建设的巨大潜力将难以有效发挥。为此，必须紧紧围绕新型城镇化建设的金融需求，在有效防控金融风险的前提下，加大金融体制改革力度，有效弥补金融体制缺损，着力壮大金融业服务城镇化建设的综合实力。具体地，我国金融体制改革的主要内容应包括四个方面：一是加快构建多层次资本市

场体系，逐步矫正金融机构体系发展较快、资本市场体系发展滞缓造成的金融体系结构失衡状态。通过继续规范发展主板股票市场，积极审慎发展中小板、创业板股票市场，大力发展一、二级债券市场，鼓励发展企业债券、市政建设债券等中长期债券市场，尽快推广中小企业集合融资券、中期票据等新型债务融资工具，探索发展股权投资基金等高风险投融资业务，等等，逐步改变长期以来过度依赖金融机构体系特别是银行业金融机构体系的畸形融资格局。二是努力健全非银行金融机构体系，尽快扭转银行业金融机构比较发达、非银行金融机构发展滞后导致的金融机构体系结构失调局面。通过大力扶持发展信托投资公司、证券公司、保险公司、财务公司、融资租赁公司、信用担保公司等非银行金融机构，不断优化我国金融机构体系的内部结构，既有助于减轻银行业金融机构承受的巨大融资压力，非银行金融机构具有的增信功能也可以促进银行业金融机构扩大贷款投放。三是着力扶持发展民营银行和合作性信贷组织，切实扭转大中型银行特别是大型国有银行对信贷市场的垄断局面。着力扶持发展民营银行，有助于改变目前国有股在银行业产权结构中的垄断局面；大力培育草根性合作金融组织，有助于逐步纠正我国银行业改革盲目迷信股份制、商业化的不良倾向；同时，鼓励发展民营银行和合作性信贷组织，都有利于渐进式克服现行银行业体系存在的机构大型化问题，对于缓解中小企业贷款难题具有重要意义。四是切实加大县域金融改革发展工作力度，有效缓解城乡金融发展差距过大的问题。通过积极推动县域金融改革发展，不断增强县域实体经济对于县域金融资源的吸纳、利用能力，从而有效遏制县域金融资源长期严重外流的严峻金融形势。

（三）大力推动投资融资体制改革，激发金融支持城镇化建设的巨大潜能

投融资体制，是国家关于建设项目投资、融资的制度性安排，包括融资体制与投资体制，分别是关于投资者从储蓄者那里筹集资金并将其用于项目建设的相关制度性规定。投融资体制是一国经济体制的重要方面，其健康与否直接影响到该国投资效率的高低和经济发展质量的优劣。然而，改革开放以来，我国投融资体制改革严重滞后于经济体制的市场化改革进程，现行投融资体制仍然存在着诸多突出矛盾和问题，集中体现在政府越位与市场缺位并存上，已成为阻碍经济结构优化升级和经济

发展方式转变的桎梏。具体而言，政府对投资市场干预过多，市场机制难以在资源配置中发挥应有的基础性作用，造成了严重的投资浪费和效率损失，同时，也抑制了民间资本参与经济社会项目建设的积极性，反过来进一步加剧了项目融资困难，阻碍了各项事业的发展进程。鉴于现行投融资体制存在着严重弊端，其远远不能适应新型城镇化建设的需要。如果没有投融资体制的深入改革，就不可能有新型城镇化建设的持续健康发展，其结果要么是城镇化进程严重受阻，要么是财政金融风险大量积累。因此，当前和今后一个时期，我国应以新型城镇化建设为契机，进一步加大投融资体制改革力度，按照"统筹规划、多元投资、市场动作、政策配套"的基本思路，矫正政府与市场在投融资领域的角色定位，打通社会资本与项目建设投资之间的梗阻，为新型城镇化建设持续健康发展提供必要的投融资体制保证。具体地，可从三方面推进我国投融资体制改革：一是政府投融资体制改革。按照建设公共服务型政府的目标规范政府在投融资领域的职能定位，严格限制政府的项目审批权、核准权，对绝大多数项目改行备案制，切实落实企业投融资自主权，从而有效激发民间投资热情，为经济持续较快增长提供不竭动力。二是政策性投融资体制改革。可考虑在规范政策性投资建设项目标准的基础上，通过有关融资体制机制创新，逐步实现政策性建设项目投融资市场化，以提高政策性金融资金的使用效率。三是市场投融资体制改革。尽快理顺市场投融资体制的内部关系，持续扩大市场化投融资建设项目范围，在市场机制充分发挥作用的前提下，构建投资收益影响投资规模、投资规模决定融资规模的市场投融资体制，最终确立市场化投融资在投融资领域的绝对主体地位。

（四）协调推进财政金融体制改革，发挥各自支持城镇化建设的比较优势

在英语世界里，"Finance"一词有"财政"、"金融"两种含义，表明财政与金融之间存在着密切关系。其实，在市场经济条件下，财政与金融虽存在无偿性与有偿性之间的属性差异，但都是筹集建设资金的重要渠道。然而，改革开放以来，由于未能深刻认知财政体制与金融体制之间存在的有机联系，我国一直彼此孤立地开展财政体制改革和金融体制改革，致使两者双双陷入困境且难以自拔。其突出表现在：中央政府与地方政府的财权、事权严重不匹配，各级地方政府迫于政绩考核压力

竞相发展各类政府性融资平台，造成财政风险与金融风险相互交织的恶果；国有银行的股份制、商业化改革虽然抑制了金融风险的滋生蔓延势头，但也导致金融部门脱实向虚、实体经济特别是“三农”和中小微企业融资难、融资贵的问题。须知，财政体制是国家凭借具有强制性、无偿性、固定性的税收制度为公益性事业建设提供财力保障的一种制度设施，其最大特点是筹集资金的稳定性和无偿性，特别适合为公益性项目提供可靠的建设资金来源，其劣势在于财政资金使用的经济核算难度较大；金融体制则是运用市场化方法筹集和运用资金资源，通过发挥市场机制作用，促使筹资者加强经济核算，从而提高稀缺资金资源的配置效率。面对新型城镇化建设提出的巨额资金需求，国家可投入城镇化建设的财政资金可谓“杯水车薪”，必须设法调动体量庞大的商业性金融资金积极参与新型城镇化建设进程。为此，应协调推进国家财政体制和金融体制改革，以便在充分发挥各自比较优势的基础上，最大限度地调动金融部门参与新型城镇化建设的积极性、主动性和创造性。具体地，可考虑从以下三方面协调推进国家财政金融体制改革：一是在国家层面上，应确立协调推进财政金融体制改革的正确改革观念，加强一行三会与财政部、国家发改委之间的沟通与协调，切实把财政体制改革与金融体制改革作为一个有机整体加以统筹谋划和协调推进；二是在省级层面上，应基于省直管县行政体制改革要求，立足本省实际，统筹规划和有序推进省域各级财政体制与金融体制的协调改革工作，尤其要严格限制地（市）级政府对县级财政金融体制改革的干预权，逐步形成具有各省份特点的省域财政金融体制协调改革新局面；三是在县级层面上，应积极探索县域财政金融体制协调改革的有效途径，重点要在财政金融协调推进“三农”和小微企业发展方面取得实质性突破，核心是充分发挥有限财政资金的杠杆效应，有效调动县域金融机构和社会资本参与县域城镇化建设的积极性。

（五）积极推动县域金融改革发展，提高金融服务县域城镇化建设的能力

县域经济发展滞后、振兴乏力已成为制约我国经济平稳健康发展和社会和谐稳定的重要因素。金融是县域经济的核心，金融服务能力薄弱是县域产业经济发展和城镇化建设的关键障碍。鉴于县域经济金融改革发展面临的严重困难，面对新型城镇化建设带来的重大历史机遇，我们

应以县域城镇化建设为抓手，以县域金融业发展为先导，以县域产业经济建设为支撑，以县域基础设施建设为保障，以县域服务事业建设为辅助，努力推动县域经济社会事业持续健康较快发展。长期以来，我国县域金融业发展始终面临着许多深层次矛盾的严重困扰，其突出表现在金融体系残缺、金融生态欠佳、政策扶持不力等方面。当前和今后一个时期，我国应紧紧围绕县域城镇化建设这项中心工作，面向县域城镇化建设的金融需求，大力推动县域金融业改革创新发展，不断增强金融支持县域城镇化建设的综合能力。具体地讲，应着重做好如下四项工作：一是健全县域金融组织体系及支撑服务体系。着力培育和发展县域小微信贷组织，如村镇银行、小额贷款公司、资金互助社等，增强县域小微企业融资的可得性和经济性；积极构建县域信贷服务支持体系，特别要重点发展信用担保组织、保险组织、会计师事务所、律师事务所、资产评估事务所等信贷服务支撑组织。二是加快构建县域多层次资本市场体系。积极构建县域债券市场、票据市场、上市服务市场、股权投资市场等县域资本市场体系，可有效规避县域经济主体面临的抵押担保难题。三是银政合作打造良好县域金融生态环境。县乡政府和村委会应与县域金融机构密切合作，大力加强县域信用体系等金融生态环境建设，运用法律手段和必要的行政手段协助县域金融机构解决部分借款人恶意逃废金融债务的问题，努力营造各类金融机构踊跃支持县域经济社会发展的良好金融生态环境。四是加强和改善对县域金融改革发展的政策扶持。主要包括：各级政府应加大对县域贷款的财政贴息、补偿、奖励力度，人民银行应运用窗口指导、存款准备金率、再贷款、再贴现等货币政策工具支持县域城镇化建设，减免县域金融机构特别是小微金融组织的营业税和所得税，对县域金融机构实行综合业务费用补贴，金融监管部门应适当放宽对县域金融机构的监管标准、减免监管费用并加强业务指导，设立特色产业投资基金、城镇化建设补偿基金等。

（六）稳妥开展地方融资平台建设，拓宽各级城镇基础设施建设融资渠道

面对新型城镇化建设提出的庞大资金需求，可投入城镇化建设的国家财政资金严重不足，银行业金融机构受到信贷风险防控的硬约束，社会资本参与城镇化建设也面临诸多障碍。在此背景下，我们应积极稳妥地利用地方政府融资平台公司这一重要载体，通过有效整合地方政府、

金融部门和民间投资者的融资比较优势，实现在有效防控融资风险的前提下充分发挥财政资金的杠杆作用、银行信贷资金、债券资金的主体作用和民间资本的重要作用。地方政府融资平台是由地方政府及其部门、机构通过财政拨款或注入土地、股权等形式设立的承担政府投资项目融资功能的独立法人经济实体。其最大制度绩效在于有利于发挥银行业与地方政府各自的比较优势和积极性。1994 年分税制改革以来，中央与地方财权、事权不匹配问题日益突出，迫使地方政府积极寻求其他融资途径。近年来，各级地方政府融资平台为地方经济社会项目建设筹集了大量资金，在加强基础设施建设和应对国际金融危机冲击方面发挥了积极作用。然而，在财政支出管理体制改革滞后、财政资金使用效率低下的情况下，由于体制不顺、管理乏力，造成很多地方融资平台公司违规经营、财政金融风险过高。其主要表现：一是各类融资平台公司举债融资规模迅速膨胀，运作不够规范，信贷资金安全面临较大威胁；二是不少地方政府违规或变相为平台公司提供担保，财政风险逐步积累，许多地方政府财政风险已超过国际警戒线；三是部分银行业金融机构风险意识薄弱，对融资平台公司信贷管理缺失，导致信贷风险呈现持续增大态势等。为此，国务院于 2010 年 6 月发布了“关于加强地方政府融资平台公司管理有关问题的通知”（国发〔2010〕19 号），对地方融资平台公司开展清理和规范。其实，地方融资平台问题的症结在于银政合作基础错位，即银政合作不是建立在市场化融资而是建立在行政违规担保的基础上。国发〔2010〕19 号文件并未要求取缔地方平台公司这一融资形式，而是要对其业务范围、资本金来源等方面进行适当调整和规范，并强调对其加强管理。如果我们融资平台的发展基础转变为地方政府注入资本金、建设用地，并实现股权多元化、经营市场化，那么地方融资平台公司就能够成为推动新型城镇化建设的重要工具。

（七）统筹推进其他相关领域改革，优化金融支持城镇化建设的制度环境

我国新型城镇化建设面临着比其他国家更加严峻的人口、资源、环境、产业形势，必须统筹推进相关领域制度改革和体制创新，为金融支持城镇化建设创造良好的制度和体制环境。当前和今后一个时期，我国应重点抓好以下 3 个方面的制度改革和体制创新工作：一是大力深化农村产权制度综合改革。长期以来，农村产权制度缺损，造成农村土地、

房屋等重要财产产权模糊，制约了金融机构贷款的积极性。应在坚持三项基本原则的条件下积极探索深化农村产权制度改革的可行途径：坚持有效防控金融风险，即深化农村产权改革旨在增强农村重要资产的可抵押性，并通过抵押贷款融资盘活农村存量资产；坚持统筹推进产权改革，即必须统筹推进耕地、集体建设用地、农房、林权等农村资产的产权改革，以便达到最佳的改革效果；坚持维护粮食安全基础，即农村产权改革不得触碰 18 亿亩耕地红线，谨防和纠正城乡建设用地占补挂钩实践中存在的弄虚作假、侵蚀国家粮食安全基础的现象。二是积极探索省直管县行政体制改革。现行地级行政级次是战争体制的遗迹，既不符合国际行政体制惯例，也不适应我国建设公共服务型政府的要求，在很大程度上已蜕变为上下两头汲取资源、严重抑制县域经济发展的行政桎梏。2009 年中央“一号文件”明确提出，稳步推进扩权强县改革试点，鼓励有条件的省份率先减少行政层次，依法探索省直管县体制。积极探索“省直管县”行政管理体制，有利于扩大县级自主权，增强县级财力，加强县域银政合作，优化县域金融环境，对于提高金融支持县域城镇化建设的积极性，具有重要意义。三是统筹推进户籍管理制度综合改革。最近，国家发改委首次明确提出“全面放开小城镇和小城市落户限制，有序放开中等城市落户限制，逐步放宽大城市落户条件，合理设定特大城市落户条件”的户籍制度改革思路。应该说，这是一个积极稳妥的户籍制度改革思路。然而，仅仅解决进城农业人口在城镇落户的问题，尚未真正实现进城农业人口的市民化，还须统筹解决他们的就业、就学、就医、住房等相关问题。因此，只有将户籍制度改革与农村产权改革、城镇基础设施、产业经济、公共服务、生态环境建设统筹加以推进，才能在放宽城镇落户条件的基础上，经过一个较长的历史时期，各类进城农业人口动态地、渐进地现实各自的市民化。

中部经济发展大事记

大事记索引（2013.1～2013.12）

1. 1月19日，《罗霄山片区区域发展与扶贫攻坚规划（2011～2020年）》获国务院批复。江西省赣县、瑞金市、南康市、章贡区、井冈山市等18个县（市、区）入选。

2. 2月，从财政部和国家税务总局获悉：随着营业税改征增值税试点地区扩至12个省市，目前另有河北、河南、山东、江西、湖南、新疆等十多个省区市申请进入试点。两部门日前举行的营业税改征增值税试点座谈会明确，今年我国将进一步扩大改革区域范围，适时将交通运输业和部分现代服务业在全国范围内全面推开。

3. 2月8日，中国统计学会发布了2011年地区发展与民生指数报告，测算结果显示，2011年中部地区发展与民生指数均比上年有所提高。“地区发展与民生指数”评价指标体系弥补了仅仅依靠GDP衡量国家经济发展状况的不足，包括经济发展、民生改善、社会发展、生态建设、科技创新、公众评价六大方面的42项指标，是在2011年首次发布的“综合发展指数”基础上修改完善的。

4. 2月23日，长沙、合肥、南昌、武汉四市在武汉共同签署了《长江中游城市群暨长沙、合肥、南昌、武汉战略合作协议（武汉共识）》、《长江中游城市群暨长沙、合肥、南昌、武汉旅游发展合作协议》。四市的11个部门之间分别签署合作协议，“武汉共识”正式达成，长江中游城市群龙头城市步入协同发展的新阶段。

5. 2月28日，山东社会科学院联合江西、湖南、安徽等省的社会科学院在山东省济南市召开了“战略机遇期新内涵与区域经济发展研讨会”。

6. 3月2日，经国务院批准，江西龙南经济技术开发区（以下称“龙南经开区”）升级为国家级经济技术开发区。这是2012年6月《国务院关于支持赣南等原中央苏区振兴发展的若干意见》出台后，赣南苏区在振兴发展道路上取得的又一具体成果。

7. 3 月 18 日，国家开发银行与安徽省人民政府近日在北京签署《综合推进安徽省新型城镇化建设试点合作备忘录》，共同推进安徽新型城镇化建设。

8. 3 月 21 日，国家旅游局、国务院扶贫办正式批复同意在江西省赣州市设立“国家旅游扶贫试验区”，并要求试验区积极发挥资源优势，探索建立旅游扶贫开发新模式。

9. 3 月 7 日，国务院批复了《郑州航空港经济综合实验区发展规划》，这是国务院批准的首个以航空港经济为主题的实验区。

10. 4 月 7 日，湖北、湖南、江西、安徽四省联袂举办的长江中游城市群午餐会亮相博鳌亚洲论坛，国际政要、知名企业家、学者共话长江中游城市群发展战略。

11. 4 月 14 日，近日，江西省峡江水利枢纽工程成功注册联合国清洁发展机制（CDM）项目，该工程产生的温室气体减排量将进入国际碳市场进行交易。这是目前全球少数成功注册的大型水电站 CDM 项目之一，也是江西在联合国注册的减排规模最大的 CDM 项目。

12. 5 月，由中铁电气化局集团西安电化公司承建的向莆铁路江西段电气化接触网日前全线送电，即将联调联试，10 月 1 日前可望建成通车。

13. 5 月，中央财政近日下拨 2013 年中央补助公共租赁住房保障专项资金 580 亿元，支持相关地区完成 2013 年公共租赁住房建设任务。其中：东部地区 751 071 万元，占 12.9%；中部地区 2 630 811 万元，占 45.4%；西部地区 2 418 118 万元，占 41.7%。

14. 5 月，中央财政近日下拨 2013 年中央补助城市棚户区改造专项资金 355 亿元，支持相关地区完成 2013 年城市棚户区改造任务。其中：东部地区 588 140 万元，占 16.6%；中部地区 1 577 609 万元，占 44.4%；西部地区 1 384 251 万元，占 39%。

15. 5 月 11 日，为打造公共文化服务新模式，构建文化融合新平台，促进跨省文化交流，发挥集群效应，助推中三角成为我国经济增长第四极，“中三角”湘鄂赣皖四省公共图书馆联盟在湖北武汉正式成立。

16. 5 月 18 日，长江中游城市群四省会城市旅游发展合作会商会在武汉召开，会上达成多项共识并讨论通过了建立《长江中游城市群四省会城市旅游发展合作组织章程》等基础性文件。这标志着长江中游城市群四省会城市区域旅游一体化初现雏形。

17. 5 月 19～25 日，2013 年粮食科技活动周在全国各地同期举行，主题是“科学节粮减损，保障粮食安全”。

18. 5月18～20日，为期3天的第八届中国中部投资贸易博览会（简称中博会）在郑州国际会展中心隆重开幕。本届博览会以“持续转型、协调发展、促进崛起”为主题，以承接产业转移和投资贸易促进为主线，以信息交流、展览展示、项目推介、合作洽谈、专题论坛为主要内容。

19. 5月25～26日，华中师范大学中国农村研究院主办的“首届世界农村和农民学论坛”在湖北省武汉市召开。此次论坛以“现代化进程中的农村和农民之命运”为主题。

20. 5月26日，在铁路煤炭上线交易一年后，山西公路煤炭上线交易正式启动，自此，山西省内煤炭全部实现上线交易。这标志着煤炭大省山西从单纯“卖煤”向“煤炭金融”迈步——现货交易已起步，正向期货交易迈进。

21. 6月1～2日，以“加快奶源基地建设”为主题的第四届中国奶业大会暨第十一届中国国际奶业展览在江西南昌举行。

22. 6月7日，中国第二十届上海茶文化旅游节暨第三届三峡茶艺节在湖北夷陵闭幕。

23. 6月13日，为确保长江防洪安全，近日，中央财政紧急拨付特大防汛补助费1亿元，支持安徽、江苏、江西、湖北、湖南五省统筹用于长江崩岸险情应急整治。

24. 6月19～21日，第十三届华侨华人创业发展洽谈会（简称“华创会”）在武汉举行，本届“华创会”由国务院侨办、湖北省政府和武汉市政府联合主办，主题为“创新驱动、合作共赢”。

25. 6月23日，第一届中原国际金融论坛在郑州隆重举行，论坛以“新形势下的国际金融与中国金融——挑战·机遇·创新·发展”为主题。

26. 6月28日，据农业部发布的信息，安徽、河南、江苏、山东、陕西、山西、河北等小麦主产区的机收工作已相继告捷，全国大规模小麦跨区机收会战基本结束。

27. 7月17日，中核集团在江西相山铀矿大基地宣布，中国铀矿第一科学深钻项目顺利终孔，钻探深度达2 818.88米，突破了以往1 200米的找矿深度，填补了我国铀矿深部找矿的空白，缩短了与国外铀矿深部勘查的差距。

28. 8月3日，由中国铁建重工集团和神华集团联合研发，拥有完全自主知识产权的全球首台长距离大坡度煤矿斜井 TBM（硬岩掘进机）在湖南长沙中国铁建重工集团总装车间顺利下线。

29. 8月8日，山西省内7大煤炭集团与中国华能等5大国电集团及省外电力企业签订煤炭购销中长期协议，并确立战略合作伙伴关系，为煤电市场化改革、建立新型和谐煤电关系迈出了重要一步。

30. 8月29日，环境保护部启动中部地区发展战略环境评价，强化环境保护对经济结构调整的倒逼机制，推动中部地区加快经济绿色转型，打造中部经济升级版。

31. 9月6~8日，2013年中国农产品加工业投资贸易洽谈会（“农洽会”）在河南省驻马店市举行。

32. 9月16日，日前，国务院总理李克强签署国务院令，公布了《长江三峡水利枢纽安全保卫条例》（以下简称条例），自2013年10月1日起施行。

33. 9月14日，交通运输部与沿江上海、江苏、安徽、江西、湖北、湖南、重庆、四川、云南七省二市联合签署《长江水运发展若干重点工作合力推进协议》，合力推进长江船型标准化、高等级航道建设、信息化建设等方面的13项重点工作。

34. 9月26日，中国第一条连接海峡西岸和中部内陆腹地的快速铁路——向莆铁路正式开通运营。

35. 9月28日，从农业部获悉：经国内著名水稻研究专家现场测产验收，湖南省隆回县羊古坳乡牛形村的第四期超级杂交稻苗头组合“Y两优900”101.2亩高产攻关片平均亩产达988.1公斤，创造了全国水稻百亩连片高产纪录。

36. 10月16日，以“深入探讨华文媒体如何融合中华文化，实现互惠互通，强化合作共赢，实现美好梦想”为主旨的海峡媒体井冈山峰会举行。

37. 10月18日，2013中国景德镇国际陶瓷博览会在景德镇国际会展中心隆重开幕。

38. 10月22日，财政部近日从农资综合补贴中安排6亿元资金，下拨给黑龙江、辽宁、山东、安徽、江西5个粮食主产省，用于5省继续开展种粮大户补贴试点工作。

39. 10月25~27日，全球26个代表城市的市长、46个国家的驻华使节，60多家国内外主流媒体齐聚湖南长沙市，参加“世界休闲农业与乡村旅游城市（城区）联盟第一次峰会”。

大事记主要内容（2013.1～2013.12）

1. 1月10日，农业部和湖北省政府有关负责人签署备忘录，支持湖北荆州淡水产品批发市场建设，这是国内唯一一家国家级淡水产品批发市场。

该项目建设于去年6月启动，力争在5年内建设成为集淡水产品交易与产品展示、旅游观光、渔业文化体验有机结合的多功能、复合型国家级大市场，建成全国的淡水产品物流集散中心、价格形成中心、信息传播中心、会展贸易中心。

荆州是全国重要的淡水渔业主产区，已连续17年位居全国地市州淡水养殖面积及产量首位。

2. 1月19日，《罗霄山片区区域发展与扶贫攻坚规划（2011～2020年）》获国务院批复。江西省赣县、瑞金市、南康市、章贡区、井冈山市等18个县（市、区）入选。

据了解，《罗霄山片区区域发展与扶贫攻坚规划（2011～2020年）》获国务院批复，成为江西省第一个上升为国家层面的扶贫攻坚战略，对于罗霄山区域革命老区振兴发展和扶贫对象脱贫致富将发挥积极的促进作用。本次规划区域范围包括江西、湖南两省24个县（市、区），其中，江西省有18个县（市、区）。

根据国务院批复意见，罗霄山片区将建成为全国革命老区扶贫攻坚示范区、我国南方地区重要交通通道、承接产业转移示范区、特色农业和全国稀有金属产业及先进制造业基地、红色旅游胜地与生态文化旅游重要目的地、我国南方地区重要生态屏障。到2015年，承接产业转移取得实效，特色优势产业优化发展，交通、能源等基础设施建设取得重大进展，生态建设和环境保护取得突出成效，综合实力显著增强，城乡居民生活水平明显提高。

根据国务院批复意见，到2020年，扶贫对象义务教育、基本医疗和住房得到保障，特色优势产业集群不断壮大，经济增长质量和效益有效提升，基础设施显著改善，社会事业全面发展，生态环境保护与经济社会发展良性互动格局形成，农民人均纯收入增长幅度高于全国平均水平，与全国同步实现全面建成小康社会目标。

3. 2月，财政部和国家税务总局获悉：随着营业税改征增值税试点地区扩至12个省市，目前另有河北、河南、山东、江西、湖南、新疆等十多个省区市申请进入试点。两部门日前举行的营业税改征增值税试点座谈会明确，今年我国将进一步扩大改革区域范围，适时将交通运输业和部分现代服务业在全国范围内全面推开。

从去年1月1日上海市率先试点，短短一年时间，推进势如破竹，迅速扩至北京、江苏、安徽、福建、厦门、广东、深圳、天津、浙江、宁波、湖北等地，试点地区的GDP总量已占全国50%左右，第三产业增加值占52%左右，税收收入占56%左右。

数据显示，试点以来改革取得了明显成效，目前纳入试点范围的纳税人已超过100万户，12个试点省市共为企业直接减税超过400亿元。分析人士指出，“营改增”改革不仅带来明显减税效果，更因契合产业结构升级、加快经济转型的发展需求，受到中央和地方的重视。

4. 2月8日，中国统计学会发布了2011年地区发展与民生指数报告，测算结果显示，2011年各地区发展与民生指数均比上年有所提高。“地区发展与民生指数”评价指标体系弥补了仅仅依靠GDP衡量国家经济发展状况的不足，包括经济发展、民生改善、社会发展、生态建设、科技创新、公众评价六大方面的42项指标，是在2011年首次发布的“综合发展指数”基础上修改完善的。

据中国统计学会副会长鲜祖德对测算结果的分析，2011年地区发展与民生指数体现了如下一些特点：一是四大区域发展与民生指数稳步提高，中、西部地区增速较快。2011年，四大区域的发展与民生指数，东部地区最高，为69.53%，比上年提高2.50个百分点；东北地区次之，为60.22%，比上年提高2.19个百分点；中部地区和西部地区分别为58.33%和55.41%，分别比上年提高2.73和2.79个百分点。从指数的增速看，西部地区最快，为5.30%；中部地区次之，为4.91%；东北地区和东部地区分别为3.78%和3.73%。

二是31个省（区、市）发展与民生指数普遍提高，差距有所缩小。指数排在前十名的地区分别为北京、上海、天津、江苏、浙江、广东、福建、山东、辽宁和重庆；指数增速排在前十名的地区分别为甘肃、重庆、青海、河南、海南、安徽、贵州、新疆、四川和云南。31 个省（区、市）发展与民生指数的变异系数，自 2004 年后呈现逐年缩小的趋势，这表明省际间差距在缩小。2011 年，变异系数又由上年的 0.172 缩小到 0.162。

三是从 2011 年各地区发展与民生指数和人均 GDP 的比较来看，差异较大。有些省份人均 GDP 排序相对靠前，但发展与民生指数排序相对靠后，如内蒙古、宁夏、新疆、青海等省份；一些省份人均 GDP 排序虽然相对靠后，但发展与民生指数排序相对靠前，如四川、江西、海南、安徽等省。

5. 2 月 23 日，长沙、合肥、南昌、武汉四市在武汉共同签署了《长江中游城市群暨长沙、合肥、南昌、武汉战略合作协议（武汉共识）》、《长江中游城市群暨长沙、合肥、南昌、武汉旅游发展合作协议》。四市的 11 个部门之间分别签署合作协议，“武汉共识”正式达成，长江中游城市群龙头城市步入协同发展的新阶段。本次签署的战略合作框架协议，包括 1 个顶层设计框架协议和 11 个子协议。其中提到，四市将在区域发展战略、自主创新、工业分工协作、扩大内需和市场开放、推进交通基础设施建设、生态文明建设、共建文化旅游强区、公共服务共享区、社会保险平台等九方面展开深入合作。

通过战略合作，长江中游城市群有望成为继珠三角、长三角、环渤海经济圈之后，我国经济增长的第四极。

6. 2 月 26 日，中宣部在长沙举办第十届中国公民道德论坛，学习贯彻党的十八大精神，总结学雷锋活动常态化的经验做法，探讨提高公民道德素质的措施办法。

论坛认为，各地在学雷锋活动中，注重用教育促认同，注重用活动促参与，注重用创新促实效，注重用机制促常态，积累了公民道德建设的新鲜经验。

论坛指出，良好道德素质是经济社会发展的基本支撑，是社会文明程度的重要标志，是民生幸福的根本依托。要把提高公民道德素质作为推进社会主义核心价值体系建设的基础工作，作为建设社会主义文化强国的根本举措，作为全面建成小康社会、加快推进社会主义现代化的战略任务，切实增强道德建设的责任感、使命感。要牢牢抓住培育践行社会主义核心价值观这一根本，努力建设与我国经济社会发展水平相适应的良好道德生态和道德环境。

7. 2月28日，山东社会科学院联合江西、湖南、安徽等省的社会科学院在山东省济南市召开了“战略机遇期新内涵与区域经济发展研讨会”。

与会者提出，国际国内形势正在发生深刻而复杂的变化，我国发展的重要战略机遇期的内涵呈现新特点。新阶段我国发展具有诸多有利条件，如国际环境总体上有利于我国集中精力搞建设、谋发展，我国国际地位和影响力显著提高；国内支撑发展的物质基础雄厚，经济社会发展具有广阔空间。同时，我国发展也面临一些不利因素，如国际金融危机影响深远，世界经济持续低迷；我国参与经济全球化、承接国际产业转移的一些有利条件趋于弱化；发展中不平衡、不协调、不可持续问题依然突出。

与会者强调，我们应适应重要战略机遇期的新变化，牢牢把握主题主线，以全面协调可持续发展为导向，以改革开放为动力，以提升发展质量和效益为中心，着力在创新驱动、协调发展、和谐发展、可持续发展上下工夫，加快经济发展方式转变，促进工业化、信息化、城镇化、农业现代化同步发展，全面推进各领域改革，不断增强发展动力。

8. 3月2日，经国务院批准，江西龙南经济技术开发区（以下称“龙南经开区”）升级为国家级经济技术开发区。这是2012年6月《国务院关于支持赣南等原中央苏区振兴发展的若干意见》出台后，赣南苏区在振兴发展道路上取得的又一具体成果。

龙南经开区前身是龙南工业园区，创建于2000年7月。2012年，该区完成工业总产值、工业增加值分别是168.39亿元、40.41亿元，实现税收5.94亿元。同年12月，龙南经开区被科技部认定为国家发光材料及稀土应用高新技术产业化基地。

龙南经开区内设有内陆省份县一级海关、检验检疫机构，企业在当地即可完成报关、报检业务；拥有外汇管理、加工贸易审批和出口退税等口岸服务机构；在全省首创“赣粤港（澳）”直通车业务，所辖进出境车辆检查场为中部地区首个通过验收的陆路转关监管场所，搭建了完善快捷的“大通关”格局。

2012年，龙南经开区招商引资签约项目55个，签约资金178.42亿元，其中亿元以上项目18个，签约资金167.09亿元；开工项目34个，其中亿元以上项目9个。目前，区内落户企业253家，其中规模以上企业73家；已形成高性能稀土精深加工及应用、电子信息、纺织服装制造、玩具制造等主导产业，其中内衣、玩具等产品出口总量居江西省第一位。

9. 3月21日，近日，国家旅游局、国务院扶贫办正式批复同意在江西省赣州市设立“国家旅游扶贫试验区”，并要求试验区积极发挥资源优势，探索建立旅游扶贫开发新模式。

试验区设立后，国家加大对赣南苏区的政策倾斜、资金帮扶力度，将有利于进一步完善赣州旅游基础设施，加快精品景区建设进程，形成富有赣州特色的旅游产品体系。

“国家旅游扶贫试验区”是在一些旅游资源丰富的贫困地区，合理开发和积极利用旅游资源，以加强政策引导、资金支持、人员培训等为主要手段，通过发展旅游业带动当地群众脱贫致富的一种有益探索。2012年7月，国务院扶贫办和国家旅游局签署了合作框架协议，以期通过两部门的合作，形成更加稳定有效的工作机制，共同探索新时期旅游扶贫新模式。

10. 3月7日，国务院批复了《郑州航空港经济综合实验区发展规划》，这是国务院批准的首个以航空港经济为主题的实验区。国务院新闻办公室4月3日举行新闻发布会，相关负责人详细公布了郑州航空港经济综合实验区的规划内容，实验区经济将以发展航空货运为突破口，推进高端制造业和现代服务业集聚，探索以航空港经济促进发展方式转变新模式。

郑州航空港经济综合实验区面积为415平方公里，国家将在口岸通关、航线航权、财税金融、土地管理、服务外包等方面给予实验区政策支持。到2017年，实验区基础设施、公共服务、产业体系初步形成，主要功能区开发建设初具规模，航空港经济发展初见成效；到2025年，建成富有生机活力、彰显竞争优势、具有国际影响力的实验区，形成引领中原经济区发展、服务全国、连通世界的开放高地。

11. 4月7日，湖北、湖南、江西、安徽四省联袂举办的长江中游城市群午餐会亮相博鳌亚洲论坛，国际政要、知名企业家、学者共话长江中游城市群发展战略。博鳌亚洲论坛理事长福田康夫、副理事长曾培炎在午餐会上致辞，中国人民大学新闻学院院长赵启正、博鳌亚洲论坛秘书长周文重主持午餐会。湖北省省长王国生、湖南省委书记徐守盛、江西省省长鹿心社、安徽省副省长花建慧先后作主旨演讲。韩国前总理韩悳洙、法国驻华大使白林、日本驻华大使木寺昌人、爱立信董事长约翰森、沃尔沃集团总裁兼首席执行官欧罗夫·佩森、美国百事公司总裁埃布达拉等200多名重量级嘉宾和媒体记者出席午餐会。

作为新崛起的经济力量，长江中游城市群的发展思路也让经济学界欢欣鼓舞。国家发改委地区经济司司长范恒山说，加快推进长江中游城市群建设，有利于提升开放型经济水平、加快新型城市化和新型工业化进程。四省应充分发挥各自比较优势，提高城市群的整体竞争力，实现优势互补、错位发展。

12. 4月5~9日，中共中央政治局常委、国务院副总理张高丽赴山西调研，了解经济运行和结构调整、节能减排、环境保护等方面情况，考察保障性住房、城镇化建设等民生工作，主持召开座谈会，听取当地领导、企业负责人和职工群众的意见建议。

张高丽指出，今年以来，我国经济社会发展总体平稳，稳中有进，稳中有忧。各地要加强一季度经济形势分析和二季度走势研判，多看到面临的困难、问题和风险，按照中央经济工作会议的要求，坚持稳中求进的工作总基调，以实现良好开局为目标，认真贯彻习近平总书记、李克强总理的一系列重要指示，重在抓好落实，重在抓出成效，重在提高水平，促进经济持续健康发展和社会和谐稳定。

张高丽强调，当前我国发展中的突出矛盾是经济结构不合理、科技创新能力不强、资源环境约束加剧。把经济结构调整、科技创新驱动、资源环境保护三者联动起来，统筹把握推进，就能够更好地促进经济发展方式转变，逐步解决不平衡、不协调、不可持续问题。要着力推进经济结构调整优化，有效化解产能过剩，遏制盲目重复建设，进一步提高发展的层次和水平；要着力强化科技创新驱动，充分发挥企业主体作用，大力增强自主创新能力，大力支持科技型企业和优秀人才创新创造创业；要着力加强生态环境保护，以治理突出污染问题为切入点，综合施策，重拳出击，区域联动，狠抓落实，为人民群众创造一个较好的工作生活环境。

张高丽指出，要深入实施区域发展总体战略，统筹东中西、协调南北方，科学布局、分类指导。中西部地区是我国重要的战略发展空间和增长点，要积极发展优势特色产业，大力推进绿色发展、循环发展、低碳发展，加强煤、油、气、水、土地等资源的节约集约利用，切实把资源优势转化为经济优势；要进一步深化改革扩大开放，取消不合理的政策和制度规定，营造公平竞争市场环境，在优胜劣汰中发展，加快大通道建设，拓展开放广度和深度，主动承接东部部分产业，同时防止污染企业和落后生产能力跨区域转移；要时刻关注民计民生，创新扶贫开发机制，加强保障性安居工程建设，积极稳妥推进城镇化，搞好安全生产，确保社会稳定，帮助群众解决就业、社保、医疗、上学等方面的实际困难，不断改善各族群众的生产生活条件。

张高丽指出，中西部地位重要、潜力巨大，国家将一如既往地支持山西、新疆等中西部地区发展；各级政府要加快转变职能和工作作风，向市场放权，为企业松绑，坚决反对官僚主义、形式主义和铺张浪费，大力提倡讲真话、说实情、办实事、解难题，全心全意为人民服务。

13. 4月14日，近日，江西省峡江水利枢纽工程成功注册联合国清洁发展机制（CDM）项目，该工程产生的温室气体减排量将进入国际碳市场进行交易。这是目前全球少数成功注册的大型水电站CDM项目之一，也是江西在联合国注册的减排规模最大的CDM项目。首个7年计入期内，该项目将带来3.5亿元碳交易收益。

峡江水利枢纽工程是江西省投资规模最大的水利工程，2011年全线开工，预计今年7月投产运行。该工程发电装机容量36万千瓦，通过水电替代火力发电，每年可提供清洁能源约11.42亿度电，预计年均减排二氧化碳约77万吨，相当于节省约30万吨标准煤。

14. 5月，由中铁电气化局集团西安电化公司承建的向莆铁路江西段电气化接触网日前全线送电，即将联调联试，10月1日前可望建成通车。届时，南昌到福州的车程将由原来的10个小时缩短为3个半小时。

向莆铁路设计时速200公里，是福建省第一条连接中部和内陆大腹地的国家Ⅰ级高速铁路干线，也是江西等中西部地区便捷的出海通道。中铁电气化局集团西安电化公司承建向莆铁路（江西段）245正线公里的电气化牵引供电和电力工程。

15. 5月，中央财政近日下拨2013年中央补助公共租赁住房保障专项资金580亿元，支持相关地区完成2013年公共租赁住房建设任务。其中：东部地区751 071万元，占12.9%；中部地区2 630 811万元，占45.4%；西部地区2 418 118万元，占41.7%。该项资金主要用于补助政府组织实施的公共租赁住房项目，包括投资补助、贷款贴息及政府投资项目的资本金等开支。

16. 5月，中央财政近日下拨2013年中央补助城市棚户区改造专项资金355亿元，支持相关地区完成2013年城市棚户区改造任务。其中：东部地区588 140万元，占16.6%；中部地区1 577 609万元，占44.4%；

西部地区 1 384 251 万元，占 39%。该项资金主要用于补助政府主导的城市棚户区改造项目，包括拆迁、安置、建设等开支。

17. 5 月 11 日，为打造公共文化服务新模式，构建文化融合新平台，促进跨省文化交流，发挥集群效应，助推中三角成为我国经济增长第四极，“中三角”湘鄂赣皖四省公共图书馆联盟在湖北武汉正式成立。四省公共图书馆联盟在湖北省图书馆举行了签约仪式。四省图书馆馆长共同出席了此次签约仪式，一致达成成立“中三角”公共图书馆联盟的共识。

湖北、湖南、江西三省已于 2012 年成立了“湘鄂赣长江中游城市集群信息中心”暨“湘鄂赣公共图书馆联盟”，取得良好的收效。此次增加安徽省各级公共图书馆，使联盟总服务人群达到 2.3 亿，四省共有 423 家省、市、县级公共图书馆，建有文化信息资源共享工程省级中心 4 个，市县级分中心 406 个，设有电子阅览室 11 776 个。联盟藏书总量达 6 394.7 万册，其中江西省公共图书馆总藏书量 1 664.71 万册。联盟的建立整合了四省公共图书馆各类资源，为长江中游城市集群乃至整个中部地区经济社会发展提供了文化支撑和文献保障。

“长江论坛”将打造成为四省联盟品牌讲座。此次四省联盟共有品牌“长江论坛”将通过与电视台、广播电台、报刊、网站等强势媒体的合作，使得讲座内容得以通过多层次全方位进行传播，获得更为广泛的社会效益。论坛内容将覆盖到更多的知识领域，满足不同层次、不同职业、不同年龄群体的多样化需求，使“长江论坛”品牌立足于拥有广泛听众踊跃参与的坚实基础之上。论坛将依托和凸显地域特色，与四省历史文化相结合，选取各省名家，确立相关主题。四省联盟将努力打造“长江论坛”这一品牌，树立公共图书馆良好形象，更好地发挥图书馆的社会效益。

18. 5 月 18 日，长江中游城市群四省会城市旅游发展合作会商会在武汉召开，会上达成多项共识并讨论通过了建立《长江中游城市群四省会城市旅游发展合作组织章程》等基础性文件。这标志着长江中游城市群四省会城市区域旅游一体化初现雏形。

2012 年 12 月，国务院下发了《全国主体功能区规划》，将长江中游地区列为国家重点开发区域，使之逐步成为支撑我国经济发展和人口聚集的增长极。

今年 2 月 23 日，《长江中游城市群暨长沙、合肥、南昌、武汉战略合作协议（武汉共识）》在武汉签署，提出构建“互利共赢、长期稳定”

的区域合作关系，消除政策壁垒，携手打造我国经济增长第四极和世界级城市群的战略目标。

长江中游城市群四省会城市旅游发展合作会商会在武汉召开，长沙、合肥、南晶、武汉四省会城市市领导、旅游部门负责人、旅游企业代表共同参加了会议。与会者一致同意建立四市旅游发展合作议事平台——长江中游城市群四省会城市旅游发展合作组织，推选武汉市人民政府副市长刘英姿为该合作组织首届轮值主席，武汉市旅游局局长张侠为秘书长，任期均为一年。

大会讨论通过了《长江中游城市群四省会城市旅游发展合作组织章程》、《实施纲要》和《2013 年度工作计划》三个基础性文件。还确定了上述四市旅游发展合作目标：建设长江中游城市群无障碍旅游区、坚持互利互惠、优势互补、信息共享、合作共赢，积极鼓励相互开放和共享旅游市场，整合推出特色旅游线路等。武汉市旅游局局长张侠透露，四市将有望在 2013 年年内联手推出旅游一卡通，四市居民将如同在本市旅游一样畅享无障碍优惠与便捷。

长江中游城市群，简称中三角，包括以武汉、长沙、合肥、南昌为代表的湖北、湖南、安徽、江西的数十个城市，涵盖武汉城市圈、长株潭城市群、环鄱阳湖经济圈、江淮城市群等中部经济活跃地区，与东部的长三角、南部的珠三角遥相呼应，被誉为中国经济增长“第四极”。

中三角旅游资源独特而丰富。目前有国家 5A 级景区 23 家，4A 级景区近 300 家，均占全国的 17% 左右。既有黄鹤楼、滕王阁、天心阁江南三大名楼，又有九华山、衡山、庐山、武当山等名山，还有长江三峡、长江湿地、湘江、巢湖等秀美江湖，以及武汉中央农民运动讲习所旧址、湖南第一师范、文家市秋收起义纪念馆、井冈山、渡江战役纪念馆等红色旅游资源，还有岳麓书院、白鹿洞书院等四大书院。中三角四省会城市也各具特色，武汉有“大江大湖”，长沙是“山水洲城，快乐长沙”，合肥为“大湖名城，创新高地”，南昌是“鄱湖明珠，中国水都”。

19. 5 月 19 ~ 25 日，2013 年粮食科技活动周在全国各地同期举行，主题是“科学节粮减损，保障粮食安全”。

据国家粮食局介绍，我国“舌尖上”的浪费触目惊心，而餐桌上游的粮食产后损失浪费量大约为 2 亿亩耕地的产量，比第一产粮大省黑龙江一年的产量还多。据测算，我国粮食产后仅储藏、运输、加工等环节损失浪费量达 700 亿斤以上。其中农户储粮损失比例在 8% 左右，每年因虫霉鼠雀造成损失400亿斤以上。由于储存条件差、损失大，损失损耗逾150亿斤。由于成品粮过度追求亮、白、精，低水平粗放加工，副产品综合利用率也很低。加工环节每年造成口粮损失130亿斤以上。与此同时，我国粮食供求处于紧平衡状态，近年来粮食进口量持续增加，每年进口的谷物和大豆在1 000亿斤以上，而每年又白白地损失浪费上千亿斤粮食。

本次活动由国家粮食局主办、河南工业大学、南京财经大学、武汉工业学院承办。北京、广东、吉林等30个省（区、市）及新疆建设兵团粮食局将同时举办主题鲜明、特色突出、内容丰富、形式多样的粮食科技活动周活动。

20. 5月18~20日，为期3天的第八届中国中部投资贸易博览会（简称中博会）在郑州国际会展中心隆重开幕。中部六省利用此次中博会平台共发布对外招商项目5 850个，共邀请境内外客商33 000多名，参会的国内外500强及知名企业达431家。

本届博览会以“持续转型、协调发展、促进崛起”为主题，以承接产业转移和投资贸易促进为主线，以信息交流、展览展示、项目推介、合作洽谈、专题论坛为主要内容，为中外客商搭建经济技术交流与合作的平台，促进中部地区与国内外市场、资本、资源的全面对接，实现双向互动、互利共赢、共同发展，提升开放水平，推动中部崛起。与河南省举办的第二届中博会相比，本届中博会更加注重节俭办会理念，规模由10万人压缩到3万人左右，活动由80多项压缩到30多项。依托无线互联网络和网站资源，首次使用二维码结合智能手机平台开通“掌上中博会”。本届博览会上，中部6省将与沿黄9省区加强区域合作，联手拉动13省区的旅游活动。

沿黄9省区黄河之旅旅游联盟年会暨沿黄9省区旅行社合作联盟成立大会也将在中博会期间举行，来自青海、甘肃、宁夏、内蒙古、陕西、山西、山东、四川、河南9省区旅游主管部门、旅游专家和有影响力的旅行社，将共商大黄河旅游产品开发与市场推广，研讨大黄河旅游国际品牌塑造和营销策略，全力推进全国重要旅游目的地城市与大黄河旅游核心城市建设。

21. 5月23日，首届湘赣鄂皖非物质文化遗产联展在湖北美术馆开展，展品包括600余张经典图片和数百件非遗精品实物，系统地为广大民众介绍湖北、湖南、江西、安徽四省共200多个非遗项目和非遗保护现状。开展当日，来自四省共40位传统美术和传统技艺类的非遗项目传承人应邀进行了现场展示。

22. 5月25～26日，华中师范大学中国农村研究院主办的“首届世界农村和农民学论坛”在湖北省武汉市召开。此次论坛以“现代化进程中的农村和农民之命运”为主题，来自国内外的专家学者围绕现代化进程中的农村贫困问题与反贫困战略、现代化进程中的城镇化及当代中国农村、农民研究的理论与方法等问题进行了研讨。

与会者指出，能否推动传统农村和农民实现现代化转型，在很大程度上关系一个国家和地区现代化的成败。就中国来说，新中国成立以来特别是改革开放以来，经济社会发展取得了举世瞩目的成就，而农民则是这个奇迹的重要创造主体。当前，中国农村已经进入城乡统筹发展、新型城镇化和工业化齐头并进的新阶段，迫切需要构建支持农村和农民发展的制度框架。

与会者认为，城镇化和反贫困是农村现代化进程中的重大课题，中国在这方面走出了独具特色的道路。农村和农民的贫困是制约许多国家和地区实现现代化的突出问题。而中国在推进城镇化过程中，既没有出现大规模的城市贫民窟，也没有造成乡村的衰落，而是形成了独具特色的城镇化道路。与此同时，在农村反贫困方面中国也取得了可喜成绩，其突出特点是把政府政策的主动介入与经济增长的自然拉动有机结合起来。

与会者强调，应进一步加强对当代中国农村基本结构和农民思维方式的研究。几千年的农业文明塑造了中国农业的基本模式、农村的基本结构、农民的基本思维，也形成了中国农村发展的历史，并深刻影响着农村的治理模式。因此，要推动中国农村发展，就必须深化对农村基本理论、基本传统、基本制度的研究，全面理解中国农村和农民问题的历史与现实，找到推动农村和农民现代化转型的有效切入点。

23. 5月26日，在铁路煤炭上线交易一年后，山西公路煤炭上线交易正式启动，自此，山西省内煤炭全部实现上线交易。这标志着煤炭大省山西从单纯“卖煤”向“煤炭金融”迈步——现货交易已起步，正向期货交易迈进。

在启动公路煤炭上线交易的同时，国内首个煤炭主产地价格指数——中国太原煤炭交易价格指数也于23日发布，该指数由中国（太原）煤炭交易中心与新华社中经社控股有限公司联合发布，共包含一个综合价格指数、四个分煤种交易价格指数和六个代表规格品加权平均价。

自2012年2月山西铁路煤炭交易正式上线以来，截至2013年5月22日，累计注册交易商5 072户，累计交易量完成9.98亿吨，累计交易额达到6 920亿元。公路煤炭交易上线后，预计交易量将增加至3亿吨以上。

中国（太原）煤炭交易中心主任曲剑午说，产地煤炭现货交易，可以让交易者获得公开透明的交易信息，使价格更透明，运力资源配置效率得到提高，更加便于国家宏观调控。

24. 6月1~2日，以“加快奶源基地建设”为主题的第四届中国奶业大会暨第十一届中国国际奶业展览在江西南昌举行。会议提出今年我国将加快推进标准化规模养殖，建设优质奶源基地；加快实施奶牛遗传改良计划，提高奶业生产水平；加强奶站监管和生鲜乳监测，确保生鲜乳质量安全等措施来推进奶业转型升级，加快建设现代奶业。

农业部副部长、中国奶业协会会长高鸿宾表示，要清醒认识我国奶业发展面临的机遇和挑战。目前我国人均奶类消费量只有32.4公斤，不到世界平均水平的1/3，奶业增长潜力和空间很大。我国奶业科技贡献率已超过50%，国家相继出台了一系列促进奶业发展的重要文件，奶业政策不断完善。但是，当前我国奶业正处在不进则退的爬坡阶段，面临不少困难：群众对奶粉特别是婴幼儿奶粉的消费信心有待提高；奶牛养殖成本持续上升，比较效益下降；优质饲草缺乏等。

25. 6月1~4日，国务院副总理马凯在湖北省就金融服务实体经济进行调研，并召开企业和金融机构座谈会。他强调，金融系统要坚持金融服务实体经济的本质要求，一手抓促发展，一手抓防风险，努力做到“双加强”、“互促进”。

在座谈会上，马凯说，今年以来我国经济运行开局良好，稳中有进。当前金融运行总体平稳，金融结构总体趋好，银行资产质量总体良好，金融风险总体可控，有力支持了经济发展和结构调整。同时也要看到，经济运行稳中有忧，一些领域金融风险有所积累。要坚持用“两点论”看经济和金融，既要坚定信心，又要增强忧患意识，扎扎实实做好经济和金融工作。

马凯强调，金融系统要认真贯彻中央对金融工作的一系列决策部署，坚持稳中求进的总基调，处理好稳增长、控通胀、防风险的关系，为实现全年经济发展目标做出应有贡献。一要稳定政策。继续实施稳健的货币政策，保持货币信贷合理供应，维持稳定的货币环境。二要优化结构。认真执行“有扶有控”的政策，引导金融系统加大对事关全局的重点项目和战略新兴产业、小微企业、“三农”、技术创新、企业“走出去”等方面的支持力度。对产能严重过剩行业贷款要从严控制，但不搞“一刀切”。三要提升服务。按照以客户为中心的理念，找准定位，利用现代技术创新产品和经营方式，努力提供多样化、差异化、特色化的服务，特别要加快征信和增信体系建设，提高服务小微企业的能力。四要严防风险。通过引导金融机构完善内控制度，加强金融监管，建立有效的协调机制，对风险隐患进行排查化解，坚决守住不发生系统性和区域性风险的底线。五要深化改革。坚持市场化改革取向，在风险可控的前提下，有管理、有步骤地推进利率、汇率改革和资本项目可兑换，不断完善多层次金融机构体系、市场体系和监管体系。

26. 6月7日，中国第二十届上海茶文化旅游节暨第三届三峡茶艺节在湖北夷陵闭幕。在为期两天的茶艺节期间，来自世界多个国家与国内各省的茶商与茶企达成交易额共105亿元人民币，创茶艺节交易记录。此次活动由宜昌市人民政府与上海国际茶文化旅游节组委会联合主办，夷陵区人民政府、宜昌市农业局承办。本届茶艺节以“品三峡茗茶　享幸福生活”为主题，旨在以茶文化旅游、茶产品展示以及经贸合作为载体，进一步扩大夷陵茶的知名度和美誉度，促进全区茶产业向更深层次发展。

湖北夷陵地处长江三峡，历来以产茶文明，拥有大量的全国知名茶企。本届茶艺节吸引了来自上海、湖北等地的60家知名茶叶企业和200多名茶叶经销商前来品茗洽谈。夷陵区委书记刘洪福说，茶自古是会客交友的载体，茶产业是绿色、高附加值的产业，具有巨大潜力，将进一步拉动绿色、生态经济的发展。

27. 6月13日，为确保长江防洪安全，中央财政紧急拨付特大防汛补助费1亿元，支持安徽、江苏、江西、湖北、湖南五省统筹用于长江崩岸险情应急整治。2013年以来，中央财政已累计拨付水利救灾资金26.39亿元，其中特大防汛抗旱补助费20.47亿元，中央水利建设基金5.92亿元。

28. 6月19～21日，第十三届华侨华人创业发展洽谈会（简称“华创会”）在武汉举行，20日上午举行开幕式。

本届“华创会”由国务院侨办、湖北省政府和武汉市政府联合主办，主题为“创新驱动、合作共赢”。活动内容包括欢迎酒会、开幕式、武汉论坛、海外高层次人才与未来科技城发展论坛、海外华文媒体论坛等专场活动，以及项目推介洽谈、重点项目签约仪式等。

经过12年的精心打造，华创会已经先后吸引了40多个国家和地区的8 000多名华侨华人专业人士和工商界人士参会，湖北省及兄弟省市共签订引进人才和技术项目1 800多个，引进外国专家5万多人次；引进投资总额达1 870多亿元，其中上亿元项目230多个，创办企业2 000多家，安置就业人数70多万人；1 500余名华侨华人专业人士被聘为科技顾问、长江学者、客座教授、兼职教授及海外经贸、科技合作代理人，有300多人入选国家“千人计划”，1 000多人入选各省“百人计划”及地市州人才引进高层次人才计划。

29. 6月23日，第一届中原国际金融论坛在郑州隆重举行，中国国际经济交流中心秘书长张大卫出席论坛并讲话。论坛以“新形势下的国际金融与中国金融——挑战．机遇．创新．发展”为主题，邀请国务院发展研究中心、银监会、中国人民银行、国际金融专业人士协会等国内外机构，就十二五期间中国金融的改革与发展、金融发展格局与创新、区域金融中心建设等热点问题交流与探讨，为提升中原经济区金融竞争力提供智力支持。

本次论坛由河南大学主办，中原发展研究院、河南大学经济学院、河南大学国际金融研究院承办。国务院发展研究中心金融研究所所长张承惠、国际金融专业人士协会行政总裁兼亚太区主席John Hills等来自国内外金融界的嘉宾，参与了此次论坛。嘉宾们以主题演讲的形式，分析国内外金融业发展现状和趋势、挑战与创新，探讨中原金融发展改革的新机遇。

国际金融专业人士协会行政总裁兼亚太地区主席约翰·希尔斯（John Hills）在谈到未来十年银行业发展与创新时预测，手机银行将成为未来趋势，尽管手机银行当前主要用于汇款，下一步将变成投资，中小型企业和客户贷款也将成为重要业务，银行业务的自动化、智能化将是重要方向。

出席论坛的专家学者还就国际金融改革展望、人民币国际化进程、区域金融中心建设探讨等话题进行了深层次的剖析与讲解，通过高层对话，对中国当前金融业发展的前沿问题进行了深入的探讨。

30. 6月28日，据农业部发布的信息，安徽、河南、江苏、山东、陕西、山西、河北等小麦主产区的机收工作已相继告捷，全国大规模小麦跨区机收会战基本结束。

据农业部统计，全国已收获冬小麦3.22亿亩，超过应收面积的94%；全国共投入联合收获机54万台，完成小麦机收面积2.88亿亩。麦收结束的地方，各类拖拉机、玉米播种机、插秧机等农机具已迅速投入夏种工作。

在农机购置补贴政策及报废更新补贴政策的拉动下，各地小麦联合收割机保有量持续增长。农机部门加强小麦跨区作业市场信息采集，及时发布作业供求信息，引导供需双方有效衔接。

今年共有1.1万个跨区作业队奋战在夏收一线，形成集中会战与有序流动相结合的机收作业格局。农机合作社等各类农机服务组织已成为“三夏”抢收抢种的主力军。

31. 7月9日，来自海峡两岸的农业专家学者，以及来自江西省休闲农业示范企业的负责人等共200余人参加了首届“赣台休闲农业发展研讨会”暨“台湾精致农业讲习班”，一同交流两岸农业发展经验，共话赣台农业合作前景。

此次活动由台盟中央联络部、江西省农业厅主办。台盟中央副主席黄志贤表示，赣台两地人缘相亲、文缘相承、地缘相近，越来越多的台湾同胞正成为赣台农业交流合作的支持者、参与者、受益者。

截至目前，台湾社会各界在赣投资的农业项目达160多个，签订合同金额近10亿美元，实际投入资金6.9亿美元，占江西省农业利用外资的30%以上，全省十三个“赣台农业合作实验区”蓬勃发展。同时，江西的优质农产品源源不断进入台湾市场，年贸易额突破千万美元，台湾已成为江西农产品十大出口市场之一。

32. 7月17日，中核集团在江西相山铀矿大基地宣布，中国铀矿第一科学深钻项目顺利终孔，钻探深度达2 818.88米，突破了以往1 200米的找矿深度，填补了我国铀矿深部找矿的空白，缩短了与国外铀矿深部勘查的差距。

此间专家指出，该项技术的突破，拓展了铀资源的找矿空间，为进一步扩大铀资源量奠定了基础。这是我国铀矿地质界里程碑式的工程。此次深钻项目在钻探装备和工艺等方面，初步取得了多项重大创新成果。

33. 7月18日，据统计局数据显示，上半年全国CPI同比上涨2.4%，远低于3.5%的物价调控目标。据记者统计，31个省区中，20个省区CPI涨幅超全国水平，其中居于“3时代”以上的有6省区，表示有八成省区物价水平控制在3%以内，物价水平整体呈现温和增长趋势。在31个省区上半年CPI涨幅排行榜中，青海CPI同比涨4.9%继续居于榜首，广西仅涨1.6%居榜末。

2013年中国经济增长预期目标为7.5%左右；居民消费价格涨幅3.5%左右。据统计局数据，中国上半年GDP增长7.6%，CPI同比上涨2.4%。CPI比去年同期增速回落了0.9个百分点，除去2月份CPI由于受春节和季节的因素影响同比超过3%之外，其他各月都基本上在3%以内，呈现温和增长态势。

记者统计汇总了上半年31省区的CPI涨幅情况，全国上半年CPI同比上涨2.4%，其中20个省区CPI同比涨幅超全国水平。由涨幅高低排序，依次为青海、新疆、宁夏、北京、河北、内蒙古、甘肃、山西、辽宁、吉林、云南、西藏、陕西、湖北、天津、河南、四川、黑龙江、重庆、贵州。其中居于“3时代”以上的有6省区，表示有八成省区涨幅控制在3%以内，物价水平整体较为平稳。

从31个省区公布的上半年CPI数据看，青海、新疆、宁夏分别以4.9%、4.3%、3.6%的涨幅居于31省区前三甲。其中青海、新疆延续了一季度物价“高位运行”态势，继续排在全国前二的位置。第一季度排在第三位的北京被宁夏取代，北京降至第四位。至此，前三位均为西部省区，西部地区的物价高昂程度已经相当明显。而浙江、湖南、广西则与他们有着巨大反差，上半年物价水平均维稳在“1时代”，其中广西仅上涨1.6%，居全国最末。

34. 8月3日，由中国铁建重工集团和神华集团联合研发，拥有完全自主知识产权的全球首台长距离大坡度煤矿斜井TBM（硬岩掘进机）在湖南长沙中国铁建重工集团总装车间顺利下线。它的成功研制，填补了全断面隧道掘进机在长距离大坡度煤矿斜井建设领域的应用空白，标志着我国现代化隧道施工装备达到世界一流水平。

传统的煤矿建井方法速度慢、安全系数低，本次下线的煤矿斜井TBM，对关键设备系统进行防爆设计，具有大流量通风除尘、高可靠性排水、长距离重载物料运输、有害气体检测与报警系统等功能，能确保煤矿斜井施工安全可靠。该设备满足了煤矿矿井建设安全、环保、快速的要求，开创了一种全新的施工方法，推动了煤矿建井技术升级，有望改变我国乃至世界煤矿矿井建设模式。

35. 8月8日，山西省内7大煤炭集团与中国华能等5大国电集团及省外电力企业签订煤炭购销中长期协议，并确立战略合作伙伴关系，为煤电市场化改革、建立新型和谐煤电关系迈出了重要一步。

36. 8月16日，据财政部网站消息，江西、湖北、湖南、贵州四省发生旱灾，陕西、甘肃两省发生洪涝灾害，给灾区群众生产生活造成严重影响，中央财政紧急下拨6省中央自然灾害生活补助资金5.2亿元，用于受灾群众紧急转移安置、倒损住房恢复重建、过渡性生活救助和向因灾死亡人员家属发放抚慰金，切实保障受灾群众基本生活。

37. 8月29日，环境保护部启动中部地区发展战略环境评价，强化环境保护对经济结构调整的倒逼机制，推动中部地区加快经济绿色转型，打造中部经济升级版。

环境保护部副部长吴晓青在中部地区发展战略环境评价启动会上表示，深化战略环评是做好新形势下环评工作的一个重要方面。开展中部地区发展战略环评主要是为了进一步拓展环境保护参与综合决策的深度和广度，推动中部地区正确处理好经济发展和环境保护的关系，做到在保护中发展、在发展中保护，大力建设生态文明。

中部地区发展战略环境评价的主要内容包括区域经济社会发展战略分析、区域生态环境现状评价与主要环境问题演变、重点区域经济社会发展资源环境压力评估、重点区域发展的资源环境承载力综合评估、重点区域发展的环境影响和生态风险评估、环境保护优化区域经济社会发展的总体战略方案和重点区域经济社会与资源环境协调发展的对策建议。

吴晓青说，中部地区的发展面临着城市群发展规模与资源环境承载能力、重点区域流域开发与生态安全格局之间的矛盾。战略环评要研究处理好这两大矛盾，着眼于推进以人为核心的新型城镇化，研究把生态文明的理念和原则全面融入中部城镇化全过程，并结合主体功能区战略，严守生态红线，研究引导空间开发合理布局。

他同时表示，中部地区是重要的粮食生产基地，在国家生态安全格局中又有着重要地位。确保粮食、流域生态和人居环境“三个安全”是中部在崛起过程中应当承担的责任。战略环评既要研究粮食生产的资源环境约束问题，探索保障粮食安全的措施，又要研究江河湖泊休养生息的规律，探索保障流域生态安全的措施，还要研究生态环境战略性保护的特点，探索保障人居环境安全的措施。

38. 9月6～8日，2013年中国农产品加工业投资贸易洽谈会（“农洽会”）在河南省驻马店市举行。

“农洽会”是我国目前唯一一个以农产品加工为主题的盛会，为农业和工业的有机结合搭建了重要的平台，为实现农业的转化升级发挥了重要作用。“农洽会”由农业部和河南省政府主办，农业部农产品加工局、河南省农业厅、驻马店市政府承办，2013 年是第十六届。“从今年起，“农洽会”名称由“全国农洽会”更名为“中国农洽会”，其国际化、市场化、专业化程度将进一步得到提升。”河南省将以“农洽会”为契机，加大招商引资力度，积极承接产业转移，深入推进经济交流合作。

“农洽会”是促进区域合作的重要平台，是农产品加工业结构调整的“转化器”和产业层次的“提升器”，“农洽会”举办 15 年来，共签订建设项目 13 000 多项，合同金额 3 300 多亿元，签订贸易合同 500 多亿元。

自 1998 年以来，驻马店连续 15 年成功承办“农洽会”，不仅推动了全国各省市区的经济技术交流与合作，而且极大地促进了河南，特别是驻马店市的经济社会发展。武国定介绍，与往届相比，今年的农洽会内容更加丰富，除了农产品加工业项目洽谈、农产品展示贸易等常规活动外，还将由农业部牵头，组织邀请欧盟国家驻华使馆农业官员、国内外知名农产品加工专家学者，举办中欧农产品加工技术交流会，开展农产品加工技术交流活动。中国农科院、中国农业大学等一批国家级科研院所、大专院校将在会上推介技术成果。

39. 9 月 12 日，国家卫生计生委、财政部日前发出通知，要求推进新农合重大疾病保障工作，各级财政对新农合的补助标准从每人每年 240 元提高到每人每年 280 元，参合农民个人缴费水平原则上相应提高到每人每年 70 元。

从 2013 年起，各级财政对新农合的补助标准提升 40 元，达到 280 元。其中，原有 240 元部分，中央财政继续按照原有补助标准给予补助；新增 40 元部分，中央财政对西部地区补助 80%，对中部地区补助 60%，对东部地区按一定比例补助。

参合农民个人缴费水平原则上相应提高到每人每年 70 元，有困难的地区个人缴费部分可分两年到位。有条件的地方要积极探索建立与经济发展水平和农民收入状况相适应的筹资机制。

40. 9 月 16 日，日前，国务院总理李克强签署国务院令，公布了《长江三峡水利枢纽安全保卫条例》（以下简称条例），自 2013 年 10 月 1 日起施行。

条例共 7 章 41 条，分为总则、陆域安全保卫、水域安全保卫、空域安全保卫、安全保卫职责、法律责任、附则。

条例规定，三峡枢纽安全保卫区的范围包括三峡枢纽及其周边特定区域，分为陆域、水域和空域安全保卫区。陆域安全保卫区、水域安全保卫区实行分区安全保卫制度，具体范围的划定和调整，由湖北省人民政府确定并公布。空域安全保卫区为陆域安全保卫区、水域安全保卫区上空的低空空域。

条例明确，国家统一领导三峡枢纽安全保卫工作。国务院公安、交通运输、水行政等部门和三峡枢纽运行管理单位依照法律、行政法规和国务院确定的职责分工负责三峡枢纽安全保卫有关工作。

条例规定，陆域安全保卫区分为限制区、控制区和核心区。各区的周边界线应当设置实物屏障或者警示标志，各区的出入口和重点部位应当配备警戒岗哨或者技术防范设施。水域安全保卫区分为管制区、通航区和禁航区。各区的周边界线应当设置警示标志，配备警戒岗哨或者技术防范设施。在空域安全保卫区飞行的航空器，应当严格按照飞行管制部门批准的计划飞行。

条例强调，禁止在空域安全保卫区进行风筝、孔明灯、热气球、飞艇、动力伞、滑翔伞、三角翼、无人机、轻型直升机、航模等升放或者飞行活动。负有三峡枢纽安全保卫职责的部门和单位，应当加强对空域安全保卫区安全情况的动态监控。

此外，条例还明确了从中央、湖北省、宜昌市到三峡枢纽运行管理单位的四级安保工作协调机制，确定了牵头责任主体和重点职责。条例明确了长江流域各港口码头以及进入三峡枢纽安全保卫区船舶的相关安全保卫职责，强化了码头和船舶管理责任人的安全责任制，从源头上预防、消除威胁三峡枢纽的安全隐患。同时，对可能发生的各种违法行为，条例规定了相应的法律责任。

据悉，长江三峡工程是世界最大的水利枢纽工程。2010 年，三峡水库首次成功蓄水至175 米，标志着三峡工程的防洪、发电、通航、补水等各项功能均达到设计要求，综合效益开始全部发挥。长江三峡水利枢纽的安全运行直接关系到华东、华中、华南的用电及下游防洪区域1 500 多万人民群众的生命和财产安全。条例的出台实施，将对加强长江三峡水利枢纽安全保卫工作、维护长江三峡水利枢纽的安全和秩序，发挥重要作用。

41. 9 月 14 日，交通运输部与沿江上海、江苏、安徽、江西、湖北、湖南、重庆、四川、云南七省二市联合签署《长江水运发展若干重点工作合力推进协议》，合力推进长江船型标准化、高等级航道建设、信息化建设等方面的13项重点工作。将从船型标准化、航道建设和信息化建设三个方面进一步推进长江黄金水道建设。

据了解，"十二五"前两年，内河水运建设中央投资达到180亿元，已超过"十一五"中央投资的总和。纳入《"十二五"时期长江黄金水道建设总体推进方案》的88个项目中有50个已经开工，占项目总数的57%。交通运输部部长杨传堂表示，交通运输部门将以更加务实高效的工作，加快打造长江全流域黄金水道，为沿江经济转型升级提供有力支撑。

推进船型标准化方面，交通运输部与沿江省市政府将对单壳液货危险品船拆解改造、现有船舶生活污水处理装置改造、老旧运输船舶提前拆解、引导建造示范船给予资金补贴。对现有船舶拆解改造补贴由中央和地方按照东部省份5∶5、中部省份6∶4、西部省份7∶3的比例承担，地方承担部分由省级人民政府负责落实，中央企业船舶拆解改造补贴由中央财政全额承担；引导建造示范船的补贴由中央财政承担。

推进高等级航道建设方面，重点包括：推进航道疏浚与吹填造地相结合，保障长江口深水航道畅通、安全，有效利用弃土资源；推进长江南京以下12.5米深水航道建设工程；推进长江中游荆江河段及上下游相关河段航道整治工程；积极配合国务院三峡工程建设委员会办公室启动三峡枢纽水运新通道建设和葛洲坝枢纽船闸扩能前期研究工作；结合引江济淮水利工程，协调拓展通航功能，推进通航设施建设；加快实施赣江新干航电枢纽工程；推进汉江雅口航运枢纽工程前期工作，尽早开工建设；加快建设湘江土谷塘航电枢纽工程；加快推进嘉陵江利泽航电枢纽开工建设；抓紧实施嘉陵江高等级航道航运配套工程，推进岷江犍为航电枢纽建设；协调推进长江上游宜宾至水富段三级航道整治工程。

推进信息化建设方面，交通运输部与沿江省市政府将全面推进长江干线数字航道建设，加强内河开放港口交通电子口岸建设，推进水路运输及建设管理信息系统建设，推进长江危险化学品运输动态监管信息平台建设，加快长江航运物流公共信息平台试点工程建设。

42. 9月26日，中国第一条连接海峡西岸和中部内陆腹地的快速铁路——向莆铁路正式开通运营。

向莆铁路自南昌西站引出，途经抚州、三明等地市通往福州，并在福州市永泰县分线通往莆田，建设里程632公里，运营时速200公里。开通后，南昌与福州间最快旅行时间将由原来的11小时压缩至3小时12分，南昌与厦门间压缩至4小时23分。江西、福建两省将分别形成以南昌、福州为中心的省内主要城市1~2小时“一体化”生活圈。同时，该铁路连接江西等中部地区和海峡西岸经济区，对于加快海峡西岸经济区和中部地区崛起战略的实施将发挥重要作用。

43. 9月28日，从农业部获悉：经国内著名水稻研究专家现场测产验收，湖南省隆回县羊古坳乡牛形村的第四期超级杂交稻苗头组合“Y两优900”101.2亩高产攻关片平均亩产达988.1公斤，创造了全国水稻百亩连片高产纪录。

据统计，2012年，全国超级稻推广面积达1.21亿亩，亩增产60公斤以上。“十一五”以来超级稻累计推广面积达到64 384万亩，占同期水稻种植面积的21%，累计增产稻谷415亿公斤，为我国水稻生产实现“九连增”发挥了极其重要的作用。

农业部于1996年立项启动“中国超级稻育种计划”，截至目前，已育成通过农业部认定的超级稻品种108个（淘汰7个，目前在生产上使用101个），并于2000年、2005年和2011年分别突破了百亩连片单产700公斤/亩的第一期目标、单产800公斤/亩的第二期目标和单产900公斤的第三期目标。

44. 10月16日，以“深入探讨华文媒体如何融合中华文化，实现互惠互通，强化合作共赢，实现美好梦想”为主旨的海峡媒体井冈山峰会举行。

来自台湾16家主流媒体的负责人和记者、大陆15家媒体的负责人及江西省内部分媒体代表出席峰会，深入探讨两岸媒体交流合作的新途径及加强两岸媒体影响力的新思路。中共江西省委常委、宣传部部长姚亚平，国台办新闻局局长杨毅，台湾报业公会理事长、中视公司董事长林圣芬等分别作了主旨演讲。

与会人员就两岸媒体合作交流的领域、方式、内容等建言献策。经过与会各方协商，会议通过了《海峡媒体井冈山峰会共同建议书》。

45. 10月18日，2013中国景德镇国际陶瓷博览会在景德镇国际会展中心隆重开幕。

今年是瓷博会举办的第十年，也是迄今为止亮点最多、规模最大、水平最高、人数最多的一次盛会。境内外40多个国家和地区的近820家品牌陶瓷企业，4 500 余名陶艺家、专业客商前来展示交流和采购贸易。瓷博会期间，还将举办“第二届中国高岭国际陶瓷艺术大赛展”、“高技术陶瓷国际论坛”、“返乡创业恳谈会”、“联合国教科文组织的中非陶瓷文化论坛”、“景德镇—代尔夫特 400 年交流展示会”、“宋元青白瓷展览暨研讨系列活动”、“全国历史文化名城百名广播电视记者走进景德镇”、“百万公众评瓷博活动”、“国际艺术陶瓷拍卖会”等活动。

46. 10 月 22 日，财政部近日从农资综合补贴中安排 6 亿元资金，下拨给黑龙江、辽宁、山东、安徽、江西 5 个粮食主产省，用于 5 省继续开展种粮大户补贴试点工作。自 2012 年起，种粮大户补贴试点工作在上述五省实施。补贴原则上通过项目支持的形式实施，主要采取“贴息”和“以奖代补”两种方式，帮助种粮大户改善生产条件，重点支持种粮大户的生产成本补偿、生产能力建设及金融机构为种粮大户提供金融服务。

47. 10 月 25 ~ 27 日，全球 26 个代表城市的市长、46 个国家的驻华使节，60 多家国内外主流媒体齐聚湖南长沙市，参加“世界休闲农业与乡村旅游城市（城区）联盟第一次峰会”。

会议分为“高峰论坛”、“主旨论坛”、“联盟成立大会”、“大使论坛”等主题会议，同时成立世界休闲农业与乡村旅游城市（城区）联盟，这将是世界上首个以促进全球范围内休闲农业与乡村旅游发展的跨国性平台。